한국가스공사

NCS + 전공 + 모의고사 3회

시대에듀

2025 최신판 시대에듀 한국가스공사
NCS + 전공 + 최종점검 모의고사 3회 + 무료NCS특강

Always **with you**

사람의 인연은 길에서 우연하게 만나거나 함께 살아가는 것만을 의미하지는 않습니다.
책을 펴내는 출판사와 그 책을 읽는 독자의 만남도 소중한 인연입니다.
시대에듀는 항상 독자의 마음을 헤아리기 위해 노력하고 있습니다. 늘 독자와 함께하겠습니다.

머리말 PREFACE

천연가스의 장기 · 안정적 공급 기반 마련을 통한 국민 편익 증진과 공공복리 향상을 위해 설립된 한국가스공사는 2025년에 신입직원을 채용할 예정이다. 한국가스공사의 채용절차는 「입사지원서 접수 ➡ 서류전형 ➡ 필기전형 ➡ 면접전형 ➡ 신원조사 및 연수 ➡ 최종 합격자 발표」 순서로 이루어진다. 필기전형은 직업기초능력과 직무수행능력으로 진행한다. 그중 직업기초능력은 의사소통능력, 수리능력, 문제해결능력, 자원관리능력, 정보능력 총 5개의 영역을 평가한다. 2024년에는 피듈형으로 출제되었으며, 직무수행능력은 직무별 상이하므로 반드시 확정된 채용공고를 확인해야 한다. 따라서 필기전형에서 고득점을 받기 위해 다양한 유형에 대한 폭넓은 학습과 문제풀이능력을 높이는 등 철저한 준비가 필요하다.

한국가스공사 합격을 위해 시대에듀에서는 한국가스공사 판매량 1위의 출간 경험을 토대로 다음과 같은 특징을 가진 도서를 출간하였다.

도서의 특징

❶ 기출복원문제를 통한 출제경향 파악!
- 2024년 하반기 주요 공기업 NCS 기출문제를 복원하여 공기업별 NCS 출제경향을 파악할 수 있도록 하였다.
- 2024~2023년 주요 공기업 전공 기출문제를 복원하여 공기업별 전공 출제경향까지 익힐 수 있도록 하였다.

❷ 한국가스공사 필기전형 출제 영역 맞춤 문제를 통한 실력 상승!
- 직업기초능력 대표기출유형&기출응용문제를 수록하여 유형별로 학습할 수 있도록 하였다.
- 직무수행능력 적중예상문제를 수록하여 전공까지 빈틈없이 학습할 수 있도록 하였다.

❸ 최종점검 모의고사를 통한 완벽한 실전 대비!
- 철저한 분석을 통해 실제 유형과 유사한 최종점검 모의고사를 수록하여 자신의 실력을 점검할 수 있도록 하였다.

❹ 다양한 콘텐츠로 최종 합격까지!
- 한국가스공사 채용 가이드와 면접 기출질문을 수록하여 채용을 준비하는 데 부족함이 없도록 하였다.
- 온라인 모의고사를 무료로 제공하여 필기전형에 대비할 수 있도록 하였다.

끝으로 본 도서를 통해 한국가스공사 채용을 준비하는 모든 수험생 여러분이 합격의 기쁨을 누리기를 진심으로 기원한다.

SDC(Sidae Data Center) 씀

◇ **설립목적**

> 천연가스의 장기 · 안정적 공급 기반 마련을 통한
> 국민 편익 증진과 공공복리 향상

◇ **기업이념**

> 좋은 에너지, 더 좋은 세상

◇ **비전**

> KOGAS, The Leader of Energy Innovation
> 에너지 혁신 리더, 한국가스공사

◇ **핵심가치**

안전 우선   미래 주도   열린 사고   소통 협력

◇ 전략방향 & 전략과제

공공성 강화
1. 안정적 수급 관리
2. 고객만족 에너지 공급
3. 설비경쟁력 확보

신성장동력 확충
4. 해외사업 성과 극대화
5. 사업 간 연계로 시너지 창출
6. 수소사업 기반 조성

글로벌 역량 확보
7. 선진 안전관리 체계 확립
8. 재무건전성 강화
9. 성과창출형 경영시스템 구축

ESG 경영 선도
10. 환경 중시 경영 강화(E)
11. 대국민 서비스 향상(S)
12. 공정 · 소통의 기업문화 정착(G)

◇ 인재상

책임실천인

주인의식을 가지고 자신의 일을
완수하며, 안전 우선의 ESG 가치 실현을
책임감 있게 실천하는 인재

혁신전문인

최고의 전문성 기반으로 급변하는
기업환경 변화를 통찰하고 혁신하여
기업의 미래성장을 주도하는 인재

소통협력인

상호신뢰관계를 바탕으로
적극적으로 소통하고 협업하여
조직의 공동목표 달성을 견인하는 인재

도전실행인

열린 사고로 새로운 가능성에
끊임없이 도전하고 실행하여
반드시 목표를 달성하는 인재

신입 채용 안내 INFORMATION

◇ 지원자격(공통)

① 연령 : 제한 없음(단, 한국가스공사 임금피크제도에 따라 만 58세 미만인 자)

② 학력 · 전공 : 제한 없음

③ 병역 : 병역법 제76조에서 정한 병역의무 불이행 사실이 없는 자

④ 연수원 입소일부터 입소 가능한 자

⑤ 다음 결격사항에 해당하지 않는 자

- 한국가스공사 인사규정 제5조의 결격사유에 해당하는 자
- 공공기관에 부정한 방법으로 채용된 사실이 적발되어 합격 취소, 직권 면직 또는 파면 · 해임된 후 5년이 경과하지 않은 자

◇ 필기전형

구분	직무		내용
직업기초능력	전 직무		의사소통능력, 수리능력, 문제해결능력, 자원관리능력, 정보능력
직무수행능력	사무	경영	직무별 상이
		경제	
	기술	기계	
		전기	
		토목	

◇ 면접전형

구분	내용
직무면접	직무 관련 제시된 주제 또는 상황에 대해 개인별 일정시간(약 20~30분) 동안 워드프로세서 등을 활용하여 자료 작성 후 주제 발표
직업기초면접	공사 핵심가치, 인성검사 결과 및 입사지원서(자기소개서 포함)를 기반으로 개인별 직무를 수행하는 데 필요한 기초적인 역량 평가

❖ 위 채용 안내는 2025년 상반기 채용공고를 기준으로 작성하였으나, 세부내용은 반드시 확정된 채용공고를 확인하기 바랍니다.

2024년 기출분석 ANALYSIS

총평

한국가스공사의 필기전형은 NCS의 경우 영역별 순서대로 PSAT형의 비중이 높은 피듈형으로 출제되었다. 대체로 짧은 지문의 문제였으나, 총 50문항을 60분 내에 풀어야 했으므로 평소 여러 유형의 문제를 풀어보는 것이 중요해 보인다. 또한, 전공의 경우 직무별 50문항을 50분 내에 풀어야 했으므로 시간관리 연습과 더불어 꼼꼼한 대비가 필요하다.

◇ 영역별 출제 비중

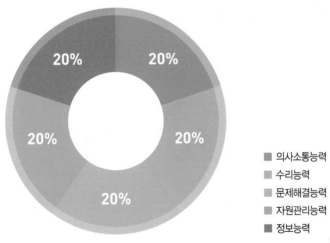

구분	출제 키워드
의사소통능력	• 친환경 에너지, 승정원일기, 선크림, 맞춤법, 보존−보전, 문서 작성 등
수리능력	• 경우의 수, A가 혼자 일한 시간 등
문제해결능력	• 명제, 승진 대상자, 법조문, 성급한 일반화의 오류, 권위에 복종하는 오류 등
자원관리능력	• 시차 등
정보능력	• 파워포인트, 함수, 알고리즘 등
경영	• 주식회사 정관, 분배적 협상, 통합적 협상, 직무기술서, 직무명세서, 직무순환, 직접보상, 간접보상, 클로즈드숍, 에이전시숍, 경쟁우위전략, 마이클 포터의 5 Force, 합자회사, 이동평균법, 지수평활법, 품질오류 등
경제	• 사회후생함수, 차선의 이론, 2기간 소비모형, 독점시장 등
회계	• 거래, 재무제표, 무형자산, 법인세 부채, 현금성자산, 감가상각비 연수합계법, 소득세, 영세율, 부가가치세, 퇴직금 손금불산입액, 순실현가치, 가격차이, 능률차이 등
기계	• 랭킨사이클의 질량유량, 확산계수, 독립변수, 매개변수 등
전기	• Pm파 순서, 역률, 피상전력, 라플라스 역변환, 홀 효과, 단상 전파, 전류의 평균값 등

NCS 문제 유형 소개 NCS TYPES

PSAT형

04 다음은 신용등급에 따른 아파트 보증률에 대한 사항이다. 자료와 상황에 근거할 때, 갑(甲)과 을(乙)의 보증료의 차이는 얼마인가?(단, 두 명 모두 대지비 보증금액은 5억 원, 건축비 보증금액은 3억 원이며, 보증서 발급일로부터 입주자 모집공고 안에 기재된 입주 예정 월의 다음 달 말일까지의 해당 일수는 365일이다)

- (신용등급별 보증료)=(대지비 부분 보증료)+(건축비 부분 보증료)
- 신용평가 등급별 보증료율

구분	대지비 부분	건축비 부분				
		1등급	2등급	3등급	4등급	5등급
AAA, AA		0.178%	0.185%	0.192%	0.203%	0.221%
A⁺		0.194%	0.208%	0.215%	0.226%	0.236%
A⁻, BBB⁺	0.138%	0.216%	0.225%	0.231%	0.242%	0.261%
BBB⁻		0.232%	0.247%	0.255%	0.267%	0.301%
BB⁺ ~ CC		0.254%	0.276%	0.296%	0.314%	0.335%
C, D		0.404%	0.427%	0.461%	0.495%	0.531%

※ (대지비 부분 보증료)=(대지비 부분 보증금액)×(대지비 부분 보증료율)×(보증서 발급일로부터 입주자 모집공고 안에 기재된 입주 예정 월의 다음 달 말일까지의 해당 일수)÷365

※ (건축비 부분 보증료)=(건축비 부분 보증금액)×(건축비 부분 보증료율)×(보증서 발급일로부터 입주자 모집공고 안에 기재된 입주 예정 월의 다음 달 말일까지의 해당 일수)÷365

- 기여고객 할인율 : 보증료, 거래기간 등을 기준으로 기여도에 따라 6개 군으로 분류하며, 건축비 부분 요율에서 할인 가능

구분	1군	2군	3군	4군	5군	6군
차감률	0.058%	0.050%	0.042%	0.033%	0.025%	0.017%

〈상황〉

- 갑 : 신용등급은 A⁺이며, 3등급 아파트 보증금을 내야 한다. 기여고객 할인율에서는 2군으로 선정되었다.
- 을 : 신용등급은 C이며, 1등급 아파트 보증금을 내야 한다. 기여고객 할인율은 3군으로 선정되었다.

① 554,000원
② 566,000원
③ 582,000원
④ 591,000원
⑤ 623,000원

특징 ▶ 대부분 의사소통능력, 수리능력, 문제해결능력을 중심으로 출제(일부 기업의 경우 자원관리능력, 조직이해능력을 출제)
▶ 자료에 대한 추론 및 해석 능력을 요구

대행사 ▶ 엑스퍼트컨설팅, 커리어넷, 태드솔루션, 한국행동과학연구소(행과연), 휴노 등

모듈형

문제해결능력

41 문제해결절차의 문제 도출 단계는 (가)와 (나)의 절차를 거쳐 수행된다. 다음 중 (가)에 대한 설명으로 적절하지 않은 것은?

(가)		(나)
전체 문제를 개별화된 이슈로 세분화	→	문제에 영향력이 큰 핵심이슈를 선정

① 문제의 내용 및 영향 등을 파악하여 문제의 구조를 도출한다.
② 본래 문제가 발생한 배경이나 문제를 일으키는 메커니즘을 분명히 해야 한다.
③ 현상에 얽매이지 말고 문제의 본질과 실제를 봐야 한다.
④ 눈앞의 결과를 중심으로 문제를 바라봐야 한다.
⑤ 문제 구조 파악을 위해서 Logic Tree 방법이 주로 사용된다.

특징
▶ 이론 및 개념을 활용하여 푸는 유형
▶ 채용 기업 및 직무에 따라 NCS 직업기초능력평가 10개 영역 중 선발하여 출제
▶ 기업의 특성을 고려한 직무 관련 문제를 출제
▶ 주어진 상황에 대한 판단 및 이론 적용을 요구

대행사
▶ 인트로맨, 휴스테이션, ORP연구소 등

피듈형(PSAT형 + 모듈형)

자원관리능력

07 다음 자료를 근거로 판단할 때, 연구모임 A ~ E 중 세 번째로 많은 지원금을 받는 모임은?

〈지원계획〉

• 지원을 받기 위해서는 한 모임당 5명 이상 9명 미만으로 구성되어야 한다.
• 기본지원금은 모임당 1,500천 원을 기본으로 지원한다. 단, 상품개발을 위한 모임의 경우는 2,000천 원을 지원한다.
• 추가지원금

등급	상	중	하
추가지원금(천 원/명)	120	100	70

※ 추가지원금은 연구 계획 사전평가결과에 따라 달라진다.
• 협업 장려를 위해 협업이 인정되는 모임에는 위의 두 지원금을 합한 금액의 30%를 별도로 지원한다.

〈연구모임 현황 및 평가결과〉

특징
▶ 기초 및 응용 모듈을 구분하여 푸는 유형
▶ 기초인지모듈과 응용업무모듈로 구분하여 출제
▶ PSAT형보다 난도가 낮은 편
▶ 유형이 정형화되어 있고, 유사한 유형의 문제를 세트로 출제

대행사
▶ 사람인, 스카우트, 인크루트, 커리어케어, 트리피, 한국사회능력개발원 등

주요 공기업 적중 문제 TEST CHECK

친환경 에너지 ▶ 키워드

03 다음 글의 내용으로 적절한 것은?

매년 급증하는 신재생에너지 공급의무화제도(RPS) 의무량 목표 달성을 위해서는 신재생에너지원 중에서 상대적으로 대용량 신재생에너지 공급 인증서(REC) 확보가 용이한 것을 선택해야 한다. 그리고 그것이 바로 연료전지 사업이다. 이에 K공사는 연료전지 사업에 박차를 가하고 있으며, 첫 주자로 신인천발전본부에서 연료전지 건설 사업을 추진하고 있다.

연료전지는 수소와 산소가 화학에너지를 전기에너지로 변환하는 고효율, 친환경 미래 에너지 시스템이다. 수소와 산소를 결합하면 물이 만들어지는데, 이때 발생하는 에너지를 전기 형태로 바꾸는 방식이다. 반응할 때 생기는 수소와 산소의 전기화학 반응으로 전기와 열을 생산하기 때문에 고효율의 신재생에너지를 기대할 수 있다. 정부가 이미 연료전지를 신에너지원으로 분류하고 RPS 이행수단으로 인정한 만큼 K공사는 경제적인 RPS 이행을 위해 신인천발전본부 내에 연료전지 건설 사업을 추진하고, 이를 시작으로 신재생에너지 확대에 본격적으로 나서 현재 3%에 불과한 신재생에너지 비중을 2030년에는 20%까지 올릴 계획이다.

연료전지는 설치 장소에 제약이 적다는 장점이 있다. 규모와 관계없이 일정한 효율을 낼 수 있어 소형 발전소부터 MW급 발전소까지 다양하게 활용될 수 있다. 또한 중간에 발전기와 같은 장치를 사용하지 않고, 수소와 산소의 반응으로 전기를 직접 생산하기 때문에 발전효율이 높다. 무엇보다 소음, 유해가스 배출이 거의 없어 부지 확보가 어려운 도심에도 설치할 수 있다. 연료전지의 이 같은 특징에 부합하고 장점을 살릴 수 있는 곳이 신인천발전본부라 K공사가 연료전지 사업을 이곳에서 시작하는 이유기도 하다.

신인천발전본부 연료전지 사업은 K공사가 최초로 도입하는 발전 사업으로, 신인천발전본부의 유휴 부지를 활용해 설비용량 20MW 연료전지 발전설비를 건설하게 된다. 총사업비 1,100억 원이 투입되는 이 사업은 2018년 8월 상업운전을 목표로 시작되었다. 대규모 사업비가 투입되는 대형 사업인 만큼 지난해 4월 정부 예비타당성조사에 착수, 약 10개월 동안 한국개발연구원 예비타당성조사를 완료했고, 올 3월 이사회에서 연료전지 건설 기본계획을 의결했다. 이후 6월 연료전지 건설 관련 계약 체결이 완료되면서 1단계 연료전지 사업을 15개월 동안 진행할 예정이며, 연이어 2단계 사업 진행을 검토하고 있다.

K공사는 연료전지 사업에 다소 늦게 뛰어든 후발주자라 할 수 있다. 하지만 나중에 솟은 돌이 더 우뚝 서는 법, 복합화력의 비중이 높은 점을 내세워 향후 연료전지를 확대할 수 있는 저변이 마련돼 있다는 점에서 선제 우위를 점할 수 있다. 20MW 신인천발전본부 연료전지 사업이 완료되면 K공사는 예상 RPS 의무량의 약 12%를 충당할 수 있으며, 신인천발전본부 또한 연간 매출을 430억 원 이상 증대해 복합발전소 수익구조 개선에 기여할 것으로 기대된다.

① 연료전지는 전기에너지를 화학에너지로 변환하는 친환경 미래에너지 시스템이다.

② 아직 연료전지를 신에너지원으로 분류하고 있지 않지만 곧 지정될 예정이다.

경우의 수 ▶ 유형

17 1부터 9까지의 자연수가 하나씩 적힌 9장의 카드가 있다. 갑은 숫자 2, 5, 9가 적힌 카드를, 을은 숫자 1, 7, 8이 적힌 카드를, 병은 숫자 3, 4, 6이 적힌 카드를 각각 가지고 있다. 갑, 을, 병 세 사람이 동시에 카드를 한 장씩 꺼낼 때, 카드에 적힌 숫자가 가장 큰 사람이 갑이 되는 경우의 수는?

① 8가지   ② 9가지

③ 10가지   ④ 11가지

⑤ 12가지

한국전력공사

성과급 ▶ 키워드

03 다음은 4분기 성과급 지급 기준이다. 부서원 A ~ E에 대한 성과평가가 다음과 같을 때, 성과급을 가장 많이 받을 직원 2명은?

〈성과급 지급 기준〉

• 성과급은 성과평가등급에 따라 다음 기준으로 지급한다.

등급	A	B	C	D
성과급	200만 원	170만 원	120만 원	100만 원

• 성과평가등급은 성과점수에 따라 다음과 같이 산정된다.

성과점수	90점 이상 100점 이하	80점 이상 90점 미만	70점 이상 80점 미만	70점 미만
등급	A	B	C	D

• 성과점수는 개인실적점수, 동료평가점수, 책임점수, 가점 및 벌점을 합산하여 산정한다.
  – 개인실적점수, 동료평가점수, 책임점수는 각각 100점 만점으로 산정된다.
  – 세부 점수별 가중치는 개인실적점수 40%, 동료평가점수 30%, 책임점수 30%이다.
  – 가점 및 벌점은 개인실적점수, 동료평가점수, 책임점수에 가중치를 적용하여 합산한 값에 합산한다.
• 가점 및 벌점 부여기준
  – 분기 내 수상내역 1회, 신규획득 자격증 1개당 가점 2점 부여

IF 함수 ▶ 키워드

06 다음은 J공사에 지원한 지원자들의 PT면접 점수를 정리한 자료이며, 각 사원들의 점수 자료를 통해 면접 결과를 정리하고자 한다. 이를 위해 [F3] 셀에 〈보기〉와 같은 함수식을 입력하고, 채우기 핸들을 이용하여 [F6] 셀까지 드래그 했을 경우, [F3] ~ [F6] 셀에 나타나는 결괏값으로 옳은 것은?

	A	B	C	D	E	F
1						(단위 : 점)
2	이름	발표내용	발표시간	억양	자료준비	결과
3	조재영	85	92	75	80	
4	박슬기	93	83	82	90	
5	김현진	92	95	86	91	
6	최승호	95	93	92	90	

보기

=IF(AVERAGE(B3:E3)>=90,"합격","불합격")

	[F3]	[F4]	[F5]	[F6]
①	불합격	불합격	합격	합격
②	합격	합격	불합격	불합격
③	합격	불합격	합격	불합격
④	불합격	합격	불합격	합격
⑤	불합격	불합격	불합격	합격

주요 공기업 적중 문제 TEST CHECK

불량 ▶ 키워드

03 자동차 부품을 생산하는 H사는 반자동과 자동 생산라인을 하나씩 보유하고 있다. 최근 일본의 자동차 회사와 수출계약을 체결하여 자동차 부품 34,500개를 납품하였다. 다음 H사의 생산조건을 고려할 때, 일본에 납품할 부품을 생산하는 데 소요된 시간은 얼마인가?

〈자동차 부품 생산조건〉

- 반자동라인은 4시간에 300개의 부품을 생산하며, 그중 20%는 불량품이다.
- 자동라인은 3시간에 400개의 부품을 생산하며, 그중 10%는 불량품이다.
- 반자동라인은 8시간마다 2시간씩 생산을 중단한다.
- 자동라인은 9시간마다 3시간씩 생산을 중단한다.
- 불량 부품은 생산 후 폐기하고 정상인 부품만 납품한다.

① 230시간
② 240시간
③ 250시간
④ 260시간

지구 온난화 ▶ 키워드

08 다음 글의 빈칸에 들어갈 내용으로 가장 적절한 것은?

오존층 파괴의 주범인 프레온 가스로 대표되는 냉매는 그 피해를 감수하고도 사용할 수밖에 없는 필요악으로 인식되어 왔다. 지구 온난화 문제를 해결할 수 있는 대체 물질이 요구되는 이러한 상황에서 최근 이를 만족할 수 있는 4세대 신냉매가 새롭게 등장해 각광을 받고 있다. 그중 온실가스 배출량을 크게 줄인 대표적인 4세대 신냉매가 수소불화올레핀(HFO)계 냉매이다.

HFO는 기존 냉매에 비해 비싸고 불에 탈 수 있다는 단점이 있으나, 온실가스 배출이 거의 없고 에너지 효율성이 높은 장점이 있다. 이러한 장점으로 4세대 신냉매에 대한 관심이 최근 급격히 증가하고 있다. 지난 2003 ~ 2017년 중 냉매 관련 특허 출원 건수는 총 686건이었고, 온실가스 배출량을 크게 줄인 4세대 신냉매 관련 특허 출원들은 꾸준히 늘어나고 있다. 특히 2008년부터 HFO계 냉매를 포함한 출원 건수가 큰 폭으로 증가하면서 같은 기간의 HFO계 비중이 65%까지 증가했다. 이러한 출원 경향은 국제 규제로 2008년부터 온실가스를 많이 배출하는 기존 3세대 냉매의 생산과 사용을 줄이면서 4세대 신냉매가 필수적으로 요구되었기 때문으로 분석된다.

냉매는 자동차, 냉장고, 에어컨 등 우리 생활 곳곳에 사용되는 물질로서 시장 규모가 대단히 크지만, 최근 환경 피해와 관련된 엄격한 국제 표준이 요구되고 있다. 우수한 친환경 냉매가 조속히 개발될 수 있도록 관련 특허 동향을 제공해야 한다. 4세대 신냉매 개발은 _____

① 인공지능 기술의 확장을 열게 될 것이다.
② 엄격한 환경 국제 표준을 약화시킬 것이다.
③ 또 다른 오존층 파괴의 원인으로 이어질 것이다.
④ 지구 온난화 문제 해결의 열쇠가 될 것이다.

한국가스안전공사

석유화학 ▶ 키워드

※ 다음 글을 읽고 이어지는 질문에 답하시오. [79~80]

4차 산업혁명 열풍은 제조업을 넘어, 농축산업, 식품, 유통, 의료 서비스 등 업종에 관계없이 모든 곳으로 퍼져나가고 있다. 에너지 분야도 4차 산업혁명을 통해 기술의 진보와 새로운 비즈니스 영역을 개척할 수 있을 것으로 기대하고 있다.

사실 에너지는 모든 밸류체인에서 4차 산업혁명에 가장 근접해 있다. 자원개발에선 초음파 등을 이용한 탐지기술과 지리정보 빅데이터를 이용한 분석, 설비 건설에서는 다양한 설계 및 시뮬레이션 툴이 동원된다. 자원 채광 설비와 발전소, 석유화학 플랜트에 들어가는 수만 개의 장비들은 센서를 부착하고 산업용 네트워크를 통해 중앙제어실과 실시간으로 소통한다.

원자력 발전소를 사례로 들어보면 원자력 발전소에는 수백 km에 달하는 배관과 수만 개의 밸브, 계량기, 펌프, 전기기기들이 있다. 그리고 그 어느 시설보다 안전이 중요한 만큼 기기 및 인명 안전 관련 센서들도 셀 수 없다. 이를 사람이 모두 관리하고 제어하는 것은 사실상 불가능하다. 원전 종사자들이 매일 현장 순찰을 돌고 이상이 있을 시 정지 등 조치를 취하지만, 대다수의 경우 설비에 이상신호가 발생하면 기기들은 스스로 판단해 작동을 멈춘다.

원전 사례에서 볼 수 있듯이 에너지 설비 운영 부문은 이미 다양한 4차 산업혁명 기술이 사용되고 있다. 그런데도 에너지 4차 산업혁명이 계속 언급되고 있는 것은 그 분야를 설비관리를 넘어 새로운 서비스 창출로까지 확대하기 위함이다.

나주 에너지밸리에서는 드론을 활용해 전신주 전선을 점검하는 모습이 시연됐다. 이 드론은 정부 사업인 '시장 창출형 로봇보급사업'으로 만들어진 것으로 드론과 광학기술을 접목해 산이나 하천 등 사람이 접근하기 힘든 곳의 전선 상태를 확인하기 위해 만들어졌다. 드론은 GPS 경로를 따라 전선 위를 자율비행하면서 고장 부위를 찾는다.

전선 점검 이외에도 드론은 에너지 분야에서 매우 광범위하게 사용되는 아이템이다. 발전소의 굴뚝과 같은

한국가스기술공사

참 / 거짓 ▶ 유형

07 이번 학기에 4개의 강좌 A ~ D가 새로 개설되는데, 강사 갑 ~ 무 중 4명이 한 강좌씩 맡으려 한다. 배정 결과를 궁금해 하는 5명은 다음 〈조건〉과 같이 예측했다. 배정 결과를 보니 갑 ~ 무의 진술 중 한 명의 진술만이 거짓이고 나머지는 참임이 드러났을 때, 다음 중 바르게 추론한 것은?

조건

갑 : 을이 A강좌를 담당하고 병은 강좌를 담당하지 않을 것이다.
을 : 병이 B강좌를 담당할 것이다.
병 : 정은 D강좌가 아닌 다른 강좌를 담당할 것이다.
정 : 무가 D강좌를 담당할 것이다.
무 : 을의 말은 거짓일 것이다.

① 갑은 A강좌를 담당한다.
② 을은 C강좌를 담당한다.
③ 병은 강좌를 담당하지 않는다.
④ 정은 D강좌를 담당한다.
⑤ 무는 B강좌를 담당한다.

도서 200% 활용하기 STRUCTURES

1 기출복원문제로 출제경향 파악

▶ 2024년 하반기 주요 공기업 NCS 기출문제를 복원하여 공기업별 NCS 출제경향을 파악할 수 있도록 하였다.
▶ 2024~2023년 주요 공기업 전공 기출문제를 복원하여 공기업별 전공 출제경향까지 익힐 수 있도록 하였다.

2 대표기출유형 + 기출응용문제로 NCS 완벽 대비

▶ NCS 출제 영역에 대한 대표기출유형&기출응용문제를 수록하여 유형별로 학습할 수 있도록 하였다.

3 적중예상문제로 전공까지 완벽 대비

▶ 사무직 전공(경영 · 경제 · 회계 · 법) 및 기술직 전공(기계 · 전기) 적중예상문제를 수록하여 전공까지 효과적으로 학습할 수 있도록 하였다.

4 최종점검 모의고사 + OMR을 활용한 실전 연습

▶ 철저한 분석을 통해 실제 유형과 유사한 최종점검 모의고사를 수록하여 자신의 실력을 점검할 수 있도록 하였다.
▶ 모바일 OMR 답안채점/성적분석 서비스를 제공하여 자동으로 점수를 채점하고 확인할 수 있도록 하였다.

이 책의 차례 CONTENTS

Add+

특별부록

01 | 2024년 하반기 주요 공기업
NCS 기출복원문제

정답 및 해설 p.002

▌ 코레일 한국철도공사 / 의사소통능력

01 다음 중 비언어적 요소인 쉼을 사용하는 경우로 적절하지 않은 것은?

① 양해나 동조를 구할 경우

② 상대방에게 반문을 할 경우

③ 이야기의 흐름을 바꿀 경우

④ 연단공포증을 극복하려는 경우

⑤ 이야기를 생략하거나 암시할 경우

▌ 코레일 한국철도공사 / 의사소통능력

02 다음 밑줄 친 부분에 해당하는 키슬러의 대인관계 의사소통 유형은?

> 의사소통 시 <u>이 유형</u>의 사람은 따뜻하고 인정이 많고 자기희생적이나 타인의 요구를 거절하지 못하므로 타인과의 정서적인 거리를 유지하는 노력이 필요하다.

① 지배형   ② 사교형

③ 친화형   ④ 고립형

⑤ 순박형

03 다음 글을 통해 알 수 있는 철도사고 발생 시 행동요령으로 적절하지 않은 것은?

> 철도사고는 지하철, 고속철도 등 철도에서 발생하는 사고를 뜻한다. 많은 사람이 한꺼번에 이용하며 무거운 전동차가 고속으로 움직이는 특성상 철도사고가 발생할 경우 인명과 재산에 큰 피해가 발생한다.
>
> 철도사고는 다양한 원인에 의해 발생하며 사고 유형 또한 다양하게 나타나는데, 대표적으로는 충돌사고, 탈선사고, 열차화재사고가 있다. 이 사고들은 철도안전법에서 철도교통사고로 규정되어 있으며, 많은 인명피해를 야기하므로 철도사업자는 반드시 이를 예방하기 위한 조치를 취해야 한다. 또한 승객들은 위험으로부터 빠르게 벗어나기 위해 사고 시 대피요령을 파악하고 있어야 한다.
>
> 국토교통부는 철도사고 발생 시 인명과 재산을 보호하기 위한 국민행동요령을 제시하고 있다. 이 행동요령에 따르면 지하철에서 사고가 발생할 경우 가장 먼저 객실 양 끝에 있는 인터폰으로 승무원에게 사고를 알려야 한다. 만약 화재가 발생했다면 곧바로 119에 신고하고, 여유가 있다면 객실 양 끝에 비치된 소화기로 불을 꺼야 한다. 반면 화재의 진화가 어려울 경우 입과 코를 젖은 천으로 막고 화재가 발생하지 않은 다른 객실로 이동해야 한다. 전동차에서 대피할 때는 안내방송과 승무원의 안내에 따라 질서 있게 대피해야 하며 이때 부상자, 노약자, 임산부가 먼저 대피할 수 있도록 배려하고 도와주어야 한다. 만약 전동차의 문이 열리지 않으면 반드시 열차가 멈춘 후에 안내방송에 따라 비상핸들이나 비상콕크를 돌려 문을 열고 탈출해야 한다. 전동차가 플랫폼에 멈췄을 경우 스크린도어를 열고 탈출해야 하는데, 손잡이를 양쪽으로 밀거나 빨간색 비상바를 밀고 탈출해야 한다. 반대로 역이 아닌 곳에서 멈췄을 경우 감전의 위험이 있으므로 반드시 승무원의 안내에 따라 반대편 선로의 열차 진입에 유의하며 대피 유도등을 따라 침착하게 비상구로 대피해야 한다.
>
> 이와 같이 승객들은 철도사고 발생 시 신고, 질서 유지, 빠른 대피를 중점적으로 유념하여 행동해야 한다. 철도사고는 사고 자체가 일어나지 않도록 철저한 안전관리와 예방이 필요하지만, 다양한 원인으로 예상치 못하게 발생한다. 따라서 철도교통을 이용하는 승객 또한 평소에 안전 수칙을 준수하고 비상 상황에서 침착하게 대처하는 훈련이 필요하다.

① 침착함을 잃지 않고 승무원의 안내에 따라 대피해야 한다.
② 화재사고 발생 시 규모가 크지 않다면 빠르게 진화 작업을 해야 한다.
③ 선로에서 대피할 경우 승무원의 안내와 대피 유도등을 따라 대피해야 한다.
④ 열차에서 대피할 때는 탈출이 어려운 사람부터 대피할 수 있도록 도와야 한다.
⑤ 열차사고 발생 시 탈출을 위해 우선 비상핸들을 돌려 열차의 문을 개방해야 한다.

04 다음 글을 읽고 알 수 있는 하향식 읽기 모형의 사례로 적절하지 않은 것은?

> 글을 읽는 것은 단순히 책에 쓰인 문자를 해독하는 것이 아니라 그 안에 담긴 의미를 파악하는 과정
> 이다. 그렇다면 사람들은 어떤 방식으로 글의 의미를 파악할까? 세상의 모든 어휘를 알고 있는 사람
> 은 없을 것이다. 그러나 대부분의 사람들, 특히 고등교육을 받은 성인들은 자신이 잘 모르는 어휘가
> 있더라도 글의 전체적인 맥락과 의미를 파악할 수 있다. 이를 설명해 주는 것이 바로 하향식 읽기
> 모형이다.
> 하향식 읽기 모형은 독자가 이미 알고 있는 배경지식과 경험을 바탕으로 글의 전체적인 맥락을 먼저
> 파악하는 방식이다. 하향식 읽기 모형은 독자의 능동적인 참여를 활용하는 읽기로, 여기서 독자는
> 단순히 글을 받아들이는 수동적인 존재가 아니라 자신의 지식과 경험을 활용하여 글의 의미를 구성
> 해 나가는 주체적인 역할을 한다. 이때 독자는 글의 내용을 예측하고 추론하며, 심지어 자신의 생각
> 을 더하여 글에 대한 이해를 넓혀갈 수 있다.
> 하향식 읽기 모형의 장점은 빠르고 효율적인 독서가 가능하다는 것이다. 글의 전체적인 맥락을 먼저
> 파악하기 때문에 글의 핵심 내용을 빠르게 파악할 수 있고, 배경지식을 활용하여 더 깊이 있는 이해
> 를 얻을 수 있다. 또한 예측과 추론을 통한 능동적인 독서는 독서에 대한 흥미를 높여 주는 효과도
> 있다.
> 그러나 하향식 읽기 모형은 독자의 배경지식에 의존하여 읽는 방법이므로 배경지식이 부족한 경우
> 글의 의미를 정확하게 파악하기 어려울 수 있으며, 배경지식에 의존하여 오해를 할 가능성도 크다.
> 또한 글의 내용이 복잡하다면 많은 배경지식을 가지고 있더라도 글의 맥락을 적극적으로 가정하거
> 나 추측하기 어려운 것 또한 하향식 읽기 모형의 단점이 된다.
> 하향식 읽기 모형은 글의 내용을 빠르게 이해하고 독자 스스로 내면화할 수 있으므로 독서 능력 향
> 상에 유용한 방법이다. 그러나 모든 글에 동일하게 적용할 수 있는 읽기 모형은 아니므로 글의 종류
> 와 독자의 배경지식에 따라 적절한 읽기 전략을 사용해야 한다. 따라서 하향식 읽기 모형과 함께
> 상향식 읽기(문자의 정확한 해독), 주석 달기, 소리 내어 읽기 등 다양한 읽기 전략을 활용하여야
> 한다.

① 회의 자료를 읽기 전 회의 주제를 먼저 파악하여 회의 안건을 예상하였다.

② 기사의 헤드라인을 먼저 읽어 기사의 내용을 유추한 뒤 상세 내용을 읽었다.

③ 제품 설명서를 읽어 제품의 기능과 각 버튼의 용도를 파악하고 기계를 작동시켰다.

④ 요리법의 전체적인 조리 과정을 파악하고 단계별로 필요한 재료와 순서를 확인하였다.

⑤ 서문이나 목차를 통해 책의 전체적인 흐름을 파악하고 관심 있는 부분을 집중적으로 읽었다.

05 농도가 15%인 소금물 200g과 농도가 20%인 소금물 300g을 섞었을 때, 섞인 소금물의 농도는?

① 17%   ② 17.5%

③ 18%   ④ 18.5%

⑤ 19%

06 남직원 A ~ C, 여직원 D ~ F 6명이 일렬로 앉고자 한다. 여직원끼리 인접하지 않고, 여직원 D와 남직원 B가 서로 인접하여 앉는 경우의 수는?

① 12가지   ② 20가지

③ 40가지   ④ 60가지

⑤ 120가지

07 다음과 같이 일정한 규칙으로 수를 나열할 때 빈칸에 들어갈 수로 옳은 것은?

	-23	-15	-11	5	13	25	(	)	45	157	65

① 49   ② 53

③ 57   ④ 61

⑤ 65

08 다음은 K시의 유치원, 초·중·고등학교, 고등교육기관의 취학률 및 초·중·고등학교의 상급학교 진학률에 대한 자료이다. 이에 대한 설명으로 옳지 않은 것은?

〈유치원, 초·중·고등학교, 고등교육기관 취학률〉

(단위 : %)

구분	2014년	2015년	2016년	2017년	2018년	2019년	2020년	2021년	2022년	2023년
유치원	45.8	45.2	48.3	50.6	51.6	48.1	44.3	45.8	49.7	52.8
초등학교	98.7	99	98.6	98.9	99.3	99.6	98.1	98.1	99.5	99.9
중학교	98.5	98.6	98.1	98	98.9	98.5	97.1	97.6	97.5	98.2
고등학교	95.3	96.9	96.2	95.4	96.2	94.7	92.1	93.7	95.2	95.6
고등교육기관	65.6	68.9	64.9	66.2	67.5	69.2	70.8	71.7	74.3	73.5

〈초·중·고등학교 상급학교 진학률〉

(단위 : %)

구분	2014년	2015년	2016년	2017년	2018년	2019년	2020년	2021년	2022년	2023년
초등학교	100	100	100	100	100	100	100	100	100	100
중학교	99.7	99.7	99.7	99.7	99.7	99.7	99.7	99.7	99.7	99.6
고등학교	93.5	91.8	90.2	93.2	91.7	90.5	91.4	92.6	93.9	92.8

① 중학교의 취학률은 매년 97% 이상이다.
② 매년 취학률이 가장 높은 기관은 초등학교이다.
③ 고등교육기관의 취학률이 70%를 넘긴 해는 2020년부터이다.
④ 2023년에 중학교에서 고등학교로 진학하지 않은 학생의 비율은 전년 대비 감소하였다.
⑤ 고등교육기관의 취학률이 가장 낮은 해와 고등학교의 상급학교 진학률이 가장 낮은 해는 같다.

09 다음은 A기업과 B기업의 2024년 1 ~ 6월 매출액에 대한 자료이다. 이를 그래프로 옮겼을 때의 개형으로 옳은 것은?

〈2024년 1 ~ 6월 A, B기업 매출액〉

(단위 : 억 원)

구분	2024년 1월	2024년 2월	2024년 3월	2024년 4월	2024년 5월	2024년 6월
A기업	307.06	316.38	315.97	294.75	317.25	329.15
B기업	256.72	300.56	335.73	313.71	296.49	309.85

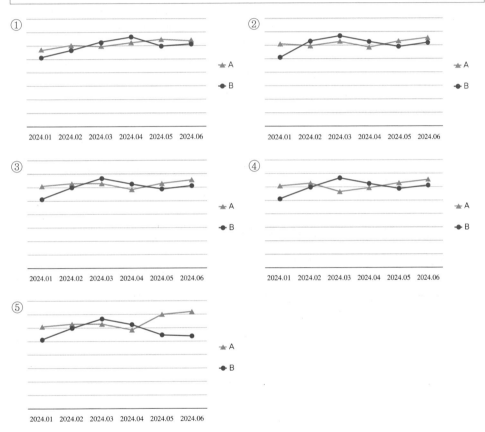

10 다음은 스마트 팜을 운영하는 K사에 대한 SWOT 분석 결과이다. 이에 따른 전략이 나머지와 다른 것은?

<K사 스마트 팜 SWOT 분석 결과>

구분		분석 결과
내부환경요인	강점 (Strength)	• 차별화된 기술력 : 기존 스마트 팜 솔루션과 차별화된 센서 기술, AI 기반 데이터 분석 기술 보유 • 젊고 유연한 조직 : 빠른 의사결정과 시장 변화에 대한 적응력 • 정부 사업 참여 경험 : 스마트 팜 관련 정부 사업 참여 가능성
	약점 (Weakness)	• 자금 부족 : 연구개발, 마케팅 등에 필요한 자금 확보 어려움 • 인력 부족 : 다양한 분야의 전문 인력 확보 필요 • 개발력 부족 : 신규 기술 개발 속도 느림
외부환경요인	기회 (Opportunity)	• 스마트 팜 시장 성장 : 스마트 팜에 대한 관심 증가와 이에 따른 정부의 적극적인 지원 • 해외 시장 진출 가능성 : 글로벌 스마트 팜 시장 진출 기회 확대 • 활발한 관련 연구 : 스마트 팜 관련 공동연구 및 포럼, 설명회 등 정보 교류가 활발하게 논의
	위협 (Threat)	• 경쟁 심화 : 후발 주자의 등장과 기존 대기업의 시장 장악 가능성 • 기술 변화 : 빠르게 변화하는 기술 트렌드에 대한 대응 어려움 • 자연재해 : 기후 변화 등 예측 불가능한 자연재해로 인한 피해 가능성

① 정부 지원을 바탕으로 연구개발에 필요한 자금을 확보

② 스마트 팜 관련 공동연구에 참가하여 빠르게 신규 기술을 확보

③ 스마트 팜에 대한 높은 관심을 바탕으로 온라인 펀딩을 통해 자금을 확보

④ 포럼 등 설명회에 적극적으로 참가하여 전문 인력 확충을 위한 인맥을 확보

⑤ 스마트 팜 관련 정부 사업 참여 경험을 바탕으로 정부의 적극적인 지원을 확보

11 다음 대화에서 공통적으로 나타나는 논리적 오류로 가장 적절한 것은?

> A : 반려견 출입 금지라고 쓰여 있는 카페에 갔는데 거절당했어. 반려견 출입 금지면 고양이는 괜찮은 거 아니야?
> B : 어제 직장동료가 "조심히 들어가세요."라고 했는데 집에 들어갈 때만 조심하라는 건가?
> C : 친구가 비가 와서 우울하다고 했는데, 비가 안 오면 행복해지겠지?
> D : 이웃을 사랑하라는 선생님의 가르침을 실천하기 위해 사기를 저지른 이웃을 숨겨 주었어.
> E : 의사가 건강을 위해 채소를 많이 먹으라고 하던데 앞으로는 채소만 먹으면 되겠어.
> F : 긍정적인 생각을 하면 좋은 일이 생기니까 아무리 나쁜 일이 있어도 긍정적으로만 생각하면 될 거야.

① 무지의 오류
② 연역법의 오류
③ 과대해석의 오류
④ 허수아비 공격의 오류
⑤ 권위나 인신공격에 의존한 논증

12 A~E열차를 운행거리가 가장 긴 순서대로 나열하려고 한다. 운행시간 및 평균 속력이 다음과 같을 때, C열차는 몇 번째로 운행거리가 긴 열차인가?(단, 열차 대기시간은 고려하지 않는다)

<A ~ E열차 운행시간 및 평균 속력>

구분	운행시간	평균 속력
A열차	900분	50m/s
B열차	10시간 30분	150km/h
C열차	8시간	55m/s
D열차	720분	2.5km/min
E열차	10시간	2.7km/min

① 첫 번째   ② 두 번째
③ 세 번째   ④ 네 번째
⑤ 다섯 번째

13 다음 글에서 나타난 문제해결 절차의 단계로 가장 적절한 것은?

> K대학교 기숙사는 최근 학생들의 불만이 끊이지 않고 있다. 특히, 식사의 질이 낮고, 시설이 노후화되었으며, 인터넷 연결 상태가 불안정하다는 의견이 많았다. 이에 K대학교 기숙사 운영위원회는 문제해결을 위해 긴급회의를 소집했다.
>
> 회의에서 학생 대표들은 식단의 다양성 부족, 식재료의 신선도 문제, 식당 내 위생 상태 불량 등을 지적했다. 또한, 시설 관리 담당자는 건물 외벽의 균열, 낡은 가구, 잦은 누수 현상 등 시설 노후화 문제를 강조했다. IT 담당자는 기숙사 내 와이파이 연결 불안정, 인터넷 속도 저하 등 통신환경 문제를 제기했다.
>
> 운영위원회는 이러한 다양한 의견을 종합하여 문제를 더욱 구체적으로 분석하기로 결정했다. 먼저, 식사 문제의 경우 학생들의 식습관 변화에 따른 메뉴 구성의 문제점, 식자재 조달 과정의 비효율성, 조리 시설의 부족 등의 문제점을 파악했다. 시설 문제는 건물의 노후화로 인한 안전 문제, 에너지 효율 저하, 학생들의 편의성 저하 등으로 세분화했다. 마지막으로, 통신환경 문제는 기존 네트워크 장비의 노후화, 학생 수 증가에 따른 네트워크 부하 증가 등의 세부 문제가 제시되었다.

① 문제 인식 ② 문제 도출
③ 원인 분석 ④ 해결안 개발
⑤ 실행 및 평가

14 다음 중 빈칸에 들어갈 단어로 가장 적절한 것은?

> 감사원의 조사 결과 J공사는 공공사업을 위해 투입된 세금을 본래의 목적에 사용하지 않고 무단으로 _____했음이 밝혀졌다.

① 전용(轉用) ② 남용(濫用)
③ 적용(適用) ④ 활용(活用)
⑤ 준용(遵用)

15 다음 중 비행을 하기 위한 시조새의 신체 조건으로 가장 적절한 것은?

> 시조새(Archaeopteryx)는 약 1억 5천만 년 전 중생대 쥐라기 시대에 살았던 고대 생물로, 조류와 공룡의 중간 단계에 위치한 생물이다. 1861년 독일 바이에른 지방에 있는 졸른호펜 채석장에서 화석이 발견된 이후, 시조새는 조류의 기원과 공룡에서 새로의 진화 과정을 밝히는 데 중요한 단서를 제공해 왔다. '시조(始祖)'라는 이름에서 알 수 있듯이 시조새는 현대 조류의 조상으로 여겨지며 고생물학계에서 매우 중요한 연구 대상으로 취급된다.
>
> 시조새는 오늘날의 새와는 여러 가지 차이점이 있다. 이빨이 있는 부리, 긴 척추뼈로 이루어진 꼬리, 그리고 날개에 있는 세 개의 갈고리 발톱은 공룡의 특징을 잘 보여준다. 비록 현대 조류처럼 가슴뼈가 비행에 최적화된 형태로 발달되지는 않았지만, 갈비뼈와 팔에 강한 근육이 붙어있어 짧은 거리를 활강하거나 나뭇가지 사이를 오르내리며 이동할 수 있었던 것으로 추정된다.
>
> 한편, 시조새는 비대칭형 깃털을 가진 최초의 동물 중 하나로, 이는 비행을 하기에 적합한 형태이다. 시조새의 깃털은 현대의 날 수 있는 조류처럼 바람을 맞는 곳의 깃털은 짧고, 뒤쪽은 긴 형태인데, 이러한 비대칭형 깃털은 양력을 제공해 짧은 거리의 활강을 가능하게 했으며, 새의 조상으로서 비행의 초기 형태를 보여준다. 이로 인해 시조새는 공룡에서 새로 이어지는 진화 과정을 이해하는 데 있어 중요한 생물학적 증거로 여겨지고 있다.
>
> 시조새의 화석 연구는 당시의 생태계에 대한 정보도 제공하고 있다. 시조새는 열대 우림이나 활엽수림 근처에서 생활하며 나뭇가지를 오르내렸을 가능성이 큰 것으로 추정된다. 시조새의 이동 방식에 대해서는 여러 가설이 존재하지만, 짧은 거리의 활강을 통해 먹이를 찾고 이동했을 것이라는 주장이 유력하다.
>
> 결론적으로 시조새는 공룡과 새의 특성을 모두 가진 중간 단계의 생물로, 진화의 과정을 이해하는 데 핵심적인 역할을 한다. 시조새의 다양한 신체적 특징들은 공룡에서 새로 이어지는 진화의 연결 고리를 보여주며, 조류 비행의 기원을 이해하는 중요한 증거로 평가된다.

① 날개 사이에 근육질의 익막이 있다.
② 날개에는 세 개의 갈고리 발톱이 있다.
③ 날개의 깃털이 비대칭 구조로 형성되어 있다.
④ 척추뼈가 꼬리까지 이어지는 유선형 구조이다.
⑤ 현대 조류처럼 가슴뼈가 비행에 최적화된 구조이다.

16 다음 글의 주제로 가장 적절한 것은?

> 사람들에게 의학을 대표하는 인물을 물어본다면 대부분 히포크라테스(Hippocrates)를 떠올릴 것이다. 히포크라테스는 당시 신의 징벌이나 초자연적인 힘으로 생각되었던 질병을 관찰을 통해 자연적 현상으로 이해하였고, 당시 마술이나 철학으로 여겨졌던 의학을 분리하였다. 이에 따라 의사라는 직업이 과학적인 기반 위에 만들어지게 되었다. 현재에는 의학의 아버지로 불리며 히포크라테스 선서라고 불리는 의사의 윤리적 기준을 저술한 것으로 알려져 있다. 이처럼 히포크라테스는 서양의학의 상징으로 받아들여지지만, 서양의학에 절대적인 영향을 준 사람은 클라우디오스 갈레노스(Claudius Galenus)이다.
>
> 갈레노스는 로마 시대 검투사 담당의에서 황제 마르쿠스 아우렐리우스의 주치의로 활동한 의사로, 해부학, 생리학, 병리학에 걸친 방대한 의학체계를 집대성하여 이후 1,000년 이상 서양의학의 토대를 닦았다. 당시에는 인체의 해부가 금지되어 있었기 때문에 갈레노스는 원숭이, 돼지 등을 사용하여 해부학적 지식을 쌓았으며, 임상 실험을 병행하여 의학적 지식을 확립하였다. 이러한 해부 및 실험을 통해 갈레노스는 여러 장기의 기능을 밝히고, 근육과 뼈를 구분하였으며, 심장의 판막이나 정맥과 동맥의 차이점 등을 밝혀내거나, 혈액이 혈관을 통해 신체 말단까지 퍼져나가며 신진대사를 조절하는 물질을 운반한다고 밝혀냈다. 물론 갈레노스도 히포크라테스가 주장한 4원소에 따른 4체액설(혈액, 담즙, 황담즙, 흑담즙)을 믿거나 피를 뽑아 치료하는 사혈법을 주장하는 등 현대 의학과는 거리가 있지만, 당시에 의학 이론을 해부와 실험을 통해 증명하고 방대한 저술을 남겼다는 놀라운 업적을 가지고 있으며, 이것이 실제로 가장 오랫동안 서양의학을 실제로 지배하는 토대가 되었다.

① 갈레노스의 생애와 의학의 발전
② 고대에서 현대까지 해부학의 발전 과정
③ 히포크라테스 선서에 의한 전문직의 도덕적 기준
④ 히포크라테스와 갈레노스가 서양의학에 끼친 영향과 중요성
⑤ 히포크라테스와 갈레노스의 4체액설이 현대 의학에 끼친 영향

17 다음 중 제시된 단어와 가장 비슷한 단어는?

비상구

① 진입로   ② 출입구

③ 돌파구   ④ 여울목

⑤ 탈출구

18 A열차가 어떤 터널을 진입하고 5초 후 B열차가 같은 터널에 진입하였다. 그로부터 5초 후 B열차가 터널을 빠져나왔고 5초 후 A열차가 터널을 빠져나왔다. A열차가 터널을 빠져나오는 데 걸린 시간이 14초일 때, B열차는 A열차보다 몇 배 빠른가?(단, A열차와 B열차 모두 속력의 변화는 없으며, 두 열차의 길이는 서로 같다)

① 2배   ② 2.5배

③ 3배   ④ 3.5배

⑤ 4배

19 A팀은 5일부터 5일마다 회의실을 사용하고, B팀은 4일부터 4일마다 회의실을 사용하기로 하였으며, 두 팀이 사용하고자 하는 날이 겹칠 경우에는 A, B팀이 번갈아가며 사용하기로 하였다. 어느 날 A팀과 B팀이 사용하고자 하는 날이 겹쳤을 때, 겹친 날을 기준으로 A팀이 9번, B팀이 8번 회의실을 사용했다면, 이때까지 A팀은 회의실을 최대 몇 번 이용하였는가?(단, 회의실 사용일이 첫 번째로 겹친 날에는 A팀이 먼저 사용하였으며, 회의실 사용일은 주말 및 공휴일도 포함한다)

① 61회   ② 62회

③ 63회   ④ 64회

⑤ 65회

20 다음 모스 굳기 10단계에 해당하는 광물 A ~ C가 〈조건〉을 만족할 때, 이에 대한 설명으로 옳은 것은?

〈모스 굳기 10단계〉

단계	1단계	2단계	3단계	4단계	5단계
광물	활석	석고	방해석	형석	인회석
단계	6단계	7단계	8단계	9단계	10단계
광물	정장석	석영	황옥	강옥	금강석

• 모스 굳기 단계의 단계가 낮을수록 더 무른 광물이고, 단계가 높을수록 단단한 광물이다.
• 단계가 더 낮은 광물로 단계가 더 높은 광물을 긁으면 긁힘 자국이 생기지 않는다.
• 단계가 더 높은 광물로 단계가 더 낮은 광물을 긁으면 긁힘 자국이 생긴다.

조건

• 광물 A로 광물 B를 긁으면 긁힘 자국이 생기지 않는다.
• 광물 A로 광물 C를 긁으면 긁힘 자국이 생긴다.
• 광물 B로 광물 C를 긁으면 긁힘 자국이 생긴다.
• 광물 B는 인회석이다.

① 광물 C는 석영이다.
② 광물 A는 방해석이다.
③ 광물 A가 가장 무르다.
④ 광물 B가 가장 단단하다.
⑤ 광물 B는 모스 굳기 단계가 7단계 이상이다.

21 J공사는 지방에 있는 지점 사무실을 공유 오피스로 이전하고자 한다. 다음 사무실 이전 조건을 참고할 때, 〈보기〉 중 이전할 오피스로 가장 적절한 곳은?

〈사무실 이전 조건〉

• 지점 근무 인원 : 71명
• 사무실 예상 이용 기간 : 5년
• 교통 조건 : 역이나 버스 정류장에서 도보 10분 이내
• 시설 조건 : 자사 홍보영상 제작을 위한 스튜디오 필요, 회의실 필요
• 비용 조건 : 다른 조건이 모두 가능한 공유 오피스 중 가장 저렴한 곳(1년 치 비용 선납 가능)

보기

구분	가용 인원수	보유시설	교통 조건	임대비용
A오피스	100인	라운지, 회의실, 스튜디오, 복사실, 탕비실	A역에서 도보 8분	1인당 연간 600만 원
B오피스	60인	회의실, 스튜디오, 복사실	B정류장에서 도보 5분	1인당 월 40만 원
C오피스	100인	라운지, 회의실, 스튜디오	C역에서 도보 7분	월 3,600만 원
D오피스	90인	회의실, 복사실, 탕비실	D정류장에서 도보 4분	월 3,500만 원 (1년 치 선납 시 8% 할인)
E오피스	80인	라운지, 회의실, 스튜디오	E역과 연결된 사무실	월 3,800만 원 (1년 치 선납 시 10% 할인)

① A오피스   ② B오피스
③ C오피스   ④ D오피스
⑤ E오피스

<에너지바우처>

1. 에너지바우처란?

국민 모두가 시원한 여름, 따뜻한 겨울을 보낼 수 있도록 에너지 취약계층을 위해 에너지바우처(이용권)를 지급하여 전기, 도시가스, 지역난방, 등유, LPG, 연탄을 구입할 수 있도록 지원하는 제도

2. 신청대상 : 소득기준과 세대원 특성기준을 모두 충족하는 세대

- 소득기준 : 국민기초생활 보장법에 따른 생계급여 / 의료급여 / 주거급여 / 교육급여 수급자
- 세대원 특성기준 : 주민등록표 등본상 기초생활수급자(본인) 또는 세대원이 다음 중 어느 하나에 해당하는 경우
  - 노인 : 65세 이상
  - 영유아 : 7세 이하의 취학 전 아동
  - 장애인 : 장애인복지법에 따라 등록한 장애인
  - 임산부 : 임신 중이거나 분만 후 6개월 미만인 여성
  - 중증질환자, 희귀질환자, 중증난치질환자 : 국민건강보험법 시행령에 따라 보건복지부장관이 정하여 고시하는 중증질환, 희귀질환, 중증난치질환을 가진 사람
  - 한부모가족 : 한부모가족지원법에 따른 '모' 또는 '부'로서 아동인 자녀를 양육하는 사람
  - 소년소녀가정 : 보건복지부에서 정한 아동분야 지원대상에 해당하는 사람(아동복지법에 의한 가정위탁보호 아동 포함)
- 지원 제외 대상 : 세대원 모두가 보장시설 수급자
- 다음의 경우 동절기 에너지바우처 중복 지원 불가
  - 긴급복지지원법에 따라 동절기 연료비를 지원받은 자(세대)
  - 한국에너지공단의 등유바우처를 발급받은 자(세대)
  - 한국광해광업공단의 연탄쿠폰을 발급받은 자(세대)
  ※ 하절기 에너지바우처를 사용한 수급자가 동절기에 위 사업들을 신청할 경우 동절기 에너지바우처를 중지 처리한 후 신청함(중지사유 : 타동절기 에너지이용권 수급)
  ※ 동절기 에너지바우처를 일부 사용한 경우 위 사업들은 신청 불가함

3. 바우처 지원금액

구분	1인 세대	2인 세대	3인 세대	4인 이상 세대
하절기	55,700원	73,800원	90,800원	117,000원
동절기	254,500원	348,700원	456,900원	599,300원
총액	310,200원	422,500원	547,700원	716,300원

4. 지원방법

- 요금차감
  - 하절기 : 전기요금 고지서에서 요금을 자동으로 차감
  - 동절기 : 도시가스 / 지역난방 중 하나를 선택하여 고지서에서 요금을 자동으로 차감
- 실물카드 : 동절기 도시가스, 등유, LPG, 연탄을 실물카드(국민행복카드)로 직접 결제

22 다음 중 에너지바우처에 대한 설명으로 옳지 않은 것은?

① 36개월의 아이가 있는 의료급여 수급자 A는 에너지바우처를 신청할 수 있다.

② 혼자서 아이를 3명 키우는 교육급여 수급자 B는 1년에 70만 원을 넘게 지원받을 수 있다.

③ 보장시설인 양로시설에 살면서 생계급여를 받는 70세 독거노인 C는 에너지바우처를 신청할 수 있다.

④ 에너지바우처 기준을 충족하는 D는 겨울에 연탄보일러를 사용하므로 실물카드를 받는 방법으로 지원을 받아야 한다.

⑤ 희귀질환을 앓고 있는 어머니와 함께 단둘이 사는 생계급여 수급자 E는 에너지바우처를 통해 여름에 전기비에서 73,800원이 차감될 것이다.

23 다음은 A, B가족의 에너지바우처 정보이다. A, B가족이 올해 에너지바우처를 통해 지원받는 금액의 총합은 얼마인가?

〈A, B가족의 에너지바우처 정보〉

구분	세대 인원	소득기준	세대원 특성기준	특이사항
A가족	5명	의료급여 수급자	영유아 2명	연탄쿠폰 발급받음
B가족	2명	생계급여 수급자	소년소녀가정	지역난방 이용

① 190,800원

② 539,500원

③ 948,000원

④ 1,021,800원

⑤ 1,138,800원

24 다음 C 프로그램을 실행하였을 때의 결과로 옳은 것은?

```c
#include <stdio.h>
int main() {
    int result=0;
    while (result<2) {
        result=result+1;
        printf("%d\n",result);
        result=result-1;
    }
}
```

① 실행되지 않는다.
② 0
   1

③ 0
   -1
④ 1
   1

⑤ 1이 무한히 출력된다.

25 다음은 A국과 B국의 물가지수 동향에 대한 자료이다. [E2] 셀에 「=ROUND(D2,-1)」를 입력하였을 때, 출력되는 값은?

	A	B	C	D	E
		A국	B국	평균 판매지수	
1					
2	2024년 1월	122.313	112.36	117.3365	
3	2024년 2월	119.741	110.311	115.026	
4	2024년 3월	117.556	115.379	116.4675	
5	2024년 4월	124.739	118.652	121.6955	
6	⋮	⋮	⋮	⋮	
7					

〈A, B국 물가지수 동향〉

① 100
② 105
③ 110
④ 115
⑤ 120

26 다음 중 빈칸에 들어갈 내용으로 가장 적절한 것은?

> 주의력 결핍 과잉행동장애(ADHD)는 학령기 아동에게 흔히 나타나는 질환으로, 주의력 결핍, 과잉 행동, 충동성의 증상을 보인다. 이는 아동의 학교 및 가정생활에 큰 영향을 미치며, 적절한 치료와 관리가 필요하다. ADHD의 원인은 신경화학적 요인과 유전적 요인이 복합적으로 작용하는 것으로 여겨진다. 도파민과 노르에피네프린 같은 신경전달물질의 불균형이 주요 원인으로 지목되며, 가족력이 있는 경우 ADHD 발병 확률이 높아진다. 연구에 따르면, ADHD는 상당한 유전적 연관성을 보이며, 부모나 형제 중에 ADHD를 가진 사람이 있을 경우 그 위험이 증가한다.
>
> 환경적 요인도 ADHD 발병에 영향을 미칠 수 있다. 임신 중 음주, 흡연, 약물 사용 등이 위험을 높일 수 있으며, 조산이나 저체중 출산도 연관성이 있다. 이러한 환경적 요인들은 태아의 뇌 발달에 영향을 미쳐 ADHD 발병 가능성을 증가시킬 수 있다. 그러나 이러한 요인들이 단독으로 ADHD를 유발하는 것은 아니며, 다양한 요인이 복합적으로 작용하여 증상이 나타난다.
>
> ADHD 치료는 약물요법과 비약물요법으로 나뉜다. 약물요법에서는 메틸페니데이트 같은 중추신경 자극제가 널리 사용된다. 이 약물은 도파민과 노르에피네프린의 재흡수를 억제해 증상을 완화한다. 이러한 약물은 주의력 향상과 충동성 감소에 효과적이며, 많은 연구에서 그 효능이 입증되었다. 비약물요법으로는 행동개입 요법과 심리사회적 프로그램이 있다. 이는 구조화된 환경에서 집중을 방해하는 요소를 최소화하고, 연령에 맞는 개입방법을 적용한다. 예를 들어, 학령기 아동에게는 그룹 부모훈련과 교실 내 행동개입 프로그램이 추천된다.
>
> 가정에서는 부모가 아이가 해야 할 일을 목록으로 작성하도록 돕고, 한 번에 한 가지씩 처리하도록 지도해야 한다. 특히 아이의 바람직한 행동에는 칭찬하고, 잘못된 행동에는 책임을 지도록 하는 것이 중요하다. 이러한 방법은 아이의 자존감을 높이고 긍정적인 행동을 강화하는 데 도움이 된다. 학교에서는 과제를 짧게 나누고, 수업이 지루하지 않도록 하며, 규칙과 보상을 일관되게 유지해야 한다. 교사는 ADHD 아동이 주의가 산만해질 수 있는 환경적 요소를 제거하고, 많은 격려와 칭찬을 통해 학습 동기를 유발해야 한다.
>
> ADHD는 완치가 어려운 만성 질환이지만 적절한 치료와 관리를 통해 증상을 개선할 수 있다. 약물 치료와 비약물 치료를 병행하고 가정과 학교에서 적절한 지원이 이루어지면 ADHD 아동도 건강하고 행복한 삶을 영위할 수 있다. 결론적으로, ADHD는 _____
> 따라서 다양한 원인에 부합하는 맞춤형 치료와 환경 조성을 통해 아동의 잠재력을 최대한 발휘할 수 있도록 지원해야 한다. 이는 아동이 자신의 능력을 충분히 발휘하고 성공적인 삶을 살아가는 데 중요한 역할을 한다.

① 완벽한 치료가 불가능한 불치병이다.
② 약물 치료를 통해 쉽게 치료가 가능하다.
③ 다양한 원인이 복합적으로 작용하는 질환이다.
④ 아동에게 적극적으로 개입해 충동성을 감소시켜야 하는 질환이다.

27 다음 중 밑줄 친 단어가 맞춤법상 옳지 않은 것은?

① 김주임은 지난 분기 매출을 조사하여 증가량을 백분율로 표기하였다.

② 젊은 세대를 중심으로 빠른 이직 트렌드가 형성되어 이직률이 높아지고 있다.

③ 이번 학기 출석율이 이전보다 크게 향상되어 학생들의 참여도가 높아지고 있다.

④ 이번 시험의 합격률이 역대 최고치를 기록하며 수험생들에게 희망을 안겨주었다.

28 S공사는 2024년 상반기에 신입사원을 채용하였다. 전체 지원자 중 채용에 불합격한 남성 수와 여성 수의 비율은 같으며, 합격한 남성 수와 여성 수의 비율은 2 : 3이라고 한다. 남성 전체 지원자와 여성 전체 지원자의 비율이 6 : 7일 때, 합격한 남성 수가 32명이면 전체 지원자는 몇 명인가?

① 192명

② 200명

③ 208명

④ 216명

29 다음은 직장가입자 보수월액보험료에 대한 자료이다. A씨가 〈조건〉에 따라 장기요양보험료를 납부할 때, A씨의 2023년 보수월액은?(단, 소수점 첫째 자리에서 반올림한다)

〈직장가입자 보수월액보험료〉

- 개요 : 보수월액보험료는 직장가입자의 보수월액에 보험료율을 곱하여 산정한 금액에 경감 등을 적용하여 부과한다.
- 보험료 산정 방법
  - 건강보험료는 다음과 같이 산정한다.
    (건강보험료)=(보수월액)×(건강보험료율)

    ※ 보수월액 : 동일사업장에서 당해 연도에 지급받은 보수총액을 근무월수로 나눈 금액
  - 장기요양보험료는 다음과 같이 산정한다.
    2022.12.31. 이전 : (장기요양보험료)=(건강보험료)×(장기요양보험료율)

    2023.01.01. 이후 : (장기요양보험료)=(건강보험료)×$\dfrac{(장기요양보험료율)}{(건강보험료율)}$

〈2020 ~ 2024년 보험료율〉

(단위 : %)

구분	2020년	2021년	2022년	2023년	2024년
건강보험료율	6.67	6.86	6.99	7.09	7.09
장기요양보험료율	10.25	11.52	12.27	0.9082	0.9182

조건

- A씨는 K공사에서 2011년 3월부터 2023년 9월까지 근무하였다.
- A씨는 3개월 후 2024년 1월부터 S공사에서 현재까지 근무하고 있다.
- A씨의 2023년 장기요양보험료는 35,120원이었다.

① 3,866,990원
② 3,974,560원
③ 4,024,820원
④ 4,135,970원

30 다음 중 개인정보보호법에서 사용하는 용어에 대한 정의로 옳지 않은 것은?

① '가명처리'란 추가 정보 없이도 특정 개인을 알아볼 수 있도록 처리하는 것을 말한다.

② '정보주체'란 처리되는 정보에 의하여 알아볼 수 있는 사람으로서 그 정보의 주체가 되는 사람을 말한다.

③ '개인정보'란 살아 있는 개인에 관한 정보로서 성명, 주민등록번호 및 영상 등을 통하여 개인을 알아볼 수 있는 정보를 말한다.

④ '처리'란 개인정보의 수집, 생성, 연계, 연동, 기록, 저장, 보유, 가공, 편집, 검색, 출력, 정정, 복구, 이용, 제공, 공개, 파기, 그 밖에 이와 유사한 행위를 말한다.

31 다음은 생활보조금 신청자의 소득 및 결과에 대한 자료이다. 월 소득이 100만 원 이하인 사람은 보조금 지급이 가능하고, 100만 원을 초과한 사람은 보조금 지급이 불가능할 때, 보조금 지급을 받는 사람의 수를 구하는 함수로 옳은 것은?

〈생활보조금 신청자 소득 및 결과〉

	A	B	C	D	E
1	지원번호	소득(만 원)	결과		
2	1001	150	불가능		
3	1002	80	가능		보조금 지급 인원 수
4	1003	120	불가능		
5	1004	95	가능		
6	⋮	⋮	⋮		
7					

① =COUNTIF(A:C,"<=100")   ② =COUNTIF(A:C,<=100)

③ =COUNTIF(B:B,"<=100")   ④ =COUNTIF(B:B,<=100)

32 다음은 초등학생의 주차별 용돈에 대한 자료이다. 빈칸에 들어갈 함수를 바르게 짝지은 것은?(단, 한 달은 4주로 한다)

	A	B	C	D	E	F
			〈초등학생 주차별 용돈〉			
1	학생번호	1주	2주	3주	4주	합계
2	1	7,000	8,000	12,000	11,000	(A)
3	2	50,000	60,000	45,000	55,000	
4	3	70,000	85,000	40,000	55,000	
5	4	10,000	6,000	18,000	14,000	
6	5	24,000	17,000	34,000	21,000	
7	6	27,000	56,000	43,000	28,000	
8	한 달 용돈이 150,000원 이상인 학생 수					(B)

	(A)	(B)
①	$=SUM(B2:E2)$	$=COUNTIF(F2:F7, ">=150,000")$
②	$=SUM(B2:E2)$	$=COUNTIF(B2:E2, ">=150,000")$
③	$=SUM(B2:E2)$	$=COUNTIF(B2:E7, ">=150,000")$
④	$=SUM(B2:E7)$	$=COUNTIF(F2:F7, ">=150,000")$

33 다음 중 빅데이터 분석 기획 절차를 순서대로 바르게 나열한 것은?

① 범위 설정 → 프로젝트 정의 → 위험 계획 수립 → 수행 계획 수립
② 범위 설정 → 프로젝트 정의 → 수행 계획 수립 → 위험 계획 수립
③ 프로젝트 정의 → 범위 정의 → 위험 계획 수립 → 수행 계획 수립
④ 프로젝트 정의 → 범위 설정 → 수행 계획 수립 → 위험 계획 수립

34 다음 중 밑줄 친 부분의 단어가 어법상 옳은 것은?

> K씨는 항상 ㉠ 짜깁기 / 짜집기한 자료로 보고서를 작성했다. 처음에는 아무도 눈치채지 못했지만, 시간이 지나면서 K씨의 작업이 다른 사람들의 것과 비교해 질적으로 떨어지는 것이 분명해졌다. K씨는 결국 동료들 사이에서 ㉡ 뒤처지기 / 뒤쳐지기 시작했고, 격차를 좁히기 위해 더 많은 시간을 투자해야 했다.

	㉠	㉡
①	짜깁기	뒤처지기
②	짜깁기	뒤쳐지기
③	짜집기	뒤처지기
④	짜집기	뒤쳐지기

35 다음 중 공문서 작성 시 유의해야 할 점으로 옳지 않은 것은?

① 한 장에 담아내는 것이 원칙이다.
② 부정문이나 의문문의 형식은 피한다.
③ 마지막엔 반드시 '끝'자로 마무리한다.
④ 날짜 다음에 괄호를 사용할 경우에는 반드시 마침표를 찍는다.

36 영서가 어머니와 함께 40분 동안 만두를 60개 빚었다고 한다. 어머니가 혼자서 1시간 동안 만두를 빚을 수 있는 개수가 영서가 혼자서 1시간 동안 만두를 빚을 수 있는 개수보다 10개 더 많을 때, 영서는 1시간 동안 만두를 몇 개 빚을 수 있는가?

① 30개   ② 35개
③ 40개   ④ 45개

37 대칭수는 순서대로 읽은 수와 거꾸로 읽은 수가 같은 수를 가리키는 말이다. 예컨대, 121, 303, 1,441, 85,058 등은 대칭수이다. 1,000 이상 50,000 미만의 대칭수는 모두 몇 개인가?

① 180개 ② 325개
③ 405개 ④ 490개

38 어떤 자연수 '25□'가 3의 배수일 때, □에 들어갈 수 있는 모든 자연수의 합은?

① 12 ② 13
③ 14 ④ 15

39 바이올린, 호른, 오보에, 플루트 4가지의 악기를 다음 〈조건〉에 따라 좌우로 4칸인 선반에 각각 1대씩 보관하려 한다. 각 칸에는 한 대의 악기만 배치할 수 있을 때, 왼쪽에서 두 번째 칸에 배치할 수 없는 악기는?

> **조건**
> • 호른은 바이올린 바로 왼쪽에 위치한다.
> • 오보에는 플루트 왼쪽에 위치하지 않는다.

① 바이올린 ② 호른
③ 오보에 ④ 플루트

40 다음 중 비영리 조직에 해당하지 않는 것은?

① 교육기관 ② 자선단체
③ 사회적 기업 ④ 비정부기구

41 다음은 D기업의 분기별 재무제표에 대한 자료이다. 2022년 4분기의 영업이익률은 얼마인가?

〈D기업 분기별 재무제표〉

(단위 : 십억 원, %)

구분	2022년 1분기	2022년 2분기	2022년 3분기	2022년 4분기	2023년 1분기	2023년 2분기	2023년 3분기	2023년 4분기
매출액	40	50	80	60	60	100	150	160
매출원가	30	40	70	80	100	100	120	130
매출총이익	10	10	10	( )	−40	0	30	30
판관비	3	5	5	7	8	5	7.5	10
영업이익	7	5	5	( )	−8	−5	22.5	20
영업이익률	17.5	10	6.25	( )	−80	−5	15	12.5

※ (영업이익률)=(영업이익)÷(매출액)×100
※ (영업이익)=(매출총이익)−(판관비)
※ (매출총이익)=(매출액)−(매출원가)

① −30% ② −45%

③ −60% ④ −75%

42 5km/h의 속력으로 움직이는 무빙워크를 이용하여 이동하는 데 36초가 걸렸다. 무빙워크 위에서 무빙워크와 같은 방향으로 4km/h의 속력으로 걸어 이동할 때 걸리는 시간은?

① 10초 ② 15초

③ 20초 ④ 25초

43 다음 순서도에서 출력되는 result 값은?

기호	설명	기호	설명
〈순서도 기호〉			
(둥근 모서리 직사각형)	시작과 끝을 나타낸다.	(마름모)	어느 것을 택할 것인지 판단한다.
(직사각형)	데이터를 입력하거나 계산하는 등의 처리를 한다.	(출력 기호)	선택한 값을 출력한다.

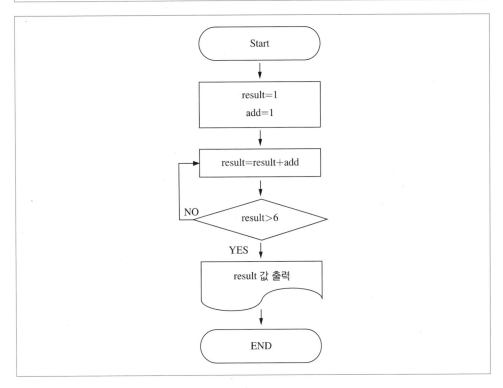

① 11

② 10

③ 9

④ 8

⑤ 7

44 다음은 A컴퓨터 A/S센터의 하드디스크 수리 방문접수 과정에 대한 순서도이다. 하드디스크 데이터 복구를 문의할 때, 출력되는 도형은 무엇인가?

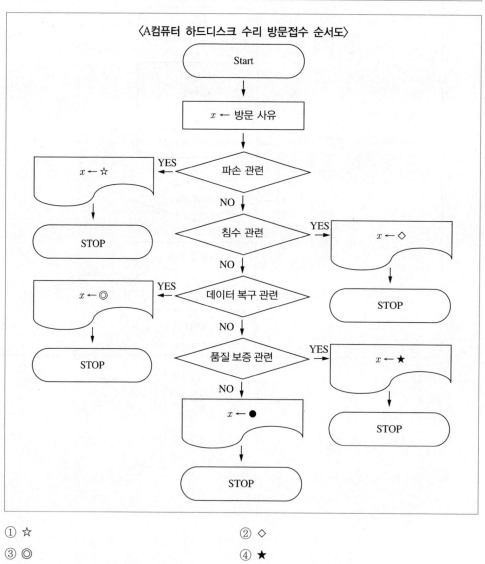

〈순서도 기호〉

기호	설명	기호	설명
	시작과 끝을 나타낸다.		어느 것을 택할 것인지 판단한다.
	데이터를 입력하거나 계산하는 등의 처리를 한다.		선택한 값을 출력한다.

〈A컴퓨터 하드디스크 수리 방문접수 순서도〉

① ☆

② ◇

③ ◎

④ ★

⑤ ●

45 다음은 EAN-13 바코드 부여 규칙에 대한 자료이다. 상품코드의 맨 앞 자릿수가 9일 때, 2 ~ 7번째 자릿수가 '387655'라면 이를 이진코드로 바르게 변환한 것은?

<**EAN-13 바코드 부여 규칙**>

1. 13자리 상품코드의 맨 앞 자릿수에 따라 다음과 같이 변환한다.

상품코드 번호	2 ~ 7번째 자릿수	8 ~ 13번째 자릿수
0	A A A A A A	C C C C C C
1	A A B A B B	C C C C C C
2	A A B B A B	C C C C C C
3	A A B B B A	C C C C C C
4	A B A A B B	C C C C C C
5	A B B A A B	C C C C C C
6	A B B B A A	C C C C C C
7	A B A B A B	C C C C C C
8	A B A B B A	C C C C C C
9	A B B A B A	C C C C C C

2. A, B, C는 다음과 같이 상품코드 번호를 이진코드로 변환한 값이다.

상품코드 번호	A	B	C
0	0001101	0100111	1110010
1	0011001	0110011	1100110
2	0010011	0011011	1101100
3	0111101	0100001	1000010
4	0100011	0011101	1011100
5	0110001	0111001	1001110
6	0101111	0000101	1010000
7	0111011	0010001	1000100
8	0110111	0001001	1001000
9	0001011	0010111	1110100

	2번째 수	3번째 수	4번째 수	5번째 수	6번째 수	7번째 수
①	0111101	0001001	0010001	0101111	0111001	0110001
②	0100001	0001001	0010001	0000101	0111101	0111101
③	0111101	0110111	0111011	0101111	0111001	0111101
④	0100001	0101111	0010001	0010111	0100111	0001011
⑤	0111101	0011001	0010001	0101111	0011001	0111001

※ 다음은 청소 유형별 청소기 사용 방법 및 고장 유형별 확인 사항에 대한 자료이다. 이어지는 질문에 답하시오. [46~47]

〈청소 유형별 청소기 사용 방법〉

유형	사용 방법
일반 청소	1. 기본형 청소구를 장착해 주세요. 2. 작동 버튼을 눌러 주세요.
틈새 청소	1. 기본형 청소구의 입구 돌출부를 누르고 잡아당기면 좁은 흡입구를 꺼낼 수 있습니다. 　반대로 돌출부를 누르면서 밀어 넣으면 좁은 흡입구를 안쪽으로 정리할 수 있습니다. 2. 1.의 좁은 흡입구를 꺼낸 상태에서 돌출부를 시계 방향으로 돌리면 돌출부를 고정할 수 있습니다. 3. 좁은 흡입구를 고정한 후 작동 버튼을 눌러 주세요. 　(좁은 흡입구에는 솔이 함께 들어 있습니다)
카펫 청소	1. 별도의 돌기 청소구로 교체해 주세요. 　(기본형으로도 카펫 청소를 할 수 있으나, 청소 효율이 떨어집니다) 2. 작동 버튼을 눌러 주세요.
스팀 청소	1. 별도의 스팀 청소구로 교체해 주세요. 2. 스팀 청소구의 물통에 물을 충분히 채운 후 뚜껑을 잠가 주세요. 　※ 반드시 전원을 분리한 상태에서 진행해 주세요. 3. 걸레판에 걸레를 부착한 후 스팀 청소구의 노즐에 장착해 주세요. 　※ 반드시 전원을 분리한 상태에서 진행해 주세요. 4. 스팀 청소 버튼을 누르고 안전 스위치를 눌러 주세요. 　※ 안전을 위해 안전 스위치를 누르는 동안에만 스팀이 발생합니다. 　※ 스팀 청소 작업 도중 및 완료 직후에 청소기를 거꾸로 세우거나 스팀 청소구를 눕히면 뜨거운 　　물이 새어 나와 화상을 입을 수 있습니다. 5. 스팀 청소 완료 후 물이 충분히 식은 후 물통 및 스팀 청소구를 분리해 주세요. 　※ 충분히 식지 않은 상태에서 분리 시 뜨거운 물이 새어 나와 화상의 위험이 있습니다.

〈고장 유형별 확인 사항〉

유형	확인 사항
흡입력 약화	• 흡입구, 호스, 먼지통, 먼지분리기에 크기가 큰 이물질이 걸려 있는지 확인해 주세요. • 필터를 교체해 주세요. • 먼지통, 먼지분리기, 필터의 조립 상태를 확인해 주세요.
청소기 미작동	• 전원이 제대로 연결되어 있는지 확인해 주세요.
물 보충 램프 깜빡임	• 물통에 물이 충분한지 확인해 주세요. • 물이 충분히 채워졌어도 꺼질 때까지 시간이 다소 걸립니다. 잠시 기다려 주세요.
스팀 안 나옴	• 물통에 물이 충분한지 확인해 주세요. • 안전 스위치를 눌렀는지 확인해 주세요.
바닥에 물이 남음	• 스팀 청소구를 너무 자주 좌우로 기울이면 물이 소량 새어 나올 수 있습니다. • 걸레가 많이 젖었으므로 걸레를 교체해 주세요.
악취 발생	• 제품 기능상의 문제는 아니므로 고장이 아닙니다. • 먼지통 및 필터를 교체해 주세요. • 스팀 청소구의 물통 등 청결 상태를 확인해 주세요.
소음 발생	• 흡입구, 호스, 먼지통, 먼지분리기에 크기가 큰 이물질이 걸려 있는지 확인해 주세요. • 먼지통, 먼지분리기, 필터의 조립 상태를 확인해 주세요.

46 다음 중 청소 유형별 청소기 사용 방법에 대한 설명으로 옳지 않은 것은?

① 기본형 청소구로 카펫 청소가 가능하다.

② 스팀 청소 직후 통을 분리하면 화상의 위험이 있다.

③ 기본형 청소구를 이용하여 좁은 틈새를 청소할 수 있다.

④ 안전 스위치를 1회 누르면 별도의 외부 입력 없이 스팀을 지속하여 발생시킬 수 있다.

⑤ 스팀 청소 시 물 보충 및 걸레 부착 작업은 반드시 전원을 분리한 상태에서 진행해야 한다.

47 다음 중 고장 유형별 확인 사항이 바르게 연결되어 있지 않은 것은?

① 물 보충 램프 깜빡임 : 잠시 기다리기

② 악취 발생 : 스팀 청소구의 청결 상태 확인하기

③ 흡입력 약화 : 먼지통, 먼지분리기, 필터 교체하기

④ 바닥에 물이 남음 : 물통에 물이 너무 많이 있는지 확인하기

⑤ 소음 발생 : 흡입구, 호스, 먼지통, 먼지분리기의 이물질 걸림 확인하기

48 다음 중 동료의 피드백을 장려하기 위한 방안으로 적절하지 않은 것은?

① 행동과 수행을 관찰한다.

② 즉각적인 피드백을 제공한다.

③ 뛰어난 수행성과에 대해서는 인정한다.

④ 간단하고 분명한 목표와 우선순위를 설정한다.

⑤ 긍정적인 상황에서는 피드백을 자제하는 것도 나쁘지 않다.

49 다음 중 내적 동기를 유발하는 방법으로 적절하지 않은 것은?

① 변화를 두려워하지 않는다.

② 업무 관련 교육을 생략한다.

③ 주어진 일에 책임감을 갖는다.

④ 창의적인 문제해결법을 찾는다.

⑤ 새로운 도전의 기회를 부여한다.

50 다음은 갈등 정도와 조직 성과의 관계에 대한 그래프이다. 이에 대한 설명으로 옳지 않은 것은?

① 적절한 갈등이 있을 경우 가장 높은 조직 성과를 얻을 수 있다.

② 갈등이 없을수록 조직 내부가 결속되어 높은 조직 성과를 보인다.

③ Y점에서는 갈등의 순기능, Z점에서는 갈등의 역기능이 작용한다.

④ 갈등이 없을 경우 낮은 조직 성과를 얻을 수 있다.

⑤ 갈등이 잦을 경우 낮은 조직 성과를 얻을 수 있다.

02 │ 2024 ~ 2023년 주요 공기업 전공 기출복원문제

정답 및 해설 p.014

01   경영

| 코레일 한국철도공사

01 다음 중 테일러의 과학적 관리법과 관계가 없는 것은?

① 시간연구   ② 동작연구
③ 동등 성과급제   ④ 과업관리
⑤ 표준 작업조건

| 코레일 한국철도공사

02 다음 중 근로자가 직무능력 평가를 위해 개인능력평가표를 활용하는 제도는 무엇인가?

① 자기신고제도   ② 직능자격제도
③ 평가센터제도   ④ 직무순환제도
⑤ 기능목록제도

| 코레일 한국철도공사

03 다음 중 데이터베이스 마케팅에 대한 설명으로 옳지 않은 것은?

① 기업 규모와 관계없이 모든 기업에서 활용이 가능하다.
② 기존 고객의 재구매를 유도하며, 장기적인 마케팅 전략 수립이 가능하다.
③ 인구통계, 심리적 특성, 지리적 특성 등을 파악하여 고객별 맞춤 서비스가 가능하다.
④ 단방향 의사소통으로 고객과 1 : 1 관계를 구축하여 즉각적으로 반응을 확인할 수 있다.
⑤ 고객자료를 바탕으로 고객 및 매출 증대에 대한 마케팅 전략을 실행하는 데 목적이 있다.

04

04 다음 중 공정성 이론에서 절차적 공정성에 해당하지 않는 것은?

① 접근성　　　　　　　　　② 반응속도
③ 형평성　　　　　　　　　④ 유연성
⑤ 적정성

05 다음 중 e-비즈니스 기업의 장점으로 옳지 않은 것은?

① 빠른 의사결정을 진행할 수 있다.
② 양질의 고객서비스를 제공할 수 있다.
③ 배송, 물류비 등 각종 비용을 절감할 수 있다.
④ 소비자에게 더 많은 선택권을 부여할 수 있다.
⑤ 기업이 더 높은 가격으로 제품을 판매할 수 있다.

06 다음 중 조직시민행동에 대한 설명으로 옳지 않은 것은?

① 조직 구성원이 수행하는 행동에 대해 의무나 보상이 존재하지 않는다.
② 조직 구성원의 자발적인 참여가 바탕이 되며, 대부분 강제적이지 않다.
③ 조직 내 바람직한 행동을 유도하고, 구성원의 조직 참여도를 제고한다.
④ 조직 구성원의 처우가 좋지 않을수록 조직시민행동은 자발적으로 일어난다.
⑤ 조직의 리더가 구성원으로부터 신뢰를 받을 때 구성원의 조직시민행동이 크게 증가한다.

07 다음 중 분배적 협상의 특징으로 옳지 않은 것은?

① 협상에 따른 이익을 정해진 비율로 분배한다.
② 정보를 숨겨 필요한 정보만 선택적으로 활용한다.
③ 협상을 통해 공동의 이익을 확대(Win - Win)한다.
④ 상호 목표 배치 시 자기의 입장을 명확히 주장한다.
⑤ 간부회의, 밀실회의 등을 통한 의사결정을 주로 진행한다.

08 다음 글에서 설명하는 직무분석방법은?

> • 여러 직무활동을 동시에 기록할 수 있다.
> • 직무활동 전체의 모습을 파악할 수 있다.
> • 직무성과가 외형적일 때 적용이 가능하다.

① 관찰법   ② 면접법
③ 워크 샘플링법   ④ 질문지법
⑤ 연구법

09 다음 중 전문품에 대한 설명으로 옳지 않은 것은?

① 가구, 가전제품 등이 해당된다.
② 제품의 가격이 상대적으로 비싼 편이다.
③ 특정 브랜드에 대한 높은 충성심이 나타난다.
④ 충분한 정보 제공 및 차별화가 중요한 요소로 작용한다.
⑤ 소비자가 해당 브랜드에 대한 충분한 지식이 없는 경우가 많다.

10 다음 중 연속생산에 대한 설명으로 옳은 것은?

① 단위당 생산원가가 낮다.
② 운반비용이 많이 소요된다.
③ 제품의 수명이 짧은 경우 적합한 방식이다.
④ 제품의 수요가 다양한 경우 적합한 방식이다.
⑤ 작업자의 숙련도가 떨어질 경우 작업에 참여시키지 않는다.

11 다음 중 주식 관련 상품에 대한 설명으로 옳지 않은 것은?

① ELF : ELS와 ELD의 중간 형태로, ELS를 기초 자산으로 하는 펀드를 말한다.

② ELB : 채권, 양도성 예금증서 등 안전자산에 주로 투자하며, 원리금이 보장된다.

③ ELD : 수익률이 코스피200지수에 연동되는 예금으로, 주로 정기예금 형태로 판매한다.

④ ELS : 주가지수 또는 종목의 주가 움직임에 따라 수익률이 결정되며, 만기가 없는 증권이다.

⑤ ELT : ELS를 특정금전신탁 계좌에 편입하는 신탁상품으로, 투자자의 의사에 따라 운영한다.

12 다음 중 인사와 관련된 이론에 대한 설명으로 옳지 않은 것은?

① 로크는 인간이 합리적으로 행동한다는 가정에서 개인이 의식적으로 얻으려고 설정한 목표가 동기와 행동에 영향을 미친다고 주장하였다.

② 브룸은 동기 부여에 대해 기대이론을 적용하여 기대감, 적합성, 신뢰성을 통해 구성원의 직무에 대한 동기 부여를 결정한다고 주장하였다.

③ 매슬로는 욕구의 위계를 생리적 욕구, 안전의 욕구, 애정과 공감의 욕구, 존경의 욕구, 자아실현의 욕구로 나누어 단계별로 욕구가 작용한다고 설명하였다.

④ 맥그리거는 인간의 본성에 대해 부정적인 관점인 X이론과 긍정적인 관점인 Y이론이 있으며, 경영자는 조직목표 달성을 위해 근로자의 본성(X, Y)을 파악해야 한다고 주장하였다.

⑤ 허즈버그는 욕구를 동기요인과 위생요인으로 나누었으며, 동기요인에는 인정감, 성취, 성장 가능성, 승진, 책임감, 직무 자체가 해당되고, 위생요인에는 보수, 대인관계, 감독, 직무안정성, 근무환경, 회사의 정책 및 관리가 해당된다.

13 다음 글에 해당하는 마케팅 STP 단계는 무엇인가?

- 서로 다른 욕구를 가지고 있는 다양한 고객들을 하나의 동질적인 고객집단으로 나눈다.
- 인구, 지역, 사회, 심리 등을 기준으로 활용한다.
- 전체시장을 동질적인 몇 개의 하위시장으로 구분하여 시장별로 차별화된 마케팅을 실행한다.

① 시장세분화   ② 시장매력도 평가

③ 표적시장 선정   ④ 포지셔닝

⑤ 재포지셔닝

14 다음 중 BCG 매트릭스에 대한 설명으로 옳지 않은 것은?

① X축은 상대적 시장 점유율, Y축은 성장률을 의미한다.
② 1970년대 미국 보스턴컨설팅그룹에 의해 개발된 경영전략 분석기법이다.
③ 수익이 많고 안정적이어서 현상을 유지하는 것이 필요한 사업은 스타(Star)이다.
④ 물음표(Question), 스타(Star), 현금젖소(Cash Cow), 개(Dog)의 4개 영역으로 구성된다.

15 다음 중 변혁적 리더십의 특성으로 옳지 않은 것은?

① 구성원들은 리더가 이상적이며 높은 수준의 기준과 능력을 지니고 있다고 생각한다.
② 리더는 구성원 모두가 공감할 수 있는 바람직한 목표를 설정하고, 그들이 이를 이해하도록 한다.
③ 리더는 구성원들의 생각, 가치, 신념 등을 발전시키고, 그들이 창의적으로 행동하도록 이끈다.
④ 구성원들을 리더로 얼마나 육성했는지보다 구성원의 성과 측정을 통해 객관성을 가질 수 있다는
   효과가 있다.

16 다음 중 변혁적 리더십의 구성요소에 해당하지 않는 것은?

① 감정적 치유   ② 카리스마
③ 영감적 동기화   ④ 지적 자극

17 다음 중 매트릭스 조직의 단점으로 옳지 않은 것은?

① 책임, 목표, 평가 등에 대한 갈등이 유발되어 혼란을 줄 수 있다.
② 관리자 및 구성원 모두에게 역할 등에 대한 스트레스를 유발할 수 있다.
③ 힘의 균형을 유지하기 어려워 경영자의 개입이 빈번하게 일어날 수 있다.
④ 구성원의 창의력을 저해하고, 문제해결에 필요한 전문지식이 부족할 수 있다.

18 다음 중 가치사슬 분석을 통해 얻을 수 있는 효과로 옳지 않은 것은?

① 프로세스 혁신　　　　　　② 원가 절감
③ 매출 확대　　　　　　　　④ 품질 향상

19 다음 K기업 재무회계 자료를 참고할 때, 기초부채를 계산하면 얼마인가?

- 기초자산 : 100억 원
- 기말자본 : 65억 원
- 총수익 : 35억 원
- 총비용 : 20억 원

① 30억 원　　　　　　　　② 40억 원
③ 50억 원　　　　　　　　④ 60억 원

20 다음 중 ERG 이론에 대한 설명으로 옳지 않은 것은?

① 매슬로의 욕구 5단계설을 발전시켜 주장한 이론이다.
② 인간의 욕구를 중요도 순으로 계층화하여 정의하였다.
③ 인간의 욕구를 존재욕구, 관계욕구, 성장욕구의 3단계로 나누었다.
④ 상위에 있는 욕구를 충족시키지 못하면 하위에 있는 욕구는 더욱 크게 감소한다.

21 다음 중 기업이 사업 다각화를 추진하는 목적으로 볼 수 없는 것은?

① 기업의 지속적인 성장 추구　　　② 사업위험 분산
③ 유휴자원의 활용　　　　　　　④ 기업의 수익성 강화

22 다음 중 종단분석과 횡단분석의 비교가 옳지 않은 것은?

구분	종단분석	횡단분석
방법	시간적	공간적
목표	특성이나 현상의 변화	집단의 특성 또는 차이
표본 규모	큼	작음
횟수	반복	1회

① 방법   ② 목표

③ 표본 규모   ④ 횟수

23 다음 중 향후 채권이자율이 시장이자율보다 높아질 것으로 예상될 때 나타날 수 있는 현상으로 옳은 것은?

① 1년 만기 은행채, 장기신용채 등의 발행이 늘어난다.

② 만기에 가까워질수록 채권가격 상승에 따른 이익을 얻을 수 있다.

③ 채권가격이 액면가보다 높은 가격에 거래되는 할증채 발행이 증가한다.

④ 별도의 이자 지급 없이 채권발행 시 이자금액을 공제하는 방식을 선호하게 된다.

24 다음 중 BCG 매트릭스에 대한 설명으로 옳은 것은?

① 스타(Star) 사업 : 높은 시장점유율로 현금창출은 양호하나, 성장 가능성은 낮은 사업이다.

② 현금젖소(Cash Cow) 사업 : 성장 가능성과 시장점유율이 모두 낮아 철수가 필요한 사업이다.

③ 개(Dog) 사업 : 성장 가능성과 시장점유율이 모두 높아서 계속 투자가 필요한 유망 사업이다.

④ 물음표(Question Mark) 사업 : 신규 사업 또는 현재 시장점유율은 낮으나, 향후 성장 가능성이 높은 사업이다.

25 다음 중 테일러의 과학적 관리법의 특징에 대한 설명으로 옳지 않은 것은?

① 작업량에 따라 임금을 차등하여 지급한다.

② 작업능률을 최대로 높이기 위하여 노동의 표준량을 정한다.

③ 관리에 대한 전문화를 통해 노동자의 태업을 사전에 방지한다.

④ 작업에 사용하는 도구 등을 개별 용도에 따라 다양하게 제작하여 성과를 높인다.

01 다음 중 수요의 가격탄력성에 대한 설명으로 옳지 않은 것은?

① 수요의 가격탄력성은 가격의 변화에 따른 수요의 변화를 의미한다.

② 분모는 상품 가격의 변화량을 상품 가격으로 나눈 값이다.

③ 대체재가 많을수록 수요의 가격탄력성은 탄력적이다.

④ 가격이 1% 상승할 때 수요가 2% 감소하였으면 수요의 가격탄력성은 2이다.

⑤ 가격탄력성이 0보다 크면 탄력적이라고 할 수 있다.

02 다음 중 대표적인 물가지수인 GDP 디플레이터를 구하는 계산식으로 옳은 것은?

① (실질 GDP)÷(명목 GDP)×100

② (명목 GDP)÷(실질 GDP)×100

③ (실질 GDP)+(명목 GDP)÷2

④ (명목 GDP)−(실질 GDP)÷2

⑤ (실질 GDP)÷(명목 GDP)×2

03 다음 〈조건〉을 참고할 때, 한계소비성향(MPC) 변화에 따른 현재 소비자들의 소비 변화폭은?

> **조건**
> • 기존 소비자들의 연간 소득은 3,000만 원이며, 한계소비성향은 0.6을 나타내었다.
> • 현재 소비자들의 연간 소득은 4,000만 원이며, 한계소비성향은 0.7을 나타내었다.

① 700   ② 1,100

③ 1,800   ④ 2,500

⑤ 3,700

04 다음 중 빈칸에 들어갈 단어가 바르게 짝지어진 것은?

> • 환율이 ___㉠___ 하면 순수출이 증가한다.
> • 국내이자율이 높아지면 환율은 ___㉡___ 한다.
> • 국내물가가 오르면 환율은 ___㉢___ 한다.

	㉠	㉡	㉢
①	하락	상승	하락
②	하락	상승	상승
③	하락	하락	하락
④	상승	하락	상승
⑤	상승	하락	하락

05 다음 중 독점적 경쟁시장에 대한 설명으로 옳지 않은 것은?

① 독점적 경쟁시장은 완전경쟁시장과 독점시장의 중간 형태이다.
② 대체성이 높은 제품의 공급자가 시장에 다수 존재한다.
③ 시장진입과 퇴출이 자유롭다.
④ 독점적 경쟁기업의 수요곡선은 우하향하는 형태를 나타낸다.
⑤ 가격경쟁이 비가격경쟁보다 활발히 진행된다.

06 다음 중 고전학파와 케인스학파에 대한 설명으로 옳지 않은 것은?

① 케인스학파는 경기가 침체할 경우, 정부의 적극적 개입이 바람직하지 않다고 주장하였다.
② 고전학파는 임금이 매우 신축적이어서 노동시장이 항상 균형상태에 이르게 된다고 주장하였다.
③ 케인스학파는 저축과 투자가 국민총생산의 변화를 통해 같아지게 된다고 주장하였다.
④ 고전학파는 실물경제와 화폐를 분리하여 설명한다.
⑤ 케인스학파는 단기적으로 화폐의 중립성이 성립하지 않는다고 주장하였다.

07 다음 사례에서 나타나는 현상으로 옳은 것은?

> • 물은 사용 가치가 크지만 교환 가치가 작은 반면, 다이아몬드는 사용 가치가 작지만 교환 가치는
> 크게 나타난다.
> • 한계효용이 작을수록 교환 가치가 작으며, 한계효용이 클수록 교환 가치가 크다.

① 매몰비용의 오류　　　　　　　　② 감각적 소비
③ 보이지 않는 손　　　　　　　　　④ 가치의 역설
⑤ 희소성

08 다음 자료를 참고하여 실업률을 구하면 얼마인가?

> • 생산가능인구 : 50,000명
> • 취업자 : 20,000명
> • 실업자 : 5,000명

① 10%　　　　　　　　　　　　　② 15%
③ 20%　　　　　　　　　　　　　④ 25%
⑤ 30%

09 J기업이 다음 〈조건〉과 같이 생산량을 늘린다고 할 때, 한계비용은 얼마인가?

> **조건**
> • J기업의 제품 1단위당 노동가격은 4, 자본가격은 6이다.
> • J기업은 제품 생산량을 50개에서 100개로 늘리려고 한다.
> • 평균비용 $P = 2L + K + \dfrac{100}{Q}$ (L : 노동가격, K : 자본가격, Q : 생산량)

① 10　　　　　　　　　　　　　　② 12
③ 14　　　　　　　　　　　　　　④ 16

10 다음은 A국과 B국이 노트북 1대와 TV 1대를 생산하는 데 필요한 작업 시간을 나타낸 자료이다. A국과 B국의 비교우위에 대한 설명으로 옳은 것은?

구분	노트북	TV
A국	6시간	8시간
B국	10시간	8시간

① A국이 노트북, TV 생산 모두 비교우위에 있다.
② B국이 노트북, TV 생산 모두 비교우위에 있다.
③ A국은 노트북 생산, B국은 TV 생산에 비교우위가 있다.
④ A국은 TV 생산, B국은 노트북 생산에 비교우위가 있다.

11 다음 중 다이내믹 프라이싱에 대한 설명으로 옳지 않은 것은?

① 동일한 제품과 서비스에 대한 가격을 시장 상황에 따라 변화시켜 적용하는 전략이다.
② 호텔, 항공 등의 가격을 성수기 때 인상하고, 비수기 때 인하하는 것이 대표적인 예이다.
③ 기업은 소비자별 맞춤형 가격을 통해 수익을 극대화할 수 있다.
④ 소비자 후생이 증가해 소비자의 만족도가 높아진다.

12 다음 〈보기〉 중 빅맥 지수에 대한 설명으로 옳은 것을 모두 고르면?

보기
㉠ 빅맥 지수를 최초로 고안한 나라는 미국이다.
㉡ 각 나라의 물가수준을 비교하기 위해 고안된 지수로, 구매력 평가설을 근거로 한다.
㉢ 맥도날드 빅맥 가격을 기준으로 한 이유는 전 세계에서 가장 동질적으로 판매되고 있는 상품이기 때문이다.
㉣ 빅맥 지수를 구할 때 빅맥 가격은 제품 가격과 서비스 가격의 합으로 계산한다.

① ㉠, ㉡
② ㉠, ㉢
③ ㉡, ㉢
④ ㉡, ㉣

13 다음 중 확장적 통화정책의 영향으로 옳은 것은?

① 건강보험료가 인상되어 정부의 세금 수입이 늘어난다.

② 이자율이 하락하고, 소비 및 투자가 감소한다.

③ 이자율이 상승하고, 환율이 하락한다.

④ 은행이 채무불이행 위험을 줄이기 위해 더 높은 이자율과 담보 비율을 요구한다.

14 다음 중 노동의 수요공급곡선에 대한 설명으로 옳지 않은 것은?

① 노동 수요는 파생수요라는 점에서 재화시장의 수요와 차이가 있다.

② 상품 가격이 상승하면 노동 수요곡선은 오른쪽으로 이동한다.

③ 토지, 설비 등이 부족하면 노동 수요곡선은 오른쪽으로 이동한다.

④ 노동에 대한 인식이 긍정적으로 변화하면 노동 공급곡선은 오른쪽으로 이동한다.

15 다음 〈조건〉에 따라 S씨가 할 수 있는 최선의 선택은?

> **조건**
> • S씨는 퇴근 후 운동을 할 계획으로 헬스, 수영, 자전거, 달리기 중 하나를 고르려고 한다.
> • 각 운동이 주는 만족도(이득)는 헬스 5만 원, 수영 7만 원, 자전거 8만 원, 달리기 4만 원이다.
> • 각 운동에 소요되는 비용은 헬스 3만 원, 수영 2만 원, 자전거 5만 원, 달리기 3만 원이다.

① 헬스   ② 수영

③ 자전거   ④ 달리기

03 법

| 서울교통공사

01 다음 중 노동법의 성질이 다른 하나는?

① 산업안전보건법
② 남녀고용평등법
③ 산업재해보상보험법
④ 근로자참여 및 협력증진에 관한 법
⑤ 고용보험법

| 서울교통공사

02 다음 〈보기〉 중 용익물권에 해당하는 것을 모두 고르면?

> **보기**
>
> 가. 지상권 나. 점유권
> 다. 지역권 라. 유치권
> 마. 전세권 바. 저당권

① 가, 다, 마 ② 가, 라, 바
③ 나, 라, 바 ④ 다, 라, 마
⑤ 라, 마, 바

03 다음 중 선고유예와 집행유예의 내용에 대한 분류가 옳지 않은 것은?

구분	선고유예	집행유예
실효	유예한 형을 선고	유예선고의 효력 상실
요건	1년 이하 징역·금고, 자격정지, 벌금	3년 이하 징역·금고, 500만 원 이하의 벌금형
유예기간	1년 이상 5년 이하	2년
효과	면소	형의 선고 효력 상실

① 실효　　　　　　　　　　　　② 요건
③ 유예기간　　　　　　　　　　④ 효과
⑤ 없음

04 다음 〈보기〉 중 형법상 몰수가 되는 것은 모두 몇 개인가?

> **보기**
> • 범죄행위에 제공한 물건
> • 범죄행위에 제공하려고 한 물건
> • 범죄행위로 인하여 생긴 물건
> • 범죄행위로 인하여 취득한 물건
> • 범죄행위의 대가로 취득한 물건

① 1개　　　　　　　　　　　　② 2개
③ 3개　　　　　　　　　　　　④ 4개
⑤ 5개

05 다음 중 상법상 법원이 아닌 것은?

① 판례　　　　　　　　　　　　② 조례
③ 상관습법　　　　　　　　　　④ 상사자치법
⑤ 보통거래약관

┃ 코레일 한국철도공사

01 다음 중 질량 10kg의 물을 10℃에서 60℃로 가열할 때 필요한 열량은?

① 2,100kJ ② 2,300kJ

③ 2,500kJ ④ 2,700kJ

⑤ 2,900kJ

┃ 코레일 한국철도공사

02 다음 〈보기〉 중 이상기체의 내부에너지와 엔탈피에 대한 설명으로 옳은 것을 모두 고르면?

> **보기**
> ㄱ. n몰의 단원자 분자 기체의 내부에너지와 다원자 분자 기체의 내부에너지는 같다.
> ㄴ. n몰의 단원자 분자인 이상기체의 내부에너지는 절대온도만의 함수이다.
> ㄷ. n몰의 단원자 분자인 이상기체의 엔탈피는 절대온도만의 함수이다.
> ㄹ. 이상기체의 엔탈피는 이상기체의 무질서도를 표현한 함수이다.

① ㄱ, ㄴ ② ㄱ, ㄹ

③ ㄴ, ㄷ ④ ㄴ, ㄹ

⑤ ㄷ, ㄹ

┃ 코레일 한국철도공사

03 다음 중 자동차의 안정적인 선회를 위해 사용하는 차동 기어 장치에서 찾아볼 수 없는 것은?

① 링기어 ② 베벨기어

③ 스퍼기어 ④ 유성기어

⑤ 태양기어

04 다음 중 소르바이트 조직을 얻기 위한 열처리 방법은?

① 청화법
② 침탄법
③ 마퀜칭
④ 질화법
⑤ 파텐팅

05 다음 중 축과 보스를 결합하기 위해 축에 삼각형 모양의 톱니를 새긴 가늘고 긴 키 홈은?

① 묻힘키
② 세레이션
③ 둥근키
④ 테이퍼
⑤ 스플라인

06 다음 중 카르노 사이클에서 열을 공급받는 과정은?

① 정적 팽창 과정
② 정압 팽창 과정
③ 등온 팽창 과정
④ 단열 팽창 과정
⑤ 열을 공급받지 않는다.

07 다음 중 정적 가열과 정압 가열이 동시에 이루어지는 고속 디젤 엔진의 사이클은?

① 오토 사이클
② 랭킨 사이클
③ 브레이턴 사이클
④ 사바테 사이클
⑤ 카르노 사이클

08 다음 중 담금질 효과가 가장 작은 것은?

① 페라이트
② 펄라이트
③ 오스테나이트
④ 마텐자이트
⑤ 시멘타이트

09 다음 중 하중의 크기와 방향이 주기적으로 반복하여 변하면서 작용하는 하중은?

① 정하중
② 교번하중
③ 반복하중
④ 충격하중
⑤ 임의진동하중

10 다음 중 운동에너지를 압력에너지로 변환시키는 장치는?

① 노즐
② 액추에이터
③ 디퓨저
④ 어큐뮬레이터
⑤ 피스톤 로드

11 리벳 이음 중 평행형 겹치기 이음에서 판의 끝부분에서 가장 가까운 리벳의 구멍 열 중심까지의 거리를 무엇이라 하는가?

① 마진
② 피치
③ 뒷피치
④ 리드
⑤ 유효지름

12 다음 중 단면 1차 모멘트에 대한 설명으로 옳지 않은 것은?

① 단면 1차 모멘트의 차원은 L^3이다.
② 단면 1차 모멘트의 값은 항상 양수이다.
③ 중공형 단면의 1차 모멘트는 전체 형상의 단면 1차 모멘트에서 뚫린 형상의 단면 1차 모멘트를 제하여 구한다.
④ 임의 형상에 대한 단면 1차 모멘트는 미소 면적에 대한 단면 1차 모멘트를 전체 면적에 대해 적분하여 구한다.

13 다음 중 알루미늄 호일을 뭉치면 물에 가라앉지만, 같은 양의 호일로 배 형상을 만들면 물에 뜨는 이유로 옳은 것은?

① 부력은 물체의 밀도와 관련이 있다.
② 부력은 유체에 잠기는 영역의 부피와 관련이 있다.
③ 부력은 중력과 관련이 있다.
④ 부력은 유체와 물체 간 마찰력과 관련이 있다.

14 다음 중 백주철을 열처리한 것으로, 강도, 인성, 내식성 등이 우수하여 유니버설 조인트 등에 사용되는 주철은?

① 회주철

② 가단주철

③ 칠드주철

④ 구상흑연주철

15 다음 화학식을 참고할 때, 탄소 6kg 연소 시 필요한 공기의 양은?(단, 공기 내 산소는 20%이다)

$$C + O_2 = CO_2$$

① 30kg

② 45kg

③ 60kg

④ 80kg

16 다음 중 하중의 종류와 그 하중이 적용하는 방식에 대한 설명으로 옳지 않은 것은?

① 압축하중의 하중 방향은 축 방향과 평행으로 작용한다.

② 인장하중의 하중 방향은 축 방향과 평행으로 작용한다.

③ 전단하중의 하중 방향은 축 방향과 수직으로 작용한다.

④ 교번하중은 일정한 크기와 일정한 방향을 가진 하중이 반복적으로 작용하는 하중이다.

17 단면이 원이고 탄성계수가 250,000Mpa인 철강 3m가 있다. 이 철강에 100kN의 인장하중이 작용하여 1.5mm가 늘어날 때, 이 철강의 직경은?

① 약 2.3cm

② 약 3.2cm

③ 약 4.5cm

④ 약 4.8cm

18 단면이 직사각형인 단순보에 다음과 같은 등분포하중이 작용할 때, 최대 처짐량은 얼마인가?(단, $E=240$Gpa이다)

① 약 0.13mm

② 약 0.32mm

③ 약 0.65mm

④ 약 0.81mm

19 다음 그림과 같은 외팔보에 등분포하중이 작용할 때, 처짐각은?(단, $EI=10,000$kN·m^{2}이다)

① 0.9×10^{-2}rad

② 1.8×10^{-2}rad

③ 2.7×10^{-2}rad

④ 3.6×10^{-2}rad

20 다음 중 프루드(Fr) 수에 대한 정의로 옳은 것은?

① 관성력과 점성력의 비를 나타낸다.

② 관성력과 탄성력의 비를 나타낸다.

③ 중력과 점성력의 비를 나타낸다.

④ 관성력과 중력의 비를 나타낸다.

21 다음 〈보기〉의 원소를 체심입방격자와 면심입방격자로 바르게 구분한 것은?

> **보기**
>
> ㄱ. Al   ㄴ. Cr
>
> ㄷ. Mo   ㄹ. Cu
>
> ㅁ. V   ㅂ. Ag

	체심입방격자	면심입방격자
①	ㄱ, ㄷ, ㄹ	ㄴ, ㅁ, ㅂ
②	ㄱ, ㄹ, ㅂ	ㄴ, ㄷ, ㅁ
③	ㄴ, ㄷ, ㄹ	ㄱ, ㅁ, ㅂ
④	ㄴ, ㄷ, ㅁ	ㄱ, ㄹ, ㅂ

22 $G=80\times10^3\,\text{N/mm}^2$ 이고 유효권수가 100인 스프링에 300N의 외력을 가하였더니 길이가 30cm 변하였다. 이 스프링의 평균 반지름의 길이는 얼마인가?(단, 스프링지수는 10이다)

① 80mm   ② 90mm

③ 100mm   ④ 110m

23 다음은 어떤 냉동 사이클의 T－S 선도이다. 이 냉동 사이클의 성능계수는?

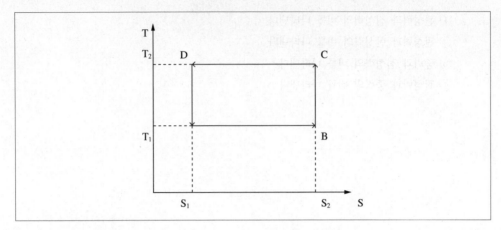

① $\dfrac{T_2 - T_1}{T_1}$ ② $\dfrac{T_1}{T_2 - T_1}$

③ $\dfrac{S_2 - S_1}{S_1}$ ④ $\dfrac{S_1}{S_2 - S_1}$

24 다음 중 주철과 강재를 비교한 내용으로 옳지 않은 것은?

① 주철은 강재에 비해 융점이 낮다.

② 주철은 강재에 비해 내부식성이 강하다.

③ 주철은 강재에 비해 단단하고 잘 부서지지 않는다.

④ 주철은 강재에 비해 연신율이 떨어진다.

25 다음 중 소성가공에 대한 설명으로 옳은 것은?

① 제품에 손상이 가지 않도록 탄성한도보다 작은 외력을 가해야 한다.

② 소성가공 완류 후 잔류응력은 자연스럽게 제거된다.

③ 주물에 비해 치수가 부정확하다.

④ 절삭가공에 비해 낭비되는 재료가 적다.

┃ 코레일 한국철도공사

01 다음 〈보기〉 중 엘리베이터, 에스컬레이터, 전기자동차의 인버터 모터와 같은 각종 AC모터에 적용되는 VVVF 제어가 제어하는 것을 모두 고르면?

> **보기**
> ㄱ. 전압
> ㄴ. 전류
> ㄷ. 주파수
> ㄹ. 위상차

① ㄱ, ㄴ   ② ㄱ, ㄷ
③ ㄴ, ㄷ   ④ ㄴ, ㄹ
⑤ ㄷ, ㄹ

┃ 코레일 한국철도공사

02 다음 중 선로 구조물이 아닌 것은?

① 급전선   ② 전차선
③ 철주   ④ 침목
⑤ 측구

┃ 코레일 한국철도공사

03 다음 글이 설명하는 용어로 옳은 것은?

> 레일 이음매부에 레일의 온도 변화에 의한 신축을 위하여 두는 간격으로, 레일은 온도의 상승 또는 하강에 따라 물리적으로 신축하는데, 이 신축에 적응하기 위해 이음매부의 레인 사이에 두는 틈이다. 레일온도 변화의 범위, 레일강의 선팽창계수 및 레일길이를 토대로 계산하여 산정한다.

① 고도   ② 구배
③ 침목   ④ 유간
⑤ 확도

04 다음 중 철도 궤간의 국제 표준 규격 길이는?

① 1,355mm   ② 1,435mm

③ 1,550mm   ④ 1,600mm

⑤ 1,785mm

05 다음 중 차량의 운행거리를 정차시간 및 제한속도 운전시간 등을 포함한 운전시분으로 나눈 값은?

① 표정속도   ② 평균속도

③ 설계속도   ④ 균형속도

⑤ 최고속도

06 다음 중 PP급전방식에 대한 설명으로 옳지 않은 것은?

① 선로 임피던스가 작다.

② 전압강하가 작다.

③ 역간이 짧고 저속 운행구간에 적합하다.

④ 상대적으로 고조파의 공진주파수가 낮고 확대율이 작다.

⑤ 회생전력 이용률이 높다.

07 다음 강체가선방식 중 T-bar 방식과 R-bar 방식의 표준길이를 바르게 연결한 것은?

	T-bar	R-bar
①	8m	10m
②	10m	8m
③	10m	12m
④	12m	10m
⑤	12m	15m

08 다음 중 유도장해를 경감시키기 위한 전력선에 대한 대책으로 옳지 않은 것은?

① 변류기를 사용하고, 절연변압기를 채용한다.

② 전선의 위치를 바꾼다.

③ 소호리액터를 사용한다.

④ 고주파의 발생을 방지한다.

⑤ 전력선과 통신선 사이의 간격을 크게 한다.

09 다음 중 전차선로의 가선방식이 아닌 것은?

① 강체식
② 제3궤조식
③ 가공단선식
④ 가공복선식
⑤ 직접조가식

10 다음 중 교류송전방식의 특징으로 옳지 않은 것은?

① 주파수가 다른 계통끼리 연결이 불가능하다.

② 직류송전에 비해 안정도가 저하된다.

③ 회전자계를 쉽게 얻을 수 있다.

④ 표피효과 및 코로나 손실이 발생한다.

⑤ 선로의 리액턴스가 없고 위상각을 고려할 필요가 없다.

11 다음 중 직류식 전기철도와 비교한 교류식 전기철도의 장점으로 옳지 않은 것은?

① 고속 운전에 적합하다.

② 통신장애가 적다.

③ 전차선 설비에서의 전선이 얇다.

④ 운전전류가 작아 사고전류의 선택적 차단이 용이하다.

⑤ 변전소 설치 간격을 길게 설계할 수 있다.

12 다음 중 커티너리 조가방식에 대한 설명으로 옳지 않은 것은?

① 종류로 심플식, 컴파운드식, 사조식이 있다.

② 전차선의 레일면상 표준높이는 5,200mm이다.

③ 전기차의 속도 향상을 위해 전차선의 이선율을 작게 한다.

④ 전차선의 두 지지점 사이에서 궤도면에 대하여 일정한 높이를 유지하도록 하는 방식이다.

⑤ 가장 단순한 구조의 방식으로, 전차선만 1조로 구성되어 있다.

13 다음 중 컴파운드 커티너리 조가방식의 각 전선의 굵기 및 장력을 크게 늘려 가선한 조가방식은?

① 단식 커티너리 조가방식　　　　　② 헤비 심플 커티너리 조가방식

③ 헤비 컴파운드 커티너리 조가방식　　④ 합성 컴파운드 커티너리 조가방식

⑤ 변Y형 커티너리 조가방식

14 다음 전동차의 제동 방식 중 저항에서 발생하는 열을 이용하여 제동하는 방식은?

① 역상제동　　　　　　　　　　　② 발전제동

③ 회생제동　　　　　　　　　　　④ 와류제동

⑤ 와전류 레일제동

15 다음 중 오버슈트에 대한 설명으로 옳은 것은?

① 어떤 신호의 값이 과도기간 중에도 목표값에 한참 미치지 못하는 현상이다.

② 어떤 신호의 값이 과도기간 도달 전에 목표값의 63.2%를 넘어서는 시기이다.

③ 어떤 신호의 값이 과도기간 도달 전에 목표값의 50%를 넘어서는 시기이다.

④ 어떤 신호의 값이 과도기간 중에 목표값을 넘어서는 현상이다.

16 어떤 3상 회로의 한 상의 임피던스가 $Z=15+j20$인 Y결선 부하에 선전류 200A가 흐를 때, 무효 전력은?

① 800kVar

② 2,400kVar

③ 2,500kVar

④ 3,000kVar

17 다음 〈보기〉 중 비례추이를 할 수 없는 것을 모두 고르면?

> **보기**
>
> ㄱ. 동손   ㄴ. 역률
>
> ㄷ. 효율   ㄹ. 1차 출력
>
> ㅁ. 2차 출력

① ㄱ, ㄴ, ㄹ

② ㄱ, ㄷ, ㅁ

③ ㄴ, ㄷ, ㅁ

④ ㄴ, ㄹ, ㅁ

18 면적이 $5S$이고 충전용량이 C인 평행판 축전기가 있다. 비유전율이 4인 유전물질을 이 축전기의 평행판 사이에 면적의 $\dfrac{4}{5}$를 채웠을 때, 충전용량은?

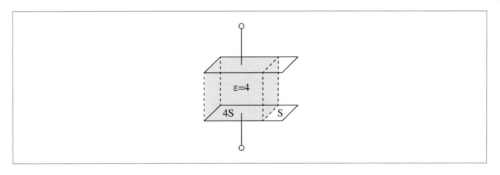

① $\dfrac{9}{5}C$

② $\dfrac{13}{5}C$

③ $\dfrac{17}{5}C$

④ $\dfrac{21}{5}C$

19 다음 중 변압기 병렬운전 시 병렬운전이 불가능한 결선조합은?

① $Y-Y$와 $Y-Y$

② $Y-\triangle$와 $\triangle-Y$

③ $\triangle-Y$와 $\triangle-Y$

④ $Y-\triangle$와 $\triangle-\triangle$

20 $f(t)=e^{2t}\sin\omega t$일 때, $\mathcal{L}[f(t)]$의 값은?

① $\dfrac{2}{(s-2)^2+\omega^2}$

② $\dfrac{2}{s^2+(\omega-2)^2}$

③ $\dfrac{\omega}{(s-2)^2+\omega^2}$

④ $\dfrac{\omega}{s^2+(\omega-2)^2}$

21 다음 회로에서 저항 R_1에 흐르는 전류는 몇 A인가?

① 1.85A

② 1.93A

③ 2.01A

④ 2.19A

22 $E=3x^2yi-7yzj+5xz^2k$일 때, $\mathrm{div}E$의 값은?

① $3x^2-7y+5z^2$

② $5x+3y-7z$

③ $6xy+10xz-7z$

④ $-7x+5y+3z$

23 다음 중 RLC 직렬회로에서 과제동이 발생하는 조건은?

① $R < \sqrt{\dfrac{L}{C}}$ ② $R = \sqrt{\dfrac{L}{C}}$

③ $R > \sqrt{\dfrac{L}{C}}$ ④ $R = \dfrac{1}{2\pi\sqrt{LC}}$

24 어떤 구형 커패시터의 단면이 다음과 같을 때, 이 커패시터의 정전용량은?(단, 커패시터 내부 유전체의 유전율은 ε이다)

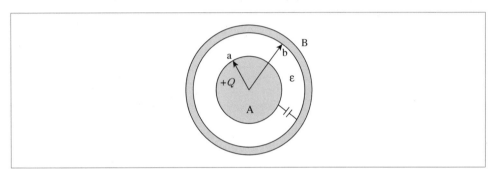

① $4\pi\varepsilon\left(\dfrac{b}{a} - \dfrac{a}{b}\right)$ ② $\dfrac{4\pi\varepsilon ab}{b-a}$

③ $4\pi\varepsilon(b-a)$ ④ $4\pi\varepsilon\left(\dfrac{1}{a} - \dfrac{1}{b}\right)$

⑤ $\dfrac{\varepsilon ab}{4\pi(b-a)}$

25 직류 분권발전기의 무부하 포화곡선이 $V = \dfrac{950 I_f}{35 + I_f}$ 일 때, 계자 회로의 저항이 5Ω이면 유기되는 전압은 몇 V인가?(단, V는 무부하 전압이고, I_f는 계자 전류이다)

① 675V ② 700V

③ 725V ④ 750V

⑤ 775V

교육은 우리 자신의 무지를 점차 발견해 가는 과정이다.

– 윌 듀란트 –

PART 1

합격의 공식 시대에듀 www.sdedu.co.kr

직업기초능력

의사소통능력

합격 Cheat Key

의사소통능력은 평가하지 않는 공사·공단이 없을 만큼 필기시험에서 중요도가 높은 영역으로, 세부 유형은 문서 이해, 문서 작성, 의사 표현, 경청, 기초 외국어로 나눌 수 있다. 문서 이해·문서 작성과 같은 지문에 대한 주제 찾기, 내용 일치 문제의 출제 비중이 높으며, 문서의 특성을 파악하는 문제도 출제되고 있다.

1 문제에서 요구하는 바를 먼저 파악하라!

의사소통능력에서 가장 중요한 것은 제한된 시간 안에 빠르고 정확하게 답을 찾아내는 것이다. 의사소통능력에서는 지문이 아니라 문제가 주인공이므로 지문을 보기 전에 문제를 먼저 파악해야 하며, 문제에 따라 전략적으로 빠르게 풀어내는 연습을 해야 한다.

2 잠재되어 있는 언어 능력을 발휘하라!

세상에 글은 많고 우리가 학습할 수 있는 시간은 한정적이다. 이를 극복할 수 있는 방법은 다양한 글을 접하는 것이다. 실제 시험장에서 어떤 내용의 지문이 나올지 아무도 예측할 수 없으므로 평소에 신문, 소설, 보고서 등 여러 글을 접하는 것이 필요하다.

3 상황을 가정하라!

업무 수행에 있어 상황에 따른 언어 표현은 중요하다. 같은 말이라도 상황에 따라 다르게 해석될 수 있기 때문이다. 그런 의미에서 자신의 의견을 효과적으로 전달할 수 있는 능력을 평가하는 것이다. 업무를 수행하면서 발생할 수 있는 여러 상황을 가정하고 그에 따른 올바른 언어표현을 정리하는 것이 필요하다.

4 말하는 이의 입장에서 생각하라!

잘 듣는 것 또한 하나의 능력이다. 상대방의 이야기에 귀 기울이고 공감하는 태도는 업무를 수행하는 관계 속에서 필요한 요소이다. 그런 의미에서 다양한 상황에서 듣는 능력을 평가하는 것이다. 말하는 이가 요구하는 듣는 이의 태도를 파악하고, 이에 따른 판단을 할 수 있도록 언제나 말하는 사람의 입장이 되는 연습이 필요하다.

01 | 문서 내용 이해

| 유형분석 |

- 주어진 지문을 읽고 선택지를 고르는 전형적인 독해 문제이다.
- 지문은 주로 신문기사(보도자료 등)나 업무 보고서, 시사 등이 제시된다.
- 공사공단에 따라 자사와 관련된 내용의 기사나 법조문, 보고서 등이 출제되기도 한다.

K씨는 성장기인 아들의 수면습관을 바로 잡기 위해 수면습관에 관련된 글을 찾아보았다. 다음 글을 읽고 이해한 내용으로 적절하지 않은 것은?

> 수면은 비렘(non-REM)수면과 렘수면으로 이뤄진 사이클이 반복되면서 이뤄지는 복잡한 신경계의 상호작용이며, 좋은 수면이란 이 사이클이 끊어지지 않고 충분한 시간 동안 유지되도록 하는 것이다. 수면 패턴은 일정한 것이 좋으며, 깨는 시간을 지키는 것이 중요하다. 그리고 수면 패턴은 휴일과 평일 모두 일정하게 지키는 것이 성장하는 아이들의 수면 리듬을 유지하는 데 좋다. 수면 상태에서 깨어날 때 영향을 주는 자극들은 '빛, 식사 시간, 운동, 사회 활동' 등이 있으며, 이 중 가장 강한 자극은 '빛'이다. 침실을 밝게 하는 것은 적절한 수면 자극을 방해하는 것이다. 반대로 깨어날 때 강한 빛 자극을 주면 수면 상태에서 빠르게 벗어날 수 있다. 이는 뇌의 신경 전달 물질인 멜라토닌의 농도와 연관되어 나타나는 현상이다. 수면 중 최대치로 올라간 멜라토닌은 시신경이 강한 빛에 노출되면 빠르게 줄어들게 되는데, 이때 수면 상태에서 벗어나게 된다. 아침 일찍 일어나 커튼을 젖히고 밝은 빛이 침실 안으로 들어오게 하는 것은 매우 효과적인 각성 방법인 것이다.

① 잠에서 깨는 데 가장 강력한 자극을 주는 것은 빛이었구나.

② 멜라토닌의 농도에 따라 수면과 각성이 영향을 받는군.

③ 평일에 잠이 모자란 우리 아들은 잠을 보충해 줘야 하니까 휴일에 늦게까지 자도록 둬야겠다.

④ 좋은 수면은 비렘수면과 렘수면의 사이클이 충분한 시간 동안 유지되도록 하는 것이구나.

⑤ 우리 아들 침실이 좀 밝은 편이니 충분한 수면을 위해 암막커튼을 달아줘야겠어.

정답   ③

수면 패턴은 휴일과 평일 모두 일정하게 지키는 것이 성장하는 아이들의 수면 리듬을 유지하는 데 좋다. 따라서 휴일에 늦잠을 자는 것은 적절하지 않다.

풀이 전략!

주어진 선택지에서 키워드를 체크한 후, 지문의 내용과 비교해 가면서 내용의 일치 유무를 빠르게 판단한다.

01　다음 글의 내용으로 가장 적절한 것은?

> '청렴(淸廉)'은 현대 사회에서 좁게는 반부패와 동의어로 사용되며 넓게는 투명성과 책임성 등을 포괄하는 통합적 개념으로 사용되고 있다. 유학자들은 청렴을 효제와 같은 인륜의 덕목보다는 하위에 두었지만 군자라면 마땅히 지켜야 할 일상의 덕목으로 중시하였다. 조선의 대표적 유학자였던 이황과 이이는 청렴을 사회 규율이자 개인 처세의 지침으로 강조하였다. 특히 공적 업무에 종사하는 사람이라면 사회 규율로서의 청렴이 개인의 처세와 직결된다는 점에 유념해야 한다고 보았다.
>
> 청렴에 대한 논의는 정약용의 『목민심서』에서 본격적으로 나타난다. 정약용은 청렴이야말로 목민관이 지켜야 할 근본적인 덕목이며 목민관의 직무는 청렴이 없이는 불가능하다고 강조하였다. 정약용은 청렴을 당위의 차원에서 주장하는 기존의 학자들과 달리 행위자 자신에게 실질적 이익이 된다는 점을 들어 설득하고자 한다. 그는 청렴은 큰 이득이 남는 장사라고 말하며, 지혜롭고 욕심이 큰 사람은 청렴을 택하지만 지혜가 짧고 욕심이 작은 사람은 탐욕을 택한다고 설명한다. 정약용은 "지자(知者)는 인(仁)을 이롭게 여긴다."라는 공자의 말을 빌려 "지혜로운 자는 청렴함을 이롭게 여긴다."라고 하였다. 비록 재물을 얻는 데 뜻이 있더라도 청렴함을 택하는 것이 결과적으로는 지혜로운 선택이라고 정약용은 말한다. 목민관의 작은 탐욕은 단기적으로 보면 눈 앞의 재물을 취하여 이익을 얻을 수 있겠지만 궁극에는 개인의 몰락과 가문의 불명예를 가져올 수 있기 때문이다.
>
> 정약용은 청렴을 지키는 것은 두 가지 효과가 있다고 보았다. 첫째, 청렴은 다른 사람에게 긍정적 효과를 미친다. 목민관이 청렴할 경우 백성을 비롯한 공동체 구성원에게 좋은 혜택이 돌아갈 것이다. 둘째, 청렴한 행위를 하는 것은 목민관 자신에게도 좋은 결과를 가져다 준다. 청렴은 그 자신의 덕을 높이는 것일 뿐 아니라 자신의 가문에 빛나는 명성과 영광을 가져다 줄 것이다.

① 정약용은 청렴이 목민관이 반드시 지켜야 할 덕목임을 당위론 차원에서 정당화하였다.

② 정약용은 탐욕을 택하는 것보다 청렴을 택하는 것이 이롭다는 공자의 뜻을 계승하였다.

③ 정약용은 청렴한 사람은 욕심이 작기 때문에 재물에 대한 탐욕에 빠지지 않는다고 보았다.

④ 정약용은 청렴이 백성에게 이로움을 줄 뿐 아니라 목민관 자신에게도 이로운 행위라고 보았다.

⑤ 이황과 이이는 청렴을 개인의 처세에 있어 주요 지침으로 여겼으나 사회 규율로는 보지 않았다.

02 다음은 탄소 중립에 대한 글이다. 이에 대한 내용으로 적절하지 않은 것은?

2050년 탄소중립 실현을 목표로 태양광·풍력 등 에너지 기술을 확보하기 위한 국가 전략이 확정됐다. 정부는 한국의 경우 탄소 배출량이 많은 석탄 발전과 제조업 비중이 높아, 이를 해결할 기술혁신이 무엇보다 시급하다고 진단했다. 과기부, 산업통상자원부, 기획재정부 등에서 추천한 산·학·연 전문가 88명이 참여해, 우리나라에 필요한 10대 핵심기술을 선정했다.

10대 핵심기술의 첫 번째는 태양광·풍력 기술이다. 태양광의 경우 중국의 저가 기술 공세에 맞서 발전효율을 현재 27%에서 2030년까지 35%로 높인다. 풍력의 경우 대형풍력의 국산화를 통해 발전용량을 현재 5.5MW(메가와트)급에서 2030년까지 15MW급으로 늘린다.

수소와 바이오에너지 기술 수준도 높인다. 충전해 사용하는 방식인 수소는 충전단가를 kg당 7,000원에서 2030년까지 4,000원으로 절반 가까이 낮춘다. 현재 단가가 화석연료의 1.5배 수준인 바이오에너지도 2030년까지 화석연료 수준으로 낮춘다.

제조업의 탄소 배출을 줄이기 위한 신공정 개발에도 나선다. 철강·시멘트·석유화학·반도체·디스플레이 등 산업이 포함된다. 철강의 경우 2040년까지 탄소 배출이 없는 수소환원제철 방식만으로 철강 전량을 생산한다. 반도체 공정에 필요한 불화가스를 대체해 온실가스 배출을 최적화한다.

자동차 등 모빌리티 분야에서도 무탄소 기술을 개발·적용해 주행거리를 현재 406km 수준에서 2045년 975km로 늘릴 계획이다. 태양광 등으로 에너지를 자체 생산하고 추가 소비하지 않는 제로에너지 건물 의무화, 통신·데이터 저전력화, 탄소포집(CCUS) 기술 상용화 등도 10대 핵심기술에 포함되었다.

원자력 관련 기술은 이번 10대 핵심기술에서 제외됐다. 한국처럼 탄소중립을 선언한 일본, 중국이 화석연료의 비중을 낮추고 에너지 공백의 일부를 메우기 위해 탄소 배출이 없는 원자력의 비중을 높이기로 한 것과 대조된다.

규제 완화 등 정책 지원도 나선다. 탄소중립 관련 신기술의 상용화를 앞당기기 위해 관련 규제자유특구를 현재 11개에서 2025년 20개로 확대한다. 탄소중립 분야 창업을 촉진하기 위한 '녹색금융' 지원도 확대한다. 현재 탄소중립 기술의 수준이 상대적으로 낮다는 점도 고려한다. 민간 기업이 탄소중립 기술을 도입할 경우 기존 기술보다 떨어질 경제성을 보상하기 위해 인센티브 제도를 연내 마련한다. 세액공제, 매칭투자, 기술료 부담 완화 등 지원책도 검토 중이다.

철강·시멘트·석유화학·미래차 등 7개 분야의 탄소중립을 이끌 고급 연구인력을 양성하기 위해 내년에 201억 원을 지원한다. 탄소중립에 대한 국민의 이해도를 높이기 위해 과학관 교육과 전시를 확대하고 과학의 달인 다음 달에는 '탄탄대로(탄소중립, 탄소제로, 대한민국 과학기술로)' 캠페인을 추진한다. 또한 '기후변화대응 기술개발촉진법'을 제정하고 '기후대응기금'을 신설해 이런 지원을 위한 행정·제도적 기반을 만든다.

관계자는 "2050년 탄소중립 실현을 위해 시급한 기술혁신 과제들이 산재한 상황이다."라며 "과기부가 범부처 역량을 종합해 이번 전략을 선제적으로 마련했다."라고 말했다. 이어 "전략이 충실히 이행돼 탄소중립 실현을 견인할 수 있도록 관계부처와 긴밀히 협업해 나가겠다."라고 했다.

① 제조업은 이산화탄소가 많이 배출된다.
② 풍력은 2030년까지 발전용량을 현재 수준보다 2배 이상 늘리는 것을 목표로 한다.
③ 탄소배출을 줄이기 위한 10대 핵심기술에는 태양광, 풍력, 원자력 등이 있다.
④ 규제 완화를 위한 자유특구를 현재 11개에서 추후 20개까지 늘릴 예정이다.
⑤ 현재 기업이 탄소 중립 기술을 도입할 경우 경제적으로 타격을 입게 된다.

03 다음은 온실가스·에너지 목표관리제에 대한 글이다. 이에 대한 내용으로 적절하지 않은 것을 〈보기〉에서 모두 고르면?

K공사는 지구온난화에 대비하는 전 세계의 흐름에 발맞춰 2010년부터 '온실가스·에너지 목표관리제'를 운영하고 있다. 국가온실가스 배출전망치(BAU) 대비 37%를 줄이는 것이 목표이며, K공사는 온실가스를 많이 배출하고 에너지 소비가 큰 업체를 매년 관리대상 업체로 지정한다. 또한 온실가스 감축, 에너지 절약 및 이용 효율과 같은 목표를 설정하고 목표 범위 이내로 온실가스 배출량과 에너지 소비량을 줄이도록 지속해서 관리한다.

관리대상으로 지정된 업체는 온실가스·에너지에 대한 명세서, 목표이행 계획서 및 이행실적보고서를 매년 제출해야 한다. 별도의 검증기관은 명세서가 정확히 작성됐는지 확인하며 관리업체가 목표를 달성하지 못했을 경우 정부는 과태료를 부과한다. 또한 중앙행정기관, 지자체, 공공기관 등 공공부문에서 소유하거나 임차해 사용하는 건물 및 차량에도 온실가스·에너지 목표관리제가 적용된다. 공공부문 역시 더욱 효과적으로 감축 계획을 이행할 수 있도록 온실가스 감축 기술 진단 및 전문컨설팅, 담당자 역량강화 교육 서비스를 지원해 온실가스를 줄이도록 독려하고 있다.

현재 온실가스·에너지 목표관리대상은 총 358개, 공공부문 대상기관은 824개 등으로 해마다 증가하는 추세다. 민관이 한마음 한뜻이 되어 지구온난화에 대비한 힘찬 발걸음을 시작한 것, 지구의 온도가 1℃ 내려가는 그 날이 머잖아 찾아올 것이라 기대되는 이유다.

보기

㉠ 기업체뿐만 아니라 공공부문에서도 온실가스·에너지 목표관리제를 적용한다.
㉡ 온실가스 감축 계획을 효과적으로 진행할 수 있도록 전문적인 교육을 했다.
㉢ 온실가스를 많이 배출하고 에너지 소비가 가장 많이 줄어든 업체를 매년 관리대상 업체로 지정한다.
㉣ 공공부문은 온실가스를 37% 이상 줄이는 것을 목표로 하고 있다.
㉤ 관리대상으로 지정된 업체는 목표이행 계획서를 제출해야 하며, 미달성한 경우 상부 업체는 과태료를 부과한다.

① ㉠, ㉡, ㉢
② ㉡, ㉢, ㉣
③ ㉡, ㉢, ㉤
④ ㉡, ㉣, ㉤
⑤ ㉢, ㉣, ㉤

02 | 글의 주제·제목

| 유형분석 |

- 주어진 지문을 파악하여 전달하고자 하는 핵심 주제를 고르는 문제이다.
- 정보를 종합하고 중요한 내용을 구별하는 능력이 필요하다.
- 설명문부터 주장, 반박문까지 다양한 성격의 지문이 제시되므로 글의 성격별 특징을 알아두는 것이 좋다.

다음 글의 주제로 가장 적절한 것은?

> 표준화된 언어는 의사소통을 효과적으로 하기 위하여 의도적으로 선택해야 할 공용어로서의 가치가 있다. 반면에 방언은 지역이나 계층의 언어와 문화를 보존하고 드러냄으로써 국가 전체의 언어와 문화를 다양하게 발전시키는 토대로서의 가치가 있다. 이러한 의미에서 표준화된 언어와 방언은 상호 보완적인 관계에 있다. 표준화된 언어가 있기에 정확한 의사소통이 가능하며, 방언이 있기에 개인의 언어생활에서나 언어 예술 활동에서 자유롭고 창의적인 표현이 가능하다. 결국 우리는 표준화된 언어와 방언 둘 다의 가치를 인정해야 하며, 발화(發話) 상황(狀況)을 잘 고려해서 표준화된 언어와 방언을 잘 가려서 사용할 줄 아는 능력을 길러야 한다.

① 창의적인 예술 활동에서는 방언의 기능이 중요하다.
② 표준화된 언어와 방언에는 각각 독자적인 가치와 역할이 있다.
③ 정확한 의사소통을 위해서는 표준화된 언어가 꼭 필요하다.
④ 표준화된 언어와 방언을 구분할 줄 아는 능력을 길러야 한다.
⑤ 표준화된 언어는 방언보다 효용가치가 있다.

정답 ②

마지막 문장의 '표준화된 언어와 방언 둘 다의 가치를 인정'하고, '잘 가려서 사용할 줄 아는 능력을 길러야 한다.'는 내용을 바탕으로 ②와 같은 주제를 이끌어 낼 수 있다.

풀이 전략!

'결국', '즉', '그런데', '그러나', '그러므로' 등의 접속어 뒤에 주제가 드러나는 경우가 많다는 것에 주의하면서 지문을 읽는다.

01 다음 글의 제목으로 가장 적절한 것은?

> 반대는 필수불가결한 것이다. 지각 있는 대부분의 사람이 그러하듯 훌륭한 정치가는 항상 열렬한 지지자보다는 반대자로부터 더 많은 것을 배운다. 만약 반대자들이 위험이 있는 곳을 지적해 주지 않는다면, 그는 지지자들에 떠밀려 파멸의 길을 걷게 될 수 있기 때문이다. 따라서 현명한 정치가라면 그는 종종 친구들로부터 벗어나기를 기도할 것이다. 친구들이 자신을 파멸시킬 수도 있다는 것을 알기 때문이다. 그리고 비록 고통스럽다 할지라도 결코 반대자 없이 홀로 남겨지는 일이 일어나지 않기를 기도할 것이다. 반대자들이 자신을 이성과 양식의 길에서 멀리 벗어나지 않도록 해준다는 사실을 알기 때문이다. 자유의지를 가진 국민의 범국가적 화합은 정부의 독단과 반대당의 혁명적 비타협성을 무력화시키는 정치권력의 충분한 균형에 의존하고 있다. 그 균형이 어떤 상황 때문에 강제로 타협하게 되지 않는 한, 그리고 모든 시민이 어떤 정책에 영향을 미칠 수는 있으나 누구도 혼자 정책을 지배할 수 없다는 것을 느끼게 되지 않는 한, 그리고 습관과 필요에 의해서 서로 조금씩 양보하지 않는 한, 자유는 유지될 수 없기 때문이다.

① 민주주의와 사회주의　　　　　　　② 반대의 필요성과 민주주의
③ 민주주의와 일방적인 의사소통　　　④ 권력을 가진 자와 혁명을 꿈꾸는 집단
⑤ 혁명의 정의

02 다음 글의 주제로 가장 적절한 것은?

> 높은 휘발유세는 자동차를 사용함으로써 발생하는 다음과 같은 문제들을 줄이는 교정적 역할을 수행한다. 첫째, 휘발유세는 사람들의 대중교통수단 이용을 유도하고, 자가용 사용을 억제함으로써 교통혼잡을 줄여준다. 둘째, 교통사고 발생 시 대형 차량이나 승합차가 중소형 차량에 비해 보다 치명적인 피해를 줄 가능성이 높다. 이와 관련해서 휘발유세는 휘발유를 많이 소비하는 대형 차량을 운행하는 사람에게 보다 높은 비용을 치르게 함으로써 교통사고 위험에 대한 간접적인 비용을 징수하는 효과를 가진다. 셋째, 휘발유세는 휘발유 소비를 억제함으로써 대기오염을 줄이는 데 기여한다.

① 휘발유세의 용도　　　　　　　　② 높은 휘발유세의 정당성
③ 휘발유세의 지속적 인상　　　　　④ 에너지 소비 절약
⑤ 휘발유세의 감소 원인

03 다음 글의 주제로 가장 적절한 것은?

정부는 탈원전・탈석탄 공약에 발맞춰 2030년까지 전체 국가 발전량의 20%를 신재생에너지로 채운다는 정책 목표를 수립하였다. 목표를 달성하기 위해 신재생에너지에 대한 송・변전 계획을 제8차 전력수급기본계획에 처음으로 수립하겠다는 게 정부의 방침이다.

정부는 기존의 수급계획이 수급안정과 경제성을 중점적으로 수립된 것에 반해, 8차 계획은 환경성과 안전성을 중점으로 하였다고 밝히고 있으며, 신규 발전설비는 원전, 석탄화력발전에서 친환경, 분산형 재생에너지와 LNG 발전을 우선시하는 방향으로 수요관리를 통합하여 합리적 목표수용 결정에 주안점을 두었다고 밝혔다.

그동안 많은 NGO 단체에서 에너지 분산에 관한 다양한 제안을 해왔지만 정부 차원에서 고려하거나 논의가 활발히 진행된 적은 거의 없었으며 명목상으로 포함하는 수준이었다. 그러나 이번 정부에서는 탈원전・탈석탄 공약을 제시하는 등 중앙집중형 에너지 생산시스템에서 분산형 에너지 생산시스템으로 정책의 방향을 전환하고자 한다. 이 기조에 발맞춰 분산형 에너지 생산시스템은 2018년도 지방선거에서도 해당 지역에 대한 다양한 선거공약으로 제시될 가능성이 높다.

중앙집중형 에너지 생산시스템은 환경오염, 송전선 문제, 지역 에너지 불균형 문제 등 다양한 사회적인 문제를 야기하였다. 하지만 그동안은 값싼 전기인 기저전력을 편리하게 사용할 수 있는 환경을 조성하고자 하는 기존 에너지계획과 전력수급계획에 밀려 중앙집중형 발전원 확대가 꾸준히 진행되었다. 그러나 현재 대통령은 중앙집중형 에너지 정책에서 분산형 에너지정책으로 전환되어야 한다는 것을 대선 공약사항으로 밝혀 왔으며, 현재 분산형 에너지정책으로 전환을 모색하기 위한 다각도의 노력을 하고 있다. 이러한 정부의 정책변화와 아울러 석탄화력발전소가 국내 미세먼지에 주는 영향과 일본 후쿠시마 원자력 발전소 문제, 국내 경주 대지진 및 최근 포항 지진 문제 등으로 인한 원자력에 대한 의구심 또한 커지고 있다.

제8차 전력수급계획(안)에 의하면, 우리나라의 에너지 정책은 격변기를 맞고 있다. 우리나라는 현재 중앙집중형 에너지 생산시스템이 대부분이며, 분산형 전원 시스템은 그 설비용량이 극히 적은 상태이다. 또한 우리나라의 발전설비는 2016년 말 105GW이며, 2014년도 최대 전력치를 보면 80GW 수준이므로 25GW 정도의 여유가 있는 상태이다. 25GW라는 여유는 원자력발전소 약 25기 정도의 전력생산 설비가 여유가 있는 상황이라고 볼 수 있다. 또한 제7차 전력수급기본계획의 2015 ~ 2016년 전기수요 증가율을 4.3 ~ 4.7%라고 예상하였으나 실제 증가율은 1.3 ~ 2.8% 수준에 그쳤다는 점은 우리나라의 전력 소비량 증가량이 둔화하고 있는 상태라는 것을 나타내고 있다.

① 중앙집중형 에너지 생산시스템의 발전 과정
② 에너지 분권의 필요성과 방향
③ 전력 소비량과 에너지 공급량의 문제점
④ 중앙집중형 에너지 정책의 한계점
⑤ 전력수급기본계획의 내용과 수정 방안 모색

04 다음 중 (가) ~ (마) 문단의 주제로 적절하지 않은 것은?

> (가) 우리는 최근 '사회가 많이 깨끗해졌다.'라는 말을 많이 듣는다. 실제 우리의 일상생활은 정말 많이 깨끗해졌다. 과거에 비하면 일상생활에서 뇌물이 오가는 경우가 거의 없어진 것이다. 그런데 왜 부패인식지수가 나아지기는커녕 도리어 나빠지고 있을까? 일상생활과 부패인식지수가 전혀 다른 모습을 보이는 이유는 어디에 있을까?
>
> (나) 부패인식지수가 산출되는 과정에서 그 물음의 답을 찾을 수 있다. 부패인식지수는 국제투명성기구에서 매년 조사하여 발표하고 있는 세계적으로 가장 권위 있는 부패 지표로, 지수는 국제적인 조사 및 평가를 실시하고 있는 여러 기관의 조사 결과를 바탕으로 산출된다. 각 기관의 조사 항목과 조사 대상은 서로 다르지만, 주요 항목은 공무원의 직권 남용 억제 기능, 공무원의 공적 권력의 사적 이용, 공공서비스와 관련한 뇌물 등으로 공무원의 뇌물과 부패에 초점이 맞추어져 있다.
>
> (다) 부패인식지수를 이해하는 데 주목하여야 할 또 하나의 중요한 점은 부패인식지수 계산에 사용된 각 지수의 조사 대상이다. 조사에 따라 약간의 차이가 있기는 하지만 조사는 주로 해당 국가나 해당 국가와 거래하고 있는 고위 기업인과 전문가들을 대상으로 이루어진다. 일반 시민이 아닌 기업 활동에서 공직자들과 깊숙한 관계를 맺고 있어 공직자들의 행태를 누구보다 잘 알고 있을 것으로 추정되는 사람들의 의견을 대상으로 하는 것이다. 결국 부패인식지수는 고위 기업경영인과 전문가들의 공직 사회의 뇌물과 부패에 대한 평가라 할 수 있다.
>
> (라) 그렇다면 부패인식지수를 개선하는 방법은 무엇일까? 그간 정부는 공무원행동강령, 청탁금지법, 부패방지기구 설치 등 많은 제도적인 노력을 기울여왔다. 이러한 정부의 노력에도 불구하고 정부 반부패정책은 대부분 효과가 없는 것으로 보인다. 정부 노력에 대한 일반 시민들의 시선도 차갑기만 하다. 결국 법과 제도적 장치는 우리 사회에 만연한 연줄 문화 앞에서 힘을 쓰지 못하고 있는 것으로 해석할 수 있다.
>
> (마) 천문학적인 뇌물을 받아도 마스크를 낀 채 휠체어를 타고 교도소를 나오는 기업경영인과 공직자들의 모습을 우리는 자주 보아왔다. 이처럼 솜방망이 처벌이 반복되는 상황에서 부패는 계속될 수밖에 없다. 예상되는 비용에 비해 기대 수익이 큰 상황에서 부패는 끊어질 수 없는 것이다. 이러한 상황이 인간의 욕망을 도리어 자극하여 사람들은 연줄을 찾아 더 많은 부당이득을 노리려 할지 모른다. 연줄로 맺어지든 다른 방식으로 이루어지든 부패로 인하여 지불해야 할 비용이 크다면 부패에 대한 유인이 크게 줄어들 수 있을 것이다.

① (가) : 일상부패에 대한 인식과 부패인식지수의 상반되는 경향에 대한 의문
② (나) : 공공분야에 맞추어진 부패인식지수의 산출과정
③ (다) : 특정 계층으로 집중된 부패인식지수의 조사 대상
④ (라) : 부패인식지수의 효과적인 개선방안
⑤ (마) : 부패가 계속되는 원인과 부패 해결 방향

03 | 문단 나열

- 각 문단 또는 문장의 내용을 파악하고 논리적 순서에 맞게 배열하는 복합적인 문제이다.
- 전체적인 글의 흐름을 이해하는 것이 중요하며, 각 문장의 지시어나 접속어에 주의한다.

다음 문단을 논리적 순서대로 바르게 나열한 것은?

(가) 그중에서도 우리나라의 나전칠기는 중국이나 일본보다 단조한 편이지만, 옻칠의 질이 좋고 자개 솜씨가 뛰어나 우리나라 칠공예만의 두드러진 개성을 가진다. 전래 초기에는 주로 백색의 야광패를 사용하였으나, 후대에는 청록 빛깔을 띤 복잡한 색상의 전복껍데기를 많이 사용하였다. 우리나라의 나전칠기는 일반적으로 목제품의 표면에 옻칠을 하고 그것에다 한층 치레 삼아 첨가한다.

(나) 이러한 나전칠기는 특히 통영의 것이 유명하다. 이는 예로부터 통영에서는 나전의 원료가 되는 전복이 많이 생산되었으며, 인근 내륙 및 함안지역의 질 좋은 옻이 나전칠기가 발달하는 데 주요 원인이 되었기 때문이다. 이에 통영시는 지역 명물 나전칠기를 널리 알리기 위해 매년 10월 통영 나전칠기축제를 개최하여 400년을 이어온 통영지방의 우수하고 독창적인 공예법을 소개하고 작품도 전시하고 있다.

(다) 제작방식은 우선 전복껍데기를 얇게 하여 무늬를 만들고 백골에 모시 천을 바른 뒤, 칠과 호분을 섞어 표면을 고른다. 그 후 칠죽 바르기, 삼베 붙이기, 탄회 칠하기, 토회 칠하기를 통해 제조과정을 끝마친다. 문양을 내기 위해 나전을 잘라내는 방법에는 주름질(자개를 문양 형태로 오려낸 것), 이음질(문양구도에 따라 주름대로 문양을 이어가는 것), 끊음질(자개를 실같이 가늘게 썰어서 문양 부분에 모자이크 방법으로 붙이는 것)이 있다.

(라) 나전칠기는 기물에다 무늬를 나타내는 대표적인 칠공예 장식기법 중 하나로, 얇게 깐 조개껍데기를 여러 가지 형태로 오려내어 기물의 표면에 감입하여 꾸미는 것을 통칭한다. 우리나라는 목기와 더불어 칠기가 발달했는데, 이러한 나전기법은 중국 주대(周代)부터 이미 유행했고 당대(唐代)에 성행하여 한국과 일본에 전해진 것으로 보인다. 나전기법은 여러 나라를 포함한 아시아 일원에 널리 보급되어 있고 지역에 따라 독특한 성격을 가진다.

① (나) – (가) – (다) – (라)
② (다) – (나) – (가) – (라)
③ (라) – (가) – (나) – (다)
④ (라) – (가) – (다) – (나)

정답 ④

제시문은 나전칠기의 개념을 제시하고 우리나라 나전칠기의 특징, 제작방법 그리고 더 나아가 국내의 나전칠기 특산지에 대해 설명하고 있다. 따라서 (라) 나전칠기의 개념 – (가) 우리나라 나전칠기의 특징 – (다) 나전칠기의 제작방법 – (나) 나전칠기 특산지 소개의 순서대로 나열하는 것이 적절하다.

풀이 전략!

상대적으로 시간이 부족하다고 느낄 때는 선택지를 참고하여 문장의 순서를 생각해 본다.

01 다음 제시된 첫 문단에 이어질 문단을 논리적 순서대로 바르게 나열한 것은?

> 우리는 살아가면서 얼마나 많은 것들을 알고 배우는가? 우리는 주로 우리가 '아는 것'들에 초점을 맞추지만, 사실상 살아가면서 알고 있고, 알 수 있는 것보다는 알지 못하는 것들이 훨씬 더 많다. 그러나 대부분의 사람들이 평소에 자신이 얼마나 많은 것들을 모르고 있는지에 대해서는 그다지 의식하지 못한 채 살아가고 있다. 일상생활에서는 자신의 주변과 관련하여 아는 바와 이미 습득한 지식에 대해서 의심하는 일은 거의 없을 뿐더러, 그 지식체계에 변화를 주어야 할 계기도 거의 주어지지 않기 때문이다.

> (가) 그러므로 어떤 지식을 안다는 것은 어떤 지식을 알지 못하는 것에서 출발하는 것이며, 때로는 '어떤 부분에 대하여 잘 알지 못한다는 것을 앎' 자체가 하나의 지식이 될 수 있다. 『논어』 위정편에서 공자는 "아는 것을 아는 것이라 하고, 알지 못하는 것을 알지 못하는 것이라고 하는 것이 곧 안다는 것이다(知之爲知之 不知爲不知 是知也)."라고 하였다. 비슷한 시기에 서양의 소크라테스는 무지(無知)를 아는 것이 신으로부터 받은 가장 큰 지혜라고 주장하였다. '무지에 대한 지'의 중요성을 인식한 것은 동서양의 학문이 크게 다르지 않았던 것이다.
>
> (나) 우리는 더 발전된 미래로 나아가는 힘은 '무지에 대한 지'에 있음을 자각해야 한다. 무엇을 잘못 알고 있지는 않은지, 더 알아야 할 것은 무엇인지, 끊임없이 우리 자신의 지식에 대하여 질문하고 도전해야 한다. 아는 것과 모르는 것을 구분하고, '무지에 대한 지'를 통해 얻은 것들을 단순히 지식으로 아는 데 그치지 않고 아는 것들을 실천하는 것, 그것이 성공하는 사람이 되고 성공하는 사회로 나아가는 길일 것이다.
>
> (다) 이러한 학문적 소견과 달리 역사는 때때로 '무지에 대한 지'를 철저히 배제하는 방향으로 흘러가기도 했다. 그리하여 제대로 검증되지도 않은 어떤 신념이나 원칙을 맹목적으로 좇은 결과, 불특정다수의 사람들이나 특정 집단을 희생시키고 발전을 저해한 사례들은 역사 가운데 수도 없이 많다. 가까운 과거에는 독재와 전체주의가 그랬고, 학문과 예술 분야에서 암흑의 시기였던 중세 시대가 그랬다.
>
> (라) 그러나 예상치 못했던 일이 발생하거나 낯선 곳에 가는 등 일상적이지 않은 상황에 놓이게 되면, 이전에는 궁금하지 않았던 것들에 대하여 알고자 하는 욕구가 커진다. 또한 공부를 하거나 독서를 하는 경우, 자신이 몰랐던 많은 것들을 알게 되고 이를 해결하기 위해 치열하게 몰입한다. 이 과정에서 자신이 잘못 알고 있던 것들을 깨닫기도 함은 물론이다.
>
> (마) 오늘날이라고 해서 크게 다르지는 않다. 정보의 홍수라고 할 만큼 사람들은 과거에 비하여 어떤 정보에 대해 접근하기가 쉬워졌지만, 쉽게 얻을 수 있는 만큼 깊게 알려고 하지 않는다. 그러면서도 사람들은 보거나 들은 것을 마치 자신이 알고 있는 것으로 생각하는 경향이 크다.

① (가) - (다) - (라) - (나) - (마)
② (가) - (다) - (마) - (라) - (나)
③ (가) - (마) - (라) - (나) - (다)
④ (라) - (가) - (다) - (마) - (나)
⑤ (라) - (마) - (가) - (다) - (나)

※ 다음 문단을 논리적 순서대로 바르게 나열한 것을 고르시오. [2~3]

02

> (가) 정부 통계에 따르면 우리 연안 생태계 중 갯벌의 면적은 산림의 약 4%에 불과하지만 연간 이산화탄소 흡수량은 산림의 약 37%이며 흡수 속도는 수십 배에 달합니다.
>
> (나) 연안 생태계는 대기 중 이산화탄소 흡수에 탁월합니다. 물론 연안 생태계가 이산화탄소를 얼마나 흡수할 수 있겠냐고 말하는 분도 계실 것입니다. 하지만 연안 생태계를 구성하는 갯벌과 염습지의 염생 식물, 식물성 플랑크톤 등은 광합성을 통해 대기 중 이산화탄소를 흡수하는데, 산림보다 이산화탄소 흡수 능력이 뛰어납니다.
>
> (다) 통계에 따르면 우리나라의 이산화탄소 배출량은 세계 11위에 해당하는 높은 수준입니다. 그동안 우리나라는 이산화탄소 배출을 줄이려 노력하고, 대기 중 이산화탄소 흡수를 위한 산림 조성에 힘써 왔습니다. 그런데 우리가 놓치고 있는 이산화탄소 흡수원이 있습니다. 바로 연안 생태계입니다.
>
> (라) 또한 연안 생태계는 탄소의 저장에도 효과적입니다. 연안의 염생 식물과 식물성 플랑크톤은 이산화탄소를 흡수하여 갯벌과 염습지에 탄소를 저장하는데 이 탄소를 블루카본이라 합니다. 산림은 탄소를 수백 년간 저장할 수 있지만 연안은 블루카본을 수천 년간 저장할 수 있습니다. 연안 생태계가 훼손되면 블루카본이 공기 중에 노출되어 이산화탄소 등이 대기 중으로 방출됩니다. 그러므로 블루카본이 온전히 저장되어 있도록 연안 생태계를 보호해야 합니다.

① (가) – (나) – (다) – (라)

② (다) – (가) – (나) – (라)

③ (다) – (나) – (가) – (라)

④ (다) – (라) – (나) – (가)

⑤ (라) – (다) – (가) – (나)

03

(가) 매년 수백만 톤의 황산이 애팔래치아 산맥에서 오하이오 강으로 흘러들어 간다. 이 황산은 강을 붉게 물들이고 산성으로 변화시킨다. 이렇듯 강이 붉게 물드는 것은 티오바실러스라는 세균으로 인해 생성된 침전물 때문이다. 철2가 이온(Fe^{2+})과 철3가 이온(Fe^{3+})의 용해도가 이러한 침전물의 생성에 중요한 역할을 한다.

(나) 애팔래치아 산맥의 석탄 광산에 있는 황철광에는 이황화철(FeS_2)이 함유되어 있다. 티오바실러스는 이 황철광에 포함된 이황화철(FeS_2)을 산화시켜 철2가 이온(Fe^{2+})과 강한 산인 황산을 만든다. 이 과정에서 티오바실러스는 일차적으로 에너지를 얻는다. 일단 만들어진 철2가 이온(Fe^{2+})은 티오바실러스에 의해 다시 철3가 이온(Fe^{3+})으로 산화되는데, 이 과정에서 또 다시 티오바실러스는 에너지를 이차적으로 얻는다.

(다) 이황화철(FeS_2)의 산화는 다음과 같이 가속된다. 티오바실러스에 의해 생성된 황산은 황철광을 녹이게 된다. 황철광이 녹으면 황철광 안에 들어 있던 이황화철(FeS_2)은 티오바실러스와 공기 중의 산소에 더 노출되어 화학반응이 폭발적으로 증가하게 된다. 티오바실러스의 생장과 번식에는 이와 같이 에너지의 원료가 되는 이황화철(FeS_2)과 산소 그리고 세포 구성에 필요한 무기질이 꼭 필요하다. 이러한 환경조건이 자연적으로 완비된 광산 지역에서는 일반적인 방법으로 티오바실러스의 생장을 억제하기가 힘들다. 이황화철(FeS_2)과 무기질이 다량으로 광산에 있으므로 이 경우 오하이오 강의 오염을 막기 위한 방법은 광산을 밀폐시켜 산소의 공급을 차단하는 것뿐이다.

(라) 철2가 이온(Fe^{2+})은 강한 산(pH 3.0 이하)에서 물에 녹은 상태를 유지한다. 그러한 철2가 이온(Fe^{2+})은 자연 상태에서 pH 4.0 ~ 5.0 사이가 되어야 철3가 이온(Fe^{3+})으로 산화된다. 놀랍게도 티오바실러스는 강한 산에서 잘 자라고 강한 산에 있는 철2가 이온(Fe^{2+})을 적극적으로 산화시켜 철3가 이온(Fe^{3+})을 만든다. 그리고 물에 녹지 않는 철3가 이온(Fe^{3+})은 다른 무기 이온과 결합하여 붉은 침전물을 만든다. 환경에 영향을 미칠 정도로 다량의 붉은 침전물을 만들기 위해서는 엄청난 양의 철2가 이온(Fe^{2+})과 강한 산이 있어야 한다. 이것들은 어떻게 만들어지는 것일까?

① (가) – (나) – (라) – (다)

② (가) – (라) – (나) – (다)

③ (라) – (가) – (다) – (나)

④ (라) – (나) – (가) – (다)

⑤ (라) – (나) – (다) – (가)

04 | 내용 추론

| 유형분석 |

- 주어진 지문을 바탕으로 도출할 수 있는 내용을 찾는 문제이다.
- 선택지의 내용을 정확하게 확인하고 지문의 정보와 비교하여 추론하는 능력이 필요하다.

다음 글을 통해 추론할 수 없는 것은?

제약 연구원이란 제약 회사에서 약을 만드는 과정에 참여하는 사람을 말한다. 제약 연구원은 이러한 모든 단계에 참여하지만, 특히 신약 개발 단계와 임상 시험 단계에서 가장 중점적인 역할을 한다. 일반적으로 약을 만드는 과정은 새로운 약품을 개발하는 신약 개발 단계, 임상 시험을 통해 개발된 신약의 약효를 확인하는 임상 시험 단계, 식약처에 신약이 판매될 수 있도록 허가를 요청하는 약품 허가 요청 단계, 마지막으로 의료진과 환자를 대상으로 신약에 대해 홍보하는 영업 및 마케팅의 단계로 나눈다.

제약 연구원이 되기 위해서는 일반적으로 약학을 전공해야 한다고 생각하기 쉽지만, 약학 전공자 이외에도 생명 공학, 화학 공학, 유전 공학 전공자들이 제약 연구원으로 활발하게 참여하고 있다. 만일 신약 개발의 전문가가 되고 싶다면 해당 분야에서 오랫동안 연구한 경험이 필요하기 때문에 대학원에서 석사나 박사 학위를 취득하는 것이 유리하다.

제약 연구원이 되기 위해서는 전문적인 지식도 중요하지만, 사람의 생명과 관련된 일인 만큼, 무엇보다도 꼼꼼함과 신중함, 책임 의식이 필요하다. 또한 제약 회사라는 공동체 안에서 일을 하는 것이므로 원만한 일의 진행을 위해서 의사소통 능력도 필수적으로 요구된다. 오늘날 제약 분야가 빠르게 성장하고 있다는 점을 고려할 때, 일에 대한 도전 의식, 호기심과 탐구심 등도 제약 연구원에게 필요한 능력으로 꼽을 수 있다.

① 제약 연구원은 약품 허가 요청 단계에 참여한다.
② 오늘날 제약 연구원에게 요구되는 능력이 많아졌다.
③ 생명이나 유전 공학 전공자도 제약 연구원으로 일할 수 있다.
④ 신약 개발 전문가가 되려면 반드시 석사나 박사를 취득해야 한다.
⑤ 제약 연구원과 관련된 정보가 부족하다면 약학을 전공해야만 제약 연구원이 될 수 있다고 생각할 수 있다.

정답 ④

제시문에 따르면 신약 개발의 전문가가 되기 위해서는 해당 분야에서 오랫동안 연구한 경험이 필요하므로 석사나 박사 학위를 취득하는 것이 유리하다고 하였다. 그러나 석사나 박사 학위는 신약 개발 전문가가 되는 데 도움을 준다는 것일 뿐이므로 반드시 필요한 필수 조건인지는 알 수 없다. 따라서 ④는 제시문을 통해 추론할 수 없다.

풀이 전략!

주어진 지문이 어떠한 내용을 다루고 있는지 파악한 후 선택지의 키워드를 확실하게 체크하고, 지문의 정보에서 도출할 수 있는 내용을 찾는다.

01 다음 글의 내용을 바탕으로 추론할 수 없는 것은?

> 독일의 발명가 루돌프 디젤이 새로운 엔진에 대한 아이디어를 내고 특허를 얻은 것은 1892년의 일
> 이었다. 1876년 오토가 발명한 가솔린 엔진의 효율은 당시에 무척 떨어졌으며, 널리 사용된 증기
> 기관의 효율 역시 10%에 불과했고, 가동 비용도 많이 드는 단점이 있었다. 디젤의 목표는 고효율의
> 엔진을 만드는 것이었고, 그의 아이디어는 훨씬 더 높은 압축 비율로 연료를 연소시키는 것이었다.
> 일반적으로 가솔린 엔진은 기화기에서 공기와 연료를 먼저 혼합하고, 그 혼합 기체를 실린더 안으로
> 흡입하여 압축한 후, 점화 플러그로 스파크를 일으켜 동력을 얻는다. 이러한 과정에서 문제는 압축
> 정도가 제한된다는 것이다. 만일 기화된 가솔린에 너무 큰 압력을 가하면 멋대로 점화되어 버리는
> 데, 이것이 엔진의 노킹 현상이다.
> 공기를 압축하면 뜨거워진다는 것은 알려져 있던 사실이다. 디젤 엔진의 기본 원리는 실린더 안으로
> 공기만을 흡입하여 피스톤으로 강하게 압축시킨 다음, 그 압축 공기에 연료를 분사하여 저절로 착화
> 가 되도록 하는 것이다. 따라서 디젤 엔진에는 점화 플러그가 필요 없는 대신, 연료 분사기가 장착되
> 어 있다. 또 압축 과정에서 공기와 연료가 혼합되지 않기 때문에 디젤 엔진은, 최대 12 : 1의 압축
> 비율을 갖는 가솔린 엔진보다 훨씬 더 높은 25 : 1 정도의 압축 비율을 갖는다. 압축 비율이 높다는
> 것은 그만큼 효율이 좋다는 것을 의미한다.
> 사용하는 연료의 특성도 다르다. 디젤 연료인 경유는 가솔린보다 훨씬 무겁고 점성이 강하며 증발하
> 는 속도도 느리다. 왜냐하면 경유는 가솔린보다 훨씬 더 많은 탄소 원자가 길게 연결되어 있기 때문
> 이다. 일반적으로 가솔린은 5 ~ 10개, 경유는 16 ~ 20개의 탄소를 가진 탄화수소들의 혼합물이다.
> 탄소가 많이 연결된 탄화수소물에 고온의 열을 가하면 탄소 수가 적은 탄화수소물로 분해된다.
> 한편, 경유는 가솔린보다 에너지 밀도가 높다. 1갤런의 경유는 약 1억 5,500만 줄(J)의 에너지를
> 가지고 있지만, 가솔린은 1억 3,200만 줄을 가지고 있다. 이러한 연료의 특성들이 디젤 엔진의 높은
> 효율과 결합되면서, 디젤 엔진은 가솔린 엔진보다 좋은 연비를 내게 되는 것이다.
> 발명가 디젤은 디젤 엔진이 작고 경제적인 엔진이 되어야 한다고 생각했지만, 그의 생전에는 크고
> 육중한 것만 만들어졌다. 하지만 그 후 디젤의 기술적 유산은 이 발명가가 꿈꾼 대로 널리 보급되었
> 다. 디젤 엔진은 원리상 가솔린 엔진보다 더 튼튼하고 고장도 덜 난다. 디젤 엔진은 연료의 품질에
> 민감하지 않고 연료의 소비 면에서도 경제성이 뛰어나 오늘날 자동차 엔진용으로 확고한 자리를 잡
> 았다. 환경론자들이 걱정하는 디젤 엔진의 분진 배출 문제도 필터 기술이 나아지면서 점차 극복되고
> 있다.

① 머지않아 디젤 엔진의 분진 배출 문제도 해결될 수 있을 것이다.
② 같은 크기의 차량을 움직인다면, 경유가 연료 소모가 적을 것이다.
③ 경유와 가솔린이 섞였다면 용기의 하부에서 경유를 떠낼 수 있을 것이다.
④ 디젤 엔진은 가솔린 엔진에 비해 저회전으로 작동한다.
⑤ 가솔린 엔진에 노킹이 발생한다면 실린더의 압축비를 점검할 필요가 있을 것이다.

02 다음 글을 토대로 〈보기〉를 해석한 내용으로 적절하지 않은 것은?

가스는 통상적으로 연료로 사용되는 기체를 의미하며, 우리 생활에는 도시가스 등이 밀접해 있다. 우리나라는 천연가스 중 LNG를 도시가스로 많이 사용한다. 천연가스는 가솔린이나 LPG에 비해 열량이 높은 청청에너지를 가지고 있지만 기체 상태이기 때문에 부피가 커서 충천과 우반, 보관 등이 어렵기 때문에 가솔린이나 디젤보다 자원으로 사용이 늦어졌으나, 20세기에 LNG를 만드는 기술이 개발되면서 상용화되었다.

천연가스는 어떻게 변환했는지에 따라, 또 공급 방식에 따라 종류가 달라진다. 먼저 PNG(Pipeline Natural Gas)는 천연가스 채굴 지역에서 소비 지역까지 배관을 통해 가스를 기체 상태로 이동시켜 사용하는 것으로 CNG나 LNG보다 경제성이 좋으나 직접 연결할 수 없는 지정학적 위치상 우리나라는 사용되지 않고 있다.

LNG(Liquefied Natural Gas)는 천연가스의 주성분이 메탄을 영하 162℃로 냉각해 액체 상태로 만드는 것으로 부피가 약 600배로 압축된 상태이다. 무색의 투명한 액체로 공해물질이 거의 없고 열량이 높아 우수한 연료이다. 초저온 탱크가 필요하기 때문에 자동차에서는 운행거리가 긴 시외버스나 대형 화물차에 사용된다.

CNG(Compressed Natural Gas)는 가정이나 공장 등에서 사용되는 LNG를 자동차 연료용으로 변환한 것으로 LNG를 상온에서 기화시킨 후 약 200기압으로 압축해서 만들어진다. LNG보다 부피가 3배 정도 커서 1회 충전으로 운행 거리가 짧기 때문에 장거리 화물차 등에는 잘 사용되지 않는다. 하지만 LNG보다 냉각과 단열 장치에 필요한 비용이 절감되어 더 경제적이다. 주로 시내버스용으로 사용되며 서울의 시내버스는 대부분 CNG 버스이다.

우리가 흔히 사용하는 LPG(Liquefied Petroleum Gas)는 천연가스와는 다른 액화석유가스로 프로판과 부탄을 상온에서 가압하여 액환 것을 말한다. 차량용, 가정용, 공업용 등 다양하게 활용할 수 있으며, 가스통 형태로 공급되기도 한다. 에너지가 크고 쉽게 액화할 수 있으나 공기보다 무겁고 물보다 가벼워 누출 시 폭발 위험성 크다.

보기

최근 들어 환경의 중요성이 대두되며 석유가스보다는 천연가스의 사용이 많아질 뿐 아니라 점점 더 중요해지고 있다. 많은 차량의 CNG가 전환되고 있으며, 가정에는 도시가스가 보급되고 있다. 우리 나라는 위로 북한이 있어 배관을 연결할 수 없어서 유럽 등의 국가처럼 러시아의 천연가스를 공급받는 것은 어렵기 때문에 다른 종류를 이용하고 있다. 폭발 위험성이 큰 것은 줄이려고 하고 있지만 아직 다양한 분야에서 사용되고 있다. 천연가스는 변화하는 방법에 따라 여러 종류로 나눠지며, 천연가스를 자원화하는 것은 역사가 오래된 편이 아니다.

① PNG, CNG, LNG 등은 친환경적이다.
② 남북이 통일된다면 PNG를 활용할 수 있다.
③ CNG는 천년가스보다 부피가 작고, CNG로 전환된 차들 중 시내버스가 대표적이다.
④ 천연가스는 변환 방법에 따라 종류와 쓰임이 다르다.
⑤ 폭발 위험성이 큰 것은 가정용으로 사용하지 않는다.

03 다음 글을 바탕으로 추론한 내용으로 적절하지 않은 것은?

생태학에서 생물량, 또는 생체량으로 번역되어 오던 단어인 바이오매스(Biomass)는 태양 에너지를 받은 식물과 미생물의 광합성에 의해 생성되는 식물체, 균체, 그리고 이를 자원으로 삼는 동물체 등을 모두 포함한 생물 유기체를 일컫는다. 그리고 이러한 바이오매스를 생화학적, 또는 물리적 변환과정을 통해 액체, 가스, 고체연료, 혹은 전기나 열에너지 형태로 이용하는 기술을 화이트 바이오 테크놀로지(White Biotechnology), 줄여서 '화이트 바이오'라고 부른다.

옥수수나 콩, 사탕수수와 같은 식물자원을 이용해 화학제품이나 연료를 생산하는 기술인 화이트 바이오는 재생이 가능한 데다 기존 화석원료를 통한 제조방식에서 벗어나 이산화탄소 배출을 줄일 수 있는 탄소중립적인 기술로 주목받고 있다. 한편 산업계에서는 미생물을 활용한 화이트 바이오를 통해 산업용 폐자재나 가축의 분뇨, 생활폐기물과 같이 죽은 유기물이라 할 수 있는 유기성 폐자원을 바이오매스 자원으로 활용하여 에너지를 생산하고자 연구하고 있어, 온실가스 배출, 악취 발생, 수질오염 등 환경적 문제는 물론 그 처리비용 문제도 해결할 수 있을 것으로 기대를 모으고 있다.

비록 보건 및 의료 분야의 바이오산업인 레드 바이오나 농업 및 식량 분야의 그린 바이오보다 늦게 발전을 시작했지만, 한국과학기술기획평가원이 발간한 보고서에 따르면 화이트 바이오 관련 산업은 연평균 18%의 빠른 속도로 성장하며 기존의 화학 산업을 대체할 것으로 전망되고 있다.

① 생태학에서 정의하는 바이오매스와 산업계에서 정의하는 바이오매스는 다르다.
② 산업계는 화이트 바이오를 통해 환경오염 문제를 해결할 수 있을 것으로 기대를 모으고 있다.
③ 가정에서 나온 폐기물은 바이오매스 자원으로 고려되지 않는다.
④ 화이트 바이오 산업은 아직 다른 두 바이오산업에 비해 규모가 작을 것이다.
⑤ 기존 화학 산업의 경우 탄소배출이 문제가 되고 있었다.

05 | 빈칸 삽입

| 유형분석 |

- 주어진 지문을 바탕으로 빈칸에 들어갈 내용을 찾는 문제이다.
- 선택지의 내용을 정확하게 확인하고 빈칸 앞뒤 문맥을 파악하는 능력이 필요하다.

다음 글의 빈칸에 들어갈 내용으로 가장 적절한 것은?

힐링(Healing)은 사회적 압박과 스트레스 등으로 손상된 몸과 마음을 치유하는 방법을 포괄적으로 일컫는 말이다. 우리보다 먼저 힐링이 정착된 서구에서는 질병 치유의 대체 요법 또는 영적·심리적 치료 요법 등을 지칭하고 있다. 국내에서도 최근 힐링과 관련된 갖가지 상품이 유행하고 있다. 간단한 인터넷 검색을 통해 수천 가지의 상품을 확인할 수 있을 정도이다. 종교적 명상, 자연 요법, 운동 요법 등 다양한 형태의 힐링 상품이 존재한다. 심지어 고가의 힐링 여행이나 힐링 주택 등의 상품도 나오고 있다. 그러나 _____ 우선 명상이나 기도 등을 통해 내면에 눈뜨고, 필라테스나 요가를 통해 육체적 건강을 회복하여 자신감을 얻는 것부터 출발할 수 있다.

① 힐링이 먼저 정착된 서구의 힐링 상품들을 참고해야 할 것이다.
② 많은 돈을 들이지 않고서도 쉽게 할 수 있는 일부터 찾는 것이 좋을 것이다.
③ 이러한 상품들의 값이 터무니없이 비싸다고 느껴지지는 않을 것이다.
④ 자신을 진정으로 사랑하는 법을 알아야 할 것이다.
⑤ 혼자만 할 수 있는 힐링 상품을 찾는 것보다는 다른 사람과 함께 하는 힐링 상품을 찾는 것이 좋을 것이다.

정답 ②

빈칸의 전후 문장을 통해 내용을 파악해야 한다. 우선 '그러나'를 통해 빈칸에는 앞의 내용에 상반되는 내용이 오는 것임을 알 수 있다. 따라서 수천 가지의 힐링 상품이나 고가의 상품들을 참고하는 것과는 상반된 내용을 찾으면 된다. 또한, 빈칸 뒤의 내용이 주위에서 쉽게 할 수 있는 힐링 방법을 통해 자신감을 얻는 것부터 출발해야 한다는 내용이므로, 빈칸에는 많은 돈을 들이지 않고도 쉽게 할 수 있는 일부터 찾아야 한다는 내용이 담긴 문장이 오는 것이 적절하다.

풀이 전략!

빈칸 앞뒤의 문맥을 파악한 후 선택지에서 가장 어울리는 내용을 찾는다. 빈칸 앞에 접속어가 있다면 이를 활용한다.

※ 다음 글의 빈칸에 들어갈 내용으로 가장 적절한 것을 고르시오. [1~3]

01

태양은 지구의 생명체가 살아가는 데 필요한 빛과 열을 공급해 준다. 태양은 이런 막대한 에너지를 어떻게 계속 내놓을 수 있을까?

16세기 이전까지는 태양을 포함한 별들이 지구상의 물질을 이루는 네 가지 원소와 다른, 불변의 '제5원소'로 이루어졌다고 생각했다. 하지만 밝기가 변하는 신성(新星)이 별 가운데 하나라는 사실이 알려지면서 별이 불변이라는 통념은 무너지게 되었다. 또한, 태양의 흑점 활동이 관측되면서 태양 역시 불덩어리일지도 모른다고 생각하기 시작했다. 그 후 섭씨 5,500℃로 가열된 물체에서 노랗게 보이는 빛이 나오는 것을 알게 되면서 유사한 빛을 내는 태양의 온도도 비슷할 것이라고 추측하게 되었다.

19세기에는 에너지 보존 법칙이 확립되면서 새로운 에너지 공급이 없다면 태양의 온도가 점차 낮아져야 한다는 결론을 내렸다. 그렇다면 과거에는 태양의 온도가 훨씬 높았어야 했고, 지구의 바다가 펄펄 끓어야 했을 것이다. 하지만 실제로는 그렇지 않았고, 사람들은 태양의 온도를 일정하게 유지해 주는 에너지원이 무엇인지에 대해 생각하게 되었다.

20세기 초 방사능이 발견되면서 사람들은 방사능 물질의 붕괴에서 나오는 핵분열 에너지를 태양의 에너지원으로 생각하였다. 그러나 태양빛의 스펙트럼을 분석한 결과 태양에는 우라늄 등의 방사능 물질 대신 수소와 헬륨이 있다는 것을 알게 되었다. 즉, 방사능 물질의 붕괴에서 나오는 핵분열 에너지가 태양의 에너지원이 아니었던 것이다.

현재 태양의 에너지원은 수소 원자핵 네 개가 헬륨 원자핵 하나로 융합하는 과정의 질량 결손으로 인해 생기는 핵융합 에너지로 알려져 있다. 태양은 엄청난 양의 수소 기체가 중력에 의해 뭉쳐진 것으로, 그 중심으로 갈수록 밀도와 압력, 온도가 증가한다. 태양에서의 핵융합은 천만℃ 이상의 온도를 유지하는 중심부에서만 일어난다. 높은 온도에서만 원자핵들은 높은 운동 에너지를 가지게 되며, 그 결과로 원자핵들 사이의 반발력을 극복하고 융합되기에 충분히 가까운 거리로 근접할 수 있기 때문이다. 태양빛이 핵융합을 통해 나온다는 사실은 태양으로부터 온 중성미자가 관측됨으로써 더 확실해졌다.

중심부의 온도가 올라가 핵융합 에너지가 늘어나면 그 에너지로 인한 압력으로 수소를 밖으로 밀어내어 중심부의 밀도와 온도를 낮추게 된다. 이렇게 온도가 낮아지면 방출되는 핵융합 에너지가 줄어들며, 그 결과 압력이 낮아져서 수소가 중심부로 들어오게 되어 중심부의 밀도와 온도를 다시 높인다. 이렇듯 태양 내부에서 중력과 핵융합 반응의 평형 상태가 유지되기 때문에 _____ _____ 태양은 이미 50억 년간 빛을 냈고, 앞으로도 50억 년 이상 더 빛날 것이다.

① 태양의 핵융합 에너지가 폭발적으로 증가할 수 있게 된다.
② 태양 외부의 밝기가 내부 상태에 따라 변할 수 있게 된다.
③ 태양이 오랫동안 안정적으로 빛을 낼 수 있게 된다.
④ 태양이 일정한 크기를 유지할 수 있었다.
⑤ 과거와 달리 태양이 일정한 온도를 유지할 수 있게 된다.

02

일반적으로 물체, 객체를 의미하는 프랑스어 오브제(Objet)는 라틴어에서 유래된 단어로, 어원적으로는 앞으로 던져진 것을 의미한다. 미술에서 대개 인간이라는 '주체'와 대조적인 '객체'로서의 대상을 지칭할 때 사용되는 오브제가 미술사 전면에 나타나게 된 것은 입체주의 이후이다.

20세기 초 입체파 화가들이 화면에 나타나는 공간을 자연의 모방이 아닌 독립된 공간으로 인식하기 시작하면서 회화는 재현미술로서의 단순한 성격을 벗어나기 시작한다. 즉, '미술은 그 자체가 실재이다. 또한 그것은 객관세계의 계시 혹은 창조이지 그것의 반영이 아니다.'라는 세잔의 사고에 의하여 공간의 개방화가 시작된 것이다. 이는 평면에 실제 사물이 부착되는 콜라주 양식의 탄생과 함께 일상의 평범한 재료들이 회화와 자연스레 연결되는 예술과 비예술의 결합으로 차츰 변화하게 된다. 이러한 오브제의 변화는 다다이즘과 쉬르리알리즘에서 '일용의 기성품과 자연물 등을 원래의 그 기능이나 있어야 할 장소에서 분리하고, 그대로 독립된 작품으로서 제시하여 일상적 의미와는 다른 상징적·환상적인 의미를 부여하는' 것으로 일반화된다. 그리고 동시에, 기존 입체주의에서 단순한 보조 수단에 머물렀던 오브제를 캔버스와 대리석의 대체하는 확실한 표현 방법으로 완성시켰다. 이후 오브제는 그저 예술가가 지칭하는 것만으로도 우리의 일상생활과 환경 그 자체가 곧 예술작품이 될 수 있음을 주장한다. _____ 거기에서 더 나아가 오브제는 일상의 오브제를 다양하게 전환시켜 다양성과 대중성을 내포하고, 오브제의 진정성과 상징성을 제거하는 팝아트에서 다시 한 번 새롭게 변화하기에 이른다.

① 무너진 베를린 장벽의 조각을 시내 한복판에 장식함으로써 예술과 비예술이 결합한 것이다.

② 화려하게 채색된 소변기를 통해 일상성에 환상적인 의미를 부여한 것이다.

③ 평범한 세면대일지라도 예술가에 의해 오브제로 정해진다면 일상성을 간직한 미술과 일치되는 것이다.

④ 폐타이어나 망가진 금관악기 등으로 제작된 자동차를 통해 일상의 비일상화를 나타낸 것이다.

⑤ 기존의 수프 통조림을 실크 스크린으로 동일하게 인쇄하여 손쉽게 대량생산되는 일상성을 풍자하는 것이다.

03

스마트팩토리는 인공지능(AI), 사물인터넷(IoT) 등 다양한 기술이 융합된 자율화 공장으로, 제품 설계와 제조, 유통, 물류 등의 산업 현장에서 생산성 향상에 초점을 맞췄다. 이곳에서는 기계, 로봇, 부품 등의 상호 간 정보 교환을 통해 제조 활동을 하고, 모든 공정 이력이 기록되며, 빅데이터 분석으로 사고나 불량을 예측할 수 있다. 스마트팩토리에서는 컨베이어 생산 활동으로 대표되는 산업 현장의 모듈형 생산이 컨베이어를 대체하고 IoT가 신경망 역할을 한다. 센서와 기기 간 다양한 데이터를 수집하고, 이를 서버에 전송하면 서버는 데이터를 분석해 결과를 도출한다. 서버는 AI 기계학습 기술이 적용돼 빅데이터를 분석하고 생산성 향상을 위한 최적의 방법을 제시한다.

스마트팩토리의 대표 사례로는 고도화된 시뮬레이션 '디지털 트윈'을 들 수 있다. 디지털 트윈은 데이터를 기반으로 가상공간에서 미리 시뮬레이션하는 기술이다. 시뮬레이션을 위해 빅데이터를 수집하고 분석과 예측을 위한 통신·분석 기술에 가상현실(VR), 증강현실(AR)과 같은 기술을 더한다. 이를 통해 산업 현장에서 작업 프로세스를 미리 시뮬레이션하고, VR·AR로 검증함으로써 실제 시행에 따른 손실을 줄이고, 작업 효율성을 높일 수 있다.

한편 '에지 컴퓨팅'도 스마트팩토리의 주요 기술 중 하나이다. 에지 컴퓨팅은 산업 현장에서 발생하는 방대한 데이터를 클라우드로 한 번에 전송하지 않고, 에지에서 사전 처리한 후 데이터를 선별해서 전송한다. 서버와 에지가 연동해 데이터 분석 및 실시간 제어를 수행하여 산업 현장에서 생산되는 데이터가 기하급수로 늘어도 서버에 부하를 주지 않는다. 현재 클라우드 컴퓨팅이 중앙 데이터센터와 직접 소통하는 방식이라면 에지 컴퓨팅은 기기 가까이에 위치한 일명 '에지 데이터 센터'와 소통하며, 저장을 중앙 클라우드에 맡기는 형식이다. 이를 통해 데이터 처리 지연 시간을 줄이고 즉각적인 현장 대처를 가능하게 한다.

이러한 스마트팩토리의 발전은 ＿＿＿＿＿＿＿＿＿＿＿＿＿＿＿＿＿＿＿ 최근 선진국에서 나타나는 주요 현상 중의 하나는 바로 '리쇼어링'의 가속화이다. 리쇼어링이란 인건비 등 각종 비용 절감을 이유로 해외에 나간 자국 기업들이 다시 본국으로 돌아오는 현상을 의미하는 용어이다. 2000년대 초반까지는 국가적 차원에서 세제 혜택 등의 회유책을 통해 추진되어 왔지만, 스마트팩토리의 등장으로 인해 자국 내 스마트팩토리에서의 제조 비용과 중국이나 멕시코와 같은 제3국에서 제조 후 수출 비용에 큰 차이가 없어 리쇼어링 현상은 더욱 가속화되고 있다.

① 공장의 제조 비용을 절감시키고 있다.

② 공장의 세제 혜택을 사라지게 하고 있다.

③ 공장의 위치를 변화시키고 있다.

④ 수출 비용을 줄이는 데 도움이 된다.

⑤ 공장의 생산성을 높이고 있다.

06 | 문서 작성 · 수정

| 유형분석 |

- 기본적인 어휘력과 어법에 대한 지식을 필요로 하는 문제이다.
- 글의 내용을 파악하고 문맥을 읽을 줄 알아야 한다.

다음 글의 밑줄 친 ㄱ~ㅁ의 수정 방안으로 적절하지 않은 것은?

> 근대화는 전통 사회의 생활양식에 큰 변화를 가져온다. 특히 급속한 근대화로 인해 전통 사회의 해체 과정이 빨라진 만큼 ㉠ 급격한 변화를 일으킨다. 생활양식의 급격한 변화는 전통 사회 문화의 해체 과정이라고 보아도 ㉡ 무던할 정도이다.
>
> 전통문화의 해체는 새롭게 변화하는 사회 구조에 대해서 전통적인 문화가 당면하게 되는 적합성(適合性)의 위기에서 초래되는 현상이다. ㉢ 이처럼 근대화 과정에서 외래문화와 전통문화는 숱하게 갈등을 겪었다. ㉣ 오랫동안 생활양식으로 유지되었던 전통 사회의 문화가 사회 구조 변화의 속도에 맞먹을 정도로 신속하게 변화할 수는 없다.
>
> ㉤ 그러나 문화적 전통을 확립한다는 것은 과거의 전통문화가 고유성을 유지하면서도 현재의 변화된 사회에 적합성을 가지는 것이라 할 수 있다.

① ㉠ : 필요한 문장 성분이 생략되었으므로 '급격한' 앞에 '문화도'를 추가한다.

② ㉡ : 문맥에 어울리지 않으므로 '무방할'로 수정한다.

③ ㉢ : 글의 흐름에 어긋나는 내용이므로 삭제한다.

④ ㉣ : 띄어쓰기가 올바르지 않으므로 '오랫 동안'으로 수정한다.

⑤ ㉤ : 앞 문장과의 관계를 고려하여 '따라서'로 수정한다.

정답 ④

'오랫동안'은 부사 '오래'와 명사 '동안'이 결합하면서 사이시옷이 들어간 합성어이다. 따라서 한 단어이므로 붙여 써야 한다.

풀이 전략!

문장에서 주어와 서술어의 호응 관계가 적절한지 주어와 서술어를 찾아 확인해 보는 연습을 하며, 문서 작성의 원칙과 주의사항은 미리 알아 두는 것이 좋다.

01　다음 글의 밑줄 친 ㉠ ～ ㉤의 수정 방안으로 적절하지 않은 것은?

> '오투오(O2O; Online to Off-line) 서비스'는 모바일 기기를 통해 소비자와 사업자를 유기적으로
> 이어주는 서비스를 말한다. 어디에서든 실시간으로 서비스가 가능하다는 편리함 때문에 최근 오투
> 오 서비스의 이용자가 증가하고 있다. 스마트폰에 설치된 앱으로 택시를 부르거나 배달 음식을 주문
> 하는 것 등이 대표적인 예이다.
> 오투오 서비스 운영 업체는 스마트폰에 설치된 앱을 매개로 소비자와 사업자에게 필요한 서비스를
> ㉠ 제공받고 있다. 이를 통해 소비자는 시간이나 비용을 절약할 수 있게 되었고, 사업자는 홍보 및
> 유통 비용을 줄일 수 있게 되었다. 이처럼 소비자와 사업자 모두에게 경제적으로 유리한 환경이 조성되
> 어 서비스 이용자가 ㉡ 증가함으로써, 오투오 서비스 운영 업체도 많은 수익을 낼 수 있게 되었다.
> ㉢ 게다가 오투오 서비스 시장이 성장하면서 여러 문제들이 발생하고 있다. ㉣ 또한 오투오 서비스
> 운영 업체의 경우에는 오프라인으로 유사한 서비스를 제공하는 기존 업체와의 갈등이 발생하고 있
> 다. 소비자의 경우 신뢰성이 떨어지는 정보나 기대에 부응하지 못하는 서비스를 제공받는 사례가
> 늘어나고 있고, 사업자의 경우 관련 법규가 미비하여 수수료 문제로 오투오 서비스 운영 업체와 마
> 찰이 생기는 사례도 증가하고 있다.
> 이를 해결하기 위해 소비자는 오투오 서비스에서 제공한 정보가 믿을 만한 것인지를 ㉤ 꼼꼼이 따져
> 합리적으로 소비하는 태도가 필요하고, 사업자는 수수료와 관련된 오투오 서비스 운영 업체와의 마
> 찰을 해결하기 위한 다양한 방법을 강구해야 한다. 오투오 서비스 운영 업체 역시 기존 업체들과의
> 갈등을 조정하기 위한 구체적인 노력들이 필요하다.
> 스마트폰 사용자가 늘어나고 있는 추세를 고려할 때, 오투오 서비스 산업의 성장을 저해하는 문제점
> 들을 해결해 나가면 앞으로 오투오 서비스 시장 규모는 더 커질 것으로 예상된다.

① ㉠ : 문맥을 고려하여 '제공하고'로 수정한다.

② ㉡ : 격조사의 쓰임이 적절하지 않으므로 '증가함으로서'로 수정한다.

③ ㉢ : 앞 문단과의 내용을 고려하여 '하지만'으로 수정한다.

④ ㉣ : 글의 흐름을 고려하여 뒤의 문장과 위치를 바꾼다.

⑤ ㉤ : 맞춤법에 어긋나므로 '꼼꼼히'로 수정한다.

02 행정기관의 기안문 작성방법이 다음과 같을 때, 적절하지 않은 것은?

〈기안문 작성방법〉

1. 행정기관명 : 그 문서를 기안한 부서가 속한 행정기관명을 기재한다. 행정기관명이 다른 행정기관명과 같은 경우에는 바로 위 상급 행정기관명을 함께 표시할 수 있다.
2. 수신 : 수신자명을 표시하고 그다음에 이어서 괄호 안에 업무를 처리할 보조ㆍ보좌 기관의 직위를 표시하되, 그 직위가 분명하지 않으면 ○○업무담당과장 등으로 쓸 수 있다. 다만, 수신자가 많은 경우에는 두문의 수신란에 '수신자 참조'라고 표시하고 결문의 발신명의 다음 줄의 왼쪽 기본선에 맞추어 수신란을 따로 설치하여 수신자명을 표시한다.
3. (경유) : 경유문서인 경우에 '이 문서의 경유기관의 장은 ○○○(또는 제1차 경유기관의 장은 ○○○○, 제2차 경유기관의 장은 ○○○)이고, 최종 수신기관의 장은 ○○○입니다.'라고 표시하고, 경유기관의 장은 제목란에 '경유문서의 이송'이라고 표시하여 순차적으로 이송하여야 한다.
4. 제목 : 그 문서의 내용을 쉽게 알 수 있도록 간단하고, 명확하게 기재한다.
5. 발신명의 : 합의제 또는 독임제 행정기관의 장의 명의를 기재하고, 보조기관 또는 보좌기관 상호 간에 발신하는 문서는 그 보조기관 또는 보좌기관의 명의를 기재한다. 시행할 필요가 없는 내부 결재문서는 발신명의를 표시하지 않는다.
6. 기안자ㆍ검토자ㆍ협조자ㆍ결재권자의 직위 / 직급 : 직위가 있는 경우에는 직위를, 직위가 없는 경우에는 직급(각급 행정기관이 6급 이하 공무원의 직급을 대신하여 사용할 수 있도록 정한 대외 직명을 포함한다. 이하 이 서식에서 같다)을 온전하게 쓴다. 다만, 기관장과 부기관장의 직위는 간략하게 쓴다.
7. 시행 처리과명 – 연도별 일련번호(시행일), 접수 처리과명 – 연도별 일련번호(접수일) : 처리과명(처리과가 없는 행정기관은 10자 이내의 행정기관명 약칭)을 기재하고, 시행일과 접수일란에는 연월일을 각각 마침표(.)를 찍어 숫자로 기재한다. 다만, 민원문서인 경우로서 필요한 경우에는 시행일과 접수일란에 시ㆍ분까지 기재한다.
8. 우 도로명 주소 : 우편번호를 기재한 다음, 행정기관이 위치한 도로명 및 건물번호 등을 기재하고 괄호 안에 건물 명칭과 사무실이 위치한 층수와 호수를 기재한다.
9. 홈페이지 주소 : 행정기관의 홈페이지 주소를 기재한다.
10. 전화번호( ), 팩스번호( ) : 전화번호와 팩스번호를 각각 기재하되, ( ) 안에는 지역번호를 기재한다. 기관 내부문서의 경우는 구내 전화번호를 기재할 수 있다.
11. 공무원의 전자우편주소 : 행정기관에서 공무원에게 부여한 전자우편주소를 기재한다.
12. 공개구분 : 공개, 부분공개, 비공개로 구분하여 표시한다. 부분공개 또는 비공개인 경우에는 공공기록물 관리에 관한 법률 시행규칙 제18조에 따라 '부분공개( )' 또는 '비공개( )'로 표시하고, 공공기관의 정보공개에 관한 법률 제9조 제1항 각 호의 번호 중 해당 번호를 괄호 안에 표시한다.
13. 관인생략 등 표시 : 발신명의의 오른쪽에 관인생략 또는 서명생략을 표시한다.

---

① 기안자 또는 협조자의 직위가 없는 경우 직급을 기재한다.
② 연월일 날짜 뒤에는 각각 마침표(.)를 찍는다.
③ 도로명 주소를 먼저 기재한 후 우편번호를 기재한다.
④ 행정기관에서 부여한 전자우편주소를 기재해야 한다.
⑤ 전화번호를 적을 때 지역번호는 괄호 안에 기재해야 한다.

03 다음은 '우리말 사용'에 대한 글을 쓰기 위해 작성한 개요이다. 개요의 수정·보완 및 자료 제시 방안으로 적절하지 않은 것은?

---

1. 서론 ·· ㉠
2. 우리말의 오용 원인
   (1) 개인적 측면 ··· ㉡
      – 우리말에 대한 사랑과 긍지 부족
   (2) 사회적 측면
      가. 우리말의 소중함에 대한 교육 부족
      나. 바른 우리말 교육 자료의 부족
      다. 대중매체가 미치는 부정적 영향에 대한 인식 부족 ········ ㉢
3. 우리말을 가꾸는 방법
   (1) 개인적 차원
      가. 우리말에 대한 이해와 적극적인 관심
      나. 외국어의 무분별한 사용 지양
   (2) 사회적 차원
      가. 우리말 사용 ·· ㉣
      나. 우리말 연구 기관에 대한 정책적 지원
      다. 대중매체에 사용되는 우리말의 순화
4. 결론 : _____ ······························· ㉤

---

① ㉠ : 우리말을 잘못 사용하고 있는 사례들을 제시하여 우리말 오용 실태를 나타낸다.

② ㉡ : '3 – (1) – 나'를 고려하여 '외국어의 무분별한 사용'을 하위 항목으로 추가한다.

③ ㉢ : 영화의 한 장면을 모방하여 범죄를 저지른 비행 청소년들의 사례를 활용한다.

④ ㉣ : 내용을 구체화하기 위해 '바른 우리말 사용 교육 프로그램 개발'로 수정한다.

⑤ ㉤ : 개요의 흐름을 고려하여 결론을 '우리말을 사랑하고 가꾸기 위한 개인적·사회적 노력 제고'로 작성한다.

07 | 맞춤법 · 어휘

| 유형분석 |

- 주어진 문장이나 지문에서 잘못 쓰인 단어 · 표현을 바르게 고칠 수 있는지 평가한다.
- 띄어쓰기, 동의어 · 유의어 · 다의어 또는 관용적 표현 등을 찾는 문제가 출제될 가능성이 있다.

다음 중 밑줄 친 부분의 표기가 옳은 것은?

① 나의 <u>바램</u>대로 내일은 흰 눈이 왔으면 좋겠다.

② 엿가락을 고무줄처럼 <u>늘였다</u>.

③ 학생 신분에 <u>알맞는</u> 옷차림을 해야 한다.

④ 계곡물에 손을 <u>담구니</u> 시원하다.

⑤ <u>지리한</u> 장마가 끝나고 불볕더위가 시작되었다.

정답 ②

'본디보다 더 길어지게 하다.'라는 의미로 쓰였으므로 '늘이다'로 쓰는 것이 옳다.

오답분석

① 바램 → 바람

③ 알맞는 → 알맞은

④ 담구니 → 담그니

⑤ 지리한 → 지루한

풀이 전략!

문제에서 물어보는 단어를 정확히 확인해야 하고, 어휘문제의 경우 주어진 지문의 전체적인 흐름에 어울리는 단어를 생각해 본다.

01 다음 빈칸 ㉠~㉢에 들어갈 단어를 순서대로 바르게 나열한 것은?

> • A씨는 작년에 이어 올해에도 사장직을 ___㉠___ 하였다.
> • 수입품에 대한 고율의 관세를 ___㉡___ 할 방침이다.
> • 은행 돈을 빌려 사무실을 ___㉢___ 하였다.

	㉠	㉡	㉢
①	역임	부여	임대
②	역임	부과	임차
③	연임	부과	임차
④	연임	부여	임대
⑤	연임	부과	임대

02 다음 중 밑줄 친 부분의 표기가 옳은 것은?

① 그는 손가락으로 북쪽을 <u>가르켰다</u>.
② <u>뚝배기</u>에 담겨 나와서 시간이 지나도 식지 않았다.
③ 열심히 하는 것은 좋은데 <u>촛점</u>이 틀렸다.
④ 몸이 너무 약해서 보약을 <u>다려</u> 먹어야겠다.
⑤ 벽을 가득 덮고 있는 <u>덩쿨</u> 덕에 여름 분위기가 난다.

03 다음 중 띄어쓰기가 옳은 것은?

① 이 건물을 짓는데 몇 년이나 걸렸습니까?
② 김철수군은 지금 창구로 와 주시기 바랍니다.
③ 걱정하지 마. 그 일은 내가 알아서 해결할 게.
④ 물건을 교환하시려면 1주일 내에 방문하셔야 합니다.
⑤ 다음 주에 발표할 보고서가 아직 완성이 안됐다.

08 | 한자성어 · 속담

| 유형분석 |

- 실생활에서 활용되는 한자성어나 속담을 이해할 수 있는지 평가한다.
- 제시된 상황과 일치하는 사자성어 또는 속담을 고르거나 한자의 훈음·독음을 맞히는 등 다양한 유형이 출제된다.

다음 상황에 어울리는 속담으로 가장 적절한 것은?

> 얼마 전 반장 민수는 실수로 칠판을 늦게 지운 주번 상우에게 벌점을 부과하였고, 이로 인해 벌점이 초과된 상우는 방과 후 학교에 남아 반성문을 쓰게 되었다. 이처럼 민수는 사소한 잘못을 저지른 학급 친구에게도 가차 없이 벌점을 부여하여 학급 친구들의 원망을 샀고, 결국에는 민수를 반장으로 추천했던 친구들 모두 민수에게 등을 돌렸다.

① 원님 덕에 나팔 분다.
② 듣기 좋은 꽃노래도 한두 번이지.
③ 집 태우고 바늘 줍는다.
④ 맑은 물에 고기 안 논다.
⑤ 찬물도 위아래가 있다.

정답 ④

④는 사람이 지나치게 결백하면 남이 따르지 않음을 비유적으로 이르는 말로, 지나치게 원리·원칙을 지키다 친구들의 신뢰를 잃게 된 반장 민수의 상황에 적절하다.

오답분석

① 남의 덕으로 대접을 받고 우쭐댄다.
② 아무리 좋은 일이라도 여러 번 되풀이하여 대하게 되면 싫어진다.
③ 큰 것을 잃은 후에 작은 것을 아끼려고 한다.
⑤ 무엇에나 순서가 있으니, 그 차례를 따라 하여야 한다.

풀이 전략!

- 한자성어나 속담 관련 문제의 경우 일정 수준 이상의 사전지식을 요구하므로, 지원 기업 관련 기사 및 이슈를 틈틈이 찾아보며 한자성어나 속담에 대입하는 연습을 하면 효과적으로 대처할 수 있다.
- 문제에 제시된 한자성어의 의미를 파악하기 어렵다면, 먼저 알고 있는 한자가 있는지 확인한 후 글의 문맥과 상황에 대입하며 선택지를 하나씩 소거해 나가는 것이 효율적이다.

01 다음 글과 가장 관련 깊은 한자성어는?

> 지난해 동남아, 인도, 중남미 등의 신흥국이 우리나라의 수출 시장에서 차지하는 비중은 57% 수준으로 미국, 일본, 유럽 등의 선진국 시장을 앞섰다. 특히 최근 들어 중국이 차지하는 비중이 주춤하면서 다른 신흥 시장의 비중이 늘어나고 있다.
>
> 중국의 사드 보복과 미·중 간 무역마찰의 영향 등 중국발 위험이 커짐에 따라 여타 신흥국으로의 수출 시장을 다변화할 필요성이 대두되고 있다. 이에 따라 정부에서도 기업의 새로운 수출 시장을 개척하기 위해 마케팅과 금융지원을 강화하고 있다.
>
> 그러나 이러한 단기적인 대책으로는 부족하다. 신흥국과 함께하는 파트너십을 강화하는 노력이 병행되어야 한다. 신흥국과의 협력은 단기간 내에 성과를 거두기는 어렵지만, 일관성과 진정성을 갖고 꾸준히 추진한다면 해외 시장에서 어려움을 겪고 있는 우리 기업들에게 큰 도움이 될 수 있다.

① 안빈낙도(安貧樂道)   ② 호가호위(狐假虎威)

③ 각주구검(刻舟求劍)   ④ 우공이산(愚公移山)

⑤ 사면초가(四面楚歌)

02 다음 글과 가장 관련 있는 속담은?

> 한국을 방문한 외국인들을 대상으로 한 설문조사에서 인상 깊은 한국의 '빨리빨리' 문화로 '자판기에 손 넣고 기다리기, 웹사이트가 3초 안에 안 나오면 창 닫기, 엘리베이터 닫힘 버튼 계속 누르기' 등이 뽑혔다. 외국인들에게 가장 큰 충격을 준 것은 바로 '가게 주인의 대리 서명'이었다. 외국인들은 가게 주인이 카드 모서리로 대충 사인을 하는 것을 보고 큰 충격을 받았다고 하였다. 외국에서는 서명을 대조하여 확인하기 때문에 대리 서명은 상상도 할 수 없다는 것이다.

① 가재는 게 편이다.

② 우물에 가 숭늉 찾는다.

③ 하나를 듣고 열을 안다.

④ 낙숫물이 댓돌을 뚫는다.

⑤ 봇짐 내어 주며 앉으라 한다.

수리능력

합격 Cheat Key

수리능력은 사칙 연산·통계·확률의 의미를 정확하게 이해하고 이를 업무에 적용하는 능력으로, 기초 연산과 기초 통계, 도표 분석 및 작성의 문제 유형으로 출제된다. 수리능력 역시 채택하지 않는 공사·공단이 거의 없을 만큼 필기시험에서 중요도가 높은 영역이다.

특히, 난이도가 높은 공사·공단의 시험에서는 도표 분석, 즉 자료 해석 유형의 문제가 많이 출제되고 있고, 응용 수리 역시 꾸준히 출제하는 공사·공단이 많기 때문에 기초 연산과 기초 통계에 대한 공식의 암기와 자료 해석 능력을 기를 수 있는 꾸준한 연습이 필요하다.

1 응용 수리의 공식은 반드시 암기하라!

응용 수리는 공사·공단마다 출제되는 문제는 다르지만, 사용되는 공식은 비슷한 경우가 많으므로 자주 출제되는 공식을 반드시 암기하여야 한다. 문제에서 묻는 것을 정확하게 파악하여 그에 맞는 공식을 적절하게 적용하는 꾸준한 노력과 공식을 암기하는 연습이 필요하다.

2 자료의 해석은 자료에서 즉시 확인할 수 있는 지문부터 확인하라!

수리능력 중 도표 분석, 즉 자료 해석 능력은 많은 시간을 필요로 하는 문제가 출제되므로, 증가·감소 추이와 같이 눈으로 확인이 가능한 지문을 먼저 확인한 후 복잡한 계산이 필요한 지문을 확인하는 방법으로 문제를 풀이한다면 시간을 조금이라도 아낄 수 있다. 또한, 여러 가지 보기가 주어진 문제 역시 지문을 잘 확인하고 문제를 풀이한다면 불필요한 계산을 생략할 수 있으므로 항상 지문부터 확인하는 습관을 들여야 한다.

3 도표 작성에서 지문에 작성된 도표의 제목을 반드시 확인하라!

도표 작성은 하나의 자료 혹은 보고서와 같은 수치가 표현된 자료를 도표로 작성하는 형식으로 출제되는데, 대체로 표보다는 그래프를 작성하는 형태로 많이 출제된다. 지문을 살펴보면 각 지문에서 주어진 도표에도 소제목이 있는 경우가 대부분이다. 이때, 자료의 수치와 도표의 제목이 일치하지 않는 경우 함정이 존재하는 문제일 가능성이 높으므로 도표의 제목을 반드시 확인하는 것이 중요하다.

01 | 응용 수리

| 유형분석 |

- 문제에서 제공하는 정보를 파악한 뒤, 사칙연산을 활용하여 계산하는 전형적인 수리문제이다.
- 문제를 풀기 위한 정보가 산재되어 있는 경우가 많으므로 주어진 조건 등을 꼼꼼히 확인해야 한다.

대학 서적을 도서관에서 빌리면 10일간 무료이고, 그 이상은 하루에 100원의 연체료가 부과되며 한 달 단위로 연체료는 두 배로 늘어난다. 1학기 동안 대학 서적을 도서관에서 빌려 사용하는 데 얼마의 비용이 드는가?(단, 1학기의 기간은 15주이고, 한 달은 30일로 정한다)

① 18,000원

② 20,000원

③ 23,000원

④ 25,000원

⑤ 28,000원

정답 ④

- 1학기의 기간 : $15 \times 7 = 105$일
- 연체료가 부과되는 기간 : $105 - 10 = 95$일
- 연체료가 부과되는 시점에서부터 한 달 동안의 연체료 : $30 \times 100 = 3,000$원
- 첫 번째 달부터 두 번째 달까지의 연체료 : $30 \times 100 \times 2 = 6,000$원
- 두 번째 달부터 세 번째 달까지의 연체료 : $30 \times 100 \times 2 \times 2 = 12,000$원
- 95일(3개월 5일) 연체료 : $3,000 + 6,000 + 12,000 + 5 \times (100 \times 2 \times 2 \times 2) = 25,000$원

따라서 1학기 동안 대학 서적을 도서관에서 빌려 사용한다면 25,000원의 비용이 든다.

풀이 전략!

문제에서 묻는 바를 정확하게 확인한 후, 필요한 조건 또는 정보를 구분하여 신속하게 풀어 나간다. 단, 계산에 착오가 생기지 않도록 유의한다.

01 남자 5명과 여자 3명 중에서 4명의 대표를 선출할 때, 적어도 1명의 여자가 포함되도록 선출하는 경우의 수는?

① 55가지　　　　　　　　　　② 60가지
③ 65가지　　　　　　　　　　④ 70가지
⑤ 75가지

02 영희는 회사에서 150km 떨어져 있는 지역에 운전하여 출장을 가게 되었다. 회사에서 출발하여 일정한 속력으로 가던 중 회사로부터 60km 떨어진 곳에서 차에 이상이 생겨 원래 속력에서 50%만큼 느리게 운전했다. 목적지에 도착하는 데 총 1시간 30분이 걸렸다면 고장이 나기 전 처음 속력은 얼마인가?

① 180km/h　　　　　　　　　② 160km/h
③ 140km/h　　　　　　　　　④ 120km/h
⑤ 100km/h

03 50명의 남학생 중에서 24명, 30명의 여학생 중에서 16명이 뮤지컬을 좋아한다고 한다. 전체 80명의 학생 중에서 임의로 선택한 한 명이 뮤지컬을 좋아하지 않는 학생이었을 때, 그 학생이 여학생일 확률은?

① $\dfrac{3}{20}$　　　　　　　　　　② $\dfrac{1}{4}$

③ $\dfrac{3}{10}$　　　　　　　　　　④ $\dfrac{7}{20}$

⑤ $\dfrac{2}{5}$

04 K회사에 근무하는 A, B사원은 프로젝트를 맡게 되었다. A사원이 혼자 프로젝트를 끝내려면 4일, B사원은 12일이 걸린다고 할 때, 같이 일하면 며칠 만에 끝나는가?

① 1일   ② 2일
③ 3일   ④ 4일
⑤ 5일

05 A는 8분에 2바퀴를 돌고, B는 6분에 1바퀴를 도는 원 모양의 트랙이 있다. 두 사람이 3시 정각에 같은 지점에서 같은 방향으로 동시에 출발하였다면, 출발점에서 4번째로 만나는 시각은?

① 3시 12분   ② 3시 24분
③ 3시 48분   ④ 4시 36분
⑤ 5시

06 K회사의 사우회에서 참석자들에게 과자를 1인당 8개씩 나누어 주려고 한다. 10개씩 들어 있는 과자를 17상자 준비하였더니 과자가 남았고, 남은 과자를 1인당 1개씩 더 나누어 주려고 하니 부족했다. 만약 지금보다 9명이 더 참석한다면 과자 6상자를 추가해야 참석자 모두에게 1인당 8개 이상씩 나누어 줄 수 있다. 이때 사우회의 처음 참석자 수는 몇 명인가?

① 18명   ② 19명
③ 20명   ④ 21명
⑤ 22명

07 A지역 유권자의 $\frac{3}{5}$과 B지역 유권자의 $\frac{1}{2}$이 헌법 개정에 찬성하였다. A지역 유권자가 B지역 유권자의 4배일 때, A와 B 두 지역 유권자의 헌법 개정 찬성률은 얼마인가?

① 54%
② 56%
③ 58%
④ 60%
⑤ 62%

08 농도 5%의 설탕물 600g을 1분 동안 가열하면 10g의 물이 증발한다. 이 설탕물을 10분 동안 가열한 후, 다시 설탕물 200g을 더 넣었더니 10%의 설탕물 700g이 되었다. 이때 더 넣은 설탕물 200g의 농도는 얼마인가?(단, 용액의 농도와 관계없이 가열하는 시간과 증발하는 물의 양은 비례한다)

① 5%
② 10%
③ 20%
④ 30%
⑤ 35%

09 비누를 생산할 수 있는 두 종류의 기계 A, B가 있다. A기계 1대와 B기계 4대를 동시에 5분 동안 가동하면 100개의 비누를 생산할 수 있고, A기계 2대와 B기계 3대를 동시에 4분 동안 가동하면 100개의 비누를 생산할 수 있다. 이때 A기계 3대와 B기계 2대를 동시에 가동하여 비누 100개를 생산하는 데 걸리는 시간은?

① $\frac{10}{3}$ 시간
② $\frac{10}{7}$ 시간
③ $\frac{11}{3}$ 시간
④ $\frac{11}{5}$ 시간
⑤ $\frac{11}{7}$ 시간

02 | 자료 계산

| 유형분석 |

- 주어진 자료를 통해 문제에서 주어진 특정한 값을 찾고, 자료의 변동량을 구할 수 있는지 평가하는 유형이다.
- 각 그래프의 선이 어떤 항목을 의미하는지와 단위를 정확히 확인한다.
- 그림을 통해 계산하지 않고 눈으로 확인할 수 있는 내용(증감추이)이 있는지 확인한다.

K마트 물류팀에 근무하는 E사원은 9월 라면 입고량과 판매량을 확인하던 중 11일과 15일에 A, B업체의 기록이 누락되어 있는 것을 발견하였다. 동료직원인 D사원은 E사원에게 "9월 11일의 전체 라면 재고량 중 A업체는 10%, B업체는 9%를 차지하였고, 9월 15일의 A업체 라면 재고량은 B업체보다 500개가 더 많았다."라고 말했다. 이때 9월 11일의 전체 라면 재고량은 몇 개인가?

(단위 : 개)

구분		9월 12일	9월 13일	9월 14일
A업체	입고량	300	–	200
	판매량	150	100	–
B업체	입고량	–	250	–
	판매량	200	150	50

① 10,000개   ② 15,000개
③ 20,000개   ④ 25,000개
⑤ 30,000개

정답 ①

9월 11일의 전체 라면 재고량을 x개라고 하면, A, B업체의 9월 11일 라면 재고량은 각각 $0.1x$개, $0.09x$개이다.
이때 A, B업체의 9월 15일 라면 재고량을 구하면 다음과 같다.
- A업체 : $0.1x+300+200-150-100=(0.1x+250)$개
- B업체 : $0.09x+250-200-150-50=(0.09x-150)$개

9월 15일에는 A업체의 라면 재고량이 B업체보다 500개가 더 많으므로 식을 세우면 다음과 같다.
$0.1x+250=0.09x-150+500$
∴ $x=10,000$
따라서 9월 11일의 전체 라면 재고량은 10,000개이다.

풀이 전략!

선택지를 먼저 읽고 필요한 정보를 도표에서 확인하도록 하며, 계산이 필요한 경우에는 실제 수치를 사용하여 복잡한 계산을 하는 대신, 대소 관계의 비교나 선택지의 옳고 그름만을 판단할 수 있을 정도로 간소화하여 계산해 풀이시간을 단축할 수 있도록 한다.

01 다음은 4개 국가의 연도별 관광 수입 및 지출을 나타낸 자료이다. 2023년 관광 수입이 가장 많은 국가와 가장 적은 국가의 2024년 관광 지출 대비 관광 수입 비율의 차이는 얼마인가?(단, 소수점 둘째 자리에서 반올림한다)

〈국가별 관광 수입 및 지출〉

(단위 : 백만 달러)

구분	관광 수입			관광 지출		
	2022년	2023년	2024년	2022년	2023년	2024년
한국	15,214	17,300	13,400	25,300	27,200	30,600
중국	44,969	44,400	32,600	249,800	250,100	257,700
홍콩	36,150	32,800	33,300	23,100	24,100	25,400
인도	21,013	22,400	27,400	14,800	16,400	18,400

① 25.0%p
② 27.5%p
③ 28.3%p
④ 30.4%p
⑤ 31.1%p

02 다음은 의약품 종류별 상자 수에 따른 가격표이다. 종류별 상자 수를 가중치로 적용하여 가격에 대한 가중평균을 구하면 66만 원이다. 이때, 빈칸에 들어갈 수치로 옳은 것은?

〈의약품 종류별 가격 및 상자 수〉

(단위 : 만 원, 개)

구분	A	B	C	D
가격	( )	70	60	65
상자 수	30	20	30	20

① 60
② 65
③ 70
④ 75
⑤ 80

03 다음은 폐기물협회에서 제공하는 전국 폐기물 발생 현황 자료이다. 빈칸 (ㄱ), (ㄴ)에 들어갈 값으로 옳은 것은?(단, 소수점 둘째 자리에서 반올림한다)

〈전국 폐기물 발생 현황〉

(단위 : 톤 / 일, %)

구분		2018년	2019년	2020년	2021년	2022년	2023년
총계	발생량	359,296	357,861	365,154	373,312	382,009	382,081
	증감률	6.6	−0.4	2.0	2.2	2.3	0.02
의료 폐기물	발생량	52,072	50,906	49,159	48,934	48,990	48,728
	증감률	3.4	−2.2	−3.4	(ㄱ)	0.1	−0.5
사업장 배출시설계 폐기물	발생량	130,777	123,604	137,875	137,961	146,390	149,815
	증감률	13.9	(ㄴ)	11.5	0.1	6.1	2.3
건설 폐기물	발생량	176,447	183,351	178,120	186,417	186,629	183,538
	증감률	2.6	3.9	−2.9	4.7	0.1	−1.7

	(ㄱ)	(ㄴ)
①	−0.5	−5.5
②	−0.5	−4.5
③	−0.6	−5.5
④	−0.6	−4.5
⑤	−0.8	−5.5

04 다음은 우리나라의 LPCD(Liter Per Capita Day)에 대한 자료이다. 1인 1일 사용량에서 영업용 사용량이 차지하는 비중과 1인 1일 가정용 사용량 중 하위 두 항목이 차지하는 비중을 순서대로 바르게 나열한 것은?(단, 소수점 셋째 자리에서 반올림한다)

〈1인 1일 급수량〉 (단위 : LPCD)
누수 및 기타 53
1인 1일 사용량 282

〈1인 1일 사용량〉 (단위 : LPCD)
기타 12
업무용 10
영업용 80
가정용 180

〈1인 1일 가정용 사용량〉 (단위 : LPCD)
기타 13
세면 20
목욕 28
세탁 36
변기 45
싱크대 38

※ LPCD(Liter Per Capita Day) : 1인 1일 물사용량으로 지역·국가 간 물 사용량을 비교할 수 있게 하고, 수자원을 효율적으로 활용할 수 있게 하는 지표

① 27.57%, 16.25%
② 27.57%, 19.24%
③ 28.37%, 18.33%
④ 28.37%, 19.24%
⑤ 30.56%, 20.78%

03 | 자료 이해

| 유형분석 |

- 제시된 표를 분석하여 선택지의 정답 유무를 판단하는 문제이다.
- 표의 수치 등을 통해 변화량이나 증감률, 비중 등을 비교하여 판단하는 문제가 자주 출제된다.
- 지원하고자 하는 기업이나 산업과 관련된 자료 등이 문제의 자료로 많이 다뤄진다.

다음은 A ~ E 5개국의 경제 및 사회 지표 자료이다. 이에 대한 설명으로 옳지 않은 것은?

〈주요 5개국의 경제 및 사회 지표〉

구분	1인당 GDP(달러)	경제성장률(%)	수출(백만 달러)	수입(백만 달러)	총인구(백만 명)
A국	27,214	2.6	526,757	436,499	50.6
B국	32,477	0.5	624,787	648,315	126.6
C국	55,837	2.4	1,504,580	2,315,300	321.8
D국	25,832	3.2	277,423	304,315	46.1
E국	56,328	2.3	188,445	208,414	24.0

※ (총 GDP)=(1인당 GDP)×(총인구)

① 경제성장률이 가장 큰 나라가 총 GDP는 가장 작다.
② 총 GDP가 가장 큰 나라의 GDP는 가장 작은 나라의 GDP보다 10배 이상 더 크다.
③ 5개국 중 수출과 수입에 있어서 규모에 따라 나열한 순위는 서로 일치한다.
④ A국이 E국보다 총 GDP가 더 크다.
⑤ 1인당 GDP에 따른 순위와 총 GDP에 따른 순위는 서로 일치한다.

정답 ⑤

1인당 GDP 순위는 E>C>B>A>D이다. 그런데 1인당 GDP가 가장 큰 E국은 1인당 GDP가 2위인 C국보다 1% 정도밖에 높지 않은 반면, 인구는 C국의 $\frac{1}{10}$ 이하이므로 총 GDP 역시 C국보다 작다. 따라서 1인당 GDP 순위와 총 GDP 순위는 일치하지 않는다.

풀이 전략!

평소 변화량이나 증감률, 비중 등을 구하는 공식을 알아두고 있어야 하며, 지원하는 기업이나 산업에 관한 자료 등을 확인하여 비교하는 연습 등을 한다.

01 다음은 우리나라 1차 에너지 소비량에 대한 자료이다. 이에 대한 설명으로 옳은 것은?

〈1차 에너지 소비량 현황〉

(단위 : 백만 TOE)

■ 석탄　■ 석유　■ LNG　■ 원자력　 기타

① 매년 석유 소비량이 나머지 에너지 소비량의 합보다 많다.
② 석탄 소비량은 완만한 하락세를 보이고 있다.
③ 기타 에너지 소비량이 지속적으로 감소하는 추세이다.
④ 2016 ~ 2020년 원자력 소비량은 증감을 반복하고 있다.
⑤ 2016 ~ 2020년 LNG 소비량의 증가 추세는 그 정도가 심화되었다.

02 다음은 K신도시 쓰레기 처리 관련 통계 자료이다. 이에 대한 설명으로 옳지 않은 것은?

〈K신도시 쓰레기 처리 관련 통계〉

구분	2020년	2021년	2022년	2023년
1kg 쓰레기 종량제 봉투 가격	100원	200원	300원	400원
쓰레기 1kg당 처리비용	400원	400원	400원	400원
K신도시 쓰레기 발생량	5,013톤	4,521톤	4,209톤	4,007톤
K신도시 쓰레기 관련 예산 적자	15억 원	9억 원	4억 원	0원

① 쓰레기 종량제 봉투 가격이 100원이었던 2020년에 비해 400원이 된 2023년에는 쓰레기 발생량이 약 20%p나 감소하였고 쓰레기 관련 예산 적자는 0원이 되었다.

② 연간 쓰레기 발생량 감소곡선보다 쓰레기 종량제 봉투 가격의 인상곡선이 더 가파르다.

③ 쓰레기 1kg당 처리비용이 인상될수록 K신도시의 쓰레기 발생량과 쓰레기 관련 예산 적자가 급격히 감소하는 것을 볼 수 있다.

④ 봉투 가격이 인상됨으로써 주민들은 비용에 부담을 느끼고 쓰레기 배출을 줄였다.

⑤ 쓰레기 종량제 봉투 가격과 K신도시의 쓰레기 발생량은 반비례한다.

03 다음은 한국과 OECD 평균 기대여명 변화에 대한 자료이다. 이에 대한 설명으로 옳지 않은 것은?

〈65세, 80세의 한국 및 OECD 평균 기대여명 변화 추이〉

(단위 : 년)

연령		남성				여성			
		1974년	1999년	2009년	2019년	1974년	1999년	2009년	2019년
65세	한국	10.2	13.4	15.5	18.2	14.9	17.5	19.6	22.4
	OECD 평균	12.7	14.7	16.3	17.9	15.6	18.4	19.8	21.3
80세	한국	4.7	6.1	6.9	8.0	6.4	7.9	8.5	10.1
	OECD 평균	5.7	6.6	7.3	8.3	6.6	8.2	8.9	10.0

① 65세, 80세 여성의 기대여명은 2019년에 OECD 평균보다 모두 높아졌다.

② 80세 남성의 기대여명은 1974 ~ 2019년 동안 OECD 평균 기대여명과의 격차가 꾸준히 줄어들었다.

③ 1974 ~ 2009년 동안 65세 연령의 성별 기대여명과 OECD 평균 기대여명과의 격차는 남성보다 여성이 더 크다.

④ 남성의 기대여명보다 여성의 기대여명이 더 높다.

⑤ 2019년 80세 여성 기대여명의 1974년 대비 증가율은 OECD 평균보다 한국이 더 크다.

04 다음은 지역별 마약류 단속에 대한 자료이다. 이에 대한 설명으로 옳은 것은?

〈지역별 마약류 단속 건수〉

(단위 : 건, %)

구분	대마	마약	향정신성 의약품	합계	비중
서울	49	18	323	390	22.1
인천 · 경기	55	24	552	631	35.8
부산	6	6	166	178	10.1
울산 · 경남	13	4	129	146	8.3
대구 · 경북	8	1	138	147	8.3
대전 · 충남	20	4	101	125	7.1
강원	13	0	35	48	2.7
전북	1	4	25	30	1.7
광주 · 전남	2	4	38	44	2.5
충북	0	0	21	21	1.2
제주	0	0	4	4	0.2
전체	167	65	1,532	1,764	100.0

※ 수도권은 서울과 인천 · 경기를 합한 지역임
※ 마약류는 대마, 마약, 향정신성의약품으로만 구성됨

① 대마 단속 전체 건수는 마약 단속 전체 건수의 3배 이상이다.
② 수도권의 마약류 단속 건수는 마약류 단속 전체 건수의 50% 이상이다.
③ 마약 단속 건수가 없는 지역은 5곳이다.
④ 향정신성의약품 단속 건수는 대구 · 경북 지역이 광주 · 전남 지역의 4배 이상이다.
⑤ 강원 지역은 향정신성의약품 단속 건수가 대마 단속 건수의 3배 이상이다.

04 | 자료 변환

| 유형분석 |

- 문제에 주어진 자료를 도표로 변환하는 문제이다.
- 주로 자료에 있는 수치와 그래프 또는 표에 있는 수치가 서로 일치하는지의 여부를 판단한다.

갑 ~ 무 5명의 직원을 대상으로 신년회를 위한 A ~ E장소에 대한 만족도 조사를 하였다. 5점 만점을 기준으로 장소별 직원들의 점수를 바르게 시각화한 것은?

〈장소별 만족도〉

(단위 : 점)

구분	갑	을	병	정	무	평균
A	2.5	5.0	4.5	2.5	3.5	3.6
B	3.0	4.0	5.0	3.5	4.0	3.9
C	4.0	4.0	3.5	3.0	5.0	3.9
D	3.5	3.5	3.5	4.0	3.0	3.5
E	5.0	3.0	1.0	1.5	4.5	3.0

①

②

③

④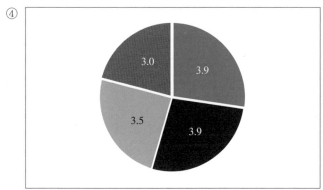

정답 ①

갑, 을, 병, 정, 무 5명의 직원들의 A ~ E장소에 대한 만족도 점수가 그래프에 바르게 나타나 있다.

오답분석

② B장소의 평균 만족도가 3.9점이지만 4.0점 이상으로 나타나 있다.

③ 병의 A ~ E장소에 대한 평균 만족도가 없고, 직원별 A ~ E장소 평균 만족도는 자료의 목적과는 거리가 멀다.

④ A ~ E장소에 대한 평균 만족도에서 표와의 수치를 비교해 보면 3.6점인 A장소가 없고, 수치가 각각 어느 장소의 평균 만족도를 나타내는지 알 수 없다.

풀이 전략!

각 선택지에 도표의 제목이 제시된 경우 제목을 먼저 확인한다. 그다음 어떠한 정보가 필요한지 확인한 후, 문제에서 주어진 자료를 빠르게 확인하여 일치 여부를 판단한다.

01 다음은 우리나라 강수량에 대한 자료이다. 이를 그래프로 바르게 나타낸 것은?

〈우리나라 강수량〉

(단위 : mm, 위)

구분	1월	2월	3월	4월	5월	6월	7월	8월	9월	10월	11월	12월
강수량	15.3	29.8	24.1	65.0	29.5	60.7	308.0	241.0	92.1	67.6	12.7	21.9
역대순위	32	23	39	30	44	43	14	24	26	13	44	27

④ (mm)

⑤ (mm)

02 다음은 2024년 신재생에너지 산업통계에 대한 자료이다. 이를 토대로 작성한 그래프로 옳지 않은 것은?

〈신재생에너지원별 산업 현황〉

(단위 : 억 원)

구분	기업체 수(개)	고용인원(명)	매출액	내수	수출액	해외공장매출	투자액
태양광	127	8,698	75,637	22,975	33,892	18,770	5,324
태양열	21	228	290	290	0	0	1
풍력	37	2,369	14,571	5,123	5,639	3,809	583
연료전지	15	802	2,837	2,143	693	0	47
지열	26	541	1,430	1,430	0	0	251
수열	3	46	29	29	0	0	0
수력	4	83	129	116	13	0	0
바이오	128	1,511	12,390	11,884	506	0	221
폐기물	132	1,899	5,763	5,763	0	0	1,539
합계	493	16,177	113,076	49,753	40,743	22,579	7,966

① 신재생에너지원별 기업체 수(단위 : 개)

② 신재생에너지원별 고용인원(단위 : 명)

③ 신재생에너지원별 고용인원 비율

④ 신재생에너지원별 내수 현황(단위 : 억 원)

⑤ 신재생에너지원별 해외공장매출 비율

03

문제해결능력

합격 Cheat Key

문제해결능력은 업무를 수행하면서 여러 가지 문제 상황이 발생하였을 때, 창의적이고 논리적인 사고를 통하여 이를 올바르게 인식하고 적절히 해결하는 능력으로, 하위 능력에는 사고력과 문제처리능력이 있다.

문제해결능력은 NCS 기반 채용을 진행하는 대다수의 공사·공단에서 채택하고 있으며, 다양한 자료와 함께 출제되는 경우가 많아 어렵게 느껴질 수 있다. 특히, 난이도가 높은 문제로 자주 출제되기 때문에 다른 영역보다 더 많은 노력이 필요할 수는 있지만 그렇기에 차별화를 할 수 있는 득점 영역이므로 포기하지 말고 꾸준하게 노력해야 한다.

1 질문의 의도를 정확하게 파악하라!

문제해결능력은 문제에서 무엇을 묻고 있는지 정확하게 파악하여 먼저 풀이 방향을 설정하는 것이 가장 효율적인 방법이다. 특히, 조건이 주어지고 답을 찾는 창의적·분석적인 문제가 주로 출제되고 있기 때문에 처음에 정확한 풀이 방향이 설정되지 않는다면 문제를 제대로 풀지 못하게 되므로 첫 번째로 출제 의도 파악에 집중해야 한다.

2 중요한 정보는 반드시 표시하라!

출제 의도를 정확히 파악하기 위해서는 문제의 중요한 정보를 반드시 표시하거나 메모하여 하나의 조건, 단서도 잊고 넘어가는 일이 없도록 해야 한다. 실제 시험에서는 시간의 압박과 긴장감으로 정보를 잘못 적용하거나 잊어버리는 실수가 많이 발생하므로 사전에 충분한 연습이 필요하다.

3 반복 풀이를 통해 취약 유형을 파악하라!

문제해결능력은 특히 시간관리가 중요한 영역이다. 따라서 정해진 시간 안에 고득점을 할 수 있는 효율적인 문제 풀이 방법을 찾아야 한다. 이때, 반복적인 문제 풀이를 통해 자신이 취약한 유형을 파악하는 것이 중요하다. 정확하게 풀 수 있는 문제부터 빠르게 풀고 취약한 유형은 나중에 푸는 효율적인 문제 풀이를 통해 최대한 고득점을 맞는 것이 중요하다.

01 | 명제 추론

| 유형분석 |

- 주어진 문장을 토대로 논리적으로 추론하여 참 또는 거짓을 구분하는 문제이다.
- 대체로 연역추론을 활용한 명제 문제가 출제된다.
- 자료를 제시하고 새로운 결과나 자료에 주어지지 않은 내용을 추론해 가는 형식의 문제가 출제된다.

어느 도시에 있는 병원의 공휴일 진료 현황은 다음과 같다. 공휴일에 진료하는 병원의 수는?

- B병원이 진료를 하지 않으면, A병원은 진료를 한다.
- B병원이 진료를 하면, D병원은 진료를 하지 않는다.
- A병원이 진료를 하면, C병원은 진료를 하지 않는다.
- C병원이 진료를 하지 않으면, E병원이 진료를 한다.
- E병원은 공휴일에 진료를 하지 않는다.

① 1곳   ② 2곳
③ 3곳   ④ 4곳
⑤ 5곳

정답 ②

제시된 진료 현황을 각각의 명제로 보고 이들을 수식으로 설명하면 다음과 같다(단, 명제가 참일 경우 그 대우도 참이다).
- B병원이 진료를 하지 않으면 A병원이 진료한다($\sim$B → A / $\sim$A → B).
- B병원이 진료를 하면 D병원은 진료를 하지 않는다(B → $\sim$D / D → $\sim$B).
- A병원이 진료를 하면 C병원은 진료를 하지 않는다(A → $\sim$C / C → $\sim$A).
- C병원이 진료를 하지 않으면 E병원이 진료한다($\sim$C → E / $\sim$E → C).
이를 하나로 연결하면, D병원이 진료를 하면 B병원이 진료를 하지 않고, B병원이 진료를 하지 않으면 A병원은 진료를 한다. A병원이 진료를 하면 C병원은 진료를 하지 않고, C병원이 진료를 하지 않으면 E병원은 진료를 한다(D → $\sim$B → A → $\sim$C → E). 명제가 참일 경우 그 대우도 참이므로 $\sim$E → C → $\sim$A → B → $\sim$D가 된다. E병원은 공휴일에 진료를 하지 않으므로 위의 명제를 참고하면 C와 B병원만이 진료를 하는 경우가 된다. 따라서 공휴일에 진료를 하는 병원은 2곳이다.

풀이 전략!

명제와 관련한 기본적인 논법에 대해서는 미리 학습해 두며, 이를 바탕으로 각 문장에 있는 핵심단어 또는 문구를 기호화하여 정리한 후, 선택지와 비교하여 참 또는 거짓을 판단한다.

01 신입사원인 수진, 민아, 종석은 임의의 순서로 검은색·갈색·흰색 책상에 이웃하여 앉아 있고, 커피·주스·콜라 중 한 가지씩 좋아한다. 또한, 기획·편집·디자인의 서로 다른 업무를 하고 있다. 다음 〈조건〉을 참고할 때 반드시 참인 것을 〈보기〉에서 모두 고르면?

조건

- 종석이는 갈색 책상에 앉아 있다.
- 검은색 책상에 앉은 사람은 편집 업무를 담당한다.
- 기획 담당과 디자인 담당은 서로 이웃해 있지 않다.
- 디자인을 하는 사람은 커피를 좋아한다.
- 수진이는 편집 담당과 이웃해 있다.
- 수진이는 주스를 좋아한다.

보기

ㄱ. 종석이는 커피를 좋아한다.
ㄴ. 민아와 종석이는 이웃해 있다.
ㄷ. 수진이는 편집을 하지 않고, 민아는 콜라를 좋아하지 않는다.
ㄹ. 민아는 흰색 책상에 앉아 있다.
ㅁ. 수진이는 기획 담당이다.

---

① ㄱ, ㄴ   ② ㄴ, ㄷ
③ ㄷ, ㄹ   ④ ㄱ, ㄴ, ㅁ
⑤ ㄱ, ㄷ, ㅁ

02 K공사의 건물에서는 엘리베이터 여섯 대(1 ~ 6호기)를 6시간에 걸쳐 검사하고자 한다. 한 시간에 한 대씩만 검사한다고 할 때, 다음 〈조건〉에 근거하여 바르게 추론한 것은?

- 제일 먼저 검사하는 엘리베이터는 5호기이다.
- 가장 마지막에 검사하는 엘리베이터는 6호기가 아니다.
- 2호기는 6호기보다 먼저 검사한다.
- 3호기는 두 번째로 먼저 검사하며, 그 다음으로 검사하는 엘리베이터는 1호기이다.

① 6호기는 4호기보다 늦게 검사한다.
② 마지막으로 검사하는 엘리베이터는 4호기가 아니다.
③ 4호기 다음으로 검사할 엘리베이터는 2호기이다.
④ 2호기는 세 번째로 1호기보다 먼저 검사한다.
⑤ 6호기는 1호기 다다음에 검사하며, 다섯 번째로 검사하게 된다.

03 이번 학기에 4개의 강좌 A ~ D가 새로 개설되는데, 강사 갑 ~ 무 중 4명이 한 강좌씩 맡으려 한다. 배정 결과를 궁금해 하는 5명은 다음 〈보기〉와 같이 예측했다. 배정 결과를 보니 갑 ~ 무의 진술 중 한 명의 진술만이 거짓이고 나머지는 참임이 드러났을 때, 다음 중 바르게 추론한 것은?

갑 : 을이 A강좌를 담당하고 병은 강좌를 담당하지 않을 것이다.
을 : 병이 B강좌를 담당할 것이다.
병 : 정은 D강좌가 아닌 다른 강좌를 담당할 것이다.
정 : 무가 D강좌를 담당할 것이다.
무 : 을의 말은 거짓일 것이다.

① 갑은 A강좌를 담당한다.
② 을은 C강좌를 담당한다.
③ 병은 강좌를 담당하지 않는다.
④ 정은 D강좌를 담당한다.
⑤ 무는 B강좌를 담당한다.

04 홍보팀, 총무팀, 연구개발팀, 고객지원팀, 법무팀, 디자인팀으로 구성된 K사가 사내 체육대회를 실시하였다. 여섯 팀이 참가한 경기가 다음 〈조건〉과 같을 때, 항상 참인 것은?

> **조건**
> • 체육대회는 모두 4종목이며 모든 팀은 적어도 한 종목에 참가해야 한다.
> • 이어달리기 종목에 참가한 팀은 5팀이다.
> • 홍보팀은 모든 종목에 참가하였다.
> • 연구개발팀은 2종목에 참가하였다.
> • 총무팀이 참가한 어떤 종목은 4팀이 참가하였다.
> • 연구개발팀과 디자인팀은 같은 종목에 참가하지 않는다.
> • 고객지원팀과 법무팀은 모든 종목에 항상 같이 참가하였거나 같이 참가하지 않았다.
> • 디자인팀은 족구 종목에 참가하였다.

① 총무팀이 참가한 종목의 수와 법무팀이 참가한 종목의 수는 같다.
② 홍보팀과 고객지원팀이 동시에 참가하지 않는 종목은 없다.
③ 참가하는 종목이 가장 적은 팀은 디자인팀이다.
④ 연구개발팀과 법무팀이 참가한 종목의 수는 같다.
⑤ 연구개발팀과 디자인팀이 동시에 참가하지 않는 종목은 없다.

05 A ~ G 7명이 원형테이블에 〈조건〉과 같이 앉아 있을 때, 다음 중 직급이 사원인 사람과 대리인 사람을 순서대로 바르게 나열한 것은?

> **조건**
> A, B, C, D, E, F, G는 모두 사원, 대리, 과장, 차장, 팀장, 본부장, 부장 중 하나의 직급에 해당하며, 이 중 동일한 직급인 직원은 없다.
> • A의 왼쪽에는 부장이, 오른쪽에는 차장이 앉아 있다.
> • E는 사원과 이웃하여 앉지 않았다.
> • B는 부장과 이웃하여 앉아 있다.
> • C의 직급은 차장이다.
> • G는 차장과 과장 사이에 앉아 있다.
> • D는 A와 이웃하여 앉아 있다.
> • 사원은 부장, 대리와 이웃하여 앉아 있다.

	사원	대리
①	A	F
②	B	E
③	B	F
④	D	E
⑤	D	G

02 | 규칙 적용

| 유형분석 |

- 주어진 상황과 규칙을 종합적으로 활용하여 풀어가는 문제이다.
- 일정, 비용, 순서 등 다양한 내용을 다루고 있어 유형을 한 가지로 단일화하기 어려우므로 여러 문제를 접해 보는 것이 좋다.

A팀과 B팀은 보안등급 상에 해당하는 문서를 나누어 보관하고 있다. 이에 따라 두 팀은 보안을 위해 아래와 같은 규칙에 따라 각 팀의 비밀번호를 지정하였다. 다음 중 A팀과 B팀에 들어갈 수 있는 암호배열은?

〈규칙〉

- 1~9까지의 숫자로 (한 자릿수)×(두 자릿수)=(세 자릿수)=(두 자릿수)×(한 자릿수) 형식의 비밀번호로 구성한다.
- 가운데에 들어갈 세 자릿수의 숫자는 156이며 숫자는 중복 사용할 수 없다. 즉, 각 팀의 비밀번호에 1, 5, 6이란 숫자가 들어가지 않는다.

① 23
② 27
③ 29
④ 35
⑤ 39

정답 ⑤

규칙에 따라 사용할 수 있는 숫자는 1, 5, 6을 제외한 나머지 2, 3, 4, 7, 8, 9의 총 6개이다. (한 자릿수)×(두 자릿수)=156이 되는 수를 알기 위해서는 156의 소인수를 구해보면 된다. 156의 소인수는 3, 2^2, 13으로 여기서 156이 되는 수의 곱 중에 조건을 만족하는 것은 2×78과 4×39이다. 따라서 선택지 중에 A팀 또는 B팀에 들어갈 수 있는 암호배열은 39이다.

풀이 전략!

문제에 제시된 조건이나 규칙을 정확히 파악한 후, 선택지나 상황에 적용하여 문제를 풀어나간다.

01 K사는 신제품의 품번을 다음과 같은 규칙에 따라 정한다고 한다. 제품에 설정된 임의의 영단어가 'INTELLECTUAL'이라면, 이 제품의 품번으로 옳은 것은?

〈규칙〉

- 1단계 : 알파벳 A ~ Z를 숫자 1, 2, 3, …으로 변환하여 계산한다.
- 2단계 : 제품에 설정된 임의의 영단어를 숫자로 변환한 값의 합을 구한다.
- 3단계 : 임의의 영단어 속 자음의 합에서 모음의 합을 뺀 값의 절댓값을 구한다.
- 4단계 : 2단계와 3단계의 값을 더한 다음 4로 나누어 2단계의 값에 더한다.
- 5단계 : 4단계의 값이 정수가 아닐 경우에는 소수점 첫째 자리에서 버림한다.

---

① 120   ② 140

③ 160   ④ 180

⑤ 200

02 다음은 규칙에 따라 2에서 10까지의 서로 다른 자연수의 관계를 나타낸 그림이다. 이때 A ~ C에 해당하는 수의 합은?

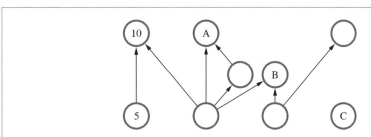

〈규칙〉

- 2에서 10까지의 자연수는 ◯ 안에 한 개씩만 사용되고, 사용되지 않는 자연수는 없다.
- 2에서 10까지의 서로 다른 임의의 자연수 3개를 x, y, z라고 할 때 다음과 같다.
  - ⓧ ⟶ ⓨ는 y가 x의 배수임을 나타낸다.
  - 화살표로 연결되지 않은 ⓩ는 z가 x, y와 약수나 배수 관계가 없음을 나타낸다.

---

① 20   ② 21

③ 22   ④ 23

⑤ 24

03 | 자료 해석

| 유형분석 |

- 주어진 자료를 해석하고 활용하여 풀어가는 문제이다.
- 꼼꼼하고 분석적인 접근이 필요한 다양한 자료들이 출제된다.

K사 인사팀 직원인 A씨는 사내 설문조사를 통해 요즘 사람들이 연봉보다는 일과 삶의 균형을 더 중요시하고 직무의 전문성을 높이고 싶어 한다는 결과를 도출했다. 다음 중 설문조사 결과와 K사 임직원의 근무여건에 대한 자료를 참고하여 인사제도를 합리적으로 변경한 것은?

〈임직원 근무여건〉

구분	주당 근무 일수(평균)	주당 근무시간(평균)	직무교육 여부	퇴사율
정규직	6일	52시간 이상	○	17%
비정규직 1	5일	40시간 이상	○	12%
비정규직 2	5일	20시간 이상	×	25%

① 정규직의 연봉을 7% 인상한다.
② 정규직을 비정규직으로 전환한다.
③ 비정규직 1의 직무교육을 비정규직 2와 같이 조정한다.
④ 정규직의 주당 근무시간을 비정규직 1과 같이 조정하고 비정규직 2의 직무교육을 시행한다.
⑤ 비정규직 2의 근무 일수를 정규직과 같이 조정한다.

정답 ④

정규직의 주당 근무시간을 비정규직 1과 같이 줄여 근무여건을 개선하고, 퇴사율이 가장 높은 비정규직 2의 직무교육을 시행하여 퇴사율을 줄이는 것이 가장 합리적이다.

오답분석

① 설문조사 결과에서 연봉보다는 일과 삶의 균형을 더 중요시한다고 하였으므로 연봉이 상승하는 것은 퇴사율에 영향을 미치지 않음을 알 수 있다.
② 정규직을 비정규직으로 전환하는 것은 고용의 안정성을 낮추어 퇴사율을 더욱 높일 수 있다.
③ 직무교육을 하지 않는 비정규직 2보다 직무교육을 하는 정규직과 비정규직 1의 퇴사율이 더 낮기 때문에 적절하지 않다.
⑤ 비정규직 2의 주당 근무 일수를 정규직과 같이 조정하면 주 6일 20시간을 근무하게 되어 비효율적인 업무를 수행한다.

풀이 전략!

문제해결을 위해 필요한 정보가 무엇인지 먼저 파악한 후, 제시된 자료를 분석적으로 읽고 해석한다.

01 다음 자료를 근거로 판단할 때, 연구모임 A ~ E 중 두 번째로 많은 지원금을 받는 모임은?

〈지원계획〉

· 지원을 받기 위해서는 모임당 6명 이상 9명 미만으로 구성되어야 한다.
· 기본지원금은 모임당 1,500천 원이다. 단, 상품개발을 위한 모임의 경우는 2,000천 원을 지원한다.
· 추가지원금

등급	상	중	하
추가지원금(천 원/명)	120	100	70

※ 추가지원금은 연구 계획 사전평가결과에 따라 달라짐
· 협업 장려를 위해 협업이 인정되는 모임에는 위의 두 지원금을 합한 금액의 30%를 별도로 지원한다.

〈연구모임 현황 및 평가 결과〉

모임	상품개발 여부	구성원 수	연구 계획 사전평가 결과	협업 인정 여부
A	○	5	상	○
B	×	6	중	×
C	×	8	상	○
D	○	7	중	×
E	×	9	하	×

① A모임   ② B모임
③ C모임   ④ D모임
⑤ E모임

02 A씨와 B씨는 카셰어링 업체인 K카를 이용하여 각각 일정을 소화하였다. K카의 이용요금표와 일정이 다음과 같을 때, A씨와 B씨가 지불해야 하는 요금이 바르게 연결된 것은?

〈K카 이용요금표〉

구분	기준요금 (10분)	누진 할인요금				주행요금
		대여요금(주중)		대여요금(주말)		
		1시간	1일	1시간	1일	
모닝	880원	3,540원	35,420원	4,920원	49,240원	160원/km
레이		3,900원	39,020원	5,100원	50,970원	
아반떼	1,310원	5,520원	55,150원	6,660원	65,950원	170원/km
K3						

※ 주중 / 주말 기준
　– 주중 : 일요일 20:00 ~ 금요일 12:00
　– 주말 : 금요일 12:00 ~ 일요일 20:00(공휴일 및 당사 지정 성수기 포함)
※ 최소 예약은 30분이며 10분 단위로 연장할 수 있음(1시간 이하는 10분 단위로 환산하여 과금)
※ 예약시간이 4시간을 초과하는 경우에는 누진 할인요금이 적용됨(24시간 한도)
※ 연장요금은 기준요금으로 부과함
※ 이용시간 미연장에 따른 반납지연 패널티 요금은 초과한 시간에 대한 기준요금의 2배가 됨

〈일정〉

• A씨
　– 차종 : 아반떼
　– 예약시간 : 3시간(토요일, 11:00 ~ 14:00)
　– 주행거리 : 92km
　– A씨는 저번 주 토요일, 친구 결혼식에 참석하기 위해 인천에 다녀왔다. 인천으로 가는 길은 순탄하였으나 돌아오는 길에는 고속도로에서 큰 사고가 있었던 모양인지 예상했던 시간보다 1시간 30분이 더 걸렸다. A씨는 이용시간을 연장해야 한다는 사실을 몰라 하지 못했다.

• B씨
　– 차종 : 레이
　– 예약시간 : 목요일, 금요일 00:00 ~ 08:00
　– 주행거리 : 243km
　– B씨는 납품지연에 따른 상황을 파악하기 위해 강원도 원주에 있는 거래처에 들러 이틀에 걸쳐 일을 마무리한 후 예정된 일정에 맞추어 다시 서울로 돌아왔다.

	A씨	B씨
①	61,920원	120,140원
②	62,800원	122,570원
③	62,800원	130,070원
④	63,750원	130,070원
⑤	63,750원	130,200원

03 다음 자료와 상황을 근거로 판단할 때, 〈보기〉에서 옳은 것을 모두 고르면?

K국에서는 모든 법인에 대하여 다음과 같이 구분하여 주민세를 부과하고 있다.

구분	세액(원)
• 자본금액 100억 원을 초과하는 법인으로서 종업원 수가 100명을 초과하는 법인	500,000
• 자본금액 50억 원 초과 100억 원 이하 법인으로서 종업원 수가 100명을 초과하는 법인	350,000
• 자본금액 50억 원을 초과하는 법인으로서 종업원 수가 100명 이하인 법인 • 자본금액 30억 원 초과 50억 원 이하 법인으로서 종업원 수가 100명을 초과하는 법인	200,000
• 자본금액 30억 원 초과 50억 원 이하 법인으로서 종업원 수가 100명 이하인 법인 • 자본금액 10억 원 초과 30억 원 이하 법인으로서 종업원 수가 100명을 초과하는 법인	100,000
• 그 밖의 법인	50,000

〈상황〉

법인	자본금액(억 원)	종업원 수(명)
갑	200	?
을	20	?
병	?	200

> **보기**
>
> ㄱ. 갑이 납부해야 할 주민세 최소 금액은 20만 원이다.
> ㄴ. 을의 종업원이 50명인 경우 10만 원의 주민세를 납부해야 한다.
> ㄷ. 병이 납부해야 할 주민세 최소 금액은 10만 원이다.
> ㄹ. 갑, 을, 병이 납부해야 할 주민세 금액의 합계는 최대 110만 원이다.

① ㄱ, ㄴ   ② ㄱ, ㄷ
③ ㄱ, ㄹ   ④ ㄴ, ㄷ
⑤ ㄴ, ㄹ

※ B씨는 다음 자료를 참고하여 휴가를 다녀오려고 한다. 이어지는 질문에 답하시오. [4~5]

〈여행경로 선정 조건〉

• 항공편 왕복 예산은 80만 원이다.
• 휴가지 후보는 태국, 싱가포르, 베트남이다.
• 중국을 경유하면 총비행금액의 20%가 할인된다.
• 제시된 항공편만 이용가능하다.

〈항공편 정보〉

	비행편	출발 시각	도착 시각	금액(원)
갈 때	인천 - 베트남	09:10	14:30	341,000
	인천 - 싱가포르	10:20	15:10	580,000
	인천 - 중국	10:30	14:10	210,000
	중국 - 베트남	13:40	16:40	310,000
	인천 - 태국	10:20	15:20	298,000
	중국 - 싱가포르	14:10	17:50	405,000
올 때	태국 - 인천	18:10	21:20	203,000
	중국 - 인천	18:50	22:10	222,000
	베트남 - 인천	19:00	21:50	195,000
	싱가포르 - 인천	19:30	22:30	304,000
	베트남 - 중국	19:10	21:40	211,000
	싱가포르 - 중국	20:10	23:20	174,000

※ 항공편은 한국 시간 기준임

04 다음 〈보기〉에서 옳은 것을 모두 고르면?

> 보기
>
> ㄱ. 인천에서 중국을 경유해서 베트남으로 갈 경우 싱가포르로 직항해서 가는 것보다 편도 비용이 15만 원 이상 저렴하다.
> ㄴ. 직항 항공편만을 선택할 때, 왕복 항공편 비용이 가장 적게 드는 여행지로 여행을 간다면 베트남으로 여행을 갈 것이다.
> ㄷ. 베트남으로 여행을 다녀오는 경우 왕복 항공편 최소 비용은 60만 원 미만이다.

① ㄱ
② ㄱ, ㄴ
③ ㄱ, ㄷ
④ ㄴ, ㄷ
⑤ ㄱ, ㄴ, ㄷ

05 B씨는 여행지 선정 기준을 바꾸어 태국, 싱가포르, 베트남 중 왕복 소요 시간이 가장 짧은 곳을 여행지로 선정하고자 한다. 다음 중 B씨가 여행지로 선정할 국가와 그 국가에 대한 왕복 소요 시간이 바르게 연결된 것은?

	여행지	왕복 소요 시간
①	태국	8시간 20분
②	싱가포르	7시간 50분
③	싱가포르	8시간 10분
④	베트남	7시간 50분
⑤	베트남	9시간 40분

06 올해 리모델링하는 K호텔에서 근무하는 귀하는 호텔 비품 구매를 담당하게 되었다. 제조사별 소파 특징을 알아본 귀하는 이탈리아제의 천, 쿠션재에 패더를 사용한 소파를 구매하기로 하였다. 쿠션재는 패더와 우레탄뿐이며 이 소파는 침대 겸용은 아니지만 리클라이닝이 가능하고 '조립'이라고 표시되어 있었으며, 커버는 교환할 수 없다. 귀하가 구매하려는 소파의 제조사는?

〈제조사별 소파 특징〉	
구분	특징
A사	• 쿠션재에 스프링을 사용하지 않는 경우에는 이탈리아제의 천을 사용하지 않는다. • 국내산 천을 사용하는 경우에는 커버를 교환 가능하게 하지 않는다.
B사	• 쿠션재에 우레탄을 사용하는 경우에는 국내산 천을 사용한다. • 리클라이닝이 가능하지 않으면 이탈리아제 천을 사용하지 않는다.
C사	• 쿠션재에 패더를 사용하지 않는 경우에는 국내산 천을 사용한다. • 침대 겸용 소파의 경우에는 쿠션재에 패더를 사용하지 않는다.
D사	• 쿠션재에 패더를 사용하는 경우에는 이탈리아제의 천을 사용한다. • 조립이라고 표시된 소파의 경우에는 쿠션재에 우레탄을 사용한다.

① A사 또는 B사
② A사 또는 C사
③ B사 또는 C사
④ B사 또는 D사
⑤ C사 또는 D사

CHAPTER 04

자원관리능력

합격 Cheat Key

자원관리능력은 현재 NCS 기반 채용을 진행하는 많은 공사·공단에서 핵심영역으로 자리 잡아, 일부를 제외한 대부분의 시험에서 출제되고 있다.

세부 유형은 비용 계산, 해외파견 지원금 계산, 주문 제작 단가 계산, 일정 조율, 일정 선정, 행사 대여 장소 선정, 최단거리 구하기, 시차 계산, 소요시간 구하기, 해외파견 근무 기준에 부합하는 또는 부합하지 않는 직원 고르기 등으로 나눌 수 있다.

1 시차를 먼저 계산하라!

시간 자원 관리의 대표유형 중 시차를 계산하여 일정에 맞는 항공권을 구입하거나 회의시간을 구하는 문제에서는 각각의 나라 시간을 한국 시간으로 전부 바꾸어 계산하는 것이 편리하다. 조건에 맞는 나라들의 시간을 전부 한국 시간으로 바꾸고 한국 시간과의 시차만 더하거나 빼면 시간을 단축하여 풀 수 있다.

2 선택지를 잘 활용하라!

계산을 해서 값을 요구하는 문제 유형에서는 선택지를 먼저 본 후 자리 수가 몇 단위로 끝나는지 확인해야 한다. 예를 들어 412,300원, 426,700원, 434,100원인 선택지가 있다고 할 때, 제시된 조건에서 100원 단위로 나올 수 있는 항목을 찾아 그 항목만 계산하는 방법이 있다. 또한, 일일이 계산하는 문제가 많다. 예를 들어 640,000원, 720,000원, 810,000원 등의 수를 이용해 푸는 문제가 있다고 할 때, 만 원 단위를 절사하고 계산하여 64, 72, 81처럼 요약하는 방법이 있다.

3 최적의 값을 구하는 문제인지 파악하라!

물적 자원 관리의 대표유형에서는 제한된 자원 내에서 최대의 만족 또는 이익을 얻을 수 있는 방법을 강구하는 문제가 출제된다. 이때, 구하고자 하는 값을 x, y로 정하고 연립방정식을 이용해 x, y 값을 구한다. 최소 비용으로 목표생산량을 달성하기 위한 업무 및 인력 할당, 정해진 시간 내에 최대 이윤을 낼 수 있는 업체 선정, 정해진 인력으로 효율적 업무 배치 등을 구하는 문제에서 사용되는 방법이다.

4 각 평가항목을 비교하라!

인적 자원 관리의 대표유형에서는 각 평가항목을 비교하여 기준에 적합한 인물을 고르거나, 저렴한 업체를 선정하거나, 총점이 높은 업체를 선정하는 문제가 출제된다. 이런 유형은 평가항목에서 가격이나 점수 차이에 영향을 많이 미치는 항목을 찾아 1 ~ 2개의 선택지를 삭제하고, 남은 3 ~ 4개의 선택지만 계산하여 시간을 단축할 수 있다.

01 | 시간 계획

| 유형분석 |

- 시간 자원과 관련된 다양한 정보를 활용하여 풀어가는 문제이다.
- 대체로 교통편 정보나 국가별 시차 정보가 제공되며, 이를 근거로 '현지 도착시간 또는 약속된 시간 내에 도착하기 위한 방안'을 고르는 문제가 출제된다.

한국은 뉴욕보다 16시간 빠르고, 런던은 한국보다 8시간 느리다. 다음 비행기가 현지에 도착할 때의 시각 (㉠, ㉡)으로 옳은 것은?

구분	출발 일자	출발 시각	비행 시간	도착 시각
뉴욕행 비행기	6월 6일	22:20	13시간 40분	㉠
런던행 비행기	6월 13일	18:15	12시간 15분	㉡

	㉠	㉡
①	6월 6일 09시	6월 13일 09시 30분
②	6월 6일 20시	6월 13일 22시 30분
③	6월 7일 09시	6월 14일 09시 30분
④	6월 7일 13시	6월 14일 15시 30분
⑤	6월 7일 20시	6월 14일 20시 30분

정답 ②

㉠ 뉴욕행 비행기는 한국에서 6월 6일 22시 20분에 출발하고, 13시간 40분 동안 비행하기 때문에 6월 7일 12시에 도착한다. 한국 시각은 뉴욕보다 16시간 빠르므로 현지에 도착하는 시각은 6월 6일 20시가 된다.

㉡ 런던행 비행기는 한국에서 6월 13일 18시 15분에 출발하고, 12시간 15분 동안 비행하기 때문에 현지에 6월 14일 6시 30분에 도착한다. 한국 시각은 런던보다 8시간이 빠르므로 현지에 도착하는 시각은 6월 13일 22시 30분이 된다.

풀이 전략!

문제에서 묻는 것을 정확히 파악한다. 특히 제한사항에 대해서는 빠짐없이 확인해 두어야 한다. 이후 제시된 정보(시차 등)에서 필요한 것을 선별하여 문제를 풀어간다.

01 K기업의 해외사업부는 7월 중에 2박 3일로 워크숍을 떠나려고 한다. 사우들의 단합을 위해 일정은 주로 야외 활동으로 잡았다. 다음 7월 미세먼지 예보와 〈조건〉을 고려했을 때 워크숍 일정으로 가장 적절한 날짜는?

〈미세먼지 PM₁₀ 등급〉

구간	좋음	보통	약간 나쁨	나쁨	매우 나쁨
예측농도(μg/m³ · 일)	0 ~ 30	31 ~ 80	81 ~ 120	121 ~ 200	201 이상

〈7월 미세먼지 예보〉

일	월	화	수	목	금	토
						1 204μg/m³
2 125μg/m³	3 123μg/m³	4 25μg/m³	5 132μg/m³	6 70μg/m³		

일	월	화	수	목	금	토
	1 204μg/m³	2 125μg/m³	3 123μg/m³	4 25μg/m³	5 132μg/m³	6 70μg/m³
7 10μg/m³	8 115μg/m³	9 30μg/m³	10 200μg/m³	11 116μg/m³	12 121μg/m³	13 62μg/m³
14 56μg/m³	15 150μg/m³	16 140μg/m³	17 135μg/m³	18 122μg/m³	19 98μg/m³	20 205μg/m³
21 77μg/m³	22 17μg/m³	23 174μg/m³	24 155μg/m³	25 110μg/m³	26 80μg/m³	27 181μg/m³
28 125μg/m³	29 70μg/m³	30 85μg/m³	31 125μg/m³			

조건
- 첫째 날과 둘째 날은 예측농도가 '좋음 ~ 약간 나쁨' 사이여야 한다.
- 워크숍 일정은 평일로 하되 불가피할 시 토요일을 워크숍 마지막 날로 정할 수 있다.
- 매달 2, 4주 수요일은 기획회의가 있다.
- 셋째 주 금요일 저녁에는 우수성과팀 시상식이 있다.
- 7월 29 ~ 31일은 중국 현지에서 열리는 콘퍼런스에 참여한다.

① 1 ~ 3일
② 8 ~ 10일
③ 17 ~ 19일
④ 25 ~ 27일
⑤ 29 ~ 31일

02 K공사의 청원경찰은 6층 회사건물을 층마다 모두 순찰한 후에 퇴근한다. 다음 〈조건〉에 따라 1층에서 출발하여 순찰을 완료하고 1층으로 돌아오기까지 소요되는 최소 시간은?(단, 다른 요인은 고려하지 않는다)

> **조건**
> • 층간 이동은 엘리베이터로만 해야 하며 엘리베이터가 한 개 층을 이동하는 데는 1분이 소요된다.
> • 엘리베이터는 한 번에 최대 세 개 층(예 1층 → 4층)을 이동할 수 있다.
> • 엘리베이터는 한 번 위로 올라갔으면, 그 다음에는 아래 방향으로 내려오고, 그 다음에는 다시 위 방향으로 올라가야 한다.
> • 하나의 층을 순찰하는 데는 10분이 소요된다.

① 1시간
② 1시간 10분
③ 1시간 16분
④ 1시간 22분
⑤ 1시간 28분

03 해외영업부 A대리는 B부장과 함께 샌프란시스코에 출장을 가게 되었다. 샌프란시스코의 시각은 한국보다 16시간 느리고, 비행 시간은 10시간 25분일 때 샌프란시스코 현지 시각으로 11월 17일 오전 10시 35분에 도착하는 비행기를 타려면 한국 시각으로 인천공항에 몇 시까지 도착해야 하는가?

구분	날짜	출발 시각	비행 시간	날짜	도착 시각
인천 → 샌프란시스코	11월 17일		10시간 25분	11월 17일	10:35
샌프란시스코 → 인천	11월 21일	17:30	12시간 55분	11월 22일	22:25

※ 비행기 출발 한 시간 전에 공항에 도착해 티켓팅을 해야 함

① 12:10
② 13:10
③ 14:10
④ 15:10
⑤ 16:10

04 다음은 K제품의 생산계획을 나타낸 자료이다. 〈조건〉에 따라 공정이 진행될 때, 첫 번째 완제품이 생산되기 위해서는 최소 몇 시간이 소요되는가?

<K제품 생산계획>

공정	선행공정	소요시간
A	없음	3
B	A	1
C	B, E	3
D	없음	2
E	D	1
F	C	2

조건
• 공정별로 1명의 작업 담당자가 공정을 수행한다.
• A공정과 D공정의 작업 시점은 같다.
• 공정 간 제품의 이동 시간은 무시한다.

① 6시간   ② 7시간
③ 8시간   ④ 9시간
⑤ 10시간

02 | 비용 계산

| 유형분석 |

- 예산 자원과 관련된 다양한 정보를 활용하여 풀어가는 문제이다.
- 대체로 한정된 예산 내에서 수행할 수 있는 업무 및 예산 가격을 묻는 문제가 출제된다.

A사원은 이번 출장을 위해 KTX표를 미리 40% 할인된 가격에 구매하였으나, 출장 일정이 바뀌는 바람에 하루 전날 표를 취소하였다. 다음 환불 규정에 따라 16,800원을 돌려받았을 때, 할인되지 않은 KTX표의 가격은 얼마인가?

<KTX 환불 규정>

출발 2일 전	출발 1일 전 ~ 열차 출발 전	열차 출발 후
100%	70%	50%

① 40,000원
② 48,000원
③ 56,000원
④ 67,200원
⑤ 70,000원

정답 ①

할인되지 않은 KTX표의 가격을 x원이라 하면, 표를 40% 할인된 가격으로 구매하였으므로 구매 가격은 $(1-0.4)x=0.6x$원이다.
환불 규정에 따르면 하루 전에 표를 취소하는 경우 70%의 금액을 돌려받을 수 있으며, 식으로 정리하면 다음과 같다.
$0.6x \times 0.7 = 16,800$
$\rightarrow 0.42x = 16,800$
$\therefore x = 40,000$
따라서 할인되지 않은 KTX표의 가격은 40,000원이다.

풀이 전략!

제한사항인 예산을 고려하여 문제에서 묻는 것을 정확히 파악한 후, 제시된 정보에서 필요한 것을 선별하여 문제를 풀어간다.

01 A씨는 K마트에서 온라인으로 주문을 하려고 한다. 다음과 같이 장바구니에 담아놓은 상품 중 선택한 상품을 구매하려고 할 때, 할인쿠폰을 적용한 최소 주문 금액은 얼마인가?

■ 장바구니

선택	상품	수량	단가
☑	완도 김	⊟ 2 ⊞	2,300원
☑	냉동 블루베리	⊟ 1 ⊞	6,900원
☐	김치	⊟ 3 ⊞	2,500원
☑	느타리 버섯	⊟ 1 ⊞	5,000원
☐	냉동 만두	⊟ 2 ⊞	7,000원
☑	토마토	⊟ 2 ⊞	8,500원

■ 할인쿠폰

적용	쿠폰	중복 할인
☐	상품 총액의 10% 할인 쿠폰	불가
☐	배송비 무료 쿠폰	가능
☐	K카드 사용 시 2% 할인 쿠폰	가능

■ 결제 방법

선택
- ☐ K페이
- ☑ 신용카드
  - ↳ 선택
    - ☐ N카드
    - ☑ K카드
    - ☐ L카드

■ 총주문금액

(주문 상품 금액)+3,000원(배송비)

① 31,830원
② 32,830원
③ 33,150원
④ 34,150원
⑤ 35,830원

02 다음은 이번 달 K사원의 초과 근무 기록이다. K사원의 연봉은 3,600만 원이고, 시급 산정 시 월평균 근무시간은 200시간이다. 이때 K사원이 받는 야근·특근 근무 수당은 얼마인가?(단, 소득세는 고려하지 않는다)

〈이번 달 초과 근무 기록〉

일요일	월요일	화요일	수요일	목요일	금요일	토요일
			1	2 18:00 ~ 19:00	3	4
5 09:00 ~ 11:00	6	7 19:00 ~ 21:00	8	9	10	11
12	13	14	15 18:00 ~ 22:00	16	17	18 13:00 ~ 16:00
19	20 19:00 ~ 20:00	21	22	23	24	25
26	27	28	29 19:00 ~ 23:00	30 18:00 ~ 21:00	31	

〈초과 근무 수당 규정〉

• 평일 야근 수당은 시급의 1.2배이다.
• 주말 특근 수당은 시급의 1.5배이다.
• 식대는 10,000원을 지급하며(야근·특근 수당에 포함되지 않음), 평일 야근 시 20시 이상 근무할 경우에 지급한다(주말 특근에는 지급하지 않음).
• 야근시간은 오후 7 ~ 10시이다(초과시간 수당 미지급).

① 265,500원
② 285,500원
③ 300,000원
④ 310,500원
⑤ 315,000원

03 흥민이는 베트남 여행을 위해 K국제공항에서 환전하기로 하였다. 다음은 L환전소의 당일 환율 및 수수료를 나타낸 자료이다. 흥민이가 한국 돈으로 베트남 현금 1,670만 동을 환전한다고 할 때, 수수료까지 포함하여 필요한 돈은 얼마인가?(단, 모든 계산과정에서 구한 값은 일의 자리에서 버림한다)

〈L환전소 환율 및 수수료〉

• 베트남 환율 : 483원/만 동
• 수수료 : 0.5%
• 우대사항 : 50만 원 이상 환전 시 70만 원까지 수수료 0.4%로 인하 적용
　　　　　　100만 원 이상 환전 시 총금액 수수료 0.4%로 인하 적용

① 808,840원　　　　　　　　　　② 808,940원
③ 809,840원　　　　　　　　　　④ 809,940원
⑤ 810,040원

04 K씨는 개인사유로 인해 5년간 재직했던 회사를 그만두게 되었다. K씨에게 지급된 퇴직금이 1,900만 원일 때, K씨의 평균 연봉은 얼마인가?[단, 평균 연봉은 (1일 평균임금)×365이고, 천의 자리에서 올림한다]

〈퇴직금 산정 방법〉

▶ 고용주는 퇴직하는 근로자에게 계속근로기간 1년에 대해 30일분 이상의 평균임금을 퇴직금으로 지급해야 합니다.
　– '평균임금'이란 이를 산정해야 할 사유가 발생한 날 이전 3개월 동안에 해당 근로자에게 지급된 임금의 총액을 그 기간의 총일수로 나눈 금액을 말합니다.
　– 평균임금이 근로자의 통상임금보다 적으면 그 통상임금을 평균임금으로 합니다.
▶ 퇴직금 산정공식
　(퇴직금)=[(1일 평균임금)×30일×(총계속근로기간)]÷365

① 4,110만 원　　　　　　　　　　② 4,452만 원
③ 4,650만 원　　　　　　　　　　④ 4,745만 원
⑤ 4,800만 원

03 | 품목 확정

| 유형분석 |

- 물적 자원과 관련된 다양한 정보를 활용하여 풀어가는 문제이다.
- 주로 공정도·제품·시설 등에 대한 가격·특징·시간 정보가 제시되며, 이를 종합적으로 고려하는 문제가 출제된다.

K공사는 신축 본사에 비치할 사무실 명패를 제작하기 위해 다음과 같은 팸플릿을 참고하고 있다. 신축 본사에 비치할 사무실 명패는 사무실마다 국문과 영문을 함께 주문했고, 총 주문 비용이 80만 원이라면 사무실에 최대 몇 개의 국문과 영문 명패를 함께 비치할 수 있는가?(단, 추가 구입 가격은 1SET를 구입할 때 한 번씩만 적용된다)

〈명패 제작 가격〉

- 국문 명패 : 1SET(10개)에 10,000원, 5개 추가 시 2,000원
- 영문 명패 : 1SET(5개)에 8,000원, 3개 추가 시 3,000원

---

① 345개   ② 350개

③ 355개   ④ 360개

⑤ 365개

정답 ④

국문 명패 최저가는 15개에 12,000원이고, 영문 명패 최저가는 8개에 11,000원이다. 각 명패를 최저가에 구입하는 개수의 최소공배수를 구하면 120개이다. 이때의 비용은 $(12,000 \times 8) + (11,000 \times 15) = 96,000 + 165,000 = 261,000$원이다. 따라서 한 사무실에 국문과 영문 명패를 함께 비치한다면 120개의 사무실에 명패를 비치하는 비용은 261,000원이다. 360개의 사무실에 명패를 비치한다면 783,000원이 필요하고, 남은 17,000원으로 국문 명패와 영문 명패를 동시에 구입할 수는 없다. 따라서 80만 원으로 최대 360개의 국문 명패와 영문 명패를 동시에 비치할 수 있다.

풀이 전략!

문제에서 묻고자 하는 바를 정확히 파악하는 것이 중요하다. 문제에서 제시한 물적 자원의 정보를 문제의 의도에 맞게 선별하면서 풀어간다.

01 K공사는 유럽의 P회사와 체결한 수출계약 건으로 물품을 20ft 컨테이너의 내부에 가득 채워 보내려고 한다. 물품은 A와 B로 구성되어 있어 개별로 포장되며, 물품 A 2박스와 물품 B 1박스가 결합했을 때 완제품이 되는데, 이를 정확히 파악하기 위해서 컨테이너에는 한 세트를 이루도록 넣고자 한다. 20ft 컨테이너 내부 규격과 물품 A와 B의 포장규격이 다음과 같다면, 총 몇 박스의 제품이 실리겠는가?

> • 20ft 컨테이너 내부 규격 : (L)6,000mm×(W)2,400mm×(H)2,400mm
> • 물품 A의 포장규격 : (L)200mm×(W)200mm×(H)400mm
> • 물품 B의 포장규격 : (L)400mm×(W)200mm×(H)400mm

① 1,440박스   ② 1,470박스

③ 1,530박스   ④ 1,580박스

⑤ 1,620박스

02 K공사는 직원용 컴퓨터를 교체하려고 한다. 다음 〈조건〉을 만족하는 컴퓨터로 옳은 것은?

〈컴퓨터별 가격 현황〉

구분	A컴퓨터	B컴퓨터	C컴퓨터	D컴퓨터	E컴퓨터
모니터	20만 원	23만 원	20만 원	19만 원	18만 원
본체	70만 원	64만 원	60만 원	54만 원	52만 원
(모니터+본체) 세트	80만 원	75만 원	70만 원	66만 원	65만 원
성능평가	중	상	중	중	하
할인혜택	–	세트로 15대 이상 구매 시 총금액에서 100만 원 할인	모니터 10대 초과 구매 시 초과 대수 15% 할인	–	–

조건
• 예산은 1,000만 원이다.
• 교체할 직원용 컴퓨터는 모니터와 본체 각각 15대이다.
• 성능평가에서 '중' 이상을 받은 컴퓨터로 교체한다.
• 컴퓨터 구매는 세트 또는 모니터와 본체 따로 구매할 수 있다.

① A컴퓨터   ② B컴퓨터

③ C컴퓨터   ④ D컴퓨터

⑤ E컴퓨터

03 K회사 마케팅 팀장은 팀원 50명에게 연말 선물을 하기 위해 물품을 구매하려고 한다. 다음은 업체별 품목 가격과 팀원들의 품목 선호도를 나타낸 자료이다. 〈조건〉에 따라 팀장이 구매할 물품과 업체를 순서대로 바르게 나열한 것은?

〈업체별 품목 가격〉

구분		한 벌당 가격(원)
A업체	티셔츠	6,000
	카라 티셔츠	8,000
B업체	티셔츠	7,000
	후드 집업	10,000
	맨투맨	9,000

〈팀원 품목 선호도〉

순위	품목
1	카라 티셔츠
2	티셔츠
3	후드 집업
4	맨투맨

조건
- 팀원의 선호도를 우선으로 품목을 선택한다.
- 총구매금액이 30만 원 이상이면 총금액에서 5%를 할인해 준다.
- 차순위 품목이 1순위 품목보다 총금액이 20% 이상 저렴하면 차순위를 선택한다.

① 티셔츠, A업체
② 카라 티셔츠, A업체
③ 티셔츠, B업체
④ 후드 집업, B업체
⑤ 맨투맨, B업체

04 K회사에서는 영업용 차량을 구매하고자 한다. 영업용으로 사용했을 경우 연평균 주행거리는 30,000km이고 향후 5년간 사용할 계획이다. 현재 고려하고 있는 차량은 A ~ E자동차이다. 다음 중 경비가 가장 적게 들어가는 차량을 구매한다면 어떤 차량이 가장 적절한가?

<자동차 리스트>

구분	사용연료	연비(km/L)	연료탱크 용량(L)	신차구매가(만 원)
A자동차	휘발유	12	60	2,000
B자동차	LPG	8	60	2,200
C자동차	경유	15	50	2,700
D자동차	경유	20	60	3,300
E자동차	휘발유	15	80	2,600

<연료 종류별 가격>

종류	리터당 가격(원/L)
휘발유	1,400
LPG	900
경유	1,150

※ (경비)=(신차구매가)+(연료비)
※ 신차구매 결제는 일시불로 함
※ 향후 5년간 연료 가격은 변동이 없는 것으로 가정함

① A자동차   ② B자동차
③ C자동차   ④ D자동차
⑤ E자동차

04 | 인원 선발

| 유형분석 |

- 인적 자원과 관련된 다양한 정보를 활용하여 풀어가는 문제이다.
- 주로 근무명단, 휴무일, 업무할당 등의 주제로 다양한 정보를 활용하여 종합적으로 풀어가는 문제가 출제된다.

K회사는 상반기 신입사원 공개채용을 시행했다. 1차 서류전형과 인적성, 면접전형이 모두 끝나고 최종 면접자들의 점수를 확인하여 합격 점수 산출법에 따라 합격자를 선정하려고 한다. 총점이 80점 이상인 지원자가 합격한다고 할 때, 다음 중 합격자끼리 바르게 짝지어진 것은?

〈최종 면접 점수〉

(단위 : 점)

구분	A	B	C	D	E
직업기초능력	75	65	60	68	90
의사소통능력	52	70	55	45	80
문제해결능력	44	55	50	50	49

〈합격 점수 산출법〉

- (직업기초능력)×0.6   • (의사소통능력)×0.3   • (문제해결능력)×0.4   • 총점 : 80점 이상

※ 과락 점수(미만) : 직업기초능력 60점, 의사소통능력 50점, 문제해결능력 45점

① A, C
② A, D
③ B, E
④ C, E
⑤ D, E

정답 ③

A와 D는 각각 문제해결능력과 의사소통능력에서 과락이므로 제외한다.
나머지 인원을 합격 점수 산출법에 따라 계산하면 다음과 같다.
- B : 39+21+22=82점
- C : 36+16.5+20=72.5점
- E : 54+24+19.6=97.6점
따라서 총점이 80점 이상인 B와 E가 합격자이다.

풀이 전략!

문제에서 신입사원 채용이나 인력배치 등의 주제가 출제될 경우에는 주어진 규정 혹은 규칙을 꼼꼼히 확인하여야 한다. 이를 근거로 각 선택지가 어긋나지 않는지 검토하여 문제를 풀어간다.

01 K공사에서는 약 2개월 동안 근무할 인턴사원을 선발하고자 다음과 같은 공고를 게시하였다. 지원한 A ~ E 중에서 K공사의 인턴사원으로 가장 적합한 지원자는?

〈인턴 모집 공고〉

• 근무기간 : 약 2개월(6 ~ 8월)
• 자격 요건
    - 1개월 이상 경력자
    - 포토샵 가능자
    - 근무 시간(9 ~ 18시) 이후에도 근무가 가능한 자
• 기타사항
    - 경우에 따라서 인턴 기간이 연장될 수 있음

A지원자	• 경력사항 : 출판사 3개월 근무 • 컴퓨터 활용 능력 中(포토샵, 워드 프로세서) • 대학 휴학 중(9월 복학 예정)
B지원자	• 경력 사항 : 없음 • 포토샵 능력 우수 • 전문대학 졸업
C지원자	• 경력 사항 : 마케팅 회사 1개월 근무 • 컴퓨터 활용 능력 上(포토샵, 워드 프로세서, 파워포인트) • 4년제 대학 졸업
D지원자	• 경력 사항 : 제약 회사 3개월 근무 • 포토샵 가능 • 저녁 근무 불가
E지원자	• 경력 사항 : 마케팅 회사 1개월 근무 • 컴퓨터 활용 능력 中(워드 프로세서, 파워포인트) • 대학 졸업

① A지원자   ② B지원자
③ C지원자   ④ D지원자
⑤ E지원자

02 다음은 K학교의 성과급 기준표이다. 이를 적용해 K학교 교사들의 성과급 배점을 계산하고자 할 때, 〈보기〉의 A~E교사 중 가장 높은 배점을 받을 교사는?

〈성과급 기준표〉

구분	평가사항	배점기준	
수업 지도	주당 수업시간	24시간 이하	14점
		25시간	16점
		26시간	18점
		27시간 이상	20점
	수업 공개 유무	교사 수업 공개	10점
		학부모 수업 공개	5점
생활 지도	담임 유무	담임교사	10점
		비담임교사	5점
담당 업무	업무 곤란도	보직교사	30점
		비보직교사	20점
경력	호봉	10호봉 이하	5점
		11~15호봉	10점
		16~20호봉	15점
		21~25호봉	20점
		26~30호봉	25점
		31호봉 이상	30점

※ 수업지도 항목에서 교사 수업 공개, 학부모 수업 공개를 모두 진행했을 경우 10점으로 배점하며, 수업 공개를 하지 않았을 경우 배점은 없음

보기

구분	주당 수업시간	수업 공개 유무	담임 유무	업무 곤란도	호봉
A교사	20시간	–	담임교사	비보직교사	32호봉
B교사	29시간	–	비담임교사	비보직교사	35호봉
C교사	26시간	학부모 수업 공개	비담임교사	보직교사	22호봉
D교사	22시간	교사 수업 공개	담임교사	보직교사	17호봉
E교사	25시간	교사 수업 공개, 학부모 수업 공개	비담임교사	비보직교사	30호봉

① A교사   ② B교사
③ C교사   ④ D교사
⑤ E교사

03 K회사에서는 신입사원 2명을 채용하기 위하여 서류와 필기 전형을 통과한 갑 ~ 정 4명의 최종 면접을 실시하려고 한다. 네 개 부서의 팀장이 각각 4명을 모두 면접하여 채용 우선순위를 결정하였다. 다음 〈보기〉 중 옳은 것을 모두 고르면?

〈면접 결과〉

순위 \ 면접관	인사팀장	경영관리팀장	영업팀장	회계팀장
1순위	을	갑	을	병
2순위	정	을	병	정
3순위	갑	정	정	갑
4순위	병	병	갑	을

※ 우선순위가 높은 사람 순으로 2명을 채용함
※ 동점자는 인사, 경영관리, 영업, 회계팀장 순서의 고순위자로 결정함
※ 각 팀장이 매긴 순위에 대한 가중치는 모두 동일함

> **보기**
> ㉠ 을 또는 정 중 한 명이 입사를 포기하면 갑이 채용된다.
> ㉡ 인사팀장이 을과 정의 순위를 바꿨다면 갑이 채용된다.
> ㉢ 경영관리팀장이 갑과 병의 순위를 바꿨다면 정은 채용되지 못한다.

① ㉠
② ㉠, ㉡
③ ㉠, ㉢
④ ㉡, ㉢
⑤ ㉠, ㉡, ㉢

CHAPTER 05

정보능력

합격 Cheat Key

정보능력은 업무를 수행함에 있어 기본적인 컴퓨터를 활용하여 필요한 정보를 수집·분석·활용하는 능력으로, 업무와 관련된 정보를 수집하고, 이를 분석하여 의미 있는 정보를 얻는 능력을 의미한다. 세부 유형은 컴퓨터 활용, 정보 처리로 나눌 수 있다.

1 평소에 컴퓨터 활용 스킬을 틈틈이 익혀라!

윈도우(OS)에서 어떠한 설정을 할 수 있는지, 응용프로그램(엑셀 등)에서 어떠한 기능을 활용할 수 있는지를 평소에 직접 사용해 본다면 문제를 보다 수월하게 해결할 수 있다. 여건이 된다면 컴퓨터 활용 능력에 관련된 자격증 공부를 하는 것도 이론과 실무를 익히는 데 도움이 될 것이다.

2 문제의 규칙을 찾는 연습을 하라!

일반적으로 코드체계나 시스템 논리체계를 제공하고 이를 분석하여 문제를 해결하는 유형이 출제된다. 이러한 문제는 문제해결능력과 같은 맥락으로 규칙을 파악하여 접근하는 방식으로 연습이 필요하다.

3   현재 보고 있는 그 문제에 집중하라!

정보능력의 모든 것을 공부하려고 한다면 양이 너무나 방대하다. 그렇기 때문에 수험서에서 본인이 현재 보고 있는 문제들을 집중적으로 공부하고 기억하려고 해야 한다. 그러나 엑셀의 함수 수식, 연산자 등 암기를 필요로 하는 부분들은 필수적으로 암기를 해서 출제가 되었을 때 오답률을 낮출 수 있도록 한다.

4   사진·그림을 기억하라!

컴퓨터 활용 능력을 파악하는 영역이다 보니 컴퓨터 속 옵션, 기능, 설정 등의 사진·그림이 문제에 같이 나오는 경우들이 있다. 그런 부분들은 직접 컴퓨터를 통해서 하나하나 확인을 하면서 공부한다면 더 기억에 잘 남게 된다. 조금 귀찮더라도 한 번씩 클릭하면서 확인해 보도록 한다.

01 | 정보 이해

| 유형분석 |

- 정보능력 전반에 대한 이해를 확인하는 문제이다.
- 정보능력 이론이나 새로운 정보 기술에 대한 문제가 자주 출제된다.

다음 중 정보처리 절차에 대한 설명으로 옳지 않은 것은?

① 정보의 기획은 정보의 입수대상, 주제, 목적 등을 고려하여 전략적으로 이루어져야 한다.
② 정보처리는 '기획 – 수집 – 활용 – 관리'의 순서로 이루어진다.
③ 다양한 정보원으로부터 목적에 적합한 정보를 수집해야 한다.
④ 정보 관리 시에 고려하여야 할 3요소는 목적성, 용이성, 유용성이다.
⑤ 정보 활용 시에는 합목적성 외에도 합법성이 고려되어야 한다.

정답 ②
정보처리는 '기획 – 수집 – 관리 – 활용' 순서로 이루어진다.

풀이 전략!

자주 출제되는 정보능력 이론을 확인하고, 확실하게 암기해야 한다. 특히 새로운 정보 기술이나 컴퓨터 전반에 대해 관심을 가지는 것이 좋다.

01 다음 중 빈칸에 들어갈 용어로 가장 적절한 것은?

> 이것은 기업이 경쟁에서 우위를 확보하려고 구축·이용하는 것이다. 기존의 정보시스템이 기업 내 업무의 합리화·효율화에 역점을 두었던 것에 반해, 기업이 경쟁에서 승리해 살아남기 위한 필수적인 시스템이라는 뜻에서 ＿＿＿＿＿＿＿(이)라고 한다. 그 요건으로는 경쟁 우위의 확보, 신규 사업의 창출이나 상권의 확대, 업계 구조의 변혁 등을 들 수 있다. 실례로는 금융 기관의 대규모 온라인시스템, 체인점 등의 판매시점관리(POS)를 들 수 있다.

① 비즈니스 프로세스 관리(BPM; Business Process Management)
② 전사적 자원관리(ERP; Enterprise Resource Planning)
③ 경영정보 시스템(MIS; Management Information System)
④ 전략정보 시스템(SIS; Strategic Information System)
⑤ 의사결정 지원 시스템(DSS; Decision Support System)

02 다음은 데이터베이스에 대한 설명이다. 데이터베이스의 특징으로 적절하지 않은 것은?

> 데이터베이스란 대량의 자료를 관리하고 내용을 구조화하여 검색이나 자료 관리 작업을 효과적으로 실행하는 프로그램으로, 삽입, 삭제, 수정, 갱신 등을 통하여 항상 최신의 데이터를 유동적으로 유지할 수 있으며, 이와 같은 다량의 데이터는 사용자의 질의에 대한 신속한 응답 처리를 가능하게 한다. 또한 이러한 데이터를 여러 명의 사용자가 동시에 공유할 수 있고, 각 데이터를 참조할 때는 사용자가 요구하는 내용에 따라 참조가 가능함은 물론 응용프로그램과 데이터베이스를 독립시킴으로써 데이터를 변경시키더라도 응용프로그램은 변경되지 않는다.

① 실시간 접근성　　　　　　　　　② 계속적인 진화
③ 동시 공유　　　　　　　　　　　④ 내용에 의한 참조
⑤ 데이터의 논리적 의존성

02 | 엑셀 함수

유형분석

- 컴퓨터 활용과 관련된 상황에서 문제를 해결하기 위한 행동이 무엇인지 묻는 문제이다.
- 주로 업무수행 중에 많이 활용되는 대표적인 엑셀 함수(COUNTIF, ROUND, MAX, SUM, COUNT, AVERAGE, …)가 출제된다.
- 종종 엑셀시트를 제시하여 각 셀에 들어갈 함수식이 무엇인지 고르는 문제가 출제되기도 한다.

다음 중 엑셀에 제시된 함수식의 결괏값으로 옳지 않은 것은?

	A	B	C	D	E	F
1						
2		120	200	20	60	
3		10	60	40	80	
4		50	60	70	100	
5						
6		함수식			결괏값	
7		=MAX(B2:E4)			A	
8		=MODE(B2:E4)			B	
9		=LARGE(B2:E4,3)			C	
10		=COUNTIF(B2:E4,E4)			D	
11		=ROUND(B2,-1)			E	
12						

① A=200
② B=60
③ C=100
④ D=1
⑤ E=100

정답 ⑤

ROUND 함수는 지정한 자릿수를 반올림하는 함수이다. 함수식에서 '-1'은 일의 자리를 뜻하며, '-2'는 십의 자리를 뜻한다. 여기서 '-' 기호를 빼면 소수점 자리로 인식한다. 따라서 일의 자리를 반올림하기 때문에 결괏값은 120이다.

풀이 전략!

제시된 상황에서 사용할 엑셀 함수가 무엇인지 파악한 후, 선택지에서 적절한 함수식을 골라 식을 만들어야 한다. 평소 대표적으로 문제에 자주 출제되는 몇몇 엑셀 함수를 익혀두면 풀이시간을 단축할 수 있다.

01 다음은 K공사의 인사부에서 정리한 사원 목록이다. 이에 대한 설명으로 옳은 것을 〈보기〉에서 모두 고르면?

	A	B	C	D
1	사원번호	성명	직위	부서
2	869872	조재영	부장	품질보증처
3	890531	정대현	대리	품질보증처
4	854678	윤나리	사원	품질보증처
5	812365	이민지	차장	기획처
6	877775	송윤희	대리	기획처
7	800123	김가을	사원	기획처
8	856123	박슬기	부장	사업개발처
9	827695	오종민	차장	사업개발처
10	835987	나진원	사원	사업개발처
11	854623	최윤희	부장	인사처
12	847825	이경서	사원	인사처
13	813456	박소미	대리	재무실
14	856123	최영수	사원	재무실

보기

㉠ 부서를 기준으로 내림차순으로 정렬되었다.
㉡ 부서를 우선 기준으로, 직위를 다음 기준으로 정렬하였다.
㉢ 성명을 기준으로 내림차순으로 정렬되었다.

① ㉠
② ㉡
③ ㉠, ㉡
④ ㉠, ㉢
⑤ ㉡, ㉢

02 다음 시트와 같이 월~금요일까지는 '업무'로, 토요일과 일요일에는 '휴무'로 표시하고자 할 때 [B2] 셀에 입력해야 할 함수식으로 옳지 않은 것은?

	A	B
1	일자	휴무, 업무
2	2025-01-04	휴무
3	2025-01-05	휴무
4	2025-01-06	업무
5	2025-01-07	업무
6	2025-01-08	업무
7	2025-01-09	업무
8	2025-01-10	업무

① =IF(OR(WEEKDAY(A2,0)=0,WEEKDAY(A2,0)=6), "휴무", "업무")

② =IF(OR(WEEKDAY(A2,1)=1,WEEKDAY(A2,1)=7), "휴무", "업무")

③ =IF(OR(WEEKDAY(A2,2)=6,WEEKDAY(A2,2)=7), "휴무", "업무")

④ =IF(WEEKDAY(A2,2)>=6, "휴무", "업무")

⑤ =IF(WEEKDAY(A2,3)>=5, "휴무", "업무")

03 다음 시트에서 [E2:E7] 영역처럼 표시하려고 할 때, [E2] 셀에 입력해야 할 함수식으로 옳은 것은?

	A	B	C	D	E
1	순번	이름	주민등록번호	생년월일	백넘버
2	1	박민석 11	831121-1092823	831121	11
3	2	최성영 20	890213-1928432	890213	20
4	3	이형범 21	911219-1223457	911219	21
5	4	임정호 26	870211-1098432	870211	26
6	5	박준영 28	850923-1212121	850923	28
7	6	김민욱 44	880429-1984323	880429	44

① =MID(B2,5,2) ② =LEFT(B2,2)

③ =RIGHT(B2,5,2) ④ =MID(B2,5)

⑤ =LEFT(B2,5,2)

※ A씨는 지점별 매출 및 매입 현황을 정리하고 있다. 이어지는 질문에 답하시오. [4~5]

	A	B	C	D	E	F
1	지점명	매출	매입			
2	주안점	2,500,000	1,700,000			
3	동암점	3,500,000	2,500,000		최대 매출액	
4	간석점	7,500,000	5,700,000		최소 매출액	
5	구로점	3,000,000	1,900,000			
6	강남점	4,700,000	3,100,000			
7	압구정점	3,000,000	1,500,000			
8	선학점	2,500,000	1,200,000			
9	선릉점	2,700,000	2,100,000			
10	교대점	5,000,000	3,900,000			
11	서초점	3,000,000	1,900,000			
12	합계					

04 다음 중 매출과 매입의 합계를 구할 때 사용해야 하는 함수로 옳은 것은?

① REPT
② CHOOSE
③ SUM
④ AVERAGE
⑤ DSUM

05 다음 중 [F3] 셀을 구하는 함수식으로 옳은 것은?

① =MIN(B2:B11)
② =MAX(B2:C11)
③ =MIN(C2:C11)
④ =MAX(C2:C11)
⑤ =MAX(B2:B11)

03 | 프로그램 언어(코딩)

| 유형분석 |

- 프로그램의 실행 결과를 코딩을 통해 파악하여 이를 풀이하는 문제이다.
- 대체로 문제에서 규칙을 제공하고 있으며, 해당 규칙을 적용하여 새로운 코드번호를 만들거나 혹은 만들어진 코드번호를 해석하는 등의 문제가 출제된다.

다음 프로그램의 실행 결과로 옳은 것은?

```
#include <stdio.h>

int main(){
        int i = 4;
        int k = 2;
        switch(i) {
                case 0:
                case 1:
                case 2:
                case 3: k = 0;
                case 4: k += 5;
                case 5: k -= 20;
                default: k++;
        }
        printf("%d", k);
}
```

① 12   ② −12

③ 10   ④ −10

정답 ②

i가 4이기 때문에 case 4부터 시작한다. k는 2이고, k+=5를 하면 7이 되고, Case 5에서 k−=20을 하면 −13이 되며, default에서 1이 증가하여 결괏값은 −12가 된다.

풀이 전략!

문제에서 실행 프로그램 내용이 주어지면 핵심 키워드를 확인한다. 코딩 프로그램을 통해 요구되는 내용을 알아맞혀 정답 유무를 판단한다.

※ 다음 프로그램의 실행 결과로 옳은 것을 고르시오. [1~2]

01

```
#include <stdio.h>
void main(){
    char *arr[]={"AAA","BBB","CCC"};
    printf("%s", *(arr+1));
}
```

① AAA　　　　　　　　　　② AAB

③ BBB　　　　　　　　　　④ CCC

⑤ AAABBBCCC

02

```
#include <stdio.h>
void main() {
  int i, tot = 0;
  int a[10] = {10, 37, 23, 4, 8, 71, 23, 9, 52, 41};
  for(i = 0; i < 10; I++) {
    tot+ = a[i];
    if (tot> = 100) {
        break;
    }
  }
  printf("%d\n", tot);
}
```

① 82　　　　　　　　　　② 100

③ 143　　　　　　　　　　④ 153

⑤ 176

무언가를 위해 목숨을 버릴 각오가 되어 있지 않는 한
그것이 삶의 목표라는 어떤 확신도 가질 수 없다.

- 체 게바라 -

PART **2**

직무수행능력

01 | 경영 적중예상문제

정답 및 해설 p.064

01 다음 중 B2B에 대한 설명으로 옳지 않은 것은?

① B2B는 고객사와 공급사 간의 지속적인 관계유지가 중요하다.

② B2B는 판매 사이클이 비교적 길기 때문에 사후관리가 중요하다.

③ B2B는 전자상거래의 수단·관리 및 TV광고나 홍보활동이 중요하다.

④ B2B는 기업이 고객이기 때문에 고객별 전략 수립·실행이 중요하다.

⑤ B2B는 타깃시장이 비교적 작아 시장에 진출하기 위해 전문성이 강조된다.

02 다음 중 페이욜(Fayol)이 주장한 경영활동을 바르게 연결한 것은?

① 기술활동 : 생산, 제조, 가공

② 상업활동 : 계획, 조직, 지휘, 조정, 통제

③ 회계활동 : 구매, 판매, 교환

④ 관리활동 : 재화 및 종업원 보호

⑤ 재무활동 : 원가관리, 예산통제

03 다음 중 호손실험(Hawthorne experiment)의 순서를 바르게 나열한 것은?

> ㄱ. 면접실험   ㄴ. 조명실험
> ㄷ. 배전기 전선작업실 관찰   ㄹ. 계전기 조립실험

① ㄱ → ㄴ → ㄷ → ㄹ   ② ㄱ → ㄹ → ㄷ → ㄴ
③ ㄴ → ㄹ → ㄱ → ㄷ   ④ ㄴ → ㄹ → ㄷ → ㄱ
⑤ ㄹ → ㄱ → ㄷ → ㄴ

04 다음에서 설명하는 조직이론은?

> • 조직의 환경요인들은 상호의존적인 관계를 형성하여야 한다.
> • 조직 생존의 핵심적인 요인은 자원을 획득하고 유지할 수 있는 능력이다.
> • 조직은 자율성과 독립성을 유지하기 위하여 환경에 대한 영향력을 행사해야 한다.

① 제도화 이론   ② 자원의존 이론
③ 조직군 생태학 이론   ④ 거래비용 이론
⑤ 학습조직 이론

05 다음 중 경영이론의 주창자와 그 내용이 옳지 않은 것은?

① 테일러(Taylor) : 차별적 성과급제
② 메이요(Mayo) : 비공식 조직의 중시
③ 페이욜(Fayol) : 권한과 책임의 원칙
④ 포드(Ford) : 고임금 고가격의 원칙
⑤ 베버(Weber) : 규칙과 절차의 중시

06 다음 중 사업부제 조직에 대한 내용으로 옳지 않은 것은?

① 인원·신제품·신시장의 추가 및 삭감이 신속하고 신축적이다.

② 사업부제 조직의 형태로는 제품별 사업부제, 지역별 사업부제, 고객별 사업부제의 형태 등이 있다.

③ 사업부는 기능조직과 같은 형태를 취하고 있으며, 회사 내의 회사라고 볼 수 있다.

④ 기능조직이 점차 대규모화됨에 따라 제품이나 지역, 고객 등을 대상으로 해서 조직을 분할하고 이를 독립채산제로 운영하는 방법이다.

⑤ 사업부 간 과당경쟁으로 조직전체의 목표달성 저해를 가져올 수 있는 단점이 있다.

07 다음 중 앨더퍼(Alderfer)의 ERG 이론에 대한 설명으로 옳지 않은 것은?

① 인간의 욕구를 존재욕구, 관계욕구, 성장욕구로 나누었다.

② 상위욕구의 행위에 영향을 미치기 전에 하위욕구가 먼저 충족되어야만 한다.

③ 하위욕구가 충족될수록 상위욕구에 대한 욕망이 커진다고 주장하였다.

④ 매슬로(Maslow)의 욕구단계 이론의 한계점을 극복하고자 제시되었다.

⑤ 한 가지 이상의 욕구가 동시에 작용될 수도 있다고 주장한 욕구단계 이론이다.

08 다음 중 콜옵션에 대한 설명으로 옳지 않은 것은?

① 매입자는 옵션을 매도한 사람에게 일정 프리미엄을 지불해야 한다.

② 권리 행사를 포기할 수 있는 선택권을 갖게 된다.

③ 주가가 높아질수록 콜옵션의 가치는 높아진다.

④ 행사가격이 높을수록 콜옵션의 가치는 높아진다.

⑤ 콜옵션을 매도한 사람은 매입자에게 기초자산을 인도해야 할 의무를 갖는다.

09 다음 중 동기부여 이론에 대한 설명으로 옳지 않은 것은?

① 조직의 관점에서 동기부여는 목표달성을 위한 종업원의 지속적 노력을 효과적으로 발생시키는 것을 의미한다.

② 허즈버그의 2요인 이론에 따르면 임금수준이 높아지면 직무에 대한 만족도가 높아진다.

③ 허즈버그의 2요인 이론에서 제시된 위생요인은 불만족요인이라고도 불린다.

④ 브룸의 기대이론 중 동기부여의 2단계에서의 성과에 대한 가치는 성과가 가져다주리라고 기대되는 보상과 성과가 보상을 가져다주리라고 믿는 기대의 곱에 의해 결정된다고 본다.

⑤ 브룸의 기대이론에 따르면, 유의성은 결과에 대한 개인의 선호도를 나타내는 것으로 동기를 유발시키는 힘 또는 가치를 뜻한다.

10 다음 자료를 이용하여 계산한 영업이익은?

- 판매량 : 1,000단위
- 단위당 판매가격 : 5,000
- 단위당 변동비 : 2,000
- 고정비 : 1,000,000

① 1,000,000
② 2,000,000
③ 3,000,000
④ 4,000,000
⑤ 5,000,000

01 1950년대 이후 선진국 간의 무역이 크게 증가하였다. 이러한 선진국 간의 무역 증가를 가장 잘 설명한 것은?

① 리카도의 비교우위론　　　　　　② 헥셔 – 올린 정리

③ 요소가격균등화 정리　　　　　　④ 티에프의 역설

⑤ 규모의 경제

02 다음 경제이론과 관련이 있는 것은?

> 1980년대 말 버블경제의 붕괴 이후 지난 10여 년간 일본은 장기침체를 벗어나지 못하고 있다. 이에 대한 대책의 하나로 일본 정부는 극단적으로 이자율을 낮추고 사실상 제로금리정책을 시행하고 있으나, 투자 및 소비의 활성화 등 의도했던 수요확대 효과가 전혀 나타나지 않고 있다.

① 화폐 환상　　　　　　　　　　　② 유동성 함정

③ 구축 효과　　　　　　　　　　　④ J커브 효과

⑤ 피셔 방정식

03 다음 중 쿠르노(Cournot) 복점기업 1과 2의 수요함수가 $P = 10 - (Q_1 + Q_2)$이고 생산비용은 0일 때, 옳지 않은 것은?(단, P는 시장가격, Q_1는 기업 1의 산출량, Q_2는 기업 2의 산출량이다)

① 기업 1의 한계수입곡선은 $MR_1 = 10 - 2Q_1 - Q_2$이다.

② 기업 1의 반응함수는 $Q_1 = 5 - \dfrac{1}{2} Q_2$이다.

③ 기업 1의 쿠르노 균형산출량은 $Q_1 = \dfrac{10}{3}$이다.

④ 산업전체의 산출량은 $Q = \dfrac{20}{3}$이다.

⑤ 쿠르노 균형산출량에서 균형가격은 $P = \dfrac{20}{3}$이다.

04 세금은 거둬들이는 주체에 따라 국세와 지방세로 나뉜다. 우리나라 세금 항목 중 지방세로만 짝지어진 것은?

① 취득세, 교육세, 등록세
② 취득세, 재산세, 도시계획세
③ 법인세, 주민세, 부가가치세
④ 등록세, 주세, 농어촌특별세
⑤ 교육세, 자동차세, 상속세

05 다음 중 경기안정화 정책에 대한 설명으로 옳지 않은 것은?

① 자동안정화 장치는 주로 재정정책과 관련된 제도적 장치이다.
② 자동안정화 장치는 정책의 내부시차와 외부시차 중에서 외부시차를 줄이기 위해 만들어진 장치이다.
③ 루카스 비판은 과거의 자료를 이용하여 추정된 계량모형을 가지고 새로운 정책의 효과를 예측하면 오류가 발생한다는 것이다.
④ 경기예측력이 제고된다면 재량적 정책의 정당성이 강화된다.
⑤ 동태적 비일관성(Time Inconsistency)의 문제가 존재한다면 재량적 정책보다는 준칙이 효과적인 방법이다.

06 다음 〈보기〉 중 피셔(Fisher)의 2기간 최적소비선택모형에서 제1기에 소득이 소비보다 큰 소비자에 대한 설명으로 옳은 것을 모두 고르면?(단, 기간별 소비는 모두 정상재이며, 저축과 차입이 자유롭고 저축이자율과 차입이자율이 동일한 완전자본시장을 가정한다)

> **보기**
> ㄱ. 제1기의 소득증가는 제1기의 소비를 증가시킨다.
> ㄴ. 제2기의 소득증가는 제2기의 소비를 감소시킨다.
> ㄷ. 실질이자율이 증가하면 제2기의 소비는 증가한다.

① ㄱ
② ㄱ, ㄴ
③ ㄱ, ㄷ
④ ㄴ, ㄷ
⑤ ㄱ, ㄴ, ㄷ

07 사유재산권이란 개인이 재산을 소유하고 그것을 자유의사에 따라 관리·사용·처분할 수 있는 권리를 의미하는 것으로 자본주의체제의 근간이 된다. 다음 중 이에 대한 설명으로 옳지 않은 것은?

① 사유재산제도는 개인의 소유욕을 제도적으로 보장해 사회의 생산적 자원이 보존·유지·증식되게 만든다.

② 공정하고 투명한 생산체계와 건전한 소비를 정착시켜 소비자 주권을 확대한다.

③ 사회 구성원들이 사유재산제도를 통해 부를 나눠 갖게 되면 이에 기반을 두어 다양한 가치가 만들어지고 의사결정의 권력도 분산된다.

④ 사유재산권이 인정되지 않는 공유재의 경우 아껴 쓸 유인이 없어 결국 자원이 고갈되는 '공유지의 비극'이 발생한다.

⑤ 20세기에 들어오면서 차츰 생산수단, 특히 천연자원이나 독점적인 기업시설에 대한 사유재산권을 적당하게 제한하는 경향이 생기게 되었다.

08 다음 〈보기〉 중 독점기업의 제3급 가격차별에 대한 설명으로 옳지 않은 것을 모두 고르면?

> **보기**
> ㉠ 가격차별을 하기 위해서는 시장분리비용이 시장분리에 따른 이윤증가분보다 작아야 한다.
> ㉡ 상품의 소비자 간 재판매가 가능해야 가격차별이 가능하다.
> ㉢ 생산량에 관계없이 한계비용이 일정할 경우, 독점기업이 이윤극대화를 위해서는 차별화된 각 시장에서의 한계수입이 동일하도록 판매량을 결정해야 한다.
> ㉣ 제3급 가격차별의 경우 수요의 가격탄력성이 높은 집단에게 높은 가격을, 가격탄력성이 낮은 집단에게 낮은 가격을 설정해야 한다.

① ㉠, ㉡   ② ㉠, ㉢

③ ㉡, ㉢   ④ ㉡, ㉣

⑤ ㉢, ㉣

09 다음은 A국과 B국의 경제에 대한 자료이다. A국의 실질환율과 수출량의 변화로 옳은 것은?

구분	2023년	2024년
A국 통화로 표시한 B국 통화 1단위의 가치	1,000	1,150
A국의 물가지수	100	107
B국의 물가지수	100	103

	실질환율	수출량
①	불변	감소
②	11% 상승	증가
③	11% 하락	감소
④	19% 상승	증가
⑤	19% 하락	증가

10 공공재 수요자 3명이 있는 시장에서 구성원 A, B, C의 공공재에 대한 수요함수는 각각 아래와 같다. 공공재의 한계비용이 30으로 일정할 때, 공공재의 최적공급량에서 각 구성원이 지불해야 하는 가격은?(단, P는 가격, Q는 수량이다)

$$A: P_a = 10 - Q_a \qquad B: P_b = 20 - Q_b \qquad C: P_c = 20 - 2Q_c$$

① $P_a = 5,\ P_b = 15,\ P_c = 10$

② $P_a = 5,\ P_b = 10,\ P_c = 10$

③ $P_a = 10,\ P_b = 10,\ P_c = 15$

④ $P_a = 10,\ P_b = 15,\ P_c = 5$

⑤ $P_a = 15,\ P_b = 15,\ P_c = 5$

03 | 회계
적중예상문제

정답 및 해설 p.068

01 다음 중 대손충당금에 대한 설명으로 옳지 않은 것은?

① 일반적으로 대손충당금의 설정은 결산 시 진행한다.

② 회수불능채권을 공제하기 위한 계정으로 대변에 잔액을 기록한다.

③ 대손충당금이 있을 경우, 차변에 대손상각비를, 대변에 매출채권을 기재한다.

④ 새로 설정한 대손충당금과 기존 대손충당금 잔액이 동일할 경우, 분개를 하지 않아도 된다.

⑤ 대손으로 처리한 채권이 회수될 경우, 대손처리 시 차변에 분개했던 금액만큼 대변에 기입하고, 차변에 회수된 금액을 기입하여 대손상각을 취소한다.

02 (주)한국은 본사 사옥을 신축하기 위해 창고가 세워져 있는 토지를 2,500,000원에 구입하여, 즉시 창고를 철거하고 본사 사옥을 건설하였다. 토지 구입부터 본사 사옥 완성까지 다음과 같은 거래가 있었다. 토지와 건물(본사 사옥)의 취득원가는 각각 얼마인가?

토지 등기수수료	30,000원
토지 취득세	50,000원
창고 철거비	4,000원
창고 철거시 발생한 폐자재 처분 수입	1,000원
본사 사옥 설계비	23,000원
본사 사옥 공사대금	1,700,000원

	토지	건물
①	2,580,000원	1,700,000원
②	2,583,000원	1,723,000원
③	2,583,000원	1,780,000원
④	2,584,000원	1,723,000원
⑤	2,584,000원	1,780,000원

03 다음 자료를 이용하여 계산된 (주)한국의 2024년 기말재고자산은?

> - 2024년 말 (주)한국의 창고에 보관 중인 기말재고자산 실사액은 10,000원이다.
> - 2024년 12월 1일 위탁한 적송품 중 기말까지 판매되지 않은 상품의 판매가는 1,000원(매출총이익은 판매가의 20%)이다.
> - 2024년 12월 11일 발송한 시송품(원가 2,000원) 중 기말 현재 80%에 대하여 고객의 매입 의사표시가 있었다.
> - 2024년 말 현재 (주)한국이 FOB 도착지인도조건으로 매입하여 운송 중인 상품의 원가는 3,000원이다.
> - 2024년 말 현재 (주)한국이 FOB 선적지인도조건으로 매출하여 운송 중인 상품의 원가는 4,000원이다.

① 11,200원 ② 11,400원
③ 14,200원 ④ 15,200원
⑤ 18,200원

04 다음 중 유형자산의 측정, 평가 및 손상에 대한 설명으로 옳지 않은 것은?

① 현물출자 받은 유형자산의 취득원가는 공정가치를 기준으로 결정한다.
② 최초 재평가로 인한 평가손익은 기타포괄손익에 반영한다.
③ 유형자산의 취득 이후 발생한 지출로 인해 동 자산의 미래 경제적 효익이 증가한다면, 해당 원가는 자산의 장부금액에 포함한다.
④ 유형자산의 장부금액이 순공정가치보다 크지만 사용가치보다 작은 경우 손상차손은 계상되지 않는다.
⑤ 과거기간에 인식한 손상차손은 직전 손상차손의 인식시점 이후 회수가능액을 결정하는 데 사용된 추정치에 변화가 있는 경우에만 환입한다.

05 다음 중 실제 회계처리를 할 경우가 아닌 것은?

① 현금 잔액과 실제 현금 잔액이 맞지 않는 경우
② 법인 명의로 리스차량을 운용 시 차량을 감가상각하는 경우
③ 미수수익이 발생한 경우
④ 미지급비용을 처리하는 경우
⑤ 기업이 무상증자를 시행하는 경우

06 다음 자료를 이용하여 매출원가를 구하면 얼마인가?(단, 재고자산평가손실과 재고자산감모손실은 없다)

기초제품재고액	17,000원	기말제품재고액	15,000원
기초재공품재고액	3,000원	기말재공품재고액	6,000원
당기제품제조원가	280,000원	–	–

① 272,000원   ② 274,000원
③ 280,000원   ④ 282,000원
⑤ 284,000원

07 당기 포괄손익계산서상 대손상각비가 70원일 때, 기중 실제 대손으로 확정된 금액은?(단, 대손확정은 손상발생의 객관적인 증거가 파악되었으며, 기중 현금으로 회수된 회수불능 매출채권은 없다)

구분	기초	기말
매출채권	15,000원	10,000원
대손충당금	150	100

① 120원   ② 150원
③ 220원   ④ 250원
⑤ 270원

08 미래에 현금을 수취할 계약상 권리에 해당하는 금융자산과 이에 대응하여 미래에 현금을 지급할 계약상 의무에 해당하는 금융부채로 옳지 않은 것은?

① 매출채권과 매입채무
② 받을어음과 지급어음
③ 대여금과 차입금
④ 투자사채와 사채
⑤ 선급금과 선수금

09 다음 중 재고자산에 대한 설명으로 옳은 것은?(단, 재고자산감모손실 및 재고자산평가손실은 없다)

① 선입선출법 적용시 물가가 지속적으로 상승한다면, 계속기록법에 의한 기말재고자산금액이 실지 재고조사법에 의한 기말재고자산 금액보다 작다.
② 선입선출법 적용시 물가가 지속적으로 상승한다면, 계속기록법에 의한 기말재고자산금액이 실지 재고조사법에 의한 기말재고자산 금액보다 크다.
③ 재고자산 매입시 부담한 매입운임은 운반비로 구분하여 비용처리한다.
④ 컴퓨터제조기업이 고객관리목적으로 사용하고 있는 자사가 제조한 컴퓨터는 재고자산이다.
⑤ 부동산매매기업이 정상적인 영업과정에서 판매를 목적으로 보유하는 건물은 재고자산으로 구분한다.

10 다음 중 차기 회계연도로 잔액이 이월되지 않는 계정과목은?

① 집합손익
② 이익잉여금
③ 선수임대료
④ 주식발행초과금
⑤ 매도가능금융자산평가이익

04 | 법 적중예상문제

정답 및 해설 p.070

01 다음 중 권리의 객체에 대한 설명으로 옳지 않은 것은?(단, 다툼이 있는 경우 판례에 따른다)

① 주물 자체의 효용과 직접 관계없는 물건은 종물이 아니다.

② 주물에 설정된 저당권의 효력은 특별한 사정이 없으면 종물에 미친다.

③ 입목에 관한 법률에 의하여 입목등기를 한 수목의 집단은 토지와 별개의 부동산이다.

④ 종물은 주물의 처분에 따르므로, 당사자의 특약에 의하여 종물만을 별도로 처분할 수 없다.

⑤ 법정과실은 수취할 권리의 존속기간일수의 비율로 취득한다.

02 다음 중 기본권존중주의에 대한 설명으로 옳지 않은 것은?

① 자유와 권리의 본질적 내용은 결코 침해되어서는 아니 된다.

② 법률의 형식에 의하기만 한다면 얼마든지 기본권을 제한할 수 있다.

③ 표현의 자유에 대한 사전 검열제는 금지되어야 한다.

④ 사회적 국가원리도 기본권존중주의의 기초가 된다.

⑤ 우리나라는 헌법 제10조에서 기본권존중주의를 규정하고 있다.

03 다음 중 생명·자유·재산에 대한 권리와 행복·안전을 추구하는 권리가 최초로 선언된 것은?

① 1776년 6월 버지니아 권리장전

② 1776년 7월 미국의 독립선언

③ 1789년 프랑스 인권선언

④ 1779년 미연방헌법

⑤ 1838년 차티스트 운동

04 A, B, C, D(부담부분은 균등)는 E에 대하여 1,200만원의 연대채무를 부담하고 있다. E는 A에 대하여 연대의 면제를 하였다. 그 후 B는 무자력이 되었다. A, C, D가 최종적으로 부담하는 금액은?(단, 다툼이 있는 경우 판례에 따른다)

	A	C	D
①	100만 원	300만 원	300만 원
②	300만 원	300만 원	300만 원
③	300만 원	400만 원	400만 원
④	350만 원	350만 원	350만 원
⑤	400만 원	400만 원	400만 원

05 다음 중 소멸시효기간의 기산점에 대한 설명으로 옳은 것은?

① 불확정기한부 권리는 채권자가 기한 도래 사실을 안 때부터 소멸시효가 진행한다.
② 동시이행항변권이 붙은 채권은 이행기가 도래하더라도 소멸시효가 진행하지 않는다.
③ 이행불능으로 인한 손해배상청구권은 이행불능이 된 때부터 소멸시효가 진행한다.
④ 선택채권은 선택권을 행사한 때로부터 소멸시효가 진행한다.
⑤ 부작위를 목적으로 하는 채권은 성립시부터 소멸시효가 진행한다.

06 다음 중 항고소송의 대상이 되는 처분에 대한 대법원 판례의 입장으로 옳지 않은 것은?

① 조례가 집행행위의 개입 없이도 그 자체로서 국민의 구체적인 권리·의무나 법적 이익에 영향을 미치는 등 법률상 효과를 발생시키는 경우 그 조례는 항고소송의 대상이 되는 처분이다.
② 내부행위나 중간처분이라도 그로써 실질적으로 국민의 권리가 제한되거나 의무가 부과되면 항고소송의 대상이 되는 처분이다. 따라서 개별공시지가결정은 처분이다.
③ 상표권의 말소등록이 이루어져도 법령에 따라 회복등록이 가능하고 회복신청이 거부된 경우에는 그에 대한 항고소송이 가능하므로 상표권의 말소등록행위 자체는 항고소송의 대상이 될 수 없다.
④ 국·공립대학교원 임용지원자가 임용권자로부터 임용거부를 당하였다면 이는 거부처분으로서 항고소송의 대상이 된다.
⑤ 어업면허에 선행하는 우선순위결정은 최종적인 법적 효과를 가져오는 것이 아니므로 처분이 아니지만 어업면허우선순위결정 대상탈락자 결정은 최종적인 법적 효과를 가져오므로 처분이다.

07 행위자가 범행을 위하여 미리 술을 마시고 취한 상태에서 계획한 범죄를 실행한 경우에 적용되는 것은?

① 추정적 승낙
② 구성요건적 착오
③ 원인에 있어서 자유로운 행위
④ 과잉방위
⑤ 정당방위

08 행정심판법상 중앙행정심판위원회의 구성에 대한 내용으로 옳은 것을 〈보기〉에서 모두 고르면?

> **보기**
>
> ㄱ. 중앙행정심판위원회는 위원장 1명을 포함하여 50명 이내의 위원으로 구성하되 위원 중 상임위원은 5명 이내로 한다.
> ㄴ. 중앙행정심판위원회의 위원장은 국민권익위원회의 부위원장 중 1명이 된다.
> ㄷ. 중앙행정심판위원회의 상임위원은 행정심판에 관한 지식과 경험이 풍부한 사람 중에서 중앙행정심판위원회 위원장의 제청으로 국무총리를 거쳐 대통령이 임명할 수 있다.
> ㄹ. 중앙행정심판위원회의 비상임위원은 변호사 자격을 취득한 후 3년 이상의 실무 경험이 있는 사람 중에서 중앙행정심판위원회 위원장의 제청으로 국무총리가 성별을 고려하여 위촉할 수 있다.
> ㅁ. 중앙행정심판위원회의 회의는 소위원회 회의를 제외하고 위원장, 상임위원 및 위원장이 회의마다 지정하는 비상임위원을 포함하여 총 7명으로 구성한다.

① ㄱ
② ㄱ, ㄴ
③ ㄴ, ㄷ
④ ㄴ, ㄷ, ㄹ
⑤ ㄷ, ㄹ, ㅁ

09 다음 중 상법이 명시적으로 규정하고 있는 회사가 아닌 것은?

① 유한회사
② 유한책임회사
③ 다국적회사
④ 합자회사
⑤ 합명회사

10 다음 중 상업사용인의 의무에 대한 설명으로 옳지 않은 것은?

① 상호의 양도는 대항요건에 불과하여 등기하지 않으면 제3자에게 대항하지 못한다.
② 영업과 상호를 양수하였다고 하여 양도인의 채권·채무도 양수한 것으로 볼 수는 없다.
③ 영업과 함께 또는 영업을 폐지할 때 양도할 수 있다.
④ 상호의 양도는 재산적 가치가 인정되어 상속도 가능하다.
⑤ 상호의 양도는 상호의 양도인과 상호양수인과의 합의에 의해서 효력이 생긴다.

01 다음 중 구름 베어링과 미끄럼 베어링에 대한 설명으로 옳지 않은 것은?

① 구름 베어링은 미끄럼 베어링에 비해 가격이 비싸다.

② 구름 베어링은 미끄럼 베어링에 비해 기동토크가 적다.

③ 구름 베어링은 미끄럼 베어링과 달리 호환성이 높다.

④ 구름 베어링은 미끄럼 베어링과 달리 소음이 발생할 수 있다.

⑤ 구름 베어링은 미끄럼 베어링과 마찬가지로 윤활 장치가 필요하다.

02 다음 〈보기〉 중 디젤 기관의 연료 장치와 관계 있는 것을 모두 고르면?

> **보기**
> ㄱ. 노즐
> ㄴ. 기화기
> ㄷ. 점화 플러그
> ㄹ. 연료 분사 펌프

① ㄱ, ㄴ ② ㄱ, ㄹ

③ ㄴ, ㄷ ④ ㄴ, ㄹ

⑤ ㄷ, ㄹ

03 다음 중 센터리스 연삭의 특징으로 옳지 않은 것은?

① 센터 구멍을 뚫을 필요가 없다.

② 속이 빈 원통의 내면연삭도 가능하다.

③ 연속가공이 가능하여 생산속도가 높다.

④ 지름이 크거나 무거운 공작물의 연삭에 적합하다.

⑤ 연삭작업에 숙련을 요구하지 않는다.

04 다음 〈보기〉 중 주철에 대한 설명으로 옳은 것을 고르면?

> **보기**
>
> ㄱ. 주철은 탄소강보다 용융점이 높고 유동성이 커 복잡한 형상의 부품을 제작하기 쉽다.
> ㄴ. 탄소강에 비하여 충격에 약하고 고온에서도 소성가공이 되지 않는다.
> ㄷ. 회주철은 진동을 잘 흡수하므로 진동을 많이 받는 기계 몸체 등의 재료로 많이 쓰인다.
> ㄹ. 가단주철은 보통주철의 쇳물을 금형에 넣고 표면만 급랭시켜 단단하게 만든 주철이다.
> ㅁ. 많이 사용되는 주철의 탄소 함유량은 보통 2.5~4.5[%] 정도이다.

① ㄱ, ㄴ, ㄷ   ② ㄱ, ㄴ, ㄹ
③ ㄴ, ㄷ, ㅁ   ④ ㄴ, ㄹ, ㅁ
⑤ ㄷ, ㄹ, ㅁ

05 다음 중 디젤기관의 일반적인 특성에 대한 설명으로 옳은 것은?

① 공기와 연료를 혼합하여 동시에 공급한다.
② 전기점화방식을 사용하여 연료를 착화한다.
③ 소음과 진동이 적어 조용한 운전이 가능하다.
④ 연료장치로 연료분사펌프와 노즐을 사용한다.
⑤ 가솔린 기관에 비해 열효율이 높고 연료비가 싸다.

06 다음 〈보기〉 중 잔류응력에 대한 설명으로 옳은 것을 모두 고르면?

> **보기**
>
> ㄱ. 표면에 남아있는 인장잔류응력은 피로수명과 파괴강도를 향상시킨다.
> ㄴ. 표면에 남아있는 압축잔류응력은 응력부식균열을 발생시킬 수 있다.
> ㄷ. 표면에 남아있는 인장잔류응력은 피로수명과 파괴강도를 저하시킨다.
> ㄹ. 잔류응력은 물체 내의 온도구배(Temperature Gradient)에 의해 생길 수 있다.
> ㅁ. 풀림처리(Annealing)를 하거나 소성변형을 추가시키는 방법을 통하여 잔류응력을 제거하거나 감소시킬 수 있다.
> ㅂ. 실온에서도 충분한 시간을 두고 방치하면 잔류응력을 줄일 수 있다.

① ㄱ, ㄴ, ㄷ, ㄹ   ② ㄱ, ㄴ, ㄹ, ㅁ
③ ㄱ, ㄷ, ㅁ, ㅂ   ④ ㄴ, ㄷ, ㄹ, ㅁ
⑤ ㄷ, ㄹ, ㅁ, ㅂ

07 다음 중 내연기관에 사용되는 윤활유의 점도에 대한 설명으로 옳지 않은 것은?

① SAE 번호가 높을수록 윤활유의 점도가 높다.

② SAE 번호는 윤활유의 사용가능한 외기온도를 나타내는 지표가 된다.

③ 점도지수(Viscosity Index)가 높은 것일수록 온도변화에 대한 점도변화가 크다.

④ 절대점도의 단위로 Pa · s 또는 Poise를 사용한다.

⑤ 점도는 일반적으로 온도가 상승하면 현저하게 낮아지고, 압력이 상승하면 현저하게 높아진다.

PART 2

08 다음은 어떤 주조법의 특징을 설명한 것인가?

- 영구주형을 사용한다.
- 비철금속의 주조에 적용한다.
- 고온 체임버식과 저온 체임버식으로 나뉜다.
- 용융금속이 응고될 때까지 압력을 가한다.

① 스퀴즈 캐스팅(Squeeze Casting)

② 원심 캐스팅(Centrifugal Casting)

③ 다이 캐스팅(Die Casting)

④ 인베스트먼트 캐스팅(Investment Casting)

⑤ 일렉트로 슬래그 캐스팅(Electro Slag Casting)

09 다음 중 펌프(Pump)에 대한 설명으로 옳지 않은 것은?

① 송출량 및 송출압력이 주기적으로 변화하는 현상을 수격현상(Water Hammering)이라 한다.

② 왕복펌프는 회전수에 제한을 받지 않아 고양정에 적합하다.

③ 원심펌프는 회전차가 케이싱 내에서 회전할 때 발생하는 원심력을 이용한다.

④ 축류 펌프는 유량이 크고 저양정인 경우에 적합하다.

⑤ 공동현상이 계속 발생하면 펌프의 효율이 저하된다.

10 지름이 50mm인 황동봉을 주축의 회전수 2,000rpm인 조건으로 원통 선삭할 때 최소절삭동력은 몇 kW인가?(단, 주절삭분력은 60N이다)

① 0.1π

② 0.2π

③ π

④ 2π

⑤ 4π

01 다음 그림과 같은 회로에서 2Ω에 흐르는 전류의 세기는?

① 0.8A

② 1.2A

③ 1.8A

④ 2A

⑤ 3A

02 15F의 정전용량을 가진 커패시터에 270J의 전기에너지를 저장할 때, 커패시터 전압은?

① 3V

② 6V

③ 9V

④ 12V

⑤ 15V

03 어떤 회로에 $V=200\sin\omega t$의 전압을 가했더니 $I=50\sin\left(\omega t+\dfrac{\pi}{2}\right)$ 전류가 흘렀다. 다음 중 이 회로는?

① 저항회로

② 유도성회로

③ 용량성회로

④ 임피던스회로

⑤ 부성저항회로

04 공장의 어떤 부하가 단상 220V/60Hz 전력선으로부터 0.5의 지상 역률로 22kW를 소비하고 있다. 이때 공장으로 유입되는 전류의 실횻값은?

① 50A
② 100A
③ 150A
④ 200A
⑤ 250A

05 다음 그림과 같이 자기인덕턴스가 $L_1 = 8H$, $L_2 = 4H$, 상호인덕턴스가 $M = 4H$인 코일에 5A의 전류를 흘릴 때, 전체 코일에 축적되는 자기에너지는?

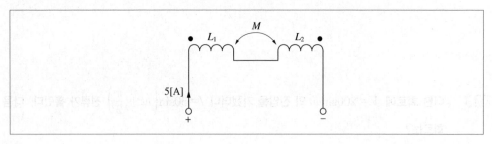

① 10J
② 25J
③ 50J
④ 75J
⑤ 100J

06 다음 회로와 같이 평형 3상 전원을 평형 3상 △ 결선 부하에 접속하였을 때 △ 결선 부하 1상의 유효전력이 $P[\text{W}]$였다. 각 상의 임피던스 Z를 그대로 두고 Y결선으로 바꾸었을 때 Y결선 부하의 총전력은?

① $\dfrac{P}{3}[\text{W}]$

② $P[\text{W}]$

③ $\sqrt{3}\,P[\text{W}]$

④ $3P[\text{W}]$

⑤ $\sqrt{2}\,P[\text{W}]$

07 어떤 회로에 $v = 100\sqrt{2}\sin\left(120\pi t + \dfrac{\pi}{4}\right)\text{V}$의 전압을 가했더니 $i = 10\sqrt{2}\sin\left(120\pi t - \dfrac{\pi}{4}\right)\text{A}$ 의 전류가 흘렀다. 이 회로의 역률은?

① 0

② $\dfrac{1}{\sqrt{2}}$

③ 0.1

④ 1

⑤ 1.5

08 다음 중 정현파 교류전압의 실횻값에 대한 물리적 의미로 옳은 것은?

① 실횻값은 교류전압의 최댓값을 나타낸다.

② 실횻값은 교류전압 반주기에 대한 평균값이다.

③ 실횻값은 교류전압의 최댓값과 평균값의 비율이다.

④ 실횻값은 교류전압의 최댓값을 최솟값으로 나눈 값이다.

⑤ 실횻값은 교류전압이 생성하는 전력 또는 에너지의 효능을 내포한 값이다.

09 다음 중 전기기계의 철심을 성층하는 이유로 옳은 것은?

① 기계손을 적게 하기 위하여

② 표유부하손을 적게 하기 위하여

③ 히스테리시스손을 적게 하기 위하여

④ 와류손을 적게 하기 위하여

⑤ 저항을 적게 하기 위하여

10 자체 인덕턴스가 각각 $L_1 = 10\text{mH}$, $L_2 = 10\text{mH}$인 두 개의 코일이 있고, 두 코일 사이의 결합계수가 0.5일 때, L_1코일의 전류를 0.1초 동안 10A 변화시키면 L_2에 유도되는 기전력의 양(절댓값)은?

① 10mV ② 50mV

③ 100mV ④ 500mV

⑤ 1,000mV

PART 3

최종점검 모의고사

최종점검 모의고사

※ 모바일 OMR 답안분석 서비스

경영

경제

회계

법

기계

전기

■ 취약영역 분석

번호	O/×	영역
01		
02		
03		
04		
05		의사소통능력
06		
07		
08		
09		
10		
11		
12		
13		
14		
15		수리능력
16		
17		
18		
19		
20		

번호	O/×	영역
21		
22		
23		
24		
25		문제해결능력
26		
27		
28		
29		
30		
31		
32		
33		
34		
35		자원관리능력
36		
37		
38		
39		
40		

번호	O/×	영역
41		
42		
43		
44		
45		정보능력
46		
47		
48		
49		
50		

번호	51	52	53	54	55	56	57	58	59	60	61	62	63	64	65	66	67	68	69	70
O/×																				
영역	경영 / 경제 / 회계 / 법 / 기계 / 전기																			
번호	71	72	73	74	75	76	77	78	79	80	81	82	83	84	85	86	87	88	89	90
O/×																				
영역	경영 / 경제 / 회계 / 법 / 기계 / 전기																			
번호	91	92	93	94	95	96	97	98	99	100										
O/×	경영 / 경제 / 회계 / 법 / 기계 / 전기																			

평가문항	100문항	평가시간	110분
시작시간	:	종료시간	:
취약영역			

01 직업기초능력

01 다음 글의 내용으로 적절하지 않은 것은?

> 위기지학(爲己之學)이란 15세기의 사림파 선비들이 『소학(小學)』을 강조하면서 내세운 공부 태도를 가리킨다. 원래 이 말은 위인지학(爲人之學)과 함께 『논어(論語)』에 나오는 말이다. "옛날에 공부하던 사람들은 자기를 위해 공부했는데, 요즘 사람들은 남을 위해 공부한다." 즉, 공자는 공부하는 사람의 관심이 어디에 있느냐를 가지고 학자를 두 부류로 구분했다. 어떤 학자는 "위기(爲己)란 자아가 성숙하는 것을 추구하며, 위인(爲人)이란 남들에게서 인정받기를 바라는 태도"라고 했다.
> 조선 시대를 대표하는 지식인 퇴계 이황(李滉)은 이렇게 말했다. "위기지학이란 우리가 마땅히 알아야 할 바가 도리이며, 우리가 마땅히 행해야 할 바가 덕행이라는 것을 믿고, 가까운 데서부터 착수해 나가되 자신의 이해를 통해서 몸소 실천하는 것을 목표로 삼는 공부이다. 반면, 위인지학이란 내면의 공허함을 감추고 관심을 바깥으로 돌려 지위와 명성을 취하는 공부이다." 위기지학과 위인지학의 차이는 공부의 대상이 무엇이냐에 있다기보다 공부를 하는 사람의 일차적 관심과 태도가 자신을 내면적으로 성숙시키는 데 있느냐, 아니면 다른 사람으로부터 인정을 받는 데 있느냐에 있다는 것이다. 이것은 학문의 목적이 외재적 가치에 의해서가 아니라 내재적 가치에 의해서 정당화된다는 사고방식이 나타났음을 뜻한다. 이로써 당시 사대부들은 출사(出仕)를 통해 정치에 참여하는 것 외에 학문과 교육에 종사하면서도 자신의 사회적 존재 의의를 주장할 수 있다고 믿었다. 더 나아가 학자 또는 교육자로서 사는 것이 관료 또는 정치가로서 사는 것보다 훌륭한 것이라고 주장할 수 있게 되었다. 또한, 위기지학의 출현은 종래 과거제에 종속되어 있던 교육에 독자적 가치를 부여했다는 점에서 역사적 사건으로 평가받아 마땅하다.

① 국가가 위기지학을 권장함으로써 그 위상이 높아졌다.
② 위인지학을 추구하는 사람들은 체면과 인정을 중시했다.
③ 위기적 태도를 견지한 사람들은 자아의 성숙을 추구했다.
④ 공자는 학문을 대하는 태도를 기준으로 삼아 학자들을 나누었다.
⑤ 위기지학은 사대부에게 출사만이 훌륭한 것은 아니라는 근거를 제공했다.

다음 글에서 밑줄 친 ㉠~㉤의 수정 방안으로 적절하지 않은 것은?

"저 친구 이름이 뭐였더라?", "이거 전에 배웠던 건데 왜 생각이 안 나지?" 바쁘게 일상을 살다 보면 때때로 이처럼 꼭 기억해야 할 것이 생각나지 않아서 답답할 때가 있다. 모든 것을 다 기억하면서 살아갈 수는 없지만, 밤새 공부했던 내용이 시험 때 생각나지 않는다거나, 여러 날 고생해서 만든 과제를 깜빡 잊고 그냥 학교에 갔을 때는 짜증이 나고 속이 상하기 마련이다. ㉠ <u>그러므로</u> 기억력을 향상할 수 있는 방법은 없을까?

기억 전문가들은 기억력 때문에 고생하는 사람들이 이를 극복하기 위해서는 20초 동안 대상을 응시하는 습관을 ㉡ <u>들여야 한다고 말한다</u>. 방법은 간단하다. 기억할 대상을 20초 동안 집중해서 기억한 다음, 눈을 감고 그 내용을 다시 한 번 확인하는 것인데, 이때 기억한 내용이 잘 떠오르지 않는다면 다시 20초 동안 집중해서 바라본다. 이런 식으로 기억하는 습관을 들이면 ㉢ <u>행동을 하던 학습을 하던</u> 그 내용이 2~3배는 더 강력하게 ㉣ <u>저장되어진다고</u> 한다.

㉤ <u>물론 이러한 습관이 기억력 향상에 도움을 주는 것은 아니다.</u> 기억은 기억을 보유하는 시간과 안정성의 정도에 따라 단기 기억과 장기 기억으로 나눌 수 있는데, 앞에서 제시한 방법이 기억력을 높이는 데 도움이 되는 이유는 단기 기억을 20초 이상 유지할 때, 입력된 정보가 비교적 안정된 장기 기억으로 남을 확률이 높아지기 때문이다.

① 문장의 접속 관계를 고려하여 ㉠을 '그렇다면'으로 수정한다.
② 호응 관계를 고려하여 ㉡을 '들여야 한다'로 수정한다.
③ 어미의 사용이 잘못되었으므로 ㉢을 '행동을 하든 학습을 하든'으로 수정한다.
④ 피동 표현이 불필요하게 중복되었으므로 ㉣을 '저장된다고'로 수정한다.
⑤ 글의 흐름과 어긋나는 문장이므로 ㉤을 삭제한다.

03 다음 글의 내용으로 가장 적절한 것은?

매년 급증하는 신재생에너지 공급의무화제도(RPS) 의무량 목표 달성을 위해서는 신재생에너지원 중에서 상대적으로 대용량 신재생에너지 공급 인증서(REC) 확보가 용이한 것을 선택해야 한다. 그리고 그것이 바로 연료전지 사업이다. 이에 K공사는 연료전지 사업에 박차를 가하고 있으며, 첫 주자로 신인천발전본부에서 연료전지 건설 사업을 추진하고 있다.

연료전지는 수소와 산소가 화학에너지를 전기에너지로 변환하는 고효율, 친환경 미래 에너지 시스템이다. 수소와 산소를 결합하면 물이 만들어지는데, 이때 발생하는 에너지를 전기 형태로 바꾸는 방식이다. 반응할 때 생기는 수소와 산소의 전기화학 반응으로 전기와 열을 생산하기 때문에 고효율의 신재생에너지를 기대할 수 있다. 정부가 이미 연료전지를 신에너지원으로 분류하고 RPS 이행수단으로 인정한 만큼 K공사는 경제적인 RPS 이행을 위해 신인천발전본부 내에 연료전지 건설 사업을 추진하고, 이를 시작으로 신재생에너지 확대에 본격적으로 나서 현재 3%에 불과한 신재생에너지 비중을 2030년에는 20%까지 올릴 계획이다.

연료전지는 설치 장소에 제약이 적다는 장점이 있다. 규모와 관계없이 일정한 효율을 낼 수 있어 소형 발전소부터 MW급 발전소까지 다양하게 활용될 수 있다. 또한 중간에 발전기와 같은 장치를 사용하지 않고, 수소와 산소의 반응으로 전기를 직접 생산하기 때문에 발전효율이 높다. 무엇보다 소음, 유해가스 배출이 거의 없어 부지 확보가 어려운 도심에도 설치할 수 있다. 연료전지의 이 같은 특징에 부합하고 장점을 살릴 수 있는 곳이 신인천발전본부라 K공사가 연료전지 사업을 이곳에서 시작하는 이유기도 하다.

신인천발전본부 연료전지 사업은 K공사가 최초로 도입하는 발전 사업으로, 신인천발전본부의 유휴 부지를 활용해 설비용량 20MW 연료전지 발전설비를 건설하게 된다. 총사업비 1,100억 원이 투입되는 이 사업은 2018년 8월 상업운전을 목표로 시작되었다. 대규모 사업비가 투입되는 대형 사업인 만큼 지난해 4월 정부 예비타당성조사에 착수, 약 10개월 동안 한국개발연구원 예비타당성조사를 완료했고, 올 3월 이사회에서 연료전지 건설 기본계획을 의결했다. 이후 6월 연료전지 건설 관련 계약 체결이 완료되면서 1단계 연료전지 사업을 15개월 동안 진행할 예정이며, 연이어 2단계 사업 진행을 검토하고 있다.

K공사는 연료전지 사업에 다소 늦게 뛰어든 후발주자라 할 수 있다. 하지만 나중에 솟은 돌이 더 우뚝 서는 법. 복합화력의 비중이 높은 점을 내세워 향후 연료전지를 확대할 수 있는 저변이 마련돼 있다는 점에서 선제 우위를 점할 수 있다. 20MW 신인천발전본부 연료전지 사업이 완료되면 K공사는 예상 RPS 의무량의 약 12%를 충당할 수 있으며, 신인천발전본부 또한 연간 매출을 430억 원 이상 증대해 복합발전소 수익구조 개선에 기여할 것으로 기대된다.

① 연료전지는 전기에너지를 화학에너지로 변환하는 친환경 미래에너지 시스템이다.
② 아직 연료전지를 신에너지원으로 분류하고 있지 않지만 곧 지정될 예정이다.
③ 연료전지는 규모에 영향을 많이 받아서 일정한 효율을 원한다면 적절한 설치 장소가 필요하다.
④ 연료전지는 소음과 유해가스 배출이 거의 없어 도심에 설치하기에 적절하다.
⑤ 연료전지 건설 사업을 통해 신재생에너지 비중을 2030년에 10%까지 올릴 계획이다.

04 다음 제시된 문장 뒤에 이어질 문단을 논리적 순서대로 바르게 나열한 것은?

> ESS(에너지 저장 시스템)란 장치 혹은 물리적 매체를 이용하여 에너지를 저장하는 것을 말한다.

> (가) 또한 피크 수요 시점의 전력 부하를 조절해 발전 설비에 대한 과잉 투자를 막아주며, 돌발적인 정전 시에도 안정적으로 전력을 공급할 수 있도록 해준다. 즉, 불규칙한 수요와 공급을 조절하고 수시로 변화하는 주파수를 조정해 전력망의 신뢰도를 향상시킬 수 있도록 해준다는 것이다.
> (나) 이러한 ESS가 관심 받고 있는 이유는 스마트 그리드에서 중요하게 쓰이기 때문이다. 이것을 이용하면 원하는 시간에 생산하기 어려운 태양광, 풍력 등의 신재생에너지를 미리 저장했다가 필요한 시간대에 사용할 수 있기 때문이다.
> (다) 이로 인해 일본과 미국은 이미 과거부터 ESS에 대해 적극적으로 지원한 바 있으며, 우리나라 또한 2011년부터 2025년을 목표로 연구 개발 및 설비 투자를 정부 지원하에 추진하고 있다.
> (라) 또 이 에너지를 저장하는 데 쓰이는 장치를 축압기라고 하고, 일반적으로 수백 kWh 이상의 전력을 저장할 수 있으며 저장방식에 따라 크게 물리적 에너지저장과 화학적 에너지저장으로 구분할 수 있다.

① (나) – (가) – (다) – (라)
② (나) – (가) – (라) – (다)
③ (라) – (가) – (나) – (다)
④ (라) – (나) – (가) – (다)
⑤ (라) – (나) – (다) – (가)

05 다음 중 어법이 맞고 자연스러운 문장은?

① 문학은 다양한 삶의 체험을 보여 주는 예술의 장르로서 문학을 즐길 예술적 본능을 지닌다.
② 그는 부모님의 말씀을 거스른 적이 없고, 그는 친구들과 어울리다가도 정해진 시간에 반드시 들어오곤 했다.
③ 피로연은 성대하게 치러졌다. 신랑과 신부는 결혼식을 마치고 신혼여행을 떠났다. 하례객들이 식당 안으로 옮겨 앉으면서 시작되었다.
④ 신은 인간을 사랑하기도 하지만, 때로는 인간에게 시련의 고통을 주기도 한다.
⑤ 주가가 다음 주부터는 오를 전망입니다.

06 다음 중 띄어쓰기가 옳은 것은?

① 그녀가 사는 데는 회사에서 한참 멀다.

② KTX를 타면 서울과 목포간에 3시간이 걸린다.

③ 드실 수 있는만큼만 가져가 주십시오.

④ 비가 올 것 같은 데 우산을 챙겨가야지.

⑤ 철수가 떠난지가 한 달이 지났다.

07 다음 한자성어 중 의미가 다른 것은?

① 각골통한(刻骨痛恨)　　　　　　② 비분강개(悲憤慷慨)

③ 원철골수(怨徹骨髓)　　　　　　④ 교아절치(咬牙切齒)

⑤ 절차탁마(切磋琢磨)

08 다음 글의 주제로 가장 적절한 것은?

발전된 산업 사회는 인간을 단순한 도구로 지배하기 위해 새로운 수단을 발전시키고 있다. 여러 사회 과학과 심층 심리학이 이를 위해 동원되고 있다. 목적이나 이념의 문제를 배제하고 가치 판단으로부터의 중립을 표방하는 사회 과학들은 인간 조종을 위한 기술적 · 합리적인 수단을 개발해 대중 지배에 이바지한다. 마르쿠제는 이런 발전된 산업 사회에서의 도구화된 지성을 비판하면서 이것을 '현대인의 일차원적 사유'라고 불렀다. 비판과 초월을 모르는 도구화된 사유라는 것이다.

발전된 산업 사회는 이처럼 사회 과학과 도구화된 지성을 동원해 인간을 조종하고 대중을 지배할 뿐만 아니라 향상된 생산력을 통해 인간을 매우 효율적으로 거의 완전하게 지배한다. 즉 발전된 산업 사회는 높은 생산력을 통해 늘 새로운 수요들을 창조하고, 모든 선전 수단을 동원하여 이러한 새로운 수요들을 인간의 삶을 위해 불가결한 것으로 만든다. 그리하여 인간이 새로운 수요들을 지향하지 않을 수 없게 한다. 이렇게 산업 사회는 늘 새로운 수요의 창조와 공급을 통해 인간의 삶을 지배하고 그의 인격을 사로잡아 버리는 것이다.

① 산업 사회에서 도구화된 지성의 문제점

② 산업 사회의 발전과 경제력 향상

③ 산업 사회의 특징과 문제점

④ 산업 사회의 대중 지배 양상

⑤ 산업 사회의 새로운 수요의 창조와 공급

09 다음 글을 읽고 추론한 내용으로 적절하지 않은 것은?

> 세계적으로 기후 위기의 심각성이 커지면서 '탄소 중립'은 거스를 수 없는 흐름이 되고 있다. 이에 맞춰 정부의 에너지정책도 기존 화석연료 발전 중심의 전력공급체계를 태양광과 풍력 등 재생 에너지 중심으로 빠르게 재편하는 작업이 추진되고 있다. 이러한 재생 에너지 보급 확대는 기존 전력 설비 부하의 가중으로 이어질 수밖에 없다. 재생 에너지 사용 확대에 앞서 송배전 시스템의 확충이 필수적인 이유다.
>
> K공사는 재생 에너지 발전사업자의 접속지연 문제를 해소하기 위해 기존 송배전 전력 설비의 재생 에너지 접속용량을 확대하는 특별대책을 시행하고 나섰다. K공사는 그동안 재생 에너지 발전설비 밀집 지역을 중심으로 송배전설비의 접속 가능용량이 부족할 경우 설비보강을 통해 문제를 해결해 왔다. 2016년 10월부터 1MW 이하 소규모 신재생 에너지 발전사업자가 전력계통 접속을 요청하면 K공사가 비용을 부담해 공용전력망을 보강하고 접속을 보장해주는 방식이었다. 덕분에 신재생 에너지 발전 사업자들의 참여가 늘어났지만 재생 에너지 사용량이 기하급수적으로 늘면서 전력계통설비의 연계용량 부족 문제가 뒤따랐다.
>
> 이에 K공사는 산업통상자원부가 운영하는 '재생 에너지 계통접속 특별점검단'에 참여해 대책을 마련했다. 배전선로에 상시 존재하는 최소부하를 고려한 설비 운영 개념을 도입해 변전소나 배전선로 증설 없이 재생 에너지 접속용량을 확대하는 방안이다. 재생 에너지 발전 시 선로에 상시 존재하는 최소부하 용량만큼 재생 에너지 발전량이 상쇄되고, 잔여 발전량이 전력계통으로 유입되기 때문에 상쇄된 발전량만큼 재생 에너지의 추가접속을 가능케 하는 방식이다. K공사는 현장 실증을 통해 최소부하가 1MW를 초과하는 경우 배전선로별 재생 에너지 접속허용용량을 기존 12MW에서 13MW로 확대했다. 또 재생 에너지 장기 접속지연이 발생한 변전소에 대해서는 최소부하를 고려해 재생 에너지 접속허용용량을 200MW에서 평균 215MW로 상향했다. 이 같은 개정안이 전기위원회 심의를 통과하면서 변전소 및 배전선로 보강 없이도 재생 에너지 317MW의 추가 접속이 가능해졌다.

① 기존의 화석 연료 중심의 에너지 발전은 탄소 배출량이 많아 환경에 악영향을 주었다.

② 태양광 에너지는 고갈 염려가 없다고 볼 수 있기 때문에 주목받는 신재생 에너지이다.

③ 재생 에너지 사업 확충에 노후된 송전 설비는 걸림돌이 된다.

④ 현재까지는 재생 에너지 사업 확충에 따른 문제들을 해결하는 것은 설비 보강이 가장 좋은 해결법이다.

⑤ 별도로 설비를 보강하지 않아도 재생 에너지 과부하 문제를 해결할 수 있는 방안이 제시되었다.

10 다음 글의 빈칸에 들어갈 내용으로 가장 적절한 것은?

> 오존층 파괴의 주범인 프레온 가스로 대표되는 냉매는 그 피해를 감수하고도 사용할 수밖에 없는 필요악으로 인식되어 왔다. 지구 온난화 문제를 해결할 수 있는 대체 물질이 요구되는 이러한 상황에서 최근 이를 만족할 수 있는 4세대 신냉매가 새롭게 등장해 각광을 받고 있다. 그중 온실가스 배출량을 크게 줄인 대표적인 4세대 신냉매가 수소불화올레핀(HFO)계 냉매이다.
> HFO는 기존 냉매에 비해 비싸고 불에 탈 수 있다는 단점이 있으나, 온실가스 배출이 거의 없고 에너지 효율성이 높은 장점이 있다. 이러한 장점으로 4세대 신냉매에 대한 관심이 최근 급격히 증가하고 있다. 지난 2003 ~ 2017년 중 냉매 관련 특허 출원 건수는 총 686건이었고, 온실가스 배출량을 크게 줄인 4세대 신냉매 관련 특허 출원들은 꾸준히 늘어나고 있다. 특히 2008년부터 HFO계 냉매를 포함한 출원 건수가 큰 폭으로 증가하면서 같은 기간의 HFO계 비중이 65%까지 증가했다. 이러한 출원 경향은 국제 규제로 2008년부터 온실가스를 많이 배출하는 기존 3세대 냉매의 생산과 사용을 줄이면서 4세대 신냉매가 필수적으로 요구됐기 때문으로 분석된다.
> 냉매는 자동차, 냉장고, 에어컨 등 우리 생활 곳곳에 사용되는 물질로서 시장 규모가 대단히 크지만, 최근 환경 피해와 관련된 엄격한 국제 표준이 요구되고 있다. 우수한 친환경 냉매가 조속히 개발될 수 있도록 관련 특허 동향을 제공해야 한다. 4세대 신냉매 개발은 _____

① 인공지능 기술의 확장을 열게 될 것이다.
② 엄격한 환경 국제 표준을 약화시킬 것이다.
③ 또 다른 오존층 파괴의 원인으로 이어질 것이다.
④ 지구 온난화 문제 해결의 열쇠가 될 것이다.
⑤ 새로운 일자리 창출에 많은 도움이 될 것이다.

※ 다음은 에너지원별 발전설비와 발전량에 대한 자료이다. 이어지는 질문에 답하시오. [11~12]

〈에너지원별 발전설비 추이〉

설비별 \ 연도	2014년	2015년	2016년	2017년	2018년	2019년	2020년	2021년	2022년	2023년
원자력	13,716	15,716	15,716	16,716	17,716	17,716	17,716	17,716	17,716	17,716
수력	3,876	3,876	3,877	3,883	3,883	5,485	5,492	5,505	5,515	5,525
석탄	15,531	15,931	15,931	17,465	17,965	18,465	20,465	23,705	24,205	24,205
유류	4,868	4,660	6,011	4,666	4,710	4,790	5,404	5,407	5,438	4,831
가스	12,868	13,618	14,518	15,746	16,447	17,436	17,948	17,969	17,850	19,417
집단	–	–	–	1,382	1,382	1,382	893	1,460	1,610	2,617
대체	–	–	–	104	156	240	351	728	1,036	1,768
합계	50,859	53,801	56,053	59,962	62,259	65,514	68,269	72,490	73,370	76,079

〈에너지원별 발전량 추이〉

설비별 \ 연도	2014년	2015년	2016년	2017년	2018년	2019년	2020년	2021년	2022년	2023년
원자력	112,133	119,103	129,672	130,715	146,779	148,749	142,937	150,958	147,771	147,474
수력	4,151	5,311	6,887	5,861	5,189	5,189	5,042	5,561	5,641	6,567
석탄	110,333	118,022	120,276	127,158	133,658	139,205	154,674	173,508	193,216	197,917
유류	28,156	25,095	26,526	18,512	17,732	16,598	18,131	10,094	14,083	22,351
가스	30,451	38,943	39,090	55,999	58,118	68,302	78,427	75,809	65,274	90,846
집단	–	–	–	3,553	2,759	2,597	3,084	5,336	5,827	5,897
대체	–	–	–	350	404	511	829	1,090	1,791	3,159
합계	285,224	306,474	322,451	342,148	364,639	381,151	403,124	422,356	433,603	474,211

11 2023년 원자력 발전설비 점유율은 2022년에 비해 몇 % 감소했는가?(단, 소수점 둘째 자리에서 반올림한다)

① 0.4%p ② 0.8%p

③ 1.2%p ④ 1.6%p

⑤ 2%p

12 2023년 석탄은 전체 에너지원 발전량의 몇 %를 차지했는가?(단, 소수점 첫째 자리에서 반올림한다)

① 30% ② 34%

③ 38% ④ 42%

⑤ 50%

※ 다음은 2 ~ 7월 이산가족 교류 성사현황 자료이다. 이어지는 질문에 답하시오. [13~14]

〈이산가족 교류 성사현황〉

(단위 : 건)

구분	2월	3월	4월	5월	6월	7월
접촉신청	18,193	18,200	18,204	18,205	18,206	18,221
생사확인	11,791	11,793	11,795	11,795	11,795	11,798
상봉	6,432	6,432	6,432	6,432	6,432	6,432
서신교환	12,267	12,272	12,274	12,275	12,276	12,288

13 다음은 이산가족 교류 성사현황에 대한 설명이다. 〈보기〉에서 옳은 것을 모두 고르면?

> 보기
>
> ㄱ. 접촉신청 건수는 3월부터 6월까지 매월 증가하였다.
> ㄴ. 2월부터 7월까지 생사확인 건수와 서신교환 건수의 증감추세는 동일하다.
> ㄷ. 5월 생사확인 건수는 접촉신청 건수의 70% 이하이다.
> ㄹ. 4월보다 7월에 상봉 건수 대비 서신교환 건수 비율은 감소하였다.

① ㄱ, ㄴ   ② ㄱ, ㄷ
③ ㄴ, ㄷ   ④ ㄴ, ㄹ
⑤ ㄷ, ㄹ

14 다음은 이산가족 교류 성사현황을 토대로 작성한 보고서이다. 밑줄 친 부분 중 옳지 않은 것을 모두 고르면?

> 통일부는 올해 2월부터 7월까지 이산가족 교류 성사현황을 발표하였다. 발표한 자료에 따르면 ⊙ 2월부터 생사확인 건수는 꾸준히 증가하였다. 그러나 상봉 건수는 남북 간의 조율결과 매월 일정 수준을 유지하고 있다. ⓒ 서신교환의 경우, 2월 대비 7월 증가율은 2% 미만이나, 꾸준한 증가추세를 보이고 있다. ⓒ 접촉신청 건수는 6월 전월 대비 불변한 것을 제외하면 꾸준히 증가추세를 보이고 있다. 통일부는 접촉신청, 생사확인, 상봉, 서신교환 외에도 다른 형태의 이산가족 교류를 추진하고 특히 상봉을 확대할 계획이라고 밝혔다. ⓔ 전문가들은 전체 이산가족 교류 건수가 증가추세에 있음을 긍정적으로 평가하고 있다.

① ⊙, ⓒ   ② ⊙, ⓒ
③ ⓒ, ⓒ   ④ ⓒ, ⓔ
⑤ ⓒ, ⓔ

15 어떤 동굴의 한 석순의 길이를 10년 단위로 측정한 결과가 다음과 같다. 2050년에 이 석순의 길이를 측정할 때 그 길이는?

<석순의 길이 변화>

(단위 : cm)

연대	1960년	1970년	1980년	1990년	2000년
석순의 길이	10	12	13	15	16

① 22cm   ② 23cm

③ 24cm   ④ 25cm

⑤ 26cm

16 설탕물 200g이 들어있는 비커에서 물 50g를 증발시킨 후 설탕 5g를 더 녹였더니 농도가 처음의 3배가 되었다. 처음 설탕물의 농도는 약 몇 %인가?

① 0.5%   ② 1.2%

③ 1.9%   ④ 2.6%

⑤ 3.3%

17 1부터 9까지의 자연수가 하나씩 적힌 9장의 카드가 있다. 갑은 2, 5, 9가 적힌 카드를, 을은 숫자 1, 7, 8이 적힌 카드를, 병은 숫자 3, 4, 6이 적힌 카드를 각각 가지고 있다. 세 사람이 동시에 카드를 한 장씩 거낼 때, 카드에 적힌 숫자가 가장 큰 사람이 갑이 되는 경우의 수는?

① 8가지   ② 9가지

③ 10가지   ④ 11가지

⑤ 12가지

18 다음은 K국 국회의원의 SNS(소셜네트워크서비스) 이용자 수 현황에 대한 자료이다. 이를 토대로 작성한 그래프로 옳지 않은 것은?(단, 소수점 둘째 자리에서 반올림한다)

<K국 국회의원의 SNS 이용자 수 현황>

(단위 : 명)

구분	정당	당선 횟수별				당선 유형별		성별	
		초선	2선	3선	4선 이상	지역구	비례대표	남자	여자
여당	A	82	29	22	12	126	19	123	22
야당	B	29	25	13	6	59	14	59	14
	C	7	3	1	1	7	5	10	2
합계		118	57	36	19	192	38	192	38

① 국회의원의 여야별 SNS 이용자 수

② 남녀 국회의원의 여야별 SNS 이용자 구성비

③ 야당 국회의원의 당선 횟수별 SNS 이용자 구성비

④ 2선 이상 국회의원의 정당별 SNS 이용자 수

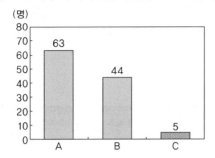

⑤ 여당 국회의원의 당선 유형별 SNS 이용자 구성비

86.9%	13.1%

☐ 지역구   ▨ 비례대표

19 다음은 K신문사의 인터넷 여론 조사에서 "여러분이 길거리에서 침을 뱉거나, 담배꽁초를 버리다가 단속반에 적발되어 처벌을 받는다면 어떤 생각이 들겠습니까?"라는 질문에 대하여 1,200명이 응답한 결과 자료이다. 이에 대한 해석으로 옳은 것은?

〈여론 조사 결과〉

(단위 : %)

변수	응답 구분	법을 위반했으므로 처벌받는 것은 당연하다.	재수가 없는 경우라고 생각한다.	도덕적으로 비난받을 수 있으나 처벌은 지나치다.
전체		54.9	11.4	33.7
연령	20대	42.2	16.1	41.7
	30대	55.2	10.9	33.9
	40대	55.9	10.0	34.1
	50대 이상	71.0	6.8	22.2
학력	초졸 이하	65.7	6.0	28.3
	중졸	57.2	10.2	32.6
	고졸	54.9	10.5	34.6
	대학 재학 이상	59.3	5.3	35.4

① 응답자들의 준법의식은 나이가 많을수록 그리고 학력이 높을수록 높은 것으로 나타난다.
② 학력이 높을수록 처벌보다는 도덕적인 차원에서 제재를 가하는 것이 바람직하다고 보는 응답자의 비율이 높다.
③ '재수가 없는 경우라고 생각한다.'라고 응답한 사람의 수는 대졸자보다 중졸자가 더 많았다.
④ 1,200명은 충분히 큰 사이즈의 표본이므로 이 여론조사의 결과는 우리나라 사람들의 의견을 충분히 대표한다고 볼 수 있다.
⑤ 학력이 대학 재학 이상보다 초졸 이하가 준법의식이 10%p 정도 더 높다.

20 다음은 K국의 최종에너지 소비량에 대한 자료이다. 이에 대한 설명으로 옳은 것을 〈보기〉에서 모두 고르면?

〈2022 ~ 2024년 유형별 최종에너지 소비량 비중〉

(단위 : %)

구분	석탄		석유제품	도시가스	전력	기타
	무연탄	유연탄				
2022년	2.7	11.6	53.3	10.8	18.2	3.4
2023년	2.8	10.3	54.0	10.7	18.6	3.6
2024년	2.9	11.5	51.9	10.9	19.1	3.7

〈2024년 부문별·유형별 최종에너지 소비량〉

(단위 : 천 TOE)

구분	석탄		석유제품	도시가스	전력	기타	합계
	무연탄	유연탄					
산업	4,750	15,317	57,451	9,129	23,093	5,415	115,155
가정·상업	901	4,636	6,450	11,105	12,489	1,675	37,256
수송	0	0	35,438	188	1,312	0	36,938
기타	0	2,321	1,299	669	152	42	4,483
합계	5,651	22,274	100,638	21,091	37,046	7,132	193,832

보기

ㄱ. 2022 ~ 2024년 동안 전력 소비량은 매년 증가한다.
ㄴ. 2024년 산업부문의 최종에너지 소비량은 전체 최종에너지 소비량의 50% 이상을 차지한다.
ㄷ. 2022 ~ 2024년 동안 석유제품 소비량 대비 전력 소비량의 비율은 매년 증가한다.
ㄹ. 2024년에는 산업부문과 가정·상업부문에서 유연탄 소비량 대비 무연탄 소비량의 비율이 각각 25% 미만이다.

① ㄱ, ㄴ
② ㄱ, ㄹ
③ ㄴ, ㄷ
④ ㄴ, ㄹ
⑤ ㄷ, ㄹ

21 다음 〈조건〉을 토대로 판단할 때, 항상 옳은 것은?

- 기획팀 사람 중 컴퓨터 자격증이 없는 사람은 기혼자이다.
- 영업팀 사람은 컴퓨터 자격증이 있고 귤을 좋아한다.
- 경상도 출신인 사람은 컴퓨터 자격증이 없다.
- 경기도에 사는 사람은 지하철을 이용한다.
- 통근버스를 이용하는 사람은 기획팀 사람이 아니다.

① 경상도 출신인 사람이 기획팀에 소속되어 있다면 기혼자이다.
② 경기도에 사는 사람은 기획팀 사람이다.
③ 영업팀 사람 중 경상도 출신이 있다.
④ 기획팀 사람 중 통근버스를 이용하는 사람이 있다.
⑤ 기획팀 사람 중 미혼자는 귤을 좋아한다.

22 다음 〈조건〉을 근거로 〈보기〉를 계산한 값은?

연산자 A, B, C, D는 다음과 같이 정의한다.
- A : 좌우에 있는 두 수를 더한다. 단, 더한 값이 10 미만이면 좌우에 있는 두 수를 곱한다.
- B : 좌우에 있는 두 수 가운데 큰 수에서 작은 수를 뺀다. 단, 두 수가 같거나 뺀 값이 10 미만이면 두 수를 곱한다.
- C : 좌우에 있는 두 수를 곱한다. 단, 곱한 값이 10 미만이면 좌우에 있는 두 수를 더한다.
- D : 좌우에 있는 두 수 가운데 큰 수를 작은 수로 나눈다. 단, 두 수가 같거나 나눈 값이 10 미만이면 두 수를 곱한다.
※ 연산은 '( )', '[ ]'의 순으로 함

$$[(1 A 5) B (3 C 4)] D 6$$

① 10   ② 12
③ 90   ④ 210
⑤ 360

23 다음은 아동수당에 대한 매뉴얼이다. 〈보기〉 중 고객의 문의에 대해 바르게 처리한 것을 모두 고르면?

〈아동수당〉

• 아동수당은 만 6세 미만 아동의 보호자에게 월 10만 원의 수당을 지급하는 제도이다.
• 아동수당은 보육료나 양육수당과는 별개의 제도로서 다른 복지급여를 받고 있어도 수급이 가능하지만, 반드시 신청을 해야 혜택을 받을 수 있다.
• 6월 20일부터 사전 신청 접수가 시작되고, 9월 21일부터 수당이 지급된다.
• 아동수당 수급대상 아동을 보호하고 있는 보호자나 대리인은 20일부터 아동 주소지 읍·면·동 주민센터에 방문 신청 또는 복지로 홈페이지 및 모바일 앱에서 신청해야 한다.
• 아동수당 제도 첫 도입에 따라 초기에 아동수당 신청이 한꺼번에 몰릴 것으로 예상돼 연령별 신청 기간을 운영한다(연령별 신청기간은 만 0~1세는 20~25일, 만 2~3세는 26~30일, 만 4~5세는 7월 1~5일, 전 연령은 7월 6일부터).
• 아동수당은 신청한 달의 급여분(사전신청은 제외)부터 지급한다. 따라서 9월분 아동수당을 받기 위해서는 9월 말까지 아동수당을 신청해야 한다(단, 소급 적용은 되지 않음).
• 아동수당 관련 신청서 작성요령이나 수급 가능성 등 자세한 내용은 아동수당 홈페이지에서 확인 가능하다.

보기

고객 : 저희 아이가 만 5세인데요. 아동수당을 지급받을 수 있나요?
(가) : 네, 만 6세 미만의 아동이면 9월 21일부터 10만 원의 수당을 지급받을 수 있습니다.
고객 : 제가 보육료를 지원받고 있는데, 아동수당도 받을 수 있는 건가요?
(나) : 아동수당은 보육료와는 별개의 제도로 신청만 하면 수당을 받을 수 있어요.
고객 : 그럼 아동수당을 신청을 하려면 어떻게 해야 하나요?
(다) : 아동 주소지의 주민센터를 방문하거나 복지로 홈페이지나 모바일 앱에서 신청하시면 됩니다.
고객 : 따로 정해진 신청기간은 없나요?
(라) : 6월 20일부터 사전 신청 접수가 시작되고, 9월 말까지 아동수당을 신청하면 되지만 소급 적용이 되지 않습니다. 10월에 신청하시면 9월 아동수당은 지급받을 수 없으므로 9월 말까지 신청해 주시면 될 것 같습니다.
고객 : 네, 감사합니다.
(마) : 아동수당 관련 신청서 작성요령이나 수급 가능성 등의 자세한 내용은 메일로 문의해 주세요.

① (가), (나)
② (가), (다)
③ (가), (나), (다)
④ (나), (다), (라)
⑤ (나), (다), (마)

24 이벤트에 당첨된 A ~ C에게 다음과 같은 〈조건〉에 따라 경품을 지급하였다. 〈보기〉 중 옳은 것을 모두 고르면?

조건

- 지급된 경품은 냉장고, 세탁기, 에어컨, 청소기가 각각 프리미엄형과 일반형 1대씩이었고, 전자레인지는 1대였다.
- 당첨자 중 1등은 A, 2등은 B, 3등은 C였으며, 이 순서대로 경품을 각각 3개씩 가져갔다.
- A는 프리미엄형 경품을 총 2대 골랐는데, 청소기 프리미엄형은 가져가지 않았다.
- B는 청소기를 고르지 않았다.
- C가 가져간 경품 중 A와 겹치는 종류가 1개 있다.
- B와 C가 가져간 경품 중 겹치는 종류가 1개 있다.
- 한 사람이 같은 종류의 경품을 2개 이상 가져가지 않았다.

보기

ⓐ C는 반드시 전자레인지를 가져갔을 것이다.
ⓑ A는 청소기를 가져갔을 수도, 그렇지 않을 수도 있다.
ⓒ B가 가져간 프리미엄형 가전은 최대 1개이다.
ⓓ C는 프리미엄형 가전을 가져가지 못했을 것이다.

① ⓐ
② ⓒ
③ ⓐ, ⓒ
④ ⓑ, ⓓ
⑤ ⓒ, ⓓ

25 다음 글에서 설명하고 있는 문제해결 방법은?

깊이 있는 커뮤니케이션을 통해 서로의 문제점을 이해하고 공감함으로써 창조적인 문제해결을 도모하며, 구성원의 동기가 강화되고 팀워크도 한층 강화된다는 특징을 보인다. 이 방법을 이용한 문제해결은 구성원이 자율적으로 실행하는 것으로 예정된 결론이 도출되어 가도록 해서는 안 된다.

① 소프트 어프로치
② 명목집단법
③ 하드 어프로치
④ 델파이법
⑤ 퍼실리테이션

26 다음 〈보기〉를 원인 분석 절차에 따라 순서대로 바르게 나열한 것은?

〈문제해결 절차〉

문제 인식 → 문제 도출 → 원인 분석 → 해결안 개발 → 실행 및 평가

문제해결 절차의 원인 분석은 파악된 핵심문제에 대한 분석을 통해 근본 원인을 도출해 내는 단계로, 이슈 분석, 데이터 분석, 원인 파악의 절차로 진행된다.

이슈 분석 → 데이터 분석 → 원인 파악

보기

㉠ 가설검증계획에 의거하여 분석결과를 미리 이미지화한다.
㉡ 데이터 수집계획을 세운 후 목적에 따라 정량적이고 객관적인 사실을 수집한다.
㉢ 인터뷰 및 설문조사 등을 활용하여 현재 수행하고 있는 업무에 가장 크게 영향을 미치는 문제를 선정한다.
㉣ 이슈와 데이터 분석을 통해 얻은 결과를 바탕으로 최종 원인을 확인한다.
㉤ 자신의 경험, 지식 등에 의존하여 이슈에 대한 일시적인 결론을 예측해보는 가설을 설정한다.
㉥ 목적에 따라 수집된 정보를 항목별로 분류·정리한 후 'What', 'Why', 'How' 측면에서 의미를 해석한다.

① ㉠－㉢－㉤－㉡－㉥－㉣　　　　② ㉡－㉥－㉢－㉤－㉠－㉣
③ ㉢－㉤－㉠－㉡－㉥－㉣　　　　④ ㉣－㉠－㉤－㉥－㉡－㉢
⑤ ㉤－㉠－㉢－㉡－㉥－㉣

※ 다음은 2025년 K공사 상반기 신입사원 채용공고이다. 이어지는 질문에 답하시오. [27~28]

〈2025년 상반기 K공사 신입사원 채용공고〉

- 채용인원 및 선발분야 : 총 000명(기술직 000명, 행정직 000명)
- 지원 자격

구분	주요내용
학력	- 기술직 : 해당 분야 전공자 또는 관련 자격 소지자 - 행정직 : 학력 및 전공 제한 없음
자격	- 기술직의 경우 관련 자격증 소지 여부 확인 - 외국어 능력 성적 보유자에 한해 성적표 제출
연령	- 만 18세 이상(채용공고일 2025. 01. 23. 기준)
병역	- 병역법에 명시한 병역기피 사실이 없는 자 (단, 현재 군복무 중인 경우 채용예정일 이전 전역 예정자 지원 가능)
기타	- 2025년 상반기 신입사원 채용부터 지역별 지원 제한 폐지

- 채용전형 순서 : 서류전형 – 필기전형 – 면접전형 – 건강검진 – 최종합격
- 채용예정일 : 2025년 2월 15일

27 K공사 채용 Q&A 게시판에 다음과 같은 질문이 올라왔다. 이에 대한 답변으로 옳은 것은?

> 안녕하세요. 이번 K공사 채용공고를 보고 지원하려고 하는데, 지원 자격 관련하여 여쭤보려고 합니다. 대학을 졸업하고 현재 군인 신분인 제가 이번 채용에서 행정직에 지원할 수 있는지 확인하고 싶어서요. 답변 부탁드립니다.

① 죄송하지만 이번 채용에서는 대학 졸업예정자만을 대상으로 하고 있습니다.
② 채용예정일 이전 전역 예정자라면 지원 가능합니다.
③ 기술직의 경우 필요한 자격증을 보유하고 있다면 군복무 여부에 관계없이 지원 가능합니다.
④ 지역별로 지원 제한이 있으므로 확인하시고 지원하시기 바랍니다.
⑤ 외국어 능력 성적을 보유하셔야 지원 가능합니다.

28 다음 중 K공사에 지원할 수 없는 사람은 누구인가?

① 최종학력이 고등학교 졸업인 A
② 관련 학과를 전공하고 기술직에 지원한 B
③ 2025년 2월 10일 기준으로 만 18세가 된 C
④ 현재 군복무 중으로 2025년 2월 5일 전역 예정인 D
⑤ 외국어 능력 성적표를 제출하지 않은 E

29 다음 명제가 참일 때 항상 옳은 것은?

> • 수학 수업을 듣지 않는 학생들은 국어 수업을 듣지 않는다.
> • 모든 학생들은 국어 수업을 듣는다.
> • 수학 수업을 듣는 어떤 학생들은 영어 수업을 듣는다.

① 모든 학생들은 영어 수업을 듣는다.
② 모든 학생들은 국어, 수학, 영어 수업을 듣는다.
③ 어떤 학생들은 국어와 영어 수업만 듣는다.
④ 어떤 학생들은 국어, 수학, 영어 수업을 듣는다.
⑤ 모든 학생들은 국어와 영어 수업을 듣는다.

30 다음 〈조건〉을 바탕으로 할 때, 〈보기〉의 내용을 바르게 판단한 것은?

> 조건
> • 영업을 잘하면 기획을 못한다.
> • 편집을 잘하면 영업을 잘한다.
> • 디자인을 잘하면 편집을 잘한다.

> 보기
> A : 디자인을 잘하면 기획을 못한다.
> B : 편집을 잘하면 기획을 잘한다.

① A만 옳다.
② B만 옳다.
③ A, B 모두 옳다.
④ A, B 모두 틀리다.
⑤ A, B 모두 옳은지 틀린지 판단할 수 없다.

31 인사팀의 11월 월간 일정표와 〈조건〉을 고려하여 인사팀의 1박 2일 워크숍 날짜를 결정하려고 한다. 다음 중 인사팀의 워크숍 날짜로 적절한 것은?

〈11월 월간 일정표〉

월요일	화요일	수요일	목요일	금요일	토요일	일요일
1	2 **오전 10시** 연간 채용계획 발표(A팀장)	3	4 **오전 10시** 주간업무보고 **오후 7시** B대리 송별회	5	6	
7	8 **오후 5시** 총무팀과 연합 회의	9	10	11 **오전 10시** 주간업무보고	12	13
14 **오전 11시** 승진 대상자 목록 취합 보고 (C차장)	15	16	17 A팀장 출장	18 **오전 10시** 주간업무보고	19	20
21 **오후 1시** 팀미팅 (30분 예정)	22	23 D사원 출장	24 외부인사 방문	25 **오전 10시** 주간업무보고 외부인사 방문	26	27
28 E대리 휴가	29	30				

조건
- 워크숍은 평일로 한다.
- 워크숍에는 모든 팀원들이 빠짐없이 참석해야 한다.
- 워크숍 일정은 첫날 오후 3시 출발부터 다음날 오후 2시까지이다.
- 다른 팀과 함께 하는 업무가 있는 주에는 워크숍 일정을 잡지 않는다.
- 매월 말일에는 월간 업무 마무리를 위해 워크숍 일정을 잡지 않는다.

① 9 ~ 10일
② 18 ~ 19일
③ 21 ~ 22일
④ 28 ~ 29일
⑤ 29 ~ 30일

32 다음과 같이 지점별 수요량과 공급량 및 지점 간 수송비용이 주어졌을 때, 최소 수송비의 합은 얼마인가?(단, 제시된 금액은 톤당 수송비용을 나타낸다)

공급지＼수요지	A	B	C	D	공급 합계
X	7만 원	9만 원	6만 원	5만 원	70톤
Y	5만 원	8만 원	7만 원	6만 원	100톤
Z	6만 원	7만 원	9만 원	8만 원	80톤
수요 합계	100톤	80톤	50톤	20톤	250톤

① 1,360만 원
② 1,460만 원
③ 1,530만 원
④ 1,640만 원
⑤ 1,720만 원

33 K회사에서 근무하는 김사원은 수출계약 건으로 한국에 방문하는 바이어를 맞이하기 위해 인천공항에 가야 한다. 미국 뉴욕에서 오는 바이어는 현지시각으로 21일 오전 8시 30분에 한국행 비행기에 탑승할 예정이며, 비행시간은 17시간이다. K회사에서 인천공항까지는 1시간 30분이 걸리고, 바이어의 도착 예정시각보다는 30분 일찍 도착하여 대기하려고 할 때, 김사원은 적어도 회사에서 몇 시에 출발해야 하는가?(단, 뉴욕은 한국보다 13시간이 느리다)

① 21일 10시 30분
② 21일 12시 30분
③ 22일 12시
④ 22일 12시 30분
⑤ 22일 14시 30분

※ K공사는 상반기에 기술개발 R&D에서 우수한 성과를 보인 협력사에게 포상을 수여하고자 한다. 포상수여 기준과 각 협력사에 대한 정보는 다음과 같다. 이어지는 질문에 답하시오. [34~35]

〈상반기 포상수여 기준〉

- 상반기 포상 점수가 가장 높은 협력사 두 곳에 포상을 수여한다.
- 포상 점수는 기술개선 점수(35점), 실용화 점수(30점), 경영 점수(15점), 성실 점수(20점)를 합산하여 산출한다.
- 기술개선 점수
  - 기술개선 점수는 출원 점수와 등록 점수를 합산하여 산출한다.

출원특허개수	0개	1 ~ 10개	11 ~ 20개	21개 이상
출원 점수	0점	5점	10점	15점

등록특허개수	0개	1 ~ 5개	6 ~ 10개	11개 이상
등록 점수	0점	10점	15점	20점

- 실용화 점수
  - 실용화 점수는 상품화 단계에 따라 부여한다.

상품화 단계	연구단계	상품개발단계	국내출시단계	수출개시단계
실용화 점수	5점	15점	25점	30점

- 경영 점수
  - 경영 점수는 건전성 등급에 따라 부여한다.

건전성 등급	A등급	B등급	C등급	D등급
경영 점수	20점	15점	10점	0점

- 성실 점수
  - 성실 점수는 상반기 성과제출 성실도에 따라 부여한다.

성과제출 성실도	기한 내 제출	기한 미준수	미제출
성실 점수	20점	10점	0점

〈상반기 협력사 정보〉

구분	출원특허개수	등록특허개수	상품화 단계	건전성 등급	성과제출 성실도
A사	13개	11개	상품개발단계	B등급	기한 내 제출
B사	8개	5개	연구단계	A등급	기한 미준수
C사	21개	9개	상품개발단계	B등급	기한 미준수
D사	3개	3개	수출개시단계	C등급	기한 내 제출
E사	16개	9개	국내출시단계	A등급	미제출

34 상반기 포상수여 기준에 따라 협력사 중 두 곳에 포상을 수여할 때, 포상을 받을 협력사로만 바르게 연결된 것은?

① A사, B사
② A사, D사
③ B사, C사
④ B사, E사
⑤ D사, E사

35 상반기 포상수여 기준에서 기술개선 점수, 성실 점수 부분이 다음과 같이 수정되고, 동점업체 처리 기준이 추가되었다고 한다. 수정된 포상수여 기준에 따라 포상을 수여할 협력사 두 곳을 선정할 때, 포상을 받을 협력사로만 바르게 연결된 것은?

• 기술개선 점수
  - 기술개선 점수는 출원 점수와 등록 점수를 합산하여 산출한다.

출원특허개수	0개	1 ~ 5개	6 ~ 15개	16개 이상
출원 점수	0점	10점	15점	20점

등록특허개수	0개	1 ~ 10개	11 ~ 20개	20개 이상
등록 점수	0점	5점	10점	15점

• 성실 점수
  - 성실 점수는 상반기 성과제출 성실도에 따라 부여한다.

성과제출 성실도	기한 내 제출	기한 미준수	미제출
성실 점수	20점	15점	10점

• 포상 점수가 동점인 경우, 기술개선 점수가 더 높은 협력사를 선정한다.

① A사, D사
② A사, E사
③ B사, C사
④ B사, D사
⑤ D사, E사

※ K공사는 해외기술교류를 위해 외국으로 파견할 팀을 구성하고자 한다. 다음은 파견팀장 선발에 대한 자료이다. 이어지는 질문에 답하시오. [36~37]

〈해외기술교류 파견팀장 선발 방식〉

1. 파견팀장 자격요건
   - 공학계열 학위 보유자
   - 지원 접수마감일 기준 6개월 이내에 발급된 종합건강검진 결과서 제출자

2. 파견팀장 선발 방식
   - 다음 항목에 따른 점수를 합산하여 선발 점수(100점 만점)를 산정한다.
   - 선발점수가 가장 높은 1인을 파견팀장으로 선발한다.
   - 학위 점수

학위	학사	석사	박사
점수(점)	18	25	30

   - 현장경험 점수

해외파견 횟수	없음	1~2회	3~4회	5회 이상
점수(점)	22	26	28	30

   - 어학능력 점수

자체시험 점수 (500점 만점)	0점 이상 150점 미만	150점 이상 250점 미만	250점 이상 350점 미만	350점 이상 450점 미만	450점 이상 500점 이하
점수(점)	5	10	14	17	20

   - 근속연수 점수

근속연수	5년 미만	5년 이상 10년 미만	10년 이상 15년 미만	15년 이상
점수(점)	12	16	18	20

〈파견팀장 지원자 현황〉

지원자	학위	해외파견 횟수	자체시험 점수	근속연수	종합건강검진 결과서 발급일
A	기계공학 박사	1회	345	8년	2024. 04. 29
B	전자공학 석사	2회	305	11년	2024. 08. 18
C	국제관계학 학사	3회	485	5년	2024. 07. 09
D	전자공학 학사	1회	400	9년	2024. 06. 05
E	재료공학 석사	없음	365	16년	2024. 08. 16

36 인사관리과에서는 파견팀장 지원 접수를 2024년 8월 20일에 마감하였다. 파견팀장 선발 방식에 따를 때, 다음 중 파견팀장으로 선발될 지원자는?

① A   ② B

③ C   ④ D

⑤ E

37 인사관리과는 현지 관계자들의 의견에 따라 파견팀장 자격요건을 변경하고 2024년 8월 30일까지 새로 지원 접수를 받았다. 변경된 파견팀장 자격요건이 다음과 같을 때, 파견팀장으로 선발될 지원자는?

〈변경된 파견팀장 자격요건〉

1. 파견팀장 자격요건
   - 공학계열 혹은 국제관계학 학위 보유자
   - 지원 접수마감일 기준 3개월 이내에 발급된 종합건강검진 결과서 제출자

---

① A   ② B

③ C   ④ D

⑤ E

38 A도시락 전문점은 요일별 도시락 할인 이벤트를 진행하고 있다. K공사가 지난 한 주간 A도시락 전문점에서 구매한 내역이 〈보기〉와 같을 때, K공사의 지난주 도시락 구매비용은?

〈A도시락 요일별 할인 이벤트〉

요일	월		화		수		목		금	
할인품목	치킨마요		동백		돈까스		새치고기		진달래	
구분	원가	할인가	원가	할인가	원가	할인가	원가	할인가	원가	할인가
가격(원)	3,400	2,900	5,000	3,900	3,900	3,000	6,000	4,500	7,000	5,500

요일	토		일				매일			
할인품목	치킨제육		육개장		김치찌개		치킨(대)		치킨(중)	
구분	원가	할인가	원가	할인가	원가	할인가	원가	할인가	원가	할인가
가격(원)	4,300	3,400	4,500	3,700	4,300	3,500	10,000	7,900	5,000	3,900

※ 요일별 할인품목이 아닌 품목들은 원가로 계산함

보기

요일	월	화	수	목	금	토	일
구매내역	동백 3개 치킨마요 10개	동백 10개 김치찌개 3개	돈까스 8개 치킨(중) 2개	새치고기 4개 치킨(대) 2개	진달래 4개 김치찌개 7개	돈까스 2개 치킨제육 10개	육개장 10개 새치고기 4개

① 316,400원
② 326,800원
③ 352,400원
④ 375,300원
⑤ 392,600원

39 K기업의 본사는 대전에 있다. C부장은 목포에 있는 물류창고 정기점검을 위하여 내일 오전 10시에 출장을 갈 예정이다. 출장 당일 오후 1시에 물류창고 관리담당자와 미팅이 예정되어 있어 늦지 않게 도착하고자 한다. 주어진 교통편을 고려하였을 때, 다음 중 C부장이 선택할 경로로 옳은 것은?(단, 1인당 출장지원 교통비 한도는 5만 원이며, 도보이동에 따른 소요시간은 고려하지 않는다)

• 본사에서 대전역까지 비용

구분	소요시간	비용
버스	30분	2,000원
택시	15분	6,000원

• 교통수단별 이용정보

구분	열차	출발시각	소요시간	비용	비고
직통	새마을호	10:00 / 10:50	2시간 10분	28,000원	–
직통	무궁화	10:20 / 10:40 10:50 / 11:00	2시간 40분	16,000원	–
환승	KTX	10:10 / 10:50	20분	6,000원	환승 10분 소요
	KTX	–	1시간 20분	34,000원	
환승	KTX	10:00 / 10:30	1시간	20,000원	환승 10분 소요
	새마을호	–	1시간	14,000원	

• 목포역에서 물류창고까지 비용

구분	소요시간	비용
버스	40분	2,000원
택시	20분	9,000원

① 버스 – 새마을호(직통) – 버스
② 택시 – 무궁화(직통) – 택시
③ 버스 – KTX / KTX(환승) – 택시
④ 택시 – KTX / 새마을호(환승) – 택시
⑤ 택시 – 새마을호(직통) – 택시

40 K사는 역량평가를 통해 등급을 구분하여 성과급을 지급한다. K사의 성과급 등급 기준이 다음과 같을 때, 〈보기〉 중 S등급에 해당하는 사람은?

〈성과급 점수별 등급〉

S등급	A등급	B등급	C등급
90점 이상	80점 이상	70점 이상	70점 미만

〈역량평가 반영 비율〉

구분	기본역량	리더역량	직무역량
차장	20%	30%	50%
과장	30%	10%	60%
대리	50%	–	50%
사원	60%	–	40%

※ 성과급 점수는 역량 점수(기본역량, 리더역량, 직무역량)를 직급별 해당 역량평가 반영 비율에 적용한 합산 점수임

보기

구분	직급	기본역량 점수	리더역량 점수	직무역량 점수
A	대리	85점	–	90점
B	과장	100점	85점	80점
C	사원	95점	–	85점
D	차장	80점	90점	85점
E	과장	100점	85점	80점

① A대리
② B과장
③ C사원
④ D차장
⑤ E과장

41 다음 시트에서 판매수량과 추가판매의 합계를 구하기 위해서 [B6] 셀에 들어갈 수식으로 옳은 것은?

	A	B	C
1	일자	판매수량	추가판매
2	06월19일	30	8
3	06월20일	48	
4	06월21일	44	
5	06월22일	42	12
6	합계	164	

① =SUM(B2,C2,C5)   ② =LEN(B2:B5,3)

③ =COUNTIF(B2:B5, "> =12")   ④ =SUM(B2:B5)

⑤ =SUM(B2:B5,C2,C5)

42 다음 프로그램의 실행 결과로 옳은 것은?

```
#include <stdio.h>
void main( ) {
    char arr[ ] = "hello world";
    printf("%d\n",strlen(arr));
}
```

① 11   ② 12

③ 13   ④ 14

⑤ 15

43 K사 인사팀에 근무하는 L주임은 다음과 같이 하반기 공채 지원자들의 PT면접 점수를 입력한 후 면접 결과를 정리하고자 한다. 이를 위해 [F3] 셀에 〈보기〉와 같은 함수를 입력하고, 채우기 핸들을 이용하여 [F6] 셀까지 드래그했을 때, [F3] ~ [F6] 셀에 나타나는 결괏값으로 옳은 것은?

◢	A	B	C	D	E	F
1						(단위 : 점)
2	이름	발표내용	발표시간	억양	자료준비	결과
3	조재영	85	92	75	80	
4	박슬기	93	83	82	90	
5	김현진	92	95	86	91	
6	최승호	95	93	92	90	

> **보기**
>
> =IF(AVERAGE(B3:E3)>=90,"합격","불합격")

	[F3]	[F4]	[F5]	[F6]
①	불합격	불합격	합격	합격
②	합격	합격	불합격	불합격
③	합격	불합격	합격	불합격
④	불합격	합격	불합격	합격
⑤	불합격	불합격	불합격	합격

44 다음 중 빈칸 ㉠, ㉡에 들어갈 기능으로 옳은 것은?

> ___㉠___ 은/는 특정 값의 변화에 따른 결괏값의 변화 과정을 한 번의 연산으로 빠르게 계산하여 표의 형태로 표시해 주는 도구이고, ___㉡___ 은/는 비슷한 형식의 여러 데이터의 결과를 하나의 표로 통합하여 요약해 주는 도구이다.

	㉠	㉡
①	데이터 표	통합
②	데이터 표	피벗 테이블
③	정렬	시나리오 관리자
④	정렬	데이터 유효성 검사
⑤	통합	정렬

45 다음은 K사 영업팀의 실적을 정리한 파일이다. 고급 필터의 조건 범위를 [E1:G3] 영역으로 지정한 후 고급필터를 실행했을 때 나타나는 데이터에 대한 설명으로 옳은 것은?[단, [G3] 셀에는 「=C2 >=AVERAGE($C$2:$C$8)」가 입력되어 있다]

	A	B	C	D	E	F	G
1	부서	사원	실적		부서	사원	식
2	영업2팀	최지원	250,000		영업1팀	*수	
3	영업1팀	김창수	200,000		영업2팀		TRUE
4	영업1팀	김홍인	200,000				
5	영업2팀	홍상진	170,000				
6	영업1팀	홍상수	150,000				
7	영업1팀	김성민	120,000				
8	영업2팀	황준하	100,000				

① 부서가 '영업1팀'이고 이름이 '수'로 끝나거나, 부서가 '영업2팀'이고 실적이 실적의 평균 이상인 데이터

② 부서가 '영업1팀'이거나 이름이 '수'로 끝나고, 부서가 '영업2팀'이거나 실적이 실적의 평균 이상인 데이터

③ 부서가 '영업1팀'이고 이름이 '수'로 끝나거나, 부서가 '영업2팀'이고 실적의 평균이 250,000 이상인 데이터

④ 부서가 '영업1팀'이거나 이름이 '수'로 끝나고, 부서가 '영업2팀'이거나 실적의 평균이 250,000 이상인 데이터

⑤ 부서가 '영업1팀'이고 이름이 '수'로 끝나고, 부서가 '영업2팀'이고 실적의 평균이 250,000 이상인 데이터

46 다음 중 워크시트의 인쇄에 대한 설명으로 옳지 않은 것은?

① 인쇄 영역에 포함된 도형은 기본적으로 인쇄가 되지 않으므로 인쇄를 하려면 도형의 [크기 및 속성] 대화 상자에서 '개체 인쇄' 옵션을 선택해야 한다.

② 인쇄하기 전에 워크시트를 미리 보려면 〈Ctrl〉+〈F2〉를 누른다.

③ 기본적으로 화면에 표시되는 열 머리글(A, B, C 등)이나 행 머리글(1, 2, 3 등)은 인쇄되지 않는다.

④ 워크시트의 내용 중 특정 부분만을 인쇄 영역으로 설정하여 인쇄할 수 있다.

⑤ 워크시트의 셀 구분선을 그대로 인쇄하려면 페이지 설정 대화상자의 [시트] 탭에서 '눈금선'을 선택하면 된다.

47 다음 중 워드프로세서의 커서 이동키에 대한 설명으로 옳은 것은?

① 〈Home〉 : 커서를 현재 문서의 맨 처음으로 이동시킨다.

② 〈End〉 : 커서를 현재 문단의 맨 마지막으로 이동시킨다.

③ 〈Back Space〉 : 커서를 화면의 맨 마지막으로 이동시킨다.

④ 〈Page Down〉 : 커서를 한 화면 단위로 하여 아래로 이동시킨다.

⑤ 〈Alt〉+〈Page Up〉 : 커서를 파일의 맨 처음으로 이동시킨다.

48 다음 시트에서 [C2:C5] 영역을 선택하고 선택된 셀들의 내용을 모두 지우려고 할 때, 결과가 다르게 나타나는 것은?

	A	B	C	D	E
1	성명	출석	과제	실기	총점
2	박경수	20	20	55	95
3	이정수	15	10	60	85
4	경동식	20	14	50	84
5	김미경	5	11	45	61

① 〈Back Space〉를 누른다.

② 마우스의 오른쪽 버튼을 눌러서 나온 바로가기 메뉴에서 [내용 지우기]를 선택한다.

③ [홈]-[편집]-[지우기] 메뉴에서 [내용 지우기]를 선택한다.

④ 〈Delete〉를 누른다.

⑤ [홈]-[편집]-[지우기] 메뉴에서 [모두 지우기]를 선택한다.

※ K공사에 근무 중인 S사원은 체육대회를 준비하고 있다. S사원은 체육대회에 사용될 물품 구입비를 다음과 같이 엑셀로 정리하였다. 이어지는 질문에 답하시오. [49~50]

	A	B	C	D	E
1	구분	물품	개수	단가(원)	비용(원)
2	의류	A팀 체육복	15	20,000	300,000
3	식품류	과자	40	1,000	40,000
4	식품류	이온음료수	50	2,000	100,000
5	의류	B팀 체육복	13	23,000	299,000
6	상품	수건	20	4,000	80,000
7	상품	USB	10	10,000	100,000
8	의류	C팀 체육복	14	18,000	252,000
9	식품류	김밥	30	3,000	90,000

49 S사원은 표에서 단가가 두 번째로 높은 물품의 금액을 알고자 한다. S사원이 입력해야 할 함수로 옳은 것은?

① =MAX(D2:D9,2)

② =MIN(D2:D9,2)

③ =MID(D2:D9,2)

④ =LARGE(D2:D9,2)

⑤ =INDEX(D2:D9,2)

50 S사원은 구입물품 중 의류의 총개수를 파악하고자 한다. S사원이 입력해야 할 함수로 옳은 것은?

① =SUMIF(A2:A9,A2,C2:C9)

② =COUNTIF(C2:C9,C2)

③ =VLOOKUP(A2,A2:A9,1,0)

④ =HLOOKUP(A2,A2:A9,1,0)

⑤ =AVERAGEIF(A2:A9,A2,C2:C9)

|01| 경영

51 다음 중 공매도가 미치는 영향으로 옳지 않은 것은?

① 공매도에 따른 채무불이행 리스크가 발생할 수 있다.

② 매도물량이 시장에 공급됨에 따라 시장 유동성이 증대된다.

③ 하락장에서도 수익을 낼 수 있어 수익의 변동성을 조정할 수 있다.

④ 공매도를 통해 기대수익과 기대손실을 자산 가격 내에서 운용할 수 있다.

⑤ 주가가 고평가되어 있다고 생각하는 투자자의 의견도 반영할 수 있어 효율성이 증대된다.

52 다음 중 통합적 마케팅 커뮤니케이션 전략(IMC)의 기대효과로 옳은 것은?

① IMC는 더 많은 광고주를 확보하고 유지하고 증가시키는 데 도움이 된다.

② IMC는 하나의 커뮤니케이션 방법을 일관성 있게 추진하는 마케팅 전략이다.

③ IMC의 내용 측면 마케팅 커뮤니케이션은 회사 내부의 조직 간 조정 노력을 의미한다.

④ IMC를 통해 브랜드 가치 확대, 소비자 충성도 제고 등 무형자산의 가치를 증대시킬 수 있다.

⑤ IMC의 과정 측면 마케팅 커뮤니케이션은 브랜드를 소비자에게 알리고 설득시키는 것을 의미한다.

53 다음 중 일정시점의 기업의 재무상태를 나타내는 재무제표는 무엇인가?

① 재무상태표   ② 포괄손익계산서

③ 자본변동표   ④ 현금흐름표

⑤ 자금순환표

54 다음 중 시장을 세분화하기 위한 행동적 변수에 해당하지 않는 것은?

① 개성
② 추구편익
③ 상표애호도
④ 고객생애가치
⑤ 사용량

55 다음 〈보기〉 중 물가의 지속적 상승과 기말재고수량이 기초재고수량보다 많음을 가정하는 경우 후입선출법의 단점을 모두 고르면?

> **보기**
>
> 가. 낮은 당기순이익　　　　　　　　나. 세금 과다로 인한 현금흐름 악화
> 다. 대응원칙에 위배　　　　　　　　라. 기말 재고자산의 부적절한 평가
> 마. 가격정책결정에 불리　　　　　　바. 실제 물량흐름과 불일치

① 가, 다, 라
② 가, 라, 바
③ 나, 다, 바
④ 나, 마, 바
⑤ 라, 마, 바

56 가격관리에서 다음의 상황을 바르게 설명할 수 있는 것은?

> 1,000원짜리 제품에서 150원 미만의 가격인상은 느끼지 못하지만, 150원 이상의 가격인상은 알아차린다.

① JND(Just Noticeable Difference)
② 단수가격(Odd – Number Pricing)
③ 유보가격(Reservation Price)
④ 베버의 법칙(Weber's Law)
⑤ 매몰비용(Sunk Cost)

57 다음 사례에서 설명하는 용어로 옳은 것은?

> 여러 기업, 광고 업계에서는 대부분 대중에게 평판이 좋은 연예인을 광고 모델로 선호한다. 연예계에서도 성실함, 호감적 성품으로 대중에게 평판이 나 있는 연예인이 광고 모델로 사용할 때 기업은 높은 효과를 창출할 수 있다.

① 후광효과(Halo Effect)
② 채찍효과(Bullwhip Effect)
③ 펀마케팅(Fun Marketing)
④ 위약효과(Placebo Effect)
⑤ 고백 효과(Confession Effect)

58 다음 중 특정 기업이 자사 제품을 경쟁제품과 비교하여 유리하고 독특한 위치를 차지하도록 하는 마케팅 전략은?

① 관계마케팅 ② 포지셔닝
③ 표적시장 선정 ④ 일대일 마케팅
⑤ 시장세분화

59 리더십의 상황적합이론 중 특히 하급자의 성숙도를 강조하는 리더십의 상황모형을 제시하는 이론은?

① 피들러의 상황적합이론
② 브룸과 예튼의 규범이론
③ 하우스의 경로 – 목표이론
④ 허시와 블랜차드의 3차원적 유효성이론
⑤ 베르탈란피의 시스템이론

60 다음 내용이 설명하고 있는 조직구조는?

> • 수평적 분화에 중점을 두고 있다.
> • 각자의 전문분야에서 작업능률을 증대시킬 수 있다.
> • 생산, 회계, 인사, 영업, 총무 등의 기능을 나누고 각 기능을 담당할 부서단위로 조직된 구조이다.

① 기능 조직　　　　　　　　　　　② 사업부 조직

③ 매트릭스 조직　　　　　　　　　④ 수평적 조직

⑤ 네트워크 조직

PART 3

61 다음 중 기계적 조직과 유기적 조직에 대한 설명으로 옳지 않은 것은?

① 기계적 조직은 공식화 정도가 낮고, 유기적 조직은 공식화 정도가 높다.

② 기계적 조직은 경영관리 위계가 수직적이고, 유기적 조직은 경영관리 위계가 수평적이다.

③ 기계적 조직은 직무 전문화가 높고, 유기적 조직은 직무 전문화가 낮다.

④ 기계적 조직은 의사결정권한이 집중화되어 있고, 유기적 조직은 의사결정권한이 분권화되어 있다.

⑤ 기계적 조직은 수직적 의사소통이고, 유기적 조직은 수평적 의사소통이다.

62 다음 중 인적자원관리(HRM)에 대한 설명으로 옳지 않은 것은?

① 조직의 목표를 이루기 위해 필요한 인적 자본을 확보・개발・활용하는 활동을 계획하고 관리하는 일련의 과정이다.

② 인적자원의 교육, 훈련, 육성, 역량개발, 경력관리 및 개발 등을 관리한다.

③ 조직에 필요한 인력자원을 동원(채용)하고 관리(사기증진과 능력발전)함으로써 행정의 효율을 제고하려는 관리전략을 의미한다.

④ 유능한 인재의 확보와 관리는 개인의 사기앙양과 능력발전은 물론, 행정의 생산성에도 결정적인 요소이다.

⑤ 인력을 단순한 통제의 대상으로 보지 않고 조직목표 달성의 핵심적인 자산(Asset), 즉 인적자원(Human Resource)으로 인식하며 인적자원의 관리를 조직의 전략적관리와 연계시킬 것을 강조한다.

63 다음 중 3C 분석에 대한 설명으로 옳지 않은 것은?

① 3C는 Company, Cooperation, Competitor로 구성되어 있다.

② 3C는 자사, 고객, 경쟁사로 기준을 나누어 현 상황을 파악하는 분석방법이다.

③ 3C는 기업들이 마케팅이나 서비스를 진행할 때 가장 먼저 실행하는 분석 중 하나이다.

④ 3C의 Company 영역은 외부요인이 아닌 내부 자원에 관한 역량 파악이다.

⑤ 3C는 SWOT 분석과 PEST 분석에 밀접한 관련이 있다.

64 다음은 마케팅 분석 툴 중 가장 BCG 제품 포트폴리오 매트릭스에 대한 설명이다. BCG 매트릭스의 문제점에 해당하지 않는 것은?

① 시장점유율과 사업성장률 두 가지 측면에서 해당 사업의 매력도를 책정할 수 있다.

② 시장점유율과 수익성은 반드시 정비례하지 않는다.

③ 기준점에 따라서 시장 정의가 바뀔 수 있다.

④ 시장 성장률만이 시장 기회를 결정하지 않는다.

⑤ 고성장 사업(제품)이 반드시 더 많은 자본을 필요로 하지 않을 수도 있다.

65 다음 중 동기부여 과정이론에서 공정성이론의 한계점이 아닌 것은?

① 과소보상이나 과다보상에 대한 느낌에 개인차가 있다.

② 급여에 대한 공정성 지각은 직무성과, 조직몰입과 정의 상관관계를 가진다.

③ 불공정의 지각은 만족도를 줄이고, 대인 갈등을 증가시키는 경향이 있다.

④ 사람들은 때때로 자기 나름대로의 내적인 공정성 기준으로 자신과 타인을 비교한다.

⑤ 공정성이론에서의 투입과 산출의 개념 이해가 선행되어야 한다.

66 다음 중 퇴직연금제도에 대한 설명으로 옳지 않은 것은?

① 근로자들의 노후 소득보장과 생활 안정을 목적으로 한다.
② 근로자 재직기간 중 사용자가 퇴직급여 지급 재원을 금융회사에 적립한다.
③ 퇴직연금제도는 퇴직금과 동일하다.
④ 사용자(기업) 또는 근로자가 운용하여 근로자 퇴직 시 연금 또는 일시금으로 지급하는 제도이다.
⑤ 확정급여형 확정기여형 개인형퇴직연금으로 구분된다.

67 다음 중 관리회계에 대한 설명으로 옳지 않은 것은?

① 내부정보이용자에게 유용한 정보이다.
② 재무제표 작성을 주목적으로 한다.
③ 경영자에게 당면한 문제를 해결하기 위한 정보를 제공한다.
④ 경영계획이나 통제를 위한 정보를 제공한다.
⑤ 법적 강제력이 없다.

68 다음 〈보기〉 중 채권 금리가 결정되는 일반적인 원칙으로 옳은 것을 모두 고르면?

> **보기**
> 가. 다른 조건이 같으면 만기가 길수록 채권 금리는 높아진다.
> 나. 경기가 좋아지면 국채와 회사채 간 금리 차이가 줄어든다.
> 다. 일반적으로 국채 금리가 회사채 금리보다 낮다.
> 라. 예상 인플레이션율이 낮을수록 금리는 높아진다.

① 가, 나
② 나, 라
③ 다, 라
④ 가, 나, 다
⑤ 가, 나, 다, 라

69 다음 중 회계상의 거래가 아닌 것은?

① 화재로 재고 ₩10,000,000이 소실되었다.

② 비품을 ₩500,000에 외상으로 구입하였다.

③ 복사기를 ₩1,000,000에 주문하였다.

④ 은행에서 ₩20,000,000을 차입하였다.

⑤ 주주에게 현금으로 배당금 ₩5,000,000을 지급하였다.

70 정부가 직접 벤처기업이나 창투조합에 투자하지 않고 대형 펀드를 만들어 놓은 후 벤처캐피털에 출자하는 방식을 통해 벤처기업에 자금을 간접 지원하는 방식을 나타내는 용어는?

① 사모펀드
② 모태펀드
③ 국부펀드
④ 상장지수펀드
⑤ 메자닌펀드

71 다음 중 재무상태표에서 비유동자산에 해당하는 계정과목은?

① 영업권
② 매입채무
③ 매출채권
④ 자기주식
⑤ 법정적립금

72 다음 중 현금 및 현금성자산의 총액에 변동을 초래하지 않는 거래는?

① 보통예금통장에 이자수익 20,000원이 입금되었다.
② 물품대금으로 받은 타인발행수표 1,200,000원을 보통예금에 예입하였다.
③ 외상매입금 750,000원을 당좌수표를 발행하여 거래처에 지급하였다.
④ 외상매출금 1,000,000원을 90일 만기 양도성예금증서로 받았다.
⑤ 회사의 수도료 160,000원을 현금으로 지급하였다.

73 다음 중 브랜드 전략에 대한 설명으로 옳지 않은 것은?

① 브랜드 확장은 기존 브랜드와 다른 상품범주에 속하는 신상품에 기존브랜드를 붙이는 것으로 카테고리확장이라고도 한다.
② 하향 확장의 경우 기존 브랜드의 고급 이미지를 희석시키는 희석효과를 초래할 수 있다.
③ 같은 브랜드의 상품이 서로 다른 유통경로로 판매될 경우 경로 간의 갈등이 해소된다.
④ 신규 브랜드 전략은 새로운 제품 범주에서 출시하고자 하는 신제품을 대상으로 새로운 브랜드를 개발하는 경우이다.
⑤ 라인확장 전략이란 동일한 제품 범주 내에서 새로운 제품을 추가시키면서 기존의 브랜드를 이용하는 전략이다.

74 다음 중 맥킨지사의 MECE(Mutually Exclusive Collectively Exhaustive)법에 대한 설명으로 옳지 않은 것은?

① MECE는 다양한 항목들이 서로 겹치지 않으면서 그 항목들의 모음이 전체가 되는 것을 의미한다.
② 수학적으로 풀면 전체집합(U)은 각 A, B, C 집합을 포함하며 여집합이 없는 상태고, A, B, C 각 집합은 교집합이 없어야 하는 상태이다.
③ MECE가 기획을 하는 데 있어서 많은 도움이 되는 이유는 바로 명확성과 간결성을 가지는 사고방식이기 때문이다.
④ 사고 자체를 단계적으로 구축하며 그것을 정리하고 보다 효과적으로 사용할 수 있게끔 하는 데 도움을 준다.
⑤ 창의적인 문제해결이 필요한 경우에도 MECE를 활용하여 문제를 간략하게 해결할 수 있다.

75 다음 중 가격관리에 대한 설명으로 옳지 않은 것은?

① 명성가격결정법은 가격이 높으면 품질이 좋을 것이라고 느끼는 효과를 이용하여 수요가 많은 수준에서 고급상품의 가격결정에 이용된다.

② 침투가격정책은 신제품을 도입하는 초기에 저가격을 설정하여 신속하게 시장에 침투하는 전략으로 수요가 가격에 민감하지 않은 제품에 많이 사용된다.

③ 상층흡수가격정책은 신제품을 시장에 도입하는 초기에는 고소득층을 대상으로 높은 가격을 받고 그 뒤 차차 가격을 인하하여 저소득층에 침투하는 것이다.

④ 탄력가격정책은 한 기업의 제품이 여러 제품계열을 포함하는 경우 품질, 성능, 스타일에 따라 서로 다른 가격을 결정하는 것이다.

⑤ 고가격정책은 신제품을 개발한 기업들이 초기에 그 시장의 소득층으로부터 많은 이익을 얻기 위해 높은 가격을 설정하는 전략이다.

76 다음은 스키너의 '강화이론'의 '단속적 강화'에 대한 기사이다. 밑줄 친 용어의 예시로 옳은 것은?

교사 차등성과급제 폐지 목소리가 커지고 있다. 전국시도교육감협의회가 100% 균등 분배를 교육부에 요청한 데 이어 전교조도 "교육공동체를 무너뜨리는 차등성과급제를 폐지하라."고 촉구했다. 전교조는 서울과 충청·경남·전북·제주를 포함한 전국에서 기자회견을 갖고 "교사에 등급을 매기고 성과급을 차별하는 제도가 갈등만 유발하면서 '교육적폐' 1순위로 지목되고 있다."며 성과급 균등지급을 요구했다. 특히 지난해는 코로나19로 정상적인 교육활동이 불가능해 성과상여금 지급을 위한 다면평가나 등급 산정도 현실적으로 불가능한 만큼 이 기회에 차등성과급제를 폐지해야 한다는 주장이다.

① 고정 간격법 ② 고정 강화법
③ 고정 비율법 ④ 변동 간격법
⑤ 변동 비율법

77 다음은 마이클포터(Michael E. Porter)의 산업구조분석모델(5F; Five Force Model)이다. 빈칸 (A)에 들어갈 용어로 옳은 것은?

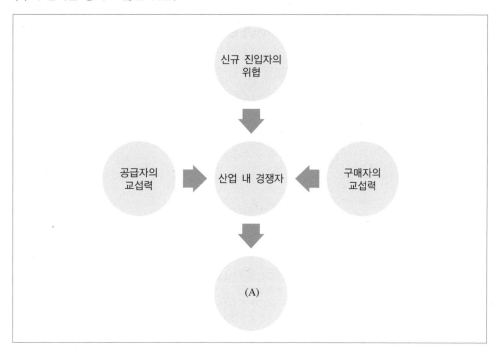

① 정부의 규제 완화   ② 고객 충성도
③ 공급 업체 규모   ④ 가격의 탄력성
⑤ 대체재의 위협

78 다음은 민츠버그의 5P 전략 중 하나에 대한 설명이다. 이에 해당하는 전략은 무엇인가?

> 기존의 패러다임, 사업의 방식을 변형하는 것을 말한다. 예를 들어 환자가 내원 하는 것이 병원의 주된 사업 논리라고 한다면, 병원의 의사가 환자가 원할 때 내원하지 않고 직접 방문하여 의료서비스를 제공하는 것이다.

① Ploy
② Plan
③ Pattern
④ Positioning
⑤ Perspective

79 다음은 노무관련법무 상담에 대한 내용을 닮은 글이다. 빈칸에 들어갈 알맞은 용어는?

> **〈질문〉**
>
> 당사는 _____ 설치대상이나 현재 미설치된 상태로 _____ 미설치 시 처벌받는다고 하는데 어떠한 처벌조항이 있는지요? 또한 _____을/를 언제 설치해야 하는지 궁금합니다.
>
> **〈답변〉**
>
> 근로자참여 및 협력증진에 관한 법률(근참법)에 의하면, _____(이)란 근로자와 사용자가 참여와 협력을 통하여 근로자의 복지증진과 기업의 건전한 발전을 도모하기 위하여 구성하는 협의기구를 말합니다. 동법 제4조 제1항에 의거 _____은/는 근로조건에 대한 결정권이 있는 상시 30명 이상을 사용하는 사업이나 사업장 단위로 설치하여야 하고, 동법 제12조 제1항에 의거 _____은/는 3개월마다 정기적으로 회의를 개최하여야 하며 처벌조항으로는 동법 제32조에 의하면, 사용자가 제12조 제1항을 위반하여 _____을/를 정기적으로 개최하지 아니하면, 200만 원 이하의 벌금이 부과되며, 근참법 제33조는 사용자가 제18조를 위반하여 _____ 규정을 제출하지 아니한 때에는 200만 원 이하의 과태료가 부과된다고 규정하고 있습니다.

① 위기대책대응부서
② 소비자권익보호부서
③ 안전방화시설
④ 노무법률상담부서
⑤ 노사협의회

80 다음 중 자본시장선(CML)과 증권시장선(SML)에 대한 설명으로 옳지 않은 것은?

① 자본시장선에 위치한 위험자산과 시장포트폴리오 간의 상관계수는 항상 1이다.

② 증권시장선의 균형 기대수익률보다 높은 수익률이 기대되는 주식은 과소평가된 자산에 속한다.

③ 자본시장선의 기울기는 시장포트폴리오의 기대수익률에서 무위험자산수익률(무위험이자율)을 차감한 값으로 표현된다.

④ 증권시장선은 모든 자산의 체계적위험(베타)과 기대수익률간의 선형적인 관계를 설명한다.

⑤ 증권시장선은 자본시장선과 달리 모든 개별주식이 표현되어 있다.

81 다음은 집단 의사결정의 문제점과 문제점에 대한 해결방안에 대한 내용이다. 빈칸에 들어갈 용어로 알맞은 것은?

> **A. 집단 의사결정의 문제점**
> _____ : 대립이나 토론의 상황에 놓여 있는 양 집단이 서로간의 상호작용을 거치면서 점차 극단적인 입장과 태도를 취하게 되는 현상
> 1) 집단 구성원들이 상대집단과 상호작용하며 스스로 소속감을 재확인 받는 외적경로와
> 2) 집단 내부에서 발생하는 몰입의 심화현상으로 서로의 주장만을 강화해주는 의견만을 선택적으로 청취하는 내적경로를 통해 발현
>
> **B. 해결방안**
> _____ : 전문가들에 의해 행해지는 비대면적 무기명 토론방식으로서, 문제나 이슈에 대해 각 전문가들이 생각하는 바를 각자가 작성하여 토론진행자에게 송부하면 진행자는 코멘트를 정리하여 다시 각 당사자에게 보내고 각 당사자는 이를 다시 읽어보고 자신의 견해를 덧붙이는 방법이다. 이는 보통 최적의 대안이 도출될 때까지 반복하며 많은 실증연구에 의해서 효과성이 검증된 기법이나 전문가들이 중간에 탈락하는 것(사망, 무응답)을 통제하기 어려우며 토론진행자의 역량에 크게 효과성이 좌우된다.

	A. 집단 의사결정의 문제점	B. 해결방안
①	집단사고	브레인스토밍
②	집단사고	명목집단법
③	책임소재의 부재	델파이법
④	집단 양극화	델파이법
⑤	집단 양극화	캔미팅

82 다음 중 상품매출원가를 산정하는 산식으로 옳은 것은?

① (기초상품재고액)+(당기상품매출액)-(기말상품재고액)

② (당기상품매입액)+(기말상품재고액)-(기초상품재고액)

③ (기말상품재고액)+(기초상품재고액)-(당기상품매입액)

④ (기초상품재고액)+(당기상품매입액)-(기말상품매입액)

⑤ (당기상품재고액)+(기초상품매입액)-(기말상품매입액)

83 다음 중 최저임금제의 필요성으로 옳지 않은 것은?

① 계약자유 원칙의 한계 보완

② 저임금 노동자 보호

③ 임금인하 경쟁 방지

④ 유효수요 창출

⑤ 소비자 부담 완화

84 총투자금액 10억 원을 A, B, C, D 네 개의 증권에 각각 10%, 20%, 30%, 40% 비중으로 분산 투자하려고 한다. 각 증권의 기대수익률은 차례대로 20%, 15%, 10%, 5%이다. 이 포트폴리오의 기대수익률은 얼마인가?

① 6%   ② 8%

③ 10%   ④ 12%

⑤ 14%

85 다음은 K기업의 손익계산서 내용이다. K기업의 당기순이익을 구하면 얼마인가?

- 매출액 : 10억 원
- 영업외이익 : 1억 원
- 영업외비용 : 0.4억 원
- 법인세비용 : 0.2억 원
- 매출원가 : 6.5억 원
- 특별이익 : 0.4억 원
- 특별손실 : 0.6억 원
- 판관비 : 0.5억 원

① 2.2억 원
② 2.4억 원
③ 2.8억 원
④ 3.2억 원
⑤ 3.6억 원

86 다음 중 재무제표에 대한 설명으로 옳지 않은 것은?

① 재무제표는 재무상태표, 포괄손익계산서, 자본변동표, 현금흐름표, 주석으로 구성된다.
② 재무제표는 적어도 1년에 한 번은 작성한다.
③ 현금흐름에 대한 정보를 제외하고는 발생기준의 가정에 작성한다.
④ 재무제표 요소의 측정기준은 역사적원가와 현행가치 등으로 구분된다.
⑤ 기업이 경영활동을 청산 또는 중단할 의도가 있더라도, 재무제표는 계속기업의 가정에 작성한다.

87 A회사는 B회사와 다음과 같은 기계장치를 상호 교환하였다. 교환과정에서 A회사는 B회사에게 현금을 지급하고, 기계장치 취득원가 470,000원, 처분손실 10,000원을 인식하였다. 교환과정에서 A회사가 지급한 현금은?(단, 교환거래에 상업적 실질이 있고 각 기계장치의 공정가치는 신뢰성 있게 측정된다)

구분	A회사	B회사
취득원가	800,000원	600,000원
감가상각누계액	340,000원	100,000원
공정가치	450,000원	480,000원

① 10,000원
② 20,000원
③ 30,000원
④ 40,000원
⑤ 50,000원

88 신제품 가격결정방법 중 초기고가전략(Skimming Pricing)을 채택하기 어려운 경우는?

① 수요의 가격탄력성이 높은 경우
② 생산 및 마케팅 비용이 높은 경우
③ 경쟁자의 시장진입이 어려운 경우
④ 제품의 혁신성이 큰 경우
⑤ 독보적인 기술이 있는 경우

89 다음 중 촉진믹스(Promotion Mix) 활동에 해당하지 않는 것은?

① 광고
② 인적판매
③ 판매촉진
④ 간접마케팅
⑤ 개방적 유통

90 최종품목 또는 완제품의 주생산일정계획(Master Production Schedule)을 기반으로 제품생산에 필요한 각종 원자재, 부품, 중간조립품의 주문량과 주문시기를 결정하는 재고관리방법은?

① 자재소요계획(MRP)
② 적시(JIT) 생산시스템
③ 린(Lean) 생산
④ 공급사슬관리(SCM)
⑤ 칸반(Kanban) 시스템

91 다음 중 네트워크 붕괴를 목적으로 다수의 잘못된 통신이나 서비스 요청을 특정 네트워크 또는 웹 서버에 보내는 방식을 의미하는 것은?

① 스푸핑(Spoofing)
② 스니핑(Sniffing)
③ 서비스 거부 공격(Denial of Service Attack)
④ 신원도용(Identity Theft)
⑤ 피싱(Phishing)

92 제품 / 시장 매트릭스(Product / Market Matrix)에서 신제품을 가지고 신시장에 진출하는 성장전략은?

① 다각화 전략
② 제품개발 전략
③ 집중화 전략
④ 시장침투 전략
⑤ 시장개발 전략

93 다음 〈보기〉 중 재무제표의 표시와 작성에 대한 옳은 설명을 모두 고르면?

> **보기**
>
> 가. 재무상태표에 표시되는 자산과 부채는 반드시 유동자산과 비유동자산, 유동부채와 비유동부채로 구분하여 표시한다.
> 나. 영업활동을 위한 자산의 취득시점부터 그 자산이 현금이나 현금성자산으로 실현되는 시점까지 소요되는 기간이 영업주기이다.
> 다. 비용의 기능에 대한 정보가 미래현금흐름을 예측하는 데 유용하기 때문에 비용을 성격별로 분류하는 경우에는 비용의 기능에 대한 추가 정보를 공시하는 것이 필요하다.
> 라. 자본의 구성요소인 기타포괄손익누계액과 자본잉여금은 포괄손익계산서와 재무상태표를 연결시키는 역할을 한다.
> 마. 현금흐름표는 기업의 활동을 영업활동, 투자활동, 재무활동으로 구분한다.

① 가, 나
② 가, 다
③ 나, 다
④ 나, 마
⑤ 다, 마

94 기업의 재무제표는 재무상태표, 포괄손익계산서, 자본변동표, 현금흐름표, 그리고 주석으로 구성된다. 다음 중 현금흐름표에 대한 설명으로 옳지 않은 것은?

① 현금흐름표는 한 회계기간 동안의 현금흐름을 영업활동과 투자활동으로 나누어 보고한다.

② 재화의 판매와 관련한 현금 유입은 영업활동 현금흐름에 해당한다.

③ 유형자산의 취득과 관련한 현금 유출은 투자활동 현금흐름에 해당한다.

④ 영업활동 현금흐름을 표시하는 방식에는 직접법과 간접법 모두 인정된다.

⑤ 직접법은 현금유출입액에 대하여 원천별로 표시하므로 정보이용자의 이해가능성이 높다.

95 다음 중 공기업에 대한 설명으로 옳지 않은 것은?

① 영리성을 목적으로 하지 않는다.

② 창의성 운영에 유리하다.

③ 공공성을 추구한다.

④ 공공서비스를 증대한다.

⑤ 독립채산제 경영 방식이다.

96 다음 설명에 해당하는 직무설계는?

• 직무성과가 경제적 보상보다는 개인의 심리적 만족에 있다고 전제한다.
• 종업원에게 직무의 정체성과 중요성을 높여주고 일의 보람과 성취감을 느끼게 한다.
• 종업원에게 많은 자율성과 책임을 부여하여 직무경험의 기회를 제공한다.
---

① 직무 순환   ② 직무 전문화

③ 직무 특성화   ④ 수평적 직무확대

⑤ 직무 충실화

97 다음 중 캐리 트레이드(Carry Trade)에 대한 설명으로 옳지 않은 것은?

① 토빈세(Tobin's Tax)는 캐리 트레이드를 활성화하기 위한 세금이다.

② 재정거래(Arbitrage)와 관련이 깊다.

③ 금리 차이와 환율 움직임에 따라 수익률이 좌우된다.

④ 최근 금리가 낮은 대표적 국가로는 미국, 일본, 유럽 등을 꼽을 수 있다.

⑤ 금리가 낮은 나라에서 자금을 조달해 금리가 높은 나라의 자산에 투자하는 것이다.

98 다음 사례에서 A에게 인지적 평가이론이 적용되었다고 가정한다면, B의 행동에 따른 A의 행동을 예상한 결과로 옳은 것은?

> A는 사진찍는 것을 취미로 한다. A는 사진 찍는 것을 너무 좋아해서 더 나은 사진을 찍기 위해 여러 가지 노력을 기울이고 시간을 들여 다양한 방법을 배우는 일을 즐긴다. 어느 날 A가 찍은 사진을 본 B는 사진이 마음에 들어 앞으로 자신만을 위한 사진을 찍어 주면 그에 대한 보상을 지급하겠다고 제안하였다.

① A는 B에게 줄 특별한 사진을 위해 고민에 빠진다.

② A는 보상에 대한 인상을 요구한다.

③ A는 점차 더 이상 사진 찍는 것에 대한 흥미를 잃어버렸다.

④ A는 B를 위해 특별한 사진을 찍는 방법을 연구한다.

⑤ A는 B에게 작업료를 선불로 요구한다.

99 다음 중 유럽형 옵션(European Option)에 대한 내용으로 옳은 것은?

① 미국형 옵션보다 비싼 경향이 있다.

② 언제든지 권리를 행사할 수 있다.

③ 만기일 이전에는 반대매매로 청산이 불가하다.

④ 매수자에게 불리하다.

⑤ 만기일에만 권리를 행사할 수 있다.

100 다음 중 콘체른(Konzern)에 대한 설명으로 옳지 않은 것은?

① 콘체른은 생산콘체른, 판매콘체른 및 금융콘체른으로 분류할 수 있다.

② 독일에 흔한 기업 집단이다.

③ 법률적으로 독립되어 있으나, 경제적으로는 통일된 지배를 받는 기업집단이다.

④ 금융적 방법에 의하여 형성되는 집중형태로서 대부관계와 주식보유 두 가지 방법이 있다.

⑤ 콘체른의 결합형태는 동종업종에만 결합 가능하다.

51 다음 중 복숭아 시장에서 아래 그래프와 같은 변화를 가져올 수 있는 요인이 아닌 것은?

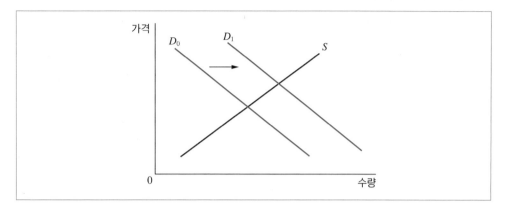

① 복숭아 가격의 하락
② 복숭아가 정상재인 경우 소비자의 소득 증가
③ 복숭아가 위장기능을 개선시킨다는 연구결과 발표
④ 복숭아 가격이 점점 상승할 것이라는 소비자들의 예상
⑤ 황도 복숭아와 대체관계에 있는 천도 복숭아 가격의 상승

52 다음 중 다른 조건이 일정할 때, 국내통화 가치를 하락시키는 요인으로 옳은 것은?

① 해외여행에 대한 수요가 급감한다.
② 한국은행이 기준금리 인상을 실시한다.
③ 외국 투자자들이 국내 주식을 매수한다.
④ 수입 가전제품에 대한 관세가 인상된다.
⑤ 국내 K기업이 해외에 생산 공장을 건설한다.

53 디지털 카메라의 등장으로 기존의 필름산업이 쇠퇴하여 필름산업 종사자들이 일자리를 잃을 때 발생하는 실업은?

① 마찰적 실업　　　　　　　② 구조적 실업
③ 계절적 실업　　　　　　　④ 경기적 실업
⑤ 만성적 실업

54 다음 중 총수요와 총공급 모형에서 총수요곡선을 이동시키는 요인으로 옳지 않은 것은?

① 주요 원자재 가격의 하락
② 신용카드사기 증가로 인한 현금사용의 증가
③ 가계의 신용카드 사용액에 대한 소득공제 축소
④ 가계의 미래소득에 대한 낙관적인 전망
⑤ 유럽의 재정위기로 인한 유로지역 수출 감소

55 다음 빈칸에 들어갈 용어를 순서대로 나열한 것은?

기업들에 대한 투자세액공제가 확대되면, 대부자금에 대한 수요가 _____한다. 이렇게 되면 실질이자율이 _____하고 저축이 늘어난다. 그 결과, 대부자금의 균형거래량은 _____한다(단, 실질이자율에 대하여 대부자금 수요곡선은 우하향하고, 대부자금 공급곡선은 우상향한다).

① 증가, 상승, 증가
② 증가, 하락, 증가
③ 증가, 상승, 감소
④ 감소, 하락, 증가
⑤ 감소, 하락, 감소

56 다음 〈보기〉 중 정부실패(Government Failure)의 원인이 되는 것을 모두 고르면?

보기
가. 이익집단의 개입
나. 정책당국의 제한된 정보
다. 정책당국의 인지시차 존재
라. 민간부문의 통제 불가능성
마. 정책 실행시차의 부재

① 가, 나, 라
② 나, 다, 마
③ 가, 나, 다, 라
④ 가, 나, 라, 마
⑤ 가, 나, 다, 라, 마

57 다음 〈보기〉 중 인플레이션에 대한 설명으로 옳지 않은 것을 모두 고르면?

> **보기**
>
> 가. 인플레이션이 예상되지 못한 경우, 채무자에게서 채권자에게로 부가 재분배된다.
> 나. 인플레이션이 예상된 경우, 메뉴비용이 발생하지 않는다.
> 다. 인플레이션이 발생하면 현금 보유의 기회비용이 증가한다.
> 라. 인플레이션이 발생하면 수출이 감소하고 경상수지가 악화된다.

① 가, 나   ② 가, 다
③ 나, 다   ④ 나, 라
⑤ 다, 라

58 다음은 어떤 경제 이론을 설명하고 있는 교수가 사례로 제시한 글이다. 이 경제 이론으로 옳은 것은?

> K아파트 주민들은 샤워 중에 갑자기 수압이 낮아져 난감해지는 일을 종종 겪는다. 주민들은 언제 수압이 약해지는지를 파악하기 위해서 동사무소, 상수도 사업본부, 이웃 주민 등 도움이 될 만한 곳은 하나도 빠지지 않고 문의한다. 수압이 약해지는 시간대를 파악하여 샤워를 성공적으로 하기 위함이다.

① 손실 기피 이론   ② 현시 선호 이론
③ 소비자 선호 이론   ④ 사회적 후생 이론
⑤ 합리적 기대 이론

59 다음 중 게임이론에 대한 설명으로 옳지 않은 것은?

① 순수전략들로만 구성된 내쉬균형이 존재하지 않는 게임도 있다.
② 우월전략이란 상대 경기자들이 어떤 전략들을 사용하든지 상관없이 자신의 전략들 중에서 항상 가장 낮은 보수를 가져다주는 전략을 말한다.
③ 죄수의 딜레마 게임에서 두 용의자 모두가 자백하는 것은 우월전략균형이면서 동시에 내쉬균형이다.
④ 참여자 모두에게 상대방이 어떤 전략을 선택하는가에 관계없이 자신에게 더 유리한 결과를 주는 전략이 존재할 때 그 전략을 참여자 모두가 선택하면 내쉬균형이 달성된다.
⑤ 커플이 각자 선호하는 취미활동을 따로 하는 것보다 동일한 취미를 함께 할 때 더 큰 만족을 줄 수 있는 상황에서는 복수의 내쉬균형이 존재할 수 있다.

60 A국과 B국은 자동차와 시계를 생산하며 두 재화에 대한 동일한 상대수요곡선을 가지고 있다. 양국의 교역은 헥셔 – 올린(Heckscher – Ohlin) 모형을 따르며 요소부존량이 다음 표와 같을 때, 옳지 않은 것은?(단, 자동차는 자본집약적 재화이고 시계는 노동집약적 재화이다)

구분	A국	B국
노동	150	225
자본	250	300

① A국은 B국에 비해 자본이 상대적으로 풍부하다.
② B국은 시계를 생산하는 데 비교우위를 가진다.
③ 양국은 무역을 통해 이익을 창출할 수 있다.
④ 무역을 하면 양국에서 자동차의 시계에 대한 상대가격은 수렴한다.
⑤ 무역을 하면 A국에서 자본에 대한 노동의 상대요소가격은 상승한다.

61 다음 중 공공재 및 시장실패에 대한 설명으로 옳지 않은 것은?

① 긍정적인 외부효과가 있는 재화의 경우 시장에서 사회적 최적수준에 비해 과소 생산된다.
② 공유지의 비극(Tragedy of the Commons)은 배제성은 없으나 경합성이 있는 재화에서 발생한다.
③ 일단 공공재가 공급되고 나면, 비용을 부담하지 않더라도 소비에서 배제시킬 수 없다.
④ 거래비용이 없이 협상할 수 있다면 당사자들이 자발적으로 외부효과로 인한 비효율성을 줄일 수 있다.
⑤ 공공재의 경우 개인들의 한계편익을 합한 것이 한계비용보다 작다면 공공재 공급을 증가시키는 것이 바람직하다.

62 정부가 소득세 감면, 정부 부채 증가 등의 재정정책을 시행하여 경기를 진작시켰다고 한다. 이러한 확대 재정정책의 효과가 커질 수 있는 조건은?

① 소득에 대한 한계소비성향이 낮다.
② 정부 부채 증가가 이자율 상승을 초래한다.
③ 소비자가 미래 중심으로 소비에 임한다.
④ 신용제약에 걸려 은행으로부터 차입하기 어려운 소비자들이 존재한다.
⑤ 소비자들이 정부 부채 증가를 미래에 조세 증가로 메울 것으로 기대한다.

63 다음은 (가)국과 (나)국의 지니계수 추이를 나타낸 자료이다. 이에 대한 추론으로 옳지 않은 것은?

구분	2022년	2023년	2024년
(가)	0.310	0.302	0.295
(나)	0.405	0.412	0.464

① (가)국과 (나)국의 지니계수는 0과 1 사이의 값을 가진다.

② (가)국은 소득불평등도가 줄어드는 반면 (나)국은 소득불평등도가 심화되고 있다.

③ (나)국은 소득불평등도를 줄이기 위해 교육과 건강에 대한 보조금 정책을 도입할 필요가 있다.

④ (나)국의 로렌츠곡선은 45° 대각선에 점차 가까워질 것이다.

⑤ 소득재분배를 위해 과도하게 누진세를 도입할 경우 저축과 근로 의욕을 저해할 수 있다.

64 다음 중 통화정책과 재정정책에 대한 설명으로 옳지 않은 것은?

① 경제가 유동성 함정에 빠져 있을 경우에는 통화정책보다는 재정정책이 효과적이다.

② 전통적인 케인스 경제학자들은 통화정책이 재정정책보다 더 효과적이라고 주장했다.

③ 재정정책과 통화정책을 적절히 혼합하여 사용하는 것을 정책혼합(Policy Mix)이라고 한다.

④ 화폐공급의 증가가 장기에서 물가만을 상승시킬 뿐 실물변수에는 아무런 영향을 미치지 못하는 현상을 화폐의 장기중립성이라고 한다.

⑤ 정부지출의 구축효과란 정부지출을 증가시키면 이자율이 상승하여 민간 투자지출이 감소하는 효과를 말한다.

65 다음 중 통화정책 및 재정정책에 대한 케인스경제학자와 통화주의자의 견해로 옳지 않은 것은?

① 케인스는 투자의 이자율 탄력성이 매우 크다고 주장한다.

② 케인스는 통화정책의 외부시차가 길다는 점을 강조한다.

③ 통화주의자는 $k\%$ 준칙에 따른 통화정책을 주장한다.

④ 케인스에 따르면 이자율이 매우 낮을 때 화폐시장에 유동성함정이 존재할 수 있다.

⑤ 동일한 재정정책에 대해서 통화주의자가 예상하는 구축효과는 케인스가 예상하는 구축효과보다 크다.

66 다음 중 새케인스학파의 주장으로 옳지 않은 것은?

① 화폐는 중립적이다.

② 임금과 물가의 경직성(Rigidity)이 있다.

③ 가격조정비용(Menu Cost)이 존재한다.

④ 가격협상에 대한 조정실패(Coordination Failure)가 존재한다.

⑤ 총수요의 외부효과(Aggregate Demand Externality)가 발생한다.

67 다음 중 애로우(K.J. Arrow)의 불가능성 정리(Impossibility Theorem)에 대한 설명으로 옳지 않은 것은?

① 애로우의 불가능성 정리에 따르면 개인의 선호를 집약하여 사회우선순위를 도출하는 합리적인 법칙이 존재하지 않는다.

② 독립성은 사회상태 X와 Y에 관한 사회우선순위는 개인들의 우선순위에만 기초를 두어야 하며 기수적으로 측정되어야 한다.

③ 완비성이란 모든 대안은 다른 어떤 대안과 비교하여도 더 좋은지 더 나쁜지 혹은 동일한지가 구별될 수 있어야 함을 의미한다.

④ 파레토원칙에 따르면 X와 Y라는 두 대안 중 집단의 구성원 전부가 X를 Y보다 더 선호한다면 채택된 집단적 의사결정 방식의 결과 역시 X를 Y보다 더 선호하는 결과를 가져와야 한다.

⑤ 비제한성은 개인들의 선호를 어떤 특정한 선호로만 국한시켜서는 안 된다는 것을 의미한다.

68 다음 중 칼도어(N.Kaldor)의 정형화된 사실(Stylized Facts)의 내용으로 옳지 않은 것은?

① 자본수익률은 지속적으로 증가한다.

② 1인당 산출량($Y \div L$)이 지속적으로 증가한다.

③ 산출량 – 자본비율($Y \div K$)은 대체로 일정한 지속성(Steady)을 보인다.

④ 총소득에서 자본에 대한 분배와 노동에 대한 분배 간의 비율은 일정하다.

⑤ 생산성 증가율은 국가 간의 상당한 차이가 있다.

69 다음은 K국의 중앙은행이 준수하는 테일러 법칙이다. 현재 인플레이션율은 4%이고 GDP 격차가 1%일 때, K국의 통화정책에 대한 설명으로 옳지 않은 것은?

$$r = 0.03 + \frac{1}{4}(\pi - 0.02) - \frac{3}{4} \times \frac{Y^* - Y}{Y^*}$$

※ r은 중앙은행의 목표이자율, π는 인플레이션율, Y^*는 잠재GDP, Y는 실제 GDP임

① 목표 이자율은 균형 이자율보다 높다.
② 목표 인플레이션율은 2%이다.
③ 균형 이자율은 3%이다.
④ 다른 조건이 일정할 때, 인플레이션갭 1%p 증가에 대해 목표 이자율은 0.25%p 증가한다.
⑤ 목표 인플레이션율이 증가하면 현재 인플레이션율은 감소한다.

70 다음 중 적응적 기대가설에서 필립스곡선에 대한 설명으로 옳지 않은 것은?

① 단기 필립스곡선은 총수요 확장정책이 효과적임을 의미한다.
② 단기 필립스곡선은 희생률(Sacrifice Ratio) 개념이 성립함을 의미한다.
③ 단기 필립스곡선은 본래 임금 상승률과 실업률 사이의 관계에 기초한 것이다.
④ 밀턴 프리드먼(M. Friedman)에 의하면 필립스곡선은 장기에 우하향한다.
⑤ 예상 인플레이션율이 상승하면 단기 필립스곡선은 오른쪽으로 이동한다.

71 다음 〈보기〉 중 디플레이션(Deflation)에 대한 설명으로 옳은 것을 모두 고르면?

> **보기**
>
> 가. 명목금리가 마이너스(−)로 떨어져 투자수요와 생산 감소를 유발할 수 있다.
> 나. 명목임금의 하방경직성이 있는 경우 실질임금의 하락을 초래한다.
> 다. 기업 명목부채의 실질상환 부담을 증가시킨다.
> 라. 기업의 채무불이행 증가로 금융기관 부실화가 초래될 수 있다.

① 가, 나   ② 가, 다
③ 나, 다   ④ 나, 라
⑤ 다, 라

72 다음 기사를 읽고 바르게 분석한 것을 〈보기〉에서 모두 고르면?

> 6월 30일 한국은행이 발표한 '2024년 6월 기업경기실사지수(BSI)'에 따르면 제조업의 6월 업황 BSI는 66으로, 73인 5월보다 7p 하락했다.

보기

가. 제조업체의 66%가 현재 경기를 좋게 보고 있다.
나. 경기를 나쁘게 보고 있는 제조업체가 전월에 비해 많아졌다.
다. BSI 값이 양수이므로 기업에 체감하는 이달의 경기가 좋다.
라. 경기를 나쁘게 보고 있는 제조업체가 좋게 보고 있는 제조업체보다 많다.

---

① 가, 나   ② 가, 다
③ 나, 다   ④ 나, 라
⑤ 다, 라

73 화폐수량방정식은 $M \times V = P \times Y$이다. 甲국의 화폐유통속도가 乙국의 화폐유통속도보다 크고 양국의 중앙은행이 각각 통화량을 5% 증가시켰다. 이때 화폐수량설에 따른 추론으로 옳은 것은?(단, 甲국과 乙국에서 화폐수량설이 독립적으로 성립하며, M은 통화량, V는 화폐유통속도, P는 산출물의 가격, Y는 산출량이고, 화폐유통속도는 일정하다.)

① 물가상승률은 甲국이 乙국보다 높다.
② 물가상승률은 乙국이 甲국보다 높다.
③ 산출량증가율은 甲국이 乙국보다 높다.
④ 산출량증가율은 乙국이 甲국보다 높다.
⑤ 甲국과 乙국의 명목산출량은 각각 5% 증가한다.

74 다음 기사에 대한 설명으로 옳지 않은 것은?

K금융원의 '9월 말 은행 및 은행지주사 국제결제은행(BIS) 자본비율 현황'에 따르면 국내은행 BIS 기준 총자본비율은 16.02%로 전분기 말 대비 1.46%p 상승했다. 이는 코로나19 확산 전인 지난 2018년 말(15.41%)과 2019년 말(15.26%)보다 오히려 각각 1.11%p, 1.26%p 오른 것이다.

신한(18.77%)·우리(17.64%)·하나(15.36%)·국민(17.22%)·농협(18.12%) 등 대형 은행을 비롯한 주요 은행의 총자본비율은 15 ~ 18%로 안정적인 수준이었다. 은행지주회사들의 자산건전성도 개선됐다. 9월 말 은행지주회사의 BIS 기준 총 자본비율은 14.72%로 전분기 말 대비 1.02%p 올랐다.

그러나 이러한 상승세는 금융당국이 바젤Ⅲ 최종안 중 신용리스크 산출방법 개편안을 앞당겨 도입한 영향이 컸다는 분석이다. 금융위원회는 바젤Ⅲ 최종안을 2023년 1월 도입하려 했으나, 중소기업 등 실물경제에 대한 은행의 지원 역량을 강화하기 위해 조기 시행했다.

K신용평가도 이러한 자본적정성 개선 현상은 현 금융규제 유연화방안에 따른 '착시효과'라고 평가했다.

선임연구원은 "3분기 상당수 은행이 바젤Ⅲ 개편안을 적용해 BIS 자기자본비율이 직전 분기 보다 큰 폭으로 상승했는데, 단순기본자본비율은 소폭 상승하는 데 그쳤고 오히려 작년 말 대비로는 하락했다."며 "실질적인 자본완충력은 크지 않은 것으로 판단되며, 기존 자본적정성 지표를 보완할 수 있는 단순기본자본비율을 모니터링할 필요가 있다."고 짚었다.

금융당국도 "바젤Ⅲ 등 건전성 규제 유연화 등에 기인한 측면이 있다."며 "코로나19로 인한 불확실성이 지속되고 있어 충분한 손실흡수능력을 확보하고 자금공급기능을 유지할 수 있도록 자본확충·내부유보 확대 등을 지도할 예정"이라고 말했다.

---

① BIS비율은 은행의 자기자본을 위험가중자산으로 나눈 값이다.
② 우리나라의 현행 규정상 은행의 BIS 비율은 10.5% 이상을 유지해야 한다.
③ 바젤Ⅲ 개편안에서는 위험자산에 대한 가중치를 하향 조정하였다.
④ 바젤Ⅲ 개편안에서는 기업 무담보대출의 부도 시 손실률을 상향 조정하였다.
⑤ 단순기본자본비율은 위험의 양적인 측면만을 고려하는 지표이다.

75 다음 사례들은 시장에서 기업들이 행하는 마케팅이다. 이에 대한 설명으로 옳지 않은 것은?

> • A백화점은 휴대폰으로 백화점 어플을 설치하면 구매 금액의 5%를 할인해 주는 정책을 시행하고 있다.
> • B교육업체는 일찍 강의를 수강신청하고 결제하면 강의료의 10% 할인해 주는 얼리버드 마케팅을 진행하고 있다.
> • C전자회사는 해외에서 자사 제품을 국내보다 더 낮은 가격으로 판매하고 있다.

① 소비자후생이 감소하여 사회후생이 줄어든다.
② 기업은 이윤을 증대시키는 것이 목적이다.
③ 기업이 소비자를 지급용의에 따라 분리할 수 있어야 한다.
④ 소비자들 간에 차익거래가 이뤄지지 않도록 하는 것이 중요하다.
⑤ 일정 수준의 시장지배력이 있어야 이런 행위가 가능하다.

76 다음 중 파레토 최적에 대한 설명으로 옳지 않은 것은?

① 파레토 효율성이란 일반적으로 한정된 자원의 효율적인 사용과 관련된 의미이다.
② 외부성이 존재해도 완전경쟁만 이루어진다면 파레토 최적의 자원배분은 가능하다.
③ 재화 간 소비자의 주관적 교환비율인 한계대체율이 생산자의 한계변환율과 서로 같아야 한다.
④ 후생경제학 제1정리에 의하여 시장실패요인이 없다면 일반경쟁균형하에서의 자원배분은 파레토 최적이다.
⑤ 파레토 효율성과 관련된 후생경제학의 제1정리와 제2정리에 있어서 소비자의 선호체계에 대한 기본 가정은 동일하지 않다.

77 다음 중 사회후생함수에 대한 설명으로 옳은 것은?(단, U_A와 U_B는 각각 사회구성원 A와 B의 후생수준을 나타낸다)

① 애로우(Arrow)의 불가능성 정리는 개인 간 후생수준의 비교가 가능하다는 것을 전제한다.
② 공리주의 사회후생함수의 경우 높은 수준의 효용을 누리고 있는 사람의 효용에는 작은 가중치를 부여한다.
③ 베르누이 – 내쉬(Bernoulli – Nash)의 사회후생함수는 최빈자의 후생을 가장 중요시하는 사회후생함수로 $SW = \min[U_A, \; U_B]$로 표현된다.
④ 롤스(J. Rawls)의 사회후생함수는 사회구성원 중 고소득층의 후생수준에 의하여 결정되면 $SW = \max[U_A, \; U_B]$로 표현된다.
⑤ 효용가능경계상의 두 점에서 A와 B의 후생수준이 각각 $(U_A = 60, \; U_B = 60)$과 $(U_A = 70, \; U_B = 30)$일 때 가중치가 동일한 공리주의 사회후생함수에서는 전자의 사회후생수준을 높게 평가한다.

78 다음과 같은 경제 현상의 특징으로 옳은 것은?

> ㉮ 경제 주체의 어떤 경제활동은 다른 경제 주체에 부정적인 영향을 미치지만 그것이 시장가격에 반영되지 않을 수도 있다.
> ㉯ 이윤을 극대화하기 위해 다른 기업의 시장 진입을 제한하고 상품의 공급량을 조절하여 시장가격을 인상하려는 기업이 존재한다.
> ㉰ 다수의 소비자가 재화를 소비하더라도 개별 소비량이 감소하지 않고 가격을 지불하지 않은 소비자를 재화의 소비로부터 배제시키는 것이 어려운 재화가 존재한다.

① ㉮, ㉯, ㉰ 모두 정부실패에 해당하는 사례이다.
② ㉮, ㉯, ㉰ 모두 정부의 시장개입을 반대하는 근거로 사용한다.
③ ㉮, ㉯, ㉰ 모두 시장 기능만으로는 자원 배분이 최적으로 달성되지 않는다.
④ ㉮는 공해 등 환경문제에 해당하는 내용이며, 사용량에 따라 탄소세를 부과하는 해결책이 존재한다.
⑤ ㉰는 공공재 문제에 해당하는 내용이며, 무임승차 문제를 해결하기 위해 시장이 공공재를 공급하는 정책을 실행해야 한다.

79 다음 중 외부효과와 코즈의 정리에 대한 설명으로 옳지 않은 것은?

① 코즈의 정리에 따르면 시장이 효율적인 결과에 도달하는지의 여부는 이해당사자들의 법적 권리가 누구에게 있는가에 따라 달라진다.
② 외부불경제(Negative Externality)를 정부 개입을 통해 해결하려는 방식에는 피구세(교정적 조세)가 있다.
③ 외부불경제(Negative Externality)는 완전경쟁시장이나 불완전경쟁시장 모두에서 발생할 수 있다.
④ 외부경제(Positive Externality)로 인한 과소 생산 문제는 보조금을 통해 내부화시킴으로써 해결할 수 있다.
⑤ 코즈 정리는 현실적으로 거래 당사자를 파악하기 어렵다는 한계가 있다.

80 다음 중 조세부과에 대한 설명으로 옳지 않은 것은?(단, 수요곡선은 우하향하며, 공급곡선은 우상향한다)

① 공급자에게 조세 납부의 책임이 있는 경우 소비자에게는 조세 부담이 전혀 없다.

② 조세 부과로 인해 시장 가격은 상승한다.

③ 조세 부과로 인해 사회적 후생이 감소한다.

④ 가격탄력성에 따라 조세 부담의 정도가 달라진다.

⑤ 우리나라 국세 중 비중이 가장 높은 세금은 부가가치세이다.

81 다음 〈보기〉 중 국내총생산(GDP) 통계에 대한 설명으로 옳은 것을 모두 고르면?

> **보기**
>
> 가. 여가가 주는 만족은 삶의 질에 매우 중요한 영향을 미치므로 GDP에 반영된다.
> 나. 환경오염으로 파괴된 자연을 치유하기 위해 소요된 지출은 GDP에 포함된다.
> 다. 우리나라의 지하경제 규모는 엄청나므로 한국은행은 이것을 포함하여 GDP를 측정한다.
> 라. 가정주부의 가사노동은 GDP에 불포함되지만 가사도우미의 가사노동은 GDP에 포함된다.

① 가, 다   ② 가, 라

③ 나, 다   ④ 나, 라

⑤ 다, 라

82 K국가의 1분기 경제지표는 GNP는 3.0% 감소했는데, GNI는 1.5% 증가하였다. 이러한 경제지표를 통해 유추하기 어려운 것은?

① 국내 총생산이 서비스 부문을 중심으로 증가하였다.

② 환율이 하락하여 국민들의 대외구매력이 증가하였다.

③ 수출 제품의 가격보다 수입 제품의 가격이 더 하락하였다.

④ 국민들의 실질적인 소득 수준은 감소하였다.

⑤ 경상수지의 흑자가 더 커졌을 가능성이 높다.

83 다음 〈보기〉 중 항상소득이론에 근거한 설명으로 옳은 것을 모두 고르면?

가. 직장에서 승진하여 소득이 증가하였으나 이로 인한 소비는 증가하지 않는다.
나. 경기호황기에는 임시소득이 증가하여 저축률이 상승한다.
다. 항상소득에 대한 한계소비성향이 임시소득에 대한 한계소비성향보다 더 작다.
라. 소비는 현재소득뿐 아니라 미래소득에도 영향을 받는다.

① 가, 나   ② 가, 라
③ 나, 다   ④ 나, 라
⑤ 다, 라

84 다음 중 IS곡선에 대한 설명으로 옳지 않은 것은?

① IS곡선 하방의 한 점은 생산물시장이 초과수요 상태임을 나타낸다.
② 한계저축성향(s)이 클수록 IS곡선은 급경사이다.
③ 정부지출과 조세가 동액만큼 증가하더라도 IS곡선은 우측으로 이동한다.
④ 피구(Pigou)효과를 고려하게 되면 IS곡선의 기울기는 보다 가팔라진다.
⑤ 수입은 소득의 증가함수이므로 개방경제하의 IS곡선은 폐쇄경제하의 IS곡선보다 가파르다.

85 다음 〈보기〉 중 IS-LM 모형에서 확장적인 재정정책이 국민소득에 미치는 효과에 대한 설명으로 옳은 것을 모두 고르면?

가. 화폐수요의 이자율탄력성이 높을수록 소득증가 효과가 커진다.
나. 민간투자의 이자율탄력성이 작을수록 소득증가 효과가 커진다.
다. 한계소비성향이 높을수록 소득증가효과가 커진다.
라. 소득세율이 낮을수록 소득증가효과가 커진다.

① 가, 나   ② 가, 라
③ 나, 다   ④ 나, 다, 라
⑤ 가, 나, 다, 라

86 다음 중 경기부양정책에 대한 설명으로 옳지 않은 것은?

① 재정정책은 통화정책보다 경기부양의 효과가 직접적이다.
② 통화정책은 재정정책보다 정책의 실행이 신속하다.
③ 통화정책은 투자를 증대시키지만 재정정책은 투자를 위축시킬 수 있다.
④ 재정정책이나 통화정책으로 경기를 부양하면 일반적으로 물가가 오른다.
⑤ 재정정책과 통화정책은 총공급곡선의 기울기가 클수록 효과적이다.

87 인플레이션은 경제에 여러 영향을 끼치므로 통화당국은 과도한 인플레이션이 생기지 않도록 노력한다. 다음 중 인플레이션의 해악으로 보기 어려운 것은?

① 인플레이션은 기업의 가격조정 비용을 야기 시킨다.
② 기대한 인플레이션은 채무자와 채권자 사이에 부를 재분배시킨다.
③ 인플레이션은 상대가격을 혼란시켜 자원의 효율적 배분을 저해한다.
④ 인플레이션이 심하면 정상적인 거래를 방해해 거래를 감소시킨다.
⑤ 인플레이션이 심해지면 현금 보유를 줄이기 위해 노력하는 과정에서 비용이 발생한다.

88 다음 중 필립스곡선 및 자연실업률가설에 대한 설명으로 옳은 것은?

① 필립스곡선은 명목임금상승률과 실업률 간의 관계를 나타내는 우상향의 곡선이다.
② 필립스곡선은 단기총공급곡선을 나타내며 기대인플레이션율이 상승하면 아래쪽으로 이동한다.
③ 자연실업률가설에 따르면 정부가 총수요확대정책을 실시한 경우에 단기적으로 기업과 노동자가 이를 정확하게 인식하지 못하기 때문에 실업률을 낮출 수 있다.
④ 자연실업률가설에 따르면 장기적으로 필립스곡선은 수직이며, 이 경우 총수요확대정책은 자연실업률보다 낮은 실업률을 달성한다.
⑤ 단기필립스곡선에서 재화와 서비스에 대한 총수요가 증가하면 물가수준은 하락하고 총산출량은 증가하는데, 산출량이 많을수록 기업의 노동자 고용은 늘어난다.

89 다음 중 내생적 성장이론에 대한 설명으로 옳지 않은 것은?

① 지속적인 경제성장이 일어나게 만드는 요인을 모형 안에서 찾으려는 이론이다.

② 연구개발 투자 및 인적자본의 중요성을 강조하는 이론이다.

③ 선진국과 개도국 간의 생활수준 격차가 더 벌어질 가능성이 있다는 것을 설명한다.

④ 내생적 성장에 관한 학습효과(Learning – by – Doing)모형은 의도적인 교육투자의 중요성을 강조한다.

⑤ 저축률이 상승하면 경제성장률은 지속적으로 높아진다.

90 다음 국제거래 중 우리나라의 경상수지 흑자를 증가시키는 것은?

① 외국인이 우리나라 기업의 주식을 매입하였다.

② 우리나라 학생의 해외유학이 증가하였다.

③ 미국 기업은 우리나라에 자동차 공장을 건설하였다.

④ 우리나라 기업이 중국기업으로부터 특허료를 지급받았다.

⑤ 우리나라 기업이 외국인에게 주식투자에 대한 배당금을 지급하였다.

91 다음에서 설명하는 정책에 대한 내용으로 옳지 않은 것은?

> 중앙은행의 정책으로 금리 인하를 통한 경기부양 효과가 한계에 다다랐을 때 중앙은행이 국채매입 등을 통해 유동성을 시중에 직접 푸는 정책을 뜻한다.

① 경기후퇴를 막음으로써 시장의 자신감을 향상시킨다.

② 디플레이션을 초래할 수 있다.

③ 수출 증대의 효과가 있다.

④ 유동성을 무제한으로 공급하는 것이다.

⑤ 중앙은행은 이율을 낮추지 않고 돈의 흐름을 늘릴 수 있다.

92 다음 중 후방굴절형 노동공급곡선이 발생하는 이유는?

① 여가가 정상재이고, 소득효과가 대체효과보다 크기 때문이다.

② 여가가 정상재이고, 대체효과가 소득효과보다 크기 때문이다.

③ 여가가 열등재이고, 소득효과가 대체효과보다 크기 때문이다.

④ 여가가 열등재이고, 대체효과가 소득효과보다 크기 때문이다.

⑤ 여가가 정상재이고, 소득효과와 대체효과가 같기 때문이다.

93 완전경쟁시장에서 개별기업의 평균총비용곡선 및 평균가변비용곡선은 U자형이며, 현재 생산량은 50이다. 이 생산량 수준에서 한계비용은 300, 평균총비용은 400, 평균가변비용은 200일 때 옳은 것을 〈보기〉에서 모두 고르면?(단, 시장가격은 300으로 주어져 있다)

> **보기**
>
> ㄱ. 현재의 생산량 수준에서 평균총비용곡선 및 평균가변비용곡선은 우하향한다.
> ㄴ. 현재의 생산량 수준에서 평균총비용곡선은 우하향하고 평균가변비용곡선은 우상향한다.
> ㄷ. 개별기업은 현재 양의 이윤을 얻고 있다.
> ㄹ. 개별기업은 현재 음의 이윤을 얻고 있다.
> ㅁ. 개별기업은 단기에 조업을 중단하는 것이 낫다.

① ㄱ, ㄷ ② ㄱ, ㅁ

③ ㄴ, ㄷ ④ ㄴ, ㄹ

⑤ ㄴ, ㄹ, ㅁ

94 다음 중 리카도 대등정리(Ricardian Equivalence Theorem)에 대한 설명으로 옳은 것은?

① 국채 발행을 통해 재원이 조달된 조세삭감은 소비에 영향을 미치지 않는다.

② 국채 발행이 증가하면 이자율이 하락한다.

③ 경기침체 시에는 조세 대신 국채 발행을 통한 확대재정정책이 더 효과적이다.

④ 소비이론 중 절대소득가설에 기초를 두고 있다.

⑤ 소비자들이 유동성제약에 직면해 있는 경우 이 이론의 설명력이 더 커진다.

95 다음 중 효율임금이론(Efficiency Wage Theory)에 대한 설명으로 옳은 것은?

① 실질임금이 인상되면 노동생산성도 증가된다고 주장한다.

② 기업이 임금을 시장균형임금보다 낮게 설정하여 이윤극대화를 추구한다는 이론이다.

③ 기업은 숙련노동자에 대한 정보가 완전하기 때문에 해당 노동자에 대해서 항상 높은 임금을 지불한다는 이론이다.

④ 비자발적 실업이 발생하는 경우 효율적인 임금 수준이 재조정되므로 임금이 하락하는 이유를 설명할 수 있다.

⑤ 기업이 기존 노동자의 임금을 높게 유지하고, 신규 노동자의 임금을 낮게 유지하는 경우를 설명한다.

96 다음 중 두 상품의 선택모형에서 소비자 A의 무차별곡선에 대한 설명으로 옳지 않은 것은?

① 두 상품이 각각 재화(Goods)와 비재화(Bads)인 경우 무차별곡선은 우상향한다.

② 두 상품이 모두 재화(Goods)인 경우 한계대체율체감의 법칙이 성립하면, 무차별곡선은 원점에 대하여 볼록하다.

③ 서로 다른 두 무차별곡선은 교차하지 않는다.

④ 두 상품이 완전대체재인 경우 무차별곡선의 형태는 L자형이다.

⑤ 두 상품이 모두 재화(Goods)인 경우 무차별곡선이 원점으로부터 멀어질수록 무차별곡선이 나타내는 효용수준이 높아진다.

97 국민소득, 소비, 투자, 정부지출, 순수출, 조세를 각각 Y, C, I, G, NX, T라고 표현한다. 국민경제의 균형이 다음과 같이 결정될 때, 균형재정승수(Balanced Budget Multiplier)는?

- $C = 100 + 0.8(Y - T)$
- $Y = C + I + G + NX$

① 0.8   ② 1

③ 4   ④ 5

⑤ 7

98 현물환율이 1,000원/달러, 선물환율이 1,200원/달러, 한국의 이자율이 3%, 미국의 이자율이 2%이고, 이자율평가설이 성립할 때, 〈보기〉 중 옳지 않은 것을 모두 고르면?

보기

가. 한국의 이자율이 상승할 것이다.
나. 미국의 이자율이 상승할 것이다.
다. 현물환율이 상승할 것이다.
라. 현재 한국에 투자하는 것이 유리하다.

① 가, 나   ② 가, 다
③ 나, 다   ④ 나, 라
⑤ 다, 라

99 다음 〈보기〉 중 레버리지(Leverage)에 대한 설명으로 옳은 것을 모두 고르면?

보기

ㄱ. 레버리지 효과가 발생하기 위해서는 투자액의 일부를 부채를 통해 조달하여야 한다.
ㄴ. 일반적으로 레버리지 효과는 저축과 달리 투자에서 발생하는 개념이다.
ㄷ. 투자 레버리지란 총투자액을 부채로 나눈 것을 가리킨다.
ㄹ. 불확실성이 커 경기침체가 발생한 경우, 레버리지는 투자의 안전장치 역할을 한다.

① ㄱ, ㄴ   ② ㄱ, ㄷ
③ ㄴ, ㄷ   ④ ㄴ, ㄹ
⑤ ㄷ, ㄹ

100 다음 〈보기〉 중 변동환율제도하에서 국내 원화의 가치가 상승하는 요인을 모두 고르면?

보기

ⓐ 외국인의 국내 부동산 구입 증가
ⓑ 국내 기준금리 인상
ⓒ 미국의 확대적 재정정책 시행
ⓓ 미국의 국채이자율의 상승

① ⓐ, ⓑ   ② ⓐ, ⓒ
③ ⓑ, ⓒ   ④ ⓑ, ⓓ
⑤ ⓒ, ⓓ

|03| 회계

51 다음 중 선수수익에 대한 설명으로 옳지 않은 것은?

① 영업외수익과 관련하여 먼저 수취한 금액을 의미한다.

② 수익실현주의 원칙에 의해 발생하며, 자산에 해당한다.

③ 당기에 받은 금전 중에서 차기 수익에 해당하는 부분이다.

④ 영업용 고정자산 매각, 유가증권 매각 등을 통한 수익은 해당하지 않는다.

⑤ 임대료로 1,000,000원을 현금으로 받았을 경우, 차변에 현금 1,000,000원 대변에 선수수익 1,000,000원을 기재한다.

52 다음 중 예대금리 차이에 대한 설명으로 옳지 않은 것은?

① 예금금리와 대출금리의 차이를 말한다.

② 시중에 유동성이 풍부하면 은행이 예금금리를 낮춰 예대금리 차이를 높일 수 있다.

③ 은행은 예대금리 차이가 크면 클수록 이익이다.

④ 잔액기준 예대금리차는 한국은행의 금융기관 가중평균금리와 동일하게 산정된다.

⑤ 예대금리차는 각 은행에서 개별적으로 공시한다.

53 (주)대한은 2021년 1월 1일 유형자산(취득원가 10,000원, 내용연수 4년, 잔존가치 0원)을 취득하고 이를 연수합계법으로 상각해왔다. 그 후 2022년 12월 31일 동 자산을 4,000원에 처분하였다. 동 유형자산의 감가상각비와 처분손익이 2022년 당기순이익에 미치는 영향의 합계는?

① 4,000원 감소   ② 3,000원 증가

③ 2,000원 감소   ④ 1,000원 증가

⑤ 1,000원 감소

54 (주)대한의 당기 신기술 개발프로젝트와 관련하여 발생한 지출은 다음과 같다. 연구단계와 개발단계로 구분이 곤란한 항목은 기타로 구분하였으며, 개발단계에서 발생한 지출은 무형자산의 인식조건을 충족한다. 동 지출과 관련하여 당기에 비용으로 인식할 금액과 무형자산으로 인식할 금액은? (단, 무형자산의 상각은 고려하지 않는다)

구분	연구단계	개발단계	기타
원재료 사용액	100원	200원	
연구원 급여	200원	400원	
자문료			300원

	비용	무형자산		비용	무형자산
①	300원	600원	②	400원	800원
③	450원	750원	④	600원	600원
⑤	1,200원	0원			

55 다음 중 보조부문원가 배부방법에 대한 설명으로 옳지 않은 것은?

① 직접배부법은 보조부문 상호 간의 용역수수관계를 전혀 고려하지 않는 방법이다.

② 단계배부법은 보조부문원가의 배부순서를 정하여 그 순서에 따라 단계적으로 보조부문원가를 다른 보조부문과 제조부문에 배부하는 방법이다.

③ 단계배부법은 보조부문 상호 간의 용역수수관계를 일부 고려하는 방법이다.

④ 상호배부법은 보조부문 상호 간의 용역수수관계가 중요하지 않을 때 적용하는 것이 타당하다.

⑤ 상호배부법은 보조부문 상호 간의 용역수수관계를 모두 고려하여 보조부문원가를 다른 보조부문과 제조부문에 배부하는 방법이다.

56 다음 중 유동부채에 대한 설명으로 옳지 않은 것은?

① 일반적으로 정상영업주기 내 또는 보고기간 후 12개월 이내에 결제하기로 되어 있는 부채이다.

② 미지급비용, 선수금, 수선충당부채, 퇴직급여부채 등은 유동부채에 포함된다.

③ 매입채무는 일반적 상거래에서 발생하는 부채로 유동부채에 속한다.

④ 유동부채는 보고기간 후 12개월 이상 부채의 결제를 연기할 수 있는 무조건의 권리를 가지고 있지 않다.

⑤ 종업원 및 영업원가에 대한 미지급비용 항목은 보고기간 후 12개월 후에 결제일이 도래한다 하더라도 유동부채로 분류한다.

57 기업은 성장할수록 자금의 수요가 증가하여 원활한 자금조달이 필연적이다. 기업의 자금조달 방법은 타인자본에 의한 자본조달, 즉 간접금융과 자기자본에 의한 조달, 즉 직접금융으로 분류할 수 있다. 다음 중 직접금융에 해당하는 자본조달방법은?

① 기업이 일정금액을 나타내는 증권을 발행한 후 증권시장에서 일반 투자자들에게 판매하여 장기자금을 조달하는 방법

② 장기 혹은 단기 차입금을 통한 자금조달 방법

③ 정부 각 부처에서 실시중인 정책금융으로 통한 자금조달 방법

④ 불특정 다수인으로부터 사채발행을 통한 자금조달 방법

⑤ 경영활동의 결과 발생한 순이익에서 배당금으로 사외에 유출된 부분을 제외하고 기업 내 부에 유보된 이익잉여금을 통한 자금조달 방법

58 다음은 (주)한국의 거래내용이다. 2024년 10월 1일 거래에 대한 회계처리과정에서 나타나는 계정과 금액으로 옳은 것은?(단, 자기주식의 회계처리는 원가법을 적용한다)

- 2024년 1월 1일, 보통주자본금은 10,000원이고 주식발행초과금은 2,000원이며 이익잉여금은 1,000원이다.
- 2024년 5월 1일, 자기주식 10주를 주당 700원에 취득하였고 취득한 자기주식은 주당 600원(주당액면금액500원)에 발행한 보통주였다.
- 2024년 10월 1일, 당해연도 5월 1일에 취득한 자기주식 5주를 소각하였다.

① 자기주식처분손실 1,000원

② 감자차익 600원

③ 감자차손 500원

④ 자기주식처분이익 1,000원

⑤ 자기주식처분손실 1,500원

59 (주)대한은 매출채권의 손상차손 인식과 관련하여 대손상각비와 대손충당금 계정을 사용한다. 2024년 초 매출채권과 대손충당금은 각각 2,000,000원과 100,000원이었다. 다음은 2024년에 발생한 거래와 2024년 말 손상차손 추정과 관련한 자료이다. 2024년의 대손상각비는?

- 2024년 2월 거래처 파산 등의 사유로 대손 확정된 금액이 200,000원이다.
- 2월에 제거된 상기 매출채권 중 80,000원을 8월에 현금으로 회수하였다.
- 2024년 말 매출채권 잔액 3,300,000원의 3%를 대손충당금으로 설정한다.

① 99,000원   ② 105,000원
③ 119,000원   ④ 199,000원
⑤ 204,000원

60 다음 중 금융자산과 관련한 회계처리로 옳지 않은 것은?

① 지분상품은 만기보유금융자산으로 분류할 수 없다.
② 매도가능금융자산에서 발행하는 배당금 수령액은 기타포괄이익으로 계상한다.
③ 매 회계연도말 지분상품은 공정가치로 측정하는 것이 원칙이다.
④ 최초 인식시점에 매도가능금융자산으로 분류하였다면 이후 회계연도에는 당기손익인식금융자산으로 재분류할 수 없다.
⑤ 최초 인식 이후 만기보유금융자산은 유효이자율법을 사용하여 상각후원가로 측정한다.

61 다음 자료를 이용하여 계산된 매출원가는?(단, 계산의 편의상 1년은 360일, 평균 재고자산은 기초와 기말의 평균이다)

• 기초재고자산	90,000원
• 기말재고자산	210,000원
• 재고자산보유(회전)기간	120일

① 350,000원   ② 400,000원
③ 450,000원   ④ 500,000원
⑤ 550,000원

62 다음 중 현금흐름표상 투자활동현금흐름에 해당하는 것은?

① 설비·매각과 관련한 현금유입

② 자기주식의 취득에 따른 현금유출

③ 담보부사채 발행에 따른 현금유입

④ 종업원급여 지급에 따른 현금유출

⑤ 단기매매목적 유가증권의 매각에 따른 현금유입

63 다음 중 자산을 증가시키는 거래에 해당되지 않는 것은?

① 비품을 외상으로 구입하다.

② 차입금 상환을 면제받다.

③ 주주로부터 현금을 출자받다.

④ 은행으로부터 현금을 차입하다.

⑤ 이자를 현금으로 수령하다.

64 다음 중 재무제표에 대한 설명으로 옳은 것은?

① 재무상태표는 일정기간의 재무성과에 관한 정보를 제공해 준다.

② 포괄손익계산서는 일정시점에 기업의 재무상태에 관한 정보를 제공해 준다.

③ 자본변동표는 일정기간 동안의 자본구성요소의 변동에 관한 정보를 제공해 준다.

④ 현금흐름표는 특정시점에서의 현금의 변화를 보여주는 보고서이다.

⑤ 재무제표는 재무상태표, 손익계산서, 시산표, 자본변동표로 구성한다.

65 (주)한국은 단위당 판매가격이 1,000원인 제품 A를 생산·판매하고 있으며, 제품 A의 단위당 제조원가는 다음과 같다. (주)한국은 제품 A 1,000개를 개당 800원에 구입하겠다는 특별주문을 받았다. 동 주문에 대해서는 개당 80원의 특수포장원가가 추가로 발생하고, 동 주문에 대한 생산은 유휴설비로 처리될 수 있다. (주)한국이 특별주문을 수락하여 생산·판매할 경우 이익 증가액은? (단, 특별주문은 기존 제품판매에 영향을 미치지 않고, 기초 및 기말재고는 없다)

직접재료원가	250원	직접노무원가	150원
변동제조간접원가	200원	고정제조간접원가	50원

① 70,000원
② 120,000원
③ 220,000원
④ 270,000원
⑤ 320,000원

66 다음 중 활동기준원가계산에 대한 설명으로 옳지 않은 것은?

① 전통적인 원가계산에 비해 배부기준의 수가 많다.
② 활동이 자원을 소비하고 제품이 활동을 소비한다는 개념을 이용한다.
③ 제조원가뿐만 아니라 비제조원가도 원가동인에 의해 배부할 수 있다.
④ 활동을 분석하고 원가동인을 파악하는 데 시간과 비용이 많이 발생한다.
⑤ 직접재료원가 이외의 원가를 고정원가로 처리한다.

67 (주)한국은 2024년 초에 3년 후 만기가 도래하는 사채(액면금액 1,000,000원, 표시이자율 연 10%, 유효이자율 연 12%, 이자는 매년 말 후급)를 951,963원에 취득하고 만기보유금융자산으로 분류하였다. (주)한국이 2024년도에 인식할 이자수익은?(단, 금액은 소수점 첫째 자리에서 반올림하며, 단수 차이가 있으면 가장 근사치를 선택한다)

① 100,000원
② 114,236원
③ 115,944원
④ 117,857원
⑤ 120,000원

68 2024년 5월에 사업을 개시한 (주)한국은 2024년도에 제품을 60,000원에 판매하였으며, 제품의 보증기간은 1년이다. 제품보증비용은 판매액의 5%가 발생할 것으로 예상되며, 이는 충당부채인식 요건을 충족한다. 동 판매와 관련하여 2024년도에 실제 발생한 제품보증금액이 2,000원일 경우 옳은 것은?(단, 충당부채설정법을 적용한다)

① 2024년도 매출액은 57,000원이다.
② 2024년 말 이연제품보증수익은 3,000원이다.
③ 2024년도 제품보증비용은 1,000원이다.
④ 2024년 말 제품보증충당부채는 1,000원이다.
⑤ 제품보증비용 2,000원이 실제 발생한 경우 관련 매출을 감소시킨다.

69 다음 중 무형자산 회계처리에 대한 설명으로 옳지 않은 것은?

① 내용연수가 비한정인 무형자산은 상각하지 아니한다.
② 제조과정에서 사용된 무형자산의 상각액은 재고자산의 장부금액에 포함한다.
③ 내용연수가 유한한 경우 상각은 자산을 사용할 수 있는 때부터 시작한다.
④ 내용연수가 유한한 무형자산의 상각기간과 상각방법은 적어도 매 회계연도 말에 검토한다.
⑤ 내용연수가 비한정인 무형자산의 내용연수를 유한 내용연수로 변경하는 것은 회계정책의 변경에 해당한다.

70 다음 중 현금흐름표상 영업활동 현금흐름에 대한 설명으로 옳은 것은?

① 영업활동 현금흐름은 직접법 또는 간접법 중 하나의 방법으로 보고할 수 있으나, 한국채택국제회계기준에서는 직접법을 사용할 것을 권장하고 있다.
② 단기매매목적으로 보유하는 유가증권의 판매에 따른 현금은 영업활동으로부터의 현금유입에 포함되지 않는다.
③ 일반적으로 법인세로 납부한 현금은 영업활동으로 인한 현금유출에 포함되지 않는다.
④ 직접법은 당기순이익의 조정을 통해 영업활동 현금흐름을 계산한다.
⑤ 간접법은 영업을 통해 획득한 현금에서 영업을 위해 지출한 현금을 차감하는 방식으로 영업활동 현금흐름을 계산한다.

71 다음 중 투자부동산에 대한 설명으로 옳지 않은 것은?

① 투자부동산은 임대수익이나 시세차익을 얻기 위하여 보유하는 부동산을 말한다.

② 본사 사옥으로 사용하고 있는 건물은 투자부동산이 아니다.

③ 최초 인식 후 예외적인 경우를 제외하고 원가모형과 공정가치모형 중 하나를 선택하여 모든 투자부동산에 적용한다.

④ 원가모형을 적용하는 투자부동산은 손상회계를 적용한다.

⑤ 투자부동산에 대해 공정가치모형을 적용할 경우 공정가치 변동으로 발생하는 손익은 발생한 기간의 기타 포괄손익에 반영한다.

72 다음 중 회계거래의 기록과 관련된 설명으로 옳지 않은 것은?

① 분개란 복식부기의 원리를 이용하여 발생한 거래를 분개장에 기록하는 절차이다.

② 분개장의 거래기록을 총계정원장의 각 계정에 옮겨 적는 것을 전기라고 한다.

③ 보조 회계장부로는 분개장과 현금출납장이 있다.

④ 시산표의 차변 합계액과 대변 합계액이 일치하는 경우에도 계정기록의 오류가 존재할 수 있다.

⑤ 시산표는 총계정원장의 차변과 대변의 합계액 또는 잔액을 집계한 것이다.

73 다음 중 유용한 재무정보의 질적 특성에 대한 설명으로 옳지 않은 것은?

① 명확하고 간결하게 분류되고 특징지어져 표시된 정보는 이해가능성이 높다.

② 어떤 재무정보가 예측가치나 확인가치 또는 이 둘 모두를 갖는다면 그 재무정보는 이용자의 의사결정에 차이가 나게 할 수 있다.

③ 검증가능성은 정보가 나타내고자 하는 경제적 현상을 충실히 표현하는지를 정보이용자가 확인하는 데 도움을 주는 근본적 질적 특성이다.

④ 적시성은 정보이용자가 의사결정을 내릴 때 사용되어 그 결정에 영향을 줄 수 있도록 제때에 이용가능함을 의미한다.

⑤ 어떤 정보의 누락이나 오기로 인해 정보이용자의 의사결정이 바뀔 수 있다면 그 정보는 중요한 정보이다.

74 다음 중 당기순이익에 영향을 미치는 항목이 아닌 것은?

① 감자차익
② 재고자산평가손실
③ 유형자산손상차손
④ 단기매매금융자산평가손실
⑤ 매도가능금융자산처분이익

75 다음 중 회계상 거래로 옳지 않은 것은?

① 거래처의 부도로 인하여 매출채권 회수가 불가능하게 되었다.
② 임대수익이 발생하였으나 현금으로 수취하지는 못하였다.
③ 기초에 매입한 단기매매금융자산의 공정가치가 기말에 상승하였다.
④ 재고자산 실사결과 기말재고 수량이 장부상 수량보다 부족한 것을 확인하였다.
⑤ 기존 차입금에 대하여 금융기관의 요구로 부동산을 담보로 제공하였다.

76 (주)한국의 유동비율은 150%, 당좌비율은 70%이다. (주)한국이 은행으로부터 자금대출을 받기 위해서는 유동비율이 120% 이상이고 당좌비율이 100% 이상이어야 한다. (주)한국이 자금대출을 받기 위해 취해야 할 전략으로 옳은 것은?

① 기계장치를 현금으로 매입한다.
② 장기차입금을 단기차입금으로 전환한다.
③ 외상거래처의 협조를 구해 매출채권을 적극적으로 현금화한다.
④ 단기매매금융자산(주식)을 추가 취득하여 현금비중을 줄인다.
⑤ 재고자산 판매를 통해 현금을 조기 확보하고 재고자산을 줄인다.

77 다음 중 제조업을 영위하는 (주)한국의 현금흐름표에 대한 설명으로 옳지 않은 것은?

① 단기매매목적으로 보유하는 유가증권의 취득과 판매에 따른 현금흐름은 재무활동현금흐름으로 분류한다.

② 현금흐름표는 회계기간 동안 발생한 현금흐름을 영업활동, 투자활동 및 재무활동으로 분류하여 보고한다.

③ 유형자산 또는 무형자산 처분에 따른 현금유입은 투자활동현금흐름으로 분류한다.

④ 차입금의 상환에 따른 현금유출은 재무활동현금흐름으로 분류한다.

⑤ 법인세로 인한 현금흐름은 별도로 공시하며, 재무활동과 투자활동에 명백히 관련되지 않는 한 영업활동현금흐름으로 분류한다.

78 다음 중 당기순이익을 감소시키는 거래가 아닌 것은?

① 거래처 직원 접대 후 즉시 현금 지출

② 영업용 건물에 대한 감가상각비 인식

③ 판매사원용 피복 구입 후 즉시 배분

④ 영업부 직원에 대한 급여 미지급

⑤ 토지(유형자산)에 대한 취득세 지출

79 (주)한국은 2024년 7월 초 (주)대한의 주식 1,000주(액면가액 7,000원)를 주당 7,500원에 매입하여 공정가치 변동을 당기손익으로 인식하는 금융자산으로 분류하였다. (주)한국은 2024년 9월 초 (주)대한의 주식 400주를 주당 8,500원에 처분하였고, 2024년 말 (주)대한 주식의 주당 공정가치는 8,000원이다. 동 주식과 관련하여 (주)한국이 2024년 포괄손익계산서에 인식할 당기이익은?

① 500,000원
② 700,000원
③ 1,000,000원
④ 1,200,000원
⑤ 1,500,000원

80 다음 중 유형자산의 재평가에 대한 설명으로 옳은 것은?

① 재평가가 단기간에 수행되며 계속적으로 갱신된다면, 동일한 분류에 속하는 자산이라 하더라도 순차적으로 재평가할 수 없다.

② 감가상각대상 유형자산을 재평가할 때, 그 자산의 최초원가를 재평가금액으로 조정하여야 한다.

③ 특정 유형자산을 재평가할 때, 해당 자산이 포함되는 유형자산 분류 전체를 재평가한다.

④ 자산의 장부금액이 재평가로 인하여 감소된 경우에 그 자산에 대한 재평가잉여금의 잔액이 있더라도 재평가감소액 전부를 당기손익으로 인식한다.

⑤ 유형자산 항목과 관련하여 자본에 계상된 재평가잉여금은 그 자산이 제거될 때 이익잉여금으로 직접 대체할 수 없다.

81 다음 중 재무정보의 질적 특성에 대한 설명으로 옳지 않은 것은?

① 검증가능성은 합리적인 판단력이 있고 독립적인 서로 다른 관찰자가 어떤 서술이 표현충실성이라는 데 대체로 의견이 일치할 수 있다는 것을 의미한다.

② 재무정보에 예측가치, 확인가치 또는 이 둘 모두가 있다면 의사결정에 차이가 나도록 할 수 있다.

③ 완벽하게 표현충실성을 위해서 서술은 완전하고, 중립적이며, 오류가 없어야 할 것이다.

④ 이해가능성은 정보이용자가 항목 간의 유사점과 차이점을 식별하고 이해할 수 있게 하는 질적 특성이다.

⑤ 적시성은 의사결정에 영향을 미칠 수 있도록 의사결정자가 정보를 제때에 이용가능하게 하는 것을 의미한다.

82 다음 중 기업어음과 회사채에 대한 설명으로 옳은 것은?

① 기업어음은 자본시장법의 적용을 받고, 회사채는 어음법의 적용을 받는다.

② 기업어음은 발행을 위해서 이사회의 결의가 필요하나, 회사채는 이사회의 결의가 필요 없다.

③ 기업어음은 수요예측을 필수적으로 해야 하나, 회사채는 수요예측이 필요 없다.

④ 기업어음의 변제순위는 회사채 변제순위보다 높다.

⑤ 기업어음의 지급금리는 회사채 지급금리보다 높다.

83 다음 중 재고자산의 회계처리에 대한 설명으로 옳은 것은?

① 완성될 제품이 원가 이상으로 판매될 것으로 예상하는 경우에는 그 생산에 투입하기 위해 보유하는 원재료 및 기타 소모품을 감액하지 아니한다.

② 선입선출법은 기말재고자산의 평가관점에서 현행원가를 적절히 반영하지 못한다.

③ 선입선출법은 먼저 매입 또는 생산된 재고자산이 기말에 재고로 남아 있고 가장 최근에 매입 또는 생산된 재고자산이 판매되는 것을 가정한다.

④ 통상적으로 상호 교환될 수 없는 재고자산 항목의 원가와 특정 프로젝트별로 생산되고 분리되는 재화 또는 용역의 원가는 총평균법을 사용하여 결정한다.

⑤ 총평균법은 계속기록법에 의하여 평균법을 적용하는 것으로 상품의 매입 때마다 새로운 평균 단가를 계산한다.

84 K공사는 제품매출액의 3%에 해당하는 금액을 제품보증비용(보증기간 2년)으로 추정하고 있다. 2023년의 매출액과 실제 보증청구로 인한 보증비용 지출액은 다음과 같다. 2024년 포괄손익계산서의 보증활동으로 인한 비용과 2024년 말 재무상태표의 충당부채 잔액은?(단, K공사는 2023년 초에 설립되었으며, 2024년의 매출은 없다고 가정한다)

제품매출액(2023년)	실제 보증비용 지출액	
	2023년	2024년
600,000원	14,000원	6,000원

	제품보증비	충당부채
①	2,000원	0원
②	3,000원	0원
③	4,000원	0원
④	5,000원	4,000원
⑤	6,000원	4,000원

85 다음 중 수정전시산표에 대한 설명으로 옳지 않은 것은?

① 통상 재무제표를 작성하기 이전에 거래가 오류없이 작성되었는지 자기검증하기 위하여 작성한다.

② 총계정원장의 총액 혹은 잔액을 한 곳에 모아놓은 표이다.

③ 결산 이전의 오류를 검증하는 절차로 원장 및 분개장과 더불어 필수적으로 작성해야 한다.

④ 복식부기의 원리를 전제로 한다.

⑤ 차변합계와 대변합계가 일치하더라도 계정분류, 거래인식의 누락 등에서 오류가 발생했을 수 있다.

PART 3

86 독립된 외부감사인이 충분하고 적합한 감사증거를 입수하였고 왜곡표시가 재무제표에 개별적 또는 집합적으로 중요하지만 전반적이지는 않다는 결론을 내리는 경우 표명하는 감사의견은?

① 의견거절   ② 한정의견

③ 부적정의견   ④ 적정의견

⑤ 재검토의견

87 다음 자료를 이용할 경우 재무상태표에 계상할 현금 및 현금성 자산은?

• 지폐	30,000원
• 우표	10,000원
• 우편환증서	1,000원
• 임차보증금	50,000원
• 타인발행당좌수표	2,000원

① 66,000원   ② 55,000원

③ 44,000원   ④ 33,000원

⑤ 22,000원

88 다음 중 포괄손익계산서에 표시되는 계정과목은?

① 영업권   ② 이익잉여금
③ 금융원가   ④ 매출채권
⑤ 미지급법인세

89 다음은 K사의 재무제표 중 일부이다. 자기자본이익률(ROE)을 바르게 구한 것은?

매출액	4,000억 원
자기자본	300억 원
당기순이익	150억 원
영업이익	820억 원

① 20%   ② 30%
③ 40%   ④ 50%
⑤ 60%

90 표준원가계산제도를 도입하고 있는 K사는 지난 달 직접재료 600kg을 240,000원에 구입하였고, 이 가운데 450kg을 제품생산에 투입하였다. 제품단위당 표준직접재료수량은 4.0kg이며, 예산 생산량은 150단위이다. 직접재료원가의 가격 차이는 4,500원(유리)이었고, 수량 차이가 13,940원(불리)일 때, 실제 생산량은?(단, 가격 차이 분석시점을 분리하지 않는다)

① 104단위   ② 108단위
③ 110단위   ④ 118단위
⑤ 121단위

91 (주)한국은 직접노무시간을 기준으로 제조간접원가를 예정배부하고 있다. 2024년도 예산 직접노무시간은 20,000시간이며, 제조간접원가 예산은 640,000원이다. 2024년도 제조간접원가 실제 발생액은 700,000원이고, 180,000원이 과대배부되었다. 실제 직접노무시간은?

① 16,250시간   ② 18,605시간
③ 24,450시간   ④ 25,625시간
⑤ 27,500시간

92 (주)한국은 2025년도 예산자료를 다음과 같이 예측하였다. 만약 판매량이 20% 증가한다면 영업이익은 얼마나 증가하는가?

• 매출액	5,000,000원
• 고정원가	1,512,500원
• 공헌이익률	44%

① 137,500원   ② 220,000원
③ 302,500원   ④ 380,500원
⑤ 440,000원

93 (주)한국은 2024년 초에 설비(내용연수 4년, 잔존가치 200원)를 2,000원에 취득하여, 정액법으로 감가상각하고 있다. 2024년 말에 동 설비를 1,400원에 처분하였다면 인식할 처분손익은?

① 150원 손실   ② 200원 이익
③ 450원 손실   ④ 600원 이익
⑤ 650원 손실

94 2024년 말 화재로 인해 창고에 보관 중인 상품이 모두 소실되었다. 상품과 관련된 자료는 다음과 같다. 화재로 인해 소실된 상품의 추정금액은?

기초상품	1,260원
총매입액	2,200원
매입환출	100원
총매출액	3,700원
매출에누리	200원
과거 평균매출총이익률	20%

① 520원   ② 560원

③ 640원   ④ 660원

⑤ 860원

95 12월 한 달간 상품판매와 관련된 자료가 다음과 같을 때 매출액은?(단, 상품판매가격은 단위당 100원으로 동일하다)

- 12월 1일에 상품 200개를 5개월 할부로 판매하고, 대금은 매월 말에 20%씩 받기로 하다.
- 12월 17일에 상품 100개를 판매하였다.
- 12월 28일에 위탁상품 50개를 수탁자에게 발송하였고, 12월 31일 현재 수탁자가 판매하지 않고 전량 보유 중이다.
- 12월 30일에 상품 50개를 도착지인도조건으로 판매하여 다음 달에 도착할 예정이다.

① 14,000원   ② 15,000원

③ 19,000원   ④ 24,000원

⑤ 30,000원

96 다음 중 자본변동표에서 확인할 수 없는 항목은?

① 자기주식의 취득
② 유형자산의 재평가이익
③ 매도가능금융자산평가이익
④ 현금배당
⑤ 주식분할

97 (주)대한은 2024년 총계약금액 500,000원의 용역계약을 수주하였다. 예상 총용역원가는 400,000원이고, 2024년에 실제 발생 용역원가는 120,000원이다. 2024년의 용역제공과 관련된 설명으로 옳지 않은 것은?

① 용역제공거래의 결과를 신뢰성 있게 추정할 수 있다면 진행기준에 따라 수익을 인식한다.
② 발생원가 기준에 따른 용역 진행률은 30%이다.
③ 발생원가를 기준으로 진행기준을 적용할 경우 이익인식액은 30,000원이다.
④ 용역제공거래의 성과를 신뢰성 있게 추정할 수 없는 경우 인식할 수 있는 용역수익의 최대 금액은 120,000원이다.
⑤ 발생원가의 회수가능성이 높지 않은 경우 발생원가 120,000원은 자산으로 계상한 후 손상차손 여부를 판단한다.

98 다음 중 표준원가계산의 고정제조간접원가 차이분석에 대한 설명으로 옳지 않은 것은?

① 예산(소비)차이는 실제 발생한 고정제조간접원가와 기초에 설정한 고정제조간접원가 예산의 차이를 말한다.
② 고정제조간접원가는 조업도의 변화에 따라 능률적으로 통제할 수 있는 원가가 아니므로 능률차이를 계산하는 것은 무의미하다.
③ 조업도차이는 기준조업도와 실제생산량이 달라서 발생하는 것으로, 기준조업도 미만으로 실제조업을 한 경우에는 불리한 조업도차이가 발생한다.
④ 조업도차이는 고정제조간접원가 자체의 통제가 잘못되어 발생한 것으로, 원가통제 목적상 중요한 의미를 갖는다.
⑤ 원가차이 중에서 불리한 차이는 표준원가보다 실제원가가 크다는 의미이므로 차이계정의 차변에 기입된다.

99 다음 중 수익의 인식 및 측정에 대한 설명으로 옳은 것은?

① 거래와 관련된 경제적 효익의 유입가능성이 높지 않더라도 수익금액을 신뢰성 있게 측정할 수 있다면 수익을 인식할 수 있다.

② 용역제공거래의 결과를 신뢰성 있게 추정할 수 있다면 용역의 제공으로 인한 수익은 용역의 제공이 완료된 시점에 인식한다.

③ 판매자가 판매대금의 회수를 확실히 할 목적만으로 해당 재화의 법적 소유권을 계속 가지고 있다면 소유에 따른 중요한 위험과 보상이 이전되었더라도 해당 거래를 수익으로 인식하지 않는다.

④ 수익으로 인식한 금액이 추후에 회수가능성이 불확실해지는 경우에는 인식한 수익금액을 조정할 수 있다.

⑤ 동일한 거래나 사건에 관련된 수익과 비용은 동시에 인식한다. 그러나 관련된 비용을 신뢰성 있게 측정할 수 없다면 수익을 인식할 수 없다.

100 다음 중 회계정보의 기능 및 역할, 적용환경에 대한 설명으로 옳지 않은 것은?

① 외부 회계감사를 통해 회계정보의 신뢰성이 제고된다.

② 회계정보의 수요자는 기업의 외부이용자뿐만 아니라 기업의 내부이용자도 포함된다.

③ 회계정보는 한정된 경제적 자원이 효율적으로 배분되도록 도와주는 기능을 담당한다.

④ 회계감사는 재무제표가 일반적으로 인정된 회계기준에 따라 적정하게 작성되었는지에 대한 의견표명을 목적으로 한다.

⑤ 모든 기업은 한국채택국제회계기준을 적용하여야 한다.

|04| 법

51 다음 중 무권대리행위의 추인에 대한 설명으로 옳지 않은 것은?(단, 다툼이 있는 경우 판례에 따른다)

① 본인이 무권대리인에게 추인한 경우, 상대방은 추인이 있었음을 주장할 수 있다.

② 무권대리행위의 일부에 대한 추인은 상대방의 동의를 얻지 못하는 한 무효이다.

③ 추인은 무권대리행위로 인한 권리 또는 법률관계의 승계인에게도 할 수 있다.

④ 추인은 제3자의 권리를 해하지 않는 한, 다른 의사표시가 없으면 계약시에 소급하여 그 효력이 생긴다.

⑤ 무권대리행위가 범죄가 되는 경우에 본인이 그 사실을 알고도 장기간 형사고소를 하지 않은 것만으로 묵시적 추인이 된다.

52 다음 중 행정심판에 있어서 당사자와 관계인에 대한 설명으로 옳지 않은 것은?

① 심판청구의 대상과 관계되는 권리나 이익을 양수한 자는 위원회의 허가를 받아 청구인의 지위를 승계할 수 있다.

② 법인이 아닌 사단 또는 재단으로서 대표자나 관리인이 정하여져 있는 경우에는 그 대표자나 관리인의 이름으로 심판청구를 할 수 있다.

③ 청구인이 피청구인을 잘못 지정한 경우에는 위원회는 직권으로 또는 당사자의 신청에 의하여 결정으로써 피청구인을 경정할 수 있다.

④ 행정심판의 경우 여러 명의 청구인이 공동으로 심판청구를 할 때에는 청구인들 중에서 3명 이하의 선정대표자를 선정할 수 있다.

⑤ 참가인은 행정심판 절차에서 당사자가 할 수 있는 심판절차상의 행위를 할 수 있다.

53 다음 중 지방자치단체에 대한 설명으로 옳지 않은 것은?

① 지방자치단체는 독자적으로 자치권을 행사하는 공법인이다.

② 지방자치단체는 관할 구역, 주민, 위임사무를 구성의 3대 요소로 한다.

③ 지방자치단체는 행정 주체로서 권한을 행사하고 의무를 진다.

④ 지방자치단체의 종류는 법률로 정한다.

⑤ 지방자치단체는 법령이나 상급지방자치단체의 조례에 위반되지 않아야 한다.

54 다음 중 중앙선거관리위원회의 사무에 해당되지 않는 것은?

① 선거소송에 대한 심판

② 정당관리

③ 국민투표의 관리

④ 당선자의 결정

⑤ 하급 선거관리위원회 지휘·감독

55 다음 중 행정법상 행정작용에 대한 설명으로 옳지 않은 것은?

① 개인에게 일정한 작위의무를 부과하는 하명은 형성적 행정행위이다.

② 특정인에게 새로운 권리나 포괄적 법률관계를 설정하는 특허는 형성적 행정행위이다.

③ 의사표시 이외의 정신작용 등의 표시를 요소로 하는 행위는 준법률행위적 행정행위이다.

④ 특정한 사실 또는 법률관계의 존재를 공적으로 증명하는 공증은 준법률행위적 행정행위이다.

⑤ 기속행위는 행정주체에 대하여 재량의 여지를 주지 않고 그 법규를 집행하도록 하는 행정행위를 말한다.

56 다음 중 직업선택의 자유에 대한 설명으로 옳지 않은 것은?

① 경제적 자유로서의 성격이 강하다.

② 바이마르헌법에서 최초로 규정되었으며 법인에게도 인정된다.

③ 헌법상 근로의 의무가 있으므로 무직업의 자유는 인정되지 않는다.

④ 그 내용으로는 직업결정의 자유, 직업수행의 자유, 영업의 자유가 포함된다.

⑤ 노동을 통한 인격발전과 관련하여 주관적 공권의 일종이라 할 수 있다.

57 다음 중 사회권적 기본권에 해당하는 것은?

① 사유재산권   ② 교육을 받을 권리

③ 국가배상청구권   ④ 직업선택의 자유

⑤ 언론 출판의 자유

58 다음 중 법률행위의 부관에 대한 설명으로 옳은 것은?(단, 다툼이 있는 경우 판례에 따른다)

① 기성조건이 해제조건이면 조건 없는 법률행위로 한다.

② 불능조건이 정지조건이면 조건 없는 법률행위로 한다.

③ 불법조건이 붙어 있는 법률행위는 불법조건만 무효이며, 법률행위 자체는 무효로 되지 않는다.

④ 기한의 효력은 기한 도래시부터 생기며 당사자가 특약을 하더라도 소급효가 없다.

⑤ 어느 법률행위에 어떤 조건이 붙어 있었는지 여부는 법률행위 해석의 문제로서 당사자가 주장하지 않더라도 법원이 직권으로 판단한다.

59 다음 중 지명채권의 양도에 대한 설명으로 옳은 것은?(단, 다툼이 있는 경우 판례에 따른다)

① 지명채권의 양도는 채권자의 통지 또는 채무자의 승낙에 의하여 효력이 발생한다.

② 양도인이 양도통지만을 한 때에는 채무자는 그 통지를 받은 때까지 양도인에 대하여 생긴 사유로써 양수인에게 대항할 수 있다.

③ 양도금지의 특약이 있는 채권은 압류가 금지된다.

④ 채권이 이중으로 양도된 경우, 양수인 상호 간의 우열은 양도 통지 증서의 확정일자 선후로 결정한다.

⑤ 채권양도의 통지는 관념의 통지로서, 양도인이 직접 하여야 하며 대리가 허용되지 않는다.

60 다음 중 청약과 승낙에 대한 설명으로 옳은 것은?

① 청약과 승낙의 의사표시는 특정인에 대해서만 가능하다.

② 승낙자가 청약에 변경을 가하지 않고 조건만을 붙여 승낙한 경우에는 계약이 성립된다.

③ 청약자는 청약이 상대방에게 도달하기 전에는 임의로 이를 철회할 수 있다.

④ 당사자 간에 동일한 내용의 청약이 상호교차된 경우에는 양 청약의 통지가 상대방에게 발송된 때에 계약이 성립한다.

⑤ 승낙의 기간을 정한 청약은 승낙자가 그 기간 내에 승낙의 통지를 발송하지 아니한 때에는 그 효력을 잃는다.

61 다음 중 해제와 해지에 대한 설명으로 옳은 것은?(단, 다툼이 있는 경우 판례에 따른다)

① 해제는 상대방에 대한 의사표시로 하고 상대방에게 도달한 때부터 그 효력이 생긴다.

② 계약이 합의해제되기 위해서는 명시적인 합의가 있어야 하며 묵시적인 합의해제는 인정되지 않는다.

③ 특별한 사정이 없는 한, 당사자의 일방 또는 쌍방이 수인인 경우에 해지나 해제의 권리가 당사자 1인에 대하여 소멸하여도 다른 당사자에게는 영향을 미치지 않는다.

④ 채무자의 책임 없는 사유로 채무의 이행이 불능하게 된 경우에도 채권자는 계약을 해제할 수 있다.

⑤ 계약이 해지된 경우, 계약은 소급적으로 그 효력을 잃기 때문에 이미 이행된 급부는 부당이득으로 상대방에게 반환하여야 한다.

62 甲은 사제폭탄을 제조 丁 소유의 가옥에 투척하여 乙을 살해하고 丙에게 상해를 입혔다. 그리고 丁 소유의 가옥은 파손되었다. 이러한 경우 살인죄, 상해죄, 손괴죄의 관계는?

① 누범

② 포괄일죄

③ 상상적 경합범

④ 경합범

⑤ 미수범

63 다음 중 국가형벌권의 발동과 관련하여 범죄인의 인권보장과 관계되는 것은?

① 보장적 기능

② 보호적 기능

③ 규제적 기능

④ 사회보전적 기능

⑤ 강제적 기능

64 다음 중 회사의 해산사유에 해당하지 않는 것은?

① 사장단의 동의 또는 결의

② 존립기간의 만료

③ 정관으로 정한 사유의 발생

④ 법원의 해산명령·해산판결

⑤ 회사의 합병·파산

65 다음 중 상법상 주식회사에 대한 설명으로 옳지 않은 것은?

① 회사가 공고를 하는 방법은 정관의 절대적 기재사항이다.

② 회사가 가진 자기주식에도 의결권이 있다.

③ 각 발기인은 서면에 의하여 주식을 인수하여야 한다.

④ 창립총회에서는 이사와 감사를 선임하여야 한다.

⑤ 정관은 공증인의 인증을 받음으로써 효력이 생긴다.

66 다음 중 상법의 이념과 거리가 먼 것은?

① 영리성   ② 집단성

③ 통일성   ④ 개인책임의 가중과 경감

⑤ 기업의 유지 강화

67 다음 〈보기〉 중 상법상 손해보험에 해당하는 것은 모두 몇 개인가?

> **보기**
>
> ㄱ. 책임보험   ㄴ. 화재보험
> ㄷ. 해상보험   ㄹ. 생명보험
> ㅁ. 상해보험   ㅂ. 재보험

① 2개   ② 3개

③ 4개   ④ 5개

⑤ 6개

68 다음 중 상법상 보험자의 면책사유에 해당하지 않는 것은?

① 보험사고가 보험계약자의 고의로 발생한 경우

② 보험사고가 피보험자의 실수로 발생한 경우

③ 보험사고가 보험계약자의 중대한 과실로 발생한 경우

④ 보험사고가 전쟁 기타의 변란으로 발생한 경우

⑤ 보험사고가 보험수익자의 과실로 발생한 경우

PART 3

69 상법 제9조의 반대해석으로 소상인에 대해서도 적용하는 상법의 규정은?

① 지배인   ② 상업장부

③ 상호   ④ 영업양도

⑤ 상업등기

70 다음 중 상업사용인의 의무에 대한 설명으로 옳지 않은 것은?

① 상업사용인은 영업주의 허락이 없이는 본인이 아닌 제3자의 계산으로라도 영업주의 영업부류에 속한 거래를 할 수 없다.

② 상업사용인은 영업주의 허락 없이 다른 상인의 사용인이 되지 못한다.

③ 의무를 위반한 상업사용인은 영업주에 대하여 손해를 배상할 책임이 있다.

④ 의무를 위반하여 한 거래행위는 원칙적으로 무효이다.

⑤ 영업주는 상업사용인의 의무 위반 거래행위를 안 날로부터 2주간을 경과하거나 그 거래가 있은 날로부터 1년을 경과하면 손해배상을 청구할 수 없다.

71 다음은 상법상 합명회사에 대한 규정이다. 빈칸에 들어갈 숫자로 옳은 것은?

> 회사의 설립의 무효는 그 사원에 한하여, 설립의 취소는 그 취소권 있는 자에 한하여 회사성립의
> 날로부터 ____년 내에 소만으로 이를 주장할 수 있다.

① 1 ② 2
③ 3 ④ 4
⑤ 5

72 다음 중 상법상 주식회사 설립 시 정관의 절대적 기재사항이 아닌 것은?

① 목적 ② 상호
③ 청산인 ④ 본점의 소재지
⑤ 회사가 발행할 주식의 총수

73 다음 중 회사의 권리능력에 대한 설명으로 옳지 않은 것은?

① 회사는 유증(遺贈)을 받을 수 있다.
② 회사는 상표권을 취득할 수 있다.
③ 회사는 다른 회사의 무한책임사원이 될 수 있다.
④ 회사는 명예권과 같은 인격권의 주체가 될 수 있다.
⑤ 회사는 합병을 할 수 있다.

74 다음 중 상법상 보험계약자의 의무가 아닌 것은?

① 보험료지급의무
② 보험증권교부의무
③ 위험변경증가 통지의무
④ 중요사항에 대한 고지의무
⑤ 위험유지의무

75 다음 중 상법상 피보험이익에 대한 설명으로 옳지 않은 것은?

① 인보험계약의 본질적인 요소이다.
② 적법하고 금전으로 산정할 수 있는 이익이어야 한다.
③ 보험계약의 동일성을 결정하는 기준이다.
④ 피보험이익의 주체를 피보험자라 한다.
⑤ 피보험이익을 금전으로 평가한 가액을 보험가액이라고 한다.

76 다음 중 빈칸에 들어갈 용어를 순서대로 나열한 것은?

> 보험계약은 _____가 약정한 보험료를 지급하고 재산 또는 생명이나 신체에 불확정한 사고가 발생할 경우에 _____가 일정한 보험금이나 그 밖의 급여를 지급할 것을 약정함으로써 효력이 생긴다.

① 피보험자, 보험수익자
② 피보험자, 보험계약자
③ 보험계약자, 피보험자
④ 보험계약자, 보험자
⑤ 보험계약자, 보험수익자

77 다음 중 근로3권에 대한 설명으로 옳지 않은 것은?(단, 다툼이 있는 경우 대법원 및 헌법재판소 판례에 따른다)

① 노동조합으로 하여금 행정관청이 요구하는 경우 결산결과와 운영상황을 보고하도록 하고 그 위반 시 과태료에 처하도록 하는 것은 노동조합의 단결권을 침해하는 것이 아니다.

② 근로자에게 보장된 단결권의 내용에는 단결할 자유뿐만 아니라 노동조합을 결성하지 아니할 자유나 노동조합에 가입을 강제당하지 아니할 자유, 그리고 가입한 노동조합을 탈퇴할 자유도 포함된다.

③ 국가비상사태 하에서라도 단체교섭권·단체행동권이 제한되는 근로자의 범위를 구체적으로 제한함이 없이 그 허용 여부를 주무관청의 조정결정에 포괄적으로 위임하고 이에 위반할 경우 형사 처벌하도록 규정하는 것은 근로3권의 본질적인 내용을 침해하는 것이다.

④ 노동조합 및 노동관계조정법상의 근로자성이 인정되는 한, 출입국관리 법령에 의하여 취업활동을 할 수 있는 체류자격을 얻지 아니한 외국인 근로자도 노동조합의 결성 및 가입이 허용되는 근로자에 해당된다.

⑤ 하나의 사업 또는 사업장에 두 개 이상의 노동조합이 있는 경우 단체교섭에 있어 그 창구를 단일 화하도록 하고 교섭대표가 된 노동조합에게만 단체교섭권을 부여한 교섭창구단일화제도는 교섭 대표노동조합이 되지 못한 노동조합의 단체교섭권을 침해하는 것이 아니다.

78 1년 이상의 징역형 선고를 받고 그 집행이 종료되지 아니한 사람의 선거권을 제한하는 공직선거법 조항이 청구인들의 선거권을 침해하는지 여부에 대한 설명으로 옳지 않은 것을 〈보기〉에서 모두 고르면?(단, 다툼이 있는 경우 헌법재판소 판례에 따른다)

> **보기**
>
> ㄱ. 이 사건 법률조항에 의한 선거권 박탈은 범죄자에 대해 가해지는 형사적 제재의 연장으로 범죄에 대한 응보적 기능을 갖는다.
>
> ㄴ. 선거권이 제한되는 수형자의 범위를 정함에 있어서 선고형이 중대한 범죄여부를 결정하는 합리적 기준이 될 수 있다.
>
> ㄷ. 형 집행 중 가석방 처분을 받았다는 후발적 사유를 고려하지 아니하고 1년 이상의 징역형 선고를 받은 사람의 선거권을 일률적으로 제한하는 것은 불필요한 제한에 해당한다.
>
> ㄹ. 1년 이상의 징역형을 선고받은 사람은 공동체에 상당한 위해를 가하였다는 점이 재판과정에서 인정된 자이므로 이들에게 사회적·형사적 제재를 가하고 준법의식을 제고할 필요가 있다.
>
> ㅁ. 1년 이상의 징역형을 선고받은 사람의 범죄행위가 국가적·사회적 법익이 아닌 개인적 법익을 침해하는 경우라면 사회적·법률적 비난가능성의 정도는 달리 판단할 수 있다.

① ㄱ, ㄴ   ② ㄴ, ㅁ

③ ㄷ, ㅁ   ④ ㄱ, ㄴ, ㄹ

⑤ ㄴ, ㄷ, ㅁ

79 다음 중 대통령의 사면권 행사에 대한 설명으로 옳지 않은 것을 〈보기〉에서 모두 고르면?(단, 다툼이 있는 경우 헌법재판소 판례에 따른다)

> **보기**
>
> ㄱ. 복권은 형의 집행이 끝나지 아니한 자 또는 집행이 면제되지 아니한 자에 대하여는 하지 아니한다.
> ㄴ. 협의의 사면이라 함은 형사소송법이나 그 밖의 형사법규의 절차에 의하지 아니하고, 형의 선고의 효과 또는 공소권을 소멸시키거나 형집행을 면제시키는 국가원수의 특권을 의미한다. 넓은 의미의 사면은 협의의 사면은 물론이고 감형과 복권까지 포괄하는 개념이다.
> ㄷ. 대통령의 일반사면권 행사에는 국회의 동의가 불필요하다.
> ㄹ. 일반사면이란 범죄의 종류를 지정하여, 이에 해당하는 모든 범죄인에 대하여 형의 선고의 효과를 전부 또는 일부 소멸시키거나, 형의 선고를 받지 아니한 자에 대해서는 공소권을 소멸시키는 것을 말한다.
> ㅁ. 특별사면이라 함은 이미 형의 선고를 받은 특정인에 대하여 형의 집행을 면제하는 것을 말한다.
> ㅂ. 전두환, 노태우 전대통령에 대한 특별사면 위헌확인 사건에서 헌법재판소는 일반국민이 특별사면으로 인하여 자신의 법적 이익 또는 권리를 직접적으로 침해당했기 때문에 헌법소원심판 청구의 적법성을 인정했다.

① ㄱ
② ㄴ, ㅁ
③ ㄷ, ㄹ
④ ㄷ, ㅂ
⑤ ㄱ, ㄷ, ㅂ

80 다음 중 권리의 효력에 따른 분류에 속하지 않는 것은?

① 항변권
② 지배권
③ 형성권
④ 청구권
⑤ 인격권

81 다음 중 국정감사 및 조사에 대한 법률상 국정감사 및 조사에 대한 설명으로 옳지 않은 것은?

① 국정감사 또는 조사를 하는 위원회는 그 의결로 필요한 경우 2명 이상의 위원으로 별도의 소위원회나 반을 구성하여 감사 또는 조사를 하게 할 수 있다.

② 지방자치단체에 대한 감사는 둘 이상의 위원회가 합동으로 반을 구성하여 할 수 있다.

③ 위원회는 그 의결로 감사 또는 조사와 관련된 보고 또는 서류 등의 제출을 관계인 또는 그 밖의 기관에 요구하고, 증인·감정인·참고인의 출석을 요구하고 검증을 할 수 있다. 다만, 위원회가 감사 또는 조사와 관련된 서류 등의 제출을 요구하는 경우에는 재적위원 3분의 1 이상의 요구로 할 수 있다.

④ 위원회가 국정감사 또는 조사를 마쳤을 때에는 지체 없이 그 감사 또는 조사 보고서를 작성하여 의장에게 제출하여야 하며, 보고서를 제출받은 의장은 이를 지체 없이 본회의에 보고하여야 한다.

⑤ 국회는 국정 전반에 관하여 소관 상임위원회별로 매년 정기회 집회일 이전 국정감사 시작일부터 30일 이내의 기간을 정하여 감사를 실시한다. 이때 감사는 상임위원장이 각 교섭단체 대표의원과 협의하여 작성한 감사계획서에 따라 한다.

82 국회법 및 공직선거법에 따를 때, 빈칸 A ~ E 중 가장 큰 수는?

- 대통령선거에서 후보자의 등록은 선거일 전 _A_ 일부터 2일간 관할선거구선거관리위원회에 서면으로 신청하여야 한다.
- 정부에 대한 질문을 제외하고는 의원의 발언 시간은 _B_ 분을 초과하지 아니하는 범위에서 의장이 정한다.
- 국회의원지역구의 공정한 획정을 위하여 임기만료에 따른 국회의원선거의 선거일 전 _C_ 개월부터 해당 국회의원선거에 적용되는 국회의원지역구의 명칭과 그 구역이 확정되어 효력을 발생하는 날까지 국회의원선거구획정위원회를 설치·운영한다.
- 대통령선거의 선거기간은 _D_ 일이다.
- 의원 _E_ 명 이상의 연서에 의한 동의로 본회의 의결이 있거나 의장이 각 교섭단체 대표의원과 협의하여 필요하다고 인정할 때에는 의장은 회기 전체 의사일정의 일부를 변경하거나 당일 의사일정의 안건 추가 및 순서 변경을 할 수 있다.

① A
② B
③ C
④ D
⑤ E

83 다음 중 재산권에 대한 설명으로 옳지 않은 것은?(단, 다툼이 있는 경우 판례에 따른다)

① 보유기간이 1년 이상 2년 미만인 자산이 공용 수용으로 양도된 경우에도 중과세하는 구 소득세법 조항은 재산권을 침해하지 않는다.

② 법인이 과밀억제권역 내에 본점의 사업용 부동산으로 건축물을 신축하여 이를 취득하는 경우 취득세를 중과세하는 구 지방세법 조항은, 인구유입이나 경제력집중의 유발 효과가 없는 신축 또는 증축으로 인한 부동산의 취득의 경우에도 모두 취득세 중과세 대상에 포함시키는 것이므로 재산권을 침해한다.

③ 계약의 이행으로 받은 금전을 계약 해제에 따른 원상회복으로서 반환하는 경우 그 받은 날로부터 이자를 지급하도록 한 민법 조항은, 계약 해제의 경위·계약 당사자의 귀책사유 등 제반 사정을 계약 해제로 인한 손해배상의 범위를 정할 때 고려하게 되므로, 원상회복의 무자의 재산권을 침해하지 않는다.

④ 가축전염병의 확산을 막기 위한 방역조치로서 도축장 사용정지·제한명령은 공익목적을 위하여 이미 형성된 구체적 재산권을 박탈하거나 제한하는 헌법 제23조 제3항의 수용·사용 또는 제한에 해당하는 것이 아니라, 도축장 소유자들이 수인하여야 할 사회적 제약으로서 헌법 제23조 제1항의 재산권의 내용과 한계에 해당한다.

⑤ 친일반민족행위자 재산의 국가귀속에 관한 특별법(이하 '친일재산귀속법'이라 한다)에 따라 그 소유권이 국가에 귀속되는 '친일재산'의 범위를 '친일반민족행위자가 국권침탈이 시작된 러·일전쟁 개전시부터 1945년 8월 15일까지 일본제국주의에 협력한 대가로 취득하거나 이를 상속받은 재산 또는 친일재산임을 알면서 유증 증여를 받은 재산'으로 규정하고 있는 친일재산귀속법 조항은 재산권을 침해하지 않는다.

84 다음 중 ㉠과 ㉡이 의미하는 행정구제제도의 명칭이 바르게 연결된 것은?

> ㉠ 지방자치단체가 건설한 교량이 시공자의 흠으로 붕괴되어 지역주민들에게 상해를 입혔을 때, 지방자치단체가 상해를 입은 주민들의 피해를 구제해 주었다.
> ㉡ 도로확장사업으로 인하여 토지를 수용당한 주민들의 피해를 국가가 변상하여 주었다.

	㉠	㉡
①	손실보상	행정소송
②	손해배상	행정심판
③	행정소송	손실보상
④	손해배상	손실보상
⑤	행정소송	손해배상

PART 3 최종점검 모의고사 • **223**

85 다음 중 국가공무원법에 명시된 공무원의 복무의무로 옳지 않은 것은?

① 범죄 고발의 의무
② 친절·공정의 의무
③ 비밀엄수의 의무
④ 정치운동의 금지
⑤ 복종의 의무

86 법무부장관이 외국인 A에게 귀화를 허가한 경우, 선거관리위원장은 귀화 허가가 무효가 아닌 한 귀화 허가에 하자가 있더라도 A가 한국인이 아니라는 이유로 선거권을 거부할 수 없다. 이처럼 법무부장관의 귀화 허가에 구속되는 행정행위의 효력은?

① 공정력
② 구속력
③ 형식적 존속력
④ 구성요건적 효력
⑤ 실질적 존속력

87 권력관계에 있어서 국가와 기타 행정주체의 의사는 비록 설립에 흠이 있을지라도 당연무효의 경우를 제외하고는 일단 적법·유효하다는 추정을 받으며, 권한 있는 기관이 직권 또는 쟁송절차를 거쳐 취소하기 전에는 누구라도 이에 구속되고 그 효력을 부정하지 못하는 우월한 힘이 있는데, 이를 행정행위의 무엇이라고 하는가?

① 확정력
② 불가쟁력
③ 공정력
④ 강제력
⑤ 불가변력

88 다음 중 행정주체와 국민과의 관계를 가장 잘 나타낸 것은?

① 권력관계이다.

② 공법관계뿐이다.

③ 사법관계이다.

④ 근로관계이다.

⑤ 사법관계일 때도 있고 공법관계일 때도 있다.

89 다음 중 행정처분에 대한 설명으로 옳지 않은 것은?

① 행정처분은 행정청이 행하는 공권력 작용이다.

② 행정처분에는 조건을 부가할 수 없다.

③ 경미한 하자있는 행정처분에는 공정력이 인정된다.

④ 행정처분에 대해서만 항고소송을 제기할 수 있다.

⑤ 법규에 위반하면 위법처분으로서 행정심판·행정소송의 대상이 된다.

90 다음 중 행정행위의 특징으로 볼 수 없는 것은?

① 행정처분에 대한 내용적인 구속력인 기판력

② 일정기간이 지나면 그 효력을 다투지 못하는 불가쟁성

③ 당연무효를 제외하고는 일단 유효함을 인정받는 공정력

④ 법에 따라 적합하게 이루어져야 하는 법적합성

⑤ 일정한 행정행위의 경우 그 성질상 행정청 스스로도 직권취소나 변경이 제한되는 불가변성

91 다음 중 행정행위에 해당하는 것은?

① 도로의 설치

② 건축허가

③ 국유재산의 매각

④ 토지수용에 대한 협의

⑤ 자동차의 처분

92 다음 중 지방자치단체의 조직에 대한 설명으로 옳지 않은 것은?

① 지방자치단체에 주민의 대의기관인 의회를 둔다.

② 지방자치단체의 장은 주민이 보통・평등・직접・비밀선거에 따라 선출한다.

③ 지방자치단체의 장은 법령의 범위 안에서 자치에 대한 조례를 제정할 수 있다.

④ 지방자치단체의 종류는 법률로 정한다.

⑤ 지방의회의원의 임기는 4년으로 한다.

93 다음 중 행정기관에 대한 설명으로 옳은 것은?

① 다수 구성원으로 이루어진 합의제 행정청이 대표적인 행정청의 형태이며, 지방자치단체의 경우 지방의회가 행정청이다.

② 감사기관은 다른 행정기관의 사무나 회계처리를 검사하고 그 적부에 관해 감사하는 기관이다.

③ 자문기관은 행정청의 내부 실・국의 기관으로 행정청의 권한 행사를 보좌한다.

④ 의결기관은 행정청의 의사결정에 참여하는 권한을 가진 기관이지만 행정청의 의사를 법적으로 구속하지는 못한다.

⑤ 집행기관은 채권자의 신청에 의하여 강제집행을 실시할 직무를 갖지 못한다.

94 다음 중 국가배상에 대한 설명으로 옳은 것은?

① 도로건설을 위해 자신의 토지를 수용당한 개인은 국가배상청구권을 가진다.
② 공무원이 직무수행 중에 적법하게 타인에게 손해를 입힌 경우 국가가 배상책임을 진다.
③ 도로·하천 등의 설치 또는 관리에 하자가 있어 손해를 받은 개인은 국가가 배상책임을 진다.
④ 공무원은 어떤 경우에도 국가배상청구권을 행사할 수 없다.
⑤ 국가배상법에서 규정하고 있는 손해배상은 손실보상으로도 볼 수 있다.

95 경찰관이 목전에 급박한 장해를 제거할 필요가 있거나 그 성질상 미리 의무를 명할 시간적 여유가 없을 때, 자신이 근무하는 국가중요시설에 무단으로 침입한 자의 신체에 직접 무기를 사용하여 저지하는 행위는?

① 행정대집행
② 행정상 즉시강제
③ 행정상 강제집행
④ 집행벌
⑤ 행정상 손해배상

96 행정심판에 의해 구제받지 못한 자가 위법한 행정행위에 대하여 최종적으로 법원에 구제를 청구하는 절차는?

① 헌법소원
② 손해배상청구
③ 손실보상청구
④ 행정소송
⑤ 경정청구

97 우리나라 헌법은 1948년 이후 몇 차례의 개정이 있었는가?

① 5차

② 7차

③ 8차

④ 9차

⑤ 10차

98 다음 중 우리나라 헌법에 대한 설명으로 옳지 않은 것은?

① 대통령의 계엄선포권을 규정하고 있다.

② 국무총리의 긴급재정경제처분권을 규정하고 있다.

③ 국가의 형태로서 민주공화국을 채택하고 있다.

④ 국제평화주의를 규정하고 있다.

⑤ 실질적 의미의 헌법은 국가의 통치조직·작용의 기본원칙에 대한 규범을 총칭한다.

99 다음 중 근대 입헌주의적 의미의 헌법에 해당하는 것은?

① 권력분립과 기본권 보장이 없는 국가는 헌법이 없다.

② 영국을 제외하고 모든 나라는 헌법을 가지고 있다.

③ 국가라고 하는 법적 단체가 있는 곳에는 헌법이 있다.

④ 공산주의 국가에도 헌법은 있다.

⑤ 헌법을 불문화할 필요가 있다.

100 다음 중 헌법개정에 대한 설명으로 옳지 않은 것은?

① 헌법에 규정된 개정절차에 따라야 한다.

② 국민투표를 요구하는 방법, 특별헌법회의를 필요로 하는 방법 등을 볼 수 있다.

③ 헌법의 형식이나 내용에 변경을 가하는 것이다.

④ 헌법의 파괴는 개정이 아니다.

⑤ 헌법의 기본적 동일성이 변경되는 것이다.

|05| 기계

51 허용인장강도 600MPa의 연강봉에 50kN의 축방향 인장하중이 작용할 때 안전율이 7이라면, 강봉의 최소 지름은?

① 약 2.7cm   ② 약 3.4cm

③ 약 5.7cm   ④ 약 7.3cm

⑤ 약 9.4cm

52 다음 중 상온에서 소성변형을 일으킨 후에 열을 가하면 원래의 모양으로 돌아가는 성질을 가진 재료는?

① 비금속   ② 내열금속

③ 비정질합금   ④ 초소성 재료

⑤ 형상기억합금

53 다음 중 무차원수가 아닌 것은?

① 레이놀즈수   ② 푸아송비

③ 탄성계수   ④ 비중

⑤ 항력계수

54 수면에 떠 있는 선체의 저항 측정시험과 풍동실험을 통해 자동차 공기저항 측정시험을 하고자 한다. 이때, 모형과 원형 사이에 서로 역학적 상사를 이루려면 두 시험에서 공통적으로 고려해야 하는 무차원수는?

① 마하수(Ma)   ② 레이놀즈수(Re)

③ 오일러수(Eu)   ④ 프루드수(Fr)

⑤ 웨버수(We)

55 강의 담금질 열처리에서 냉각속도가 가장 느린 경우에 나타나는 조직은?

① 소르바이트
② 잔류 오스테나이트
③ 트루스타이트
④ 마텐자이트
⑤ 베이나이트

56 나무토막의 절반이 물에 잠긴 채 떠 있다. 이 나무토막에 작용하는 부력과 중력에 대한 설명으로 옳은 것은?

① 알 수 없다.
② 부력과 중력의 크기가 같다.
③ 부력에 비해 중력의 크기가 더 크다.
④ 중력에 비해 부력의 크기가 더 크다.
⑤ 물의 온도에 따라 어떤 것이 더 큰지 다르다.

57 폭 30cm, 높이 10cm, 길이 1.5m의 외팔보의 자유단에 8kN의 집중하중을 작용시킬 때의 최대 처짐은?(단, 탄성계수 $E=200\text{GPa}$이다)

① 2.5mm
② 2.2mm
③ 1.8mm
④ 1.5mm
⑤ 1.2mm

58 구동풀리의 직경이 250mm, 종동풀리의 직경이 600mm이고 구동풀리와 종동풀리의 축간 거리가 1,000mm일 때, 벨트로 두 풀리를 평행걸기로 연결한다면 벨트의 길이는?(단, $\pi=3$이다)

① 약 2,555.6mm
② 약 2,705.6mm
③ 약 3,305.6mm
④ 약 3,455.7mm
⑤ 약 3,687.6mm

59 어떤 기체의 정압비열이 $1.075\text{kJ/kg}\cdot\text{K}$이다. 이 기체의 정적비열은?(단, 기체상수는 $0.287\text{kJ/kg}\cdot\text{K}$이다)

① $0.9315\text{kJ/kg}\cdot\text{K}$
② $0.788\text{kJ/kg}\cdot\text{K}$
③ $0.6445\text{kJ/kg}\cdot\text{K}$
④ $0.501\text{kJ/kg}\cdot\text{K}$
⑤ $0.3575\text{kJ/kg}\cdot\text{K}$

60 다음 중 점성계수가 μ인 유체가 지름이 D인 원형 직관 안에서 Q의 유량으로 흐르고 있다. 길이 L을 지나는 동안 발생한 압력 손실의 크기는?

① $\dfrac{32\mu QL}{\pi D^4}$
② $\dfrac{48\mu QL}{\pi D^4}$
③ $\dfrac{64\mu QL}{\pi D^4}$
④ $\dfrac{128\mu QL}{\pi D^4}$
⑤ $\dfrac{256\mu QL}{\pi D^4}$

61 다음 중 정상유동이 일어나는 경우는?

① 유체의 위치에 따른 속력의 변화가 0일 때
② 유체의 시간에 따른 속력의 변화가 일정할 때
③ 유체의 유동상태가 시간에 따라 점차적으로 변화할 때
④ 유체의 모든 순간에 유동상태가 이웃하는 점들과 같을 때
⑤ 유체의 유동상태가 모든 점에서 시간에 따라 변화하지 않을 때

62 다음 중 동력의 단위가 아닌 것은?

① J/s

② HP

③ kcal

④ W

⑤ $kg \cdot m^2/s^3$

63 다음 중 표준대기압이 아닌 것은?

① 14.7psi

② 760mmHg

③ 1.033mAq

④ 1.013bar

⑤ 1,013hPa

64 다음 중 동점성계수에 대한 설명으로 옳은 것을 〈보기〉에서 모두 고르면?

> **보기**
>
> ㄱ. 유체의 압력을 밀도로 나눈 값이다.
> ㄴ. 유체의 점성계수를 밀도로 나눈 값이다.
> ㄷ. 단위는 Poise(P)이다.
> ㄹ. 단위는 Stoke(St)이다.
> ㅁ. 단위로는 cm/s^2를 사용한다.

① ㄱ, ㄷ

② ㄱ, ㅁ

③ ㄴ, ㄷ

④ ㄴ, ㄹ

⑤ ㄴ, ㅁ

65 압력 50kPa, 온도 25℃인 일정량의 이상기체가 있다. 부피를 일정하게 유지하면서 압력이 처음의 1.5배가 되었을 때, 기체의 온도는 몇 ℃가 되는가?

① 약 37.51℃   ② 약 78.18℃

③ 약 122.33℃   ④ 약 174.08℃

⑤ 약 207.52℃

66 다음 중 공작물의 회전운동에 의하여 절삭이 이루어지는 공작기계는?

① 선반   ② 슬로터

③ 프레스   ④ 플레이너

⑤ 드릴링 머신

67 다음 중 절삭 시 발생하는 칩에 대한 설명으로 옳은 것을 〈보기〉에서 모두 고르면?

> **보기**
> ㄱ. 칩이 공구의 날 끝에 붙어 원활하게 흘러가지 못하면 균열형 칩이 생성된다.
> ㄴ. 메짐성이 큰 재료를 저속으로 절삭하면 열단형 칩이 생성된다.
> ㄷ. 공구의 진행 방향 위쪽으로 압축되면서 불연속적인 미끄럼이 생기면 전단형 칩이 생성된다.
> ㄹ. 연성재료에서 절삭조건이 맞고 절삭저항 변동이 작으면 유동형 칩이 생성된다.

① ㄱ, ㄴ   ② ㄱ, ㄹ

③ ㄴ, ㄷ   ④ ㄴ, ㄹ

⑤ ㄷ, ㄹ

68 바깥지름이 5cm이고 안지름이 3cm인 원의 극관성모멘트(I_p)는?

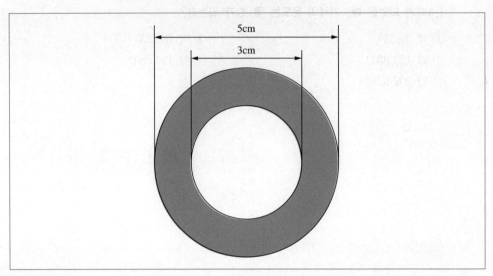

① 약 45.2cm^4 ② 약 53.4cm^4

③ 약 61.3cm^4 ④ 약 69.7cm^4

⑤ 약 75.4cm^4

69 전단 탄성계수가 80GPa인 강봉에 전단응력이 1kPa이 발생했다면 이 부재에 발생한 전단변형률 γ은?

① 12.5×10^{-3} ② 12.5×10^{-6}

③ 12.5×10^{-9} ④ 12.5×10^{-12}

⑤ 12.5×10^{-15}

70 다음 중 사각형의 단면계수를 구하는 식으로 옳은 것은?

① $Z = \dfrac{bh^2}{3}$ ② $Z = \dfrac{bh^3}{30}$

③ $Z = \dfrac{\pi d^3}{32}$ ④ $Z = \dfrac{bh^2}{6}$

⑤ $Z = \dfrac{bh^3}{36}$

71 다음 중 축의 위험속도에 대한 내용으로 옳은 것은?

① 축의 고유진동수이다.
② 축의 최대인장강도이다.
④ 축에 작용하는 최대굽힘모멘트이다.
④ 축에 작용하는 최대비틀림모멘트이다.
⑤ 축베어링이 견딜 수 있는 최고회전속도이다.

72 다음 중 레이놀즈수에 대한 설명으로 옳지 않은 것은?

① 관성력과 점성력의 비를 나타낸다.
② 층류와 난류를 구별하여 주는 척도가 된다.
③ 유동단면의 형상이 변하면 임계 레이놀즈수도 변한다.
④ 레이놀즈수가 작은 경우에는 점성력이 크게 영향을 미친다.
⑤ 층류에서 난류로 변하는 레이놀즈수를 하임계 레이놀즈수라고 한다.

73 직경이 50cm인 어떤 관에 동점성계수가 $5\text{cm}^2/\text{s}$인 기름이 층류로 흐를 때, 기름의 유속은?(단, 관마찰계수는 0.04이다)

① 1.2m/s   ② 1.4m/s
③ 1.6m/s   ④ 1.8m/s
⑤ 2m/s

74 직경이 0.5m이고 길이가 10m인 어떤 관에 유체가 10m/s의 속도로 흐르고 있다. Darcy – Weisbach에 의한 마찰손실이 4.5m일 때, 이 유체의 레이놀즈수는?(단, 유체의 흐름상태는 층류이다)

① 약 1,165
② 약 1,286
③ 약 1,451
④ 약 1,512
⑤ 약 1,763

75 탱크에 저장되어 있는 물을 직경이 5cm인 원형 관을 통해 빼내려고 한다. 관속 흐름의 형태가 층류일 때, 유속은 얼마인가?(단, 층류와 난류의 경계가 되는 레이놀즈수는 2,000이고, $\nu = 1.3101 \times 10^{-2} \, cm^2$ 이다)

① 약 3.6m/s
② 약 4.8m/s
③ 약 5.2m/s
④ 약 6.6m/s
⑤ 약 7.4m/s

76 지름이 30mm이고 길이가 100cm인 연강봉에 인장하중이 50kN이 작용할 때, 탄성에너지의 크기는?(단, 연강봉의 탄성계수는 303.8GPa이다)

① 약 1.59J
② 약 2.91J
③ 약 5.82J
④ 약 8.73J
⑤ 약 11.64J

77 다음 중 안전율을 가장 크게 고려해야 하는 하중은?

① 정하중

② 교번하중

③ 반복하중

④ 충격하중

⑤ 모두 같다.

78 어떤 밸브의 기호가 다음과 같을 때 이 밸브를 포트 수, 위치 수, 방향 수로 바르게 나타낸 것은?

① 4포트 2위치 4방향 밸브

② 4포트 4위치 4방향 밸브

③ 4포트 8위치 4방향 밸브

④ 8포트 1위치 4방향 밸브

⑤ 8포트 3위치 4방향 밸브

79 다음 중 공압 시스템에 대한 설명으로 옳지 않은 것은?

① 유압 시스템에 비해 먼지나 습기에 민감하다.

② 유압 시스템에 비해 온도에 영향을 적게 받는다.

③ 유압 시스템에 비해 압축성이 크므로 응답속도가 늦다.

④ 유압 시스템에 비해 점성이 작으므로 압력 강하가 적다.

⑤ 유압 시스템에 비해 마찰이 적으므로 급유를 할 필요가 없다.

80 다음 중 조밀육방격자들로만 이루어진 금속은?

① W, Ni, Mo, Cr
② Mg, Ce, Ti, Co
③ V, Li, Ce, Zn
④ Mg, Ti, Zn, Cr
⑤ Zn, Ag, Ni, Y

81 다음 소성가공에서 가공법에 대한 설명으로 옳은 것은?

① 노칭(Notching)은 전단가공의 한 종류이다.
② 냉간가공은 재결정온도 이상의 온도에서 가공한다.
③ 가공경화는 소성가공 중 재료가 약해지는 현상이다.
④ 열간가공은 금속을 가열해 단단하게 해서 가공하는 방법이다.
⑤ 압연 시 압하율이 크면 롤 간격에서의 접촉호가 길어지므로 최고압력이 감소한다.

82 탄성한도, 허용응력 및 사용응력 사이의 관계로 옳은 것은?

① 탄성한도 > 허용응력 ≥ 사용응력
② 탄성한도 > 사용응력 ≥ 허용응력
③ 허용응력 ≥ 사용응력 > 탄성한도
④ 사용응력 ≥ 허용응력 > 탄성한도
⑤ 사용응력 ≥ 허용응력 > 탄성한도

83 밑변이 20cm이고 높이가 30cm인 삼각형 단면이 있다. 이 삼각형의 밑변과 평행하고 도심을 지나는 축에 대한 단면 2차 모멘트의 크기는?

① $5,000\text{cm}^4$
② $15,000\text{cm}^4$
③ $25,000\text{cm}^4$
④ $35,000\text{cm}^4$
⑤ $45,000\text{cm}^4$

84 다음 중 냉간가공에 대한 특징으로 옳지 않은 것은?

① 가공면이 아름답다.

② 제품의 치수를 정확하게 가공할 수 있다.

③ 가공방향에 따른 강도 변화가 거의 없다.

④ 재결정온도 이하에서 가공하는 소성가공이다.

⑤ 재결정온도 이상으로 어닐링하여 변형응력을 제거하는 과정을 거쳐야 한다.

85 다음과 같은 벤추리관에 비중이 γ_{oil}인 기름이 흐를 때, 2지점에서의 속력(v_2)을 D_1, D_2, h, γ_{oil}, γ_m으로 나타낸 것은?

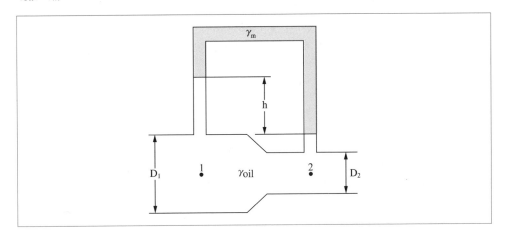

① $\sqrt{\dfrac{gh\left(\dfrac{\gamma_m}{\gamma_{oil}}-1\right)}{1-(\dfrac{D_2}{D_1})^4}}$

② $\sqrt{\dfrac{2gh\left(\dfrac{\gamma_m}{\gamma_{oil}}-1\right)}{1-(\dfrac{D_2}{D_1})^4}}$

③ $\sqrt{\dfrac{gh\left(\dfrac{\gamma_m}{\gamma_{oil}}-1\right)}{1-(\dfrac{D_2}{D_1})^2}}$

④ $\sqrt{\dfrac{2gh\left(\dfrac{\gamma_m}{\gamma_{oil}}-1\right)}{1-(\dfrac{D_2}{D_1})^2}}$

⑤ $2\sqrt{\dfrac{gh\left(\dfrac{\gamma_m}{\gamma_{oil}}-1\right)}{1-(\dfrac{D_2}{D_1})^2}}$

86 다음 중 증기압축식 냉동기에서 냉매가 움직이는 경로를 순서대로 바르게 나열한 것은?

① 압축기 → 증발기 → 응축기 → 팽창밸브 → 압축기
② 압축기 → 증발기 → 팽창밸브 → 응축기 → 압축기
③ 압축기 → 응축기 → 증발기 → 팽창밸브 → 압축기
④ 압축기 → 응축기 → 팽창밸브 → 증발기 → 압축기
⑤ 압축기 → 팽창밸브 → 증발기 → 응축기 → 압축기

87 다음 중 합금강에 첨가하는 원소와 얻을 수 있는 효과를 바르게 연결한 것은?

① W – 경도를 낮추어 가공성 강화
② Ni – 내식성이 증가되고 크리프 저항을 증가
③ Mn – 청열 메짐을 방지하고 내마모성을 증가
④ Cr – 전자기적 성질을 개선하고 내마멸성을 증가
⑤ Mo – 담금질 깊이를 깊게 하고 크리프 저항을 증가

88 다음 중 Y합금의 주요 성분을 바르게 나열한 것은?

① Al – Cu – Ni
② Al – Cu – Cr
③ Co – Cr – W – Ni
④ Al – Cu – Mg – Ni
⑤ Al – Cu – Mg – Mn

89 알루미늄에 많이 적용되며 다양한 색상의 유기염료를 사용하여 소재표면에 안정되고 오래가는 착색피막을 형성하는 표면처리방법은?

① 침탄법
② 화학증착법
③ 양극산화법
④ 크로마이징
⑤ 고주파경화법

90 실린더 내부 유체가 외부로부터 68kJ/kg의 일을 받아 외부로 36kJ/kg의 열을 방출하였다. 이때, 유체의 내부에너지의 변화로 옳은 것은?

① 내부에너지는 32kJ/kg 증가하였다.

② 내부에너지는 32kJ/kg 감소하였다.

③ 내부에너지는 36kJ/kg 증가하였다.

④ 내부에너지는 104kJ/kg 감소하였다.

⑤ 내부에너지는 104kJ/kg 증가하였다.

91 분자량이 30인 에탄의 기체상수는?

① 약 0.033J/g · K ② 약 0.277J/g · K

③ 약 2.499J/g · K ④ 약 2.778J/g · K

⑤ 약 249.92J/g · K

92 다음 중 1냉동톤(1RT)에 대한 정의로 옳은 것은?

① 4℃인 물 1kg을 1시간 동안 0℃의 얼음으로 만들 때 냉각해야 할 열량이다.

② 0℃인 물 1kg을 1시간 동안 0℃의 얼음으로 만들 때 냉각해야 할 열량이다.

③ 0℃인 물 1kg을 24시간 동안 0℃의 얼음으로 만들 때 냉각해야 할 열량이다.

④ 0℃인 물 1,000kg을 1시간 동안 0℃의 얼음으로 만들 때 냉각해야 할 열량이다.

⑤ 0℃인 물 1,000kg을 24시간 동안 0℃의 얼음으로 만들 때 냉각해야 할 열량이다.

93 고압 증기터빈에서 저압 증기터빈으로 유입되는 증기의 건도를 높여 상대적으로 높은 보일러압력
을 사용할 수 있게 하고, 터빈일을 증가시키며 터빈출구의 건도를 높이는 사이클은?

① 재열사이클 ② 재생사이클

③ 과열사이클 ④ 스털링사이클

⑤ 카르노사이클

94 다음 중 절삭가공에 대한 설명으로 옳은 것은?

① 경질재료일수록 절삭저항이 감소하여 표면조도가 양호하다.

② 절삭속도를 증가시키면 유동형 칩이 생성되어 수명이 연장된다.

③ 절삭깊이를 감소시키면 구성인선이 감소하여 표면조도가 양호하다.

④ 절삭속도를 증가시키면 절삭저항이 증가하여 표면조도가 불량하다.

⑤ 절삭속도를 감소시키면 구성인선이 감소하여 표면조도가 양호하다.

95 다음 카르노 사이클의 T-S 선도에서 단열압축이 발생한 후의 온도는?

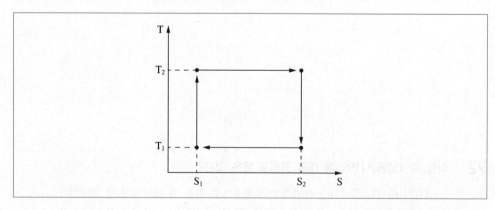

① T_1 ② $\dfrac{1}{2}(T_1 + T_2)$

③ T_2 ④ $S_1 + S_2$

⑤ $(S_2 - S_1)(T_2 - T_1)$

96 다음 오토 사이클의 P-V 선도에서 단열과정에 해당하는 과정을 모두 고르면?

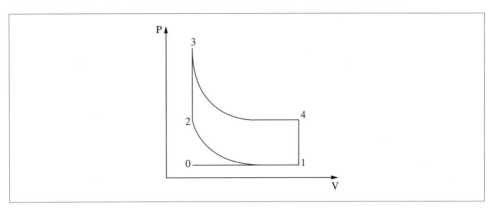

① $0 \rightarrow 1$, $1 \rightarrow 0$
③ $1 \rightarrow 2$, $2 \rightarrow 3$
⑤ $1 \rightarrow 2$, $3 \rightarrow 4$

② $2 \rightarrow 3$, $4 \rightarrow 1$
④ $3 \rightarrow 4$, $4 \rightarrow 1$

97 어떤 사무실에 열전도율이 $0.6W/(m \cdot K)$이고 두께가 1cm이고 면적이 $10m^2$인 유리벽이 있다. 이 사무실의 실내와 실외의 온도 차이가 10℃일 때, 1시간동안 실외에서 유리를 통해 실내로 들어오는 열량은?(단, 실내온도가 더 낮고 실내에서 실외로 빠져나가는 열은 없으며 1J=0.24cal이다)

① 약 4,965kcal
③ 약 5,097kcal
⑤ 약 5,241kcal

② 약 5,038kcal
④ 약 5,184kcal

98 모터사이클의 현가시스템의 구성과 응답이 다음과 같을 때, 이 시스템에 해당하는 감쇠비로 옳은 것은?

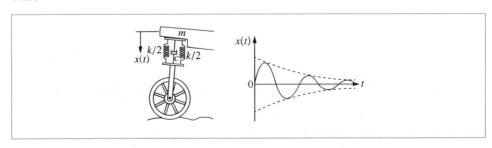

① $\zeta < 0$
③ $0 < \zeta < 1$
⑤ $\zeta > 1$

② $\zeta = 0$
④ $\zeta = 1$

99 다음 Fe-C 상변화도에서 ㉠에 해당하는 탄소강은?

① δ-Fe
② 페라이트
③ 펄라이트
④ 시멘타이트
⑤ 오스테나이트

100 다음 중 구조용 강의 공칭응력 – 변형률선도에 대한 설명으로 옳지 않은 것은?

① 극한응력은 선도에서의 최대응력이다.
② 비례한도까지는 응력과 변형률이 정비례의 관계를 유지한다.
③ 항복점에서는 하중이 증가하더라도 시험편의 변형이 일어나지 않는다.
④ 네킹구간은 극한 강도를 지나면서 재료의 단면이 줄어들어 길게 늘어나는 구간이다.
⑤ 탄성한도에 이를 때까지는 하중을 제거하면, 시험편이 최초의 변형이 없는 상태로 돌아간다.

| 06 | 전기

51 어떤 커패시터에 가하는 전압을 2배로 늘릴 때 커패시터 용량의 변화는?(단, 전하량은 변하지 않는다)

① 4배 감소한다.   ② 2배 감소한다.
③ 변하지 않는다.   ④ 2배 증가한다.
⑤ 4배 증가한다

52 기전력이 1.5V, 내부 저항이 $3\,\Omega$ 인 전지 3개를 같은 극끼리 병렬로 연결하고, 어떤 부하저항을 연결하였더니 부하에 0.5A의 전류가 흘렀다. 부하저항의 값을 두 배로 높였을 때, 부하에 흐르는 전류는?

① 0.3A   ② 0.35A
③ 0.4A   ④ 0.45A
⑤ 0.5A

53 자기저항이 2×10^{7} AT/Wb인 철심이 있는 환상 솔레노이드에 5×10^{-5} Wb의 자속이 통과할 때, 철심의 기자력은?

① 1,000AT   ② 1,200AT
③ 1,400AT   ④ 1,600AT
⑤ 1,800AT

54 어떤 전위 함수가 $V(x,\ y,\ z)=5x+6y^{2}$ 로 주어질 때, 점$(2,\ -1,\ 3)$에서 전계의 세기는?

① 10V/m   ② 11V/m
③ 13V/m   ④ 15V/m
⑤ 16V/m

55 다음과 같은 회로에서 $a-b$ 사이에 걸리는 전압의 크기는?

① 0V
② 15V
③ 30V
④ 45V
⑤ 60V

56 다음 〈보기〉 중 전기력선의 성질에 대한 설명으로 옳은 것을 모두 고르면?

> **보기**
> ㄱ. 전기력선은 양(+)전하에서 시작하여 음(-)전하에서 끝난다.
> ㄴ. 전기장 내에 도체를 넣으면 도체 내부의 전기장이 외부의 전기장을 상쇄하나 도체 내부에 전기력선은 존재한다.
> ㄷ. 전기장 내 임의의 점에서 전기력선의 접선 방향은 그 점에서의 전기장의 방향을 나타낸다.
> ㄹ. 전기장 내 임의의 점에서 전기력선의 밀도는 그 점에서의 전기장의 세기와 비례하지 않는다.

① ㄱ, ㄴ
② ㄱ, ㄷ
③ ㄱ, ㄹ
④ ㄴ, ㄹ
⑤ ㄷ, ㄹ

57 다음 중 발전기의 안정도를 향상시킬 수 있는 방안으로 옳지 않은 것은?

① 제동권선을 설치한다.

② 속응여자방식을 채택한다.

③ 조속기의 감도를 예민하게 한다.

④ 단락비를 크게 하여 동기리액턴스의 크기를 감소시킨다.

⑤ 전압변동률을 작게 하여 동기리액턴스의 크기를 감소시킨다.

58 다음 중 과도응답시간 특성에 대한 설명으로 옳지 않은 것은?

① 감쇠비(ζ)가 0인 경우 시스템은 즉시 정지한다.

② 과도응답의 감쇠속도는 시정수의 크기에 영향을 받는다.

③ 0<[감쇠비(ζ)]<1일 때, 진폭이 점차 감소하는 진동을 보인다.

④ 지연시간은 출력값이 처음으로 정상 출력값의 50%에 도달하기까지 걸리는 시간이다.

⑤ 상승시간은 출력값이 정상 출력값의 10%에서 90% 값에 도달하기까지 걸리는 시간이다.

59 소모 전력이 150kW인 어떤 공장의 부하역률이 60%일 때, 역률을 90%로 개선하기 위해 필요한 전력용 콘덴서의 용량은?

① 약 67.1kVA　　　　　　　　② 약 86.7kVA

③ 약 103.9kVA　　　　　　　④ 약 112.1kVA

⑤ 약 127.3kVA

60 다음 중 동기발전기를 병렬로 운전할 수 있는 조건으로 옳지 않은 것은?

① 기전력의 크기가 같을 것
② 기전력의 위상이 같을 것
③ 기전력의 주파수가 같을 것
④ 발전기의 초당 회전수가 같을 것
⑤ 기력력의 상회전 방향이 같을 것

61 구리전선과 전기 기계 기구 단지를 접속하는 경우에 진동 등으로 인하여 헐거워질 염려가 있는 곳에는 어떤 것을 사용하여 접속하여야 하는가?

① 스프링 와셔를 끼운다.
② 평 와셔 2개를 끼운다.
③ 코드 패스너를 끼운다.
④ 정 슬리브를 끼운다.
⑤ 로크볼트를 끼운다.

62 리플프리(Ripple-Free) 직류를 설명한 다음 글에서 빈칸에 들어갈 수로 옳은 것은?

> 리플프리 직류란 직류 성분에 대하여 ___%를 넘지 않는 실효값을 갖는 직류 전압을 말한다. 공칭 전압 120V 리플프리 직류 전원 시스템에서 최고 첨두치 전압은 140V를 넘지 않으며, 리플프리 직류 전원 60V에서 최고 첨두치 전압은 70V를 넘지 않는다.

① 1
② 2
③ 5
④ 10
⑤ 37

63 다음 중 3상 유도전동기를 급속 정지할 때 사용하는 제동방식은?

① 역상제동　　　　　　　　　② 회생제동
③ 발전제동　　　　　　　　　④ 저항제동
⑤ 단상제동

64 다음 중 보호계전기의 구비조건으로 옳지 않은 것은?

① 신뢰도가 높고 오작동이 없어야 한다.
② 주변 환경에 따라 유동적으로 작동해야 한다.
③ 주어진 조건에 도달할 경우 신속하게 작동해야 한다.
④ 열적, 기계적으로 견고하며 후비보호능력을 갖춰야 한다.
⑤ 고장 시 신속한 선택차단 및 복구로 정전 구간을 최소화할 수 있어야 한다.

65 한 상의 임피던스가 $30+j40\,\Omega$ 인 Y결선 평형부하에 선간전압 200V를 인가할 때, 발생되는 무효전력은?

① 580Var　　　　　　　　　② 640Var
③ 968Var　　　　　　　　　④ 1,024Var
⑤ 1,246Var

66 3상 동기 발전기의 상간 접속을 Y결선으로 하는 이유로 옳지 않은 것은?

① 중성점을 이용할 수 있다.

② 선간전압이 상전압의 $\sqrt{3}$ 배가 된다.

③ 선간전압에 제3고조파가 나타나지 않는다.

④ 같은 선간전압의 결선에 비하여 절연이 어렵다.

⑤ 지락이나 단락 발생시 보호계전기가 즉각 동작될 수 있도록 접지할 수 있기 때문이다.

67 N회 감긴 환상코일의 단면적이 $S\text{m}^2$이고 평균길이가 $l\text{m}$일 때, 이 코일의 권수는 3배로 증가시키고 인덕턴스를 일정하게 유지하기 위한 조건으로 옳은 것은?

① 단면적을 1/9배로 좁힌다.

② 비투자율을 1/3배로 조정한다.

③ 비투자율을 3배로 조정한다.

④ 전류의 세기를 9배로 늘린다.

⑤ 길이를 3배로 늘린다.

68 실효값 7A, 주파수 f Hz, 위상 60°인 전류의 순시값 i를 수식으로 바르게 표현한 것은?

① $7\sqrt{2}\,sin\left(2\pi ft + \dfrac{\pi}{6}\right)$ ② $7sin\left(2\pi ft + \dfrac{\pi}{6}\right)$

③ $7\sqrt{2}\,sin\left(2\pi ft - \dfrac{\pi}{3}\right)$ ④ $7\sqrt{2}\,sin\left(2\pi ft + \dfrac{\pi}{3}\right)$

⑤ $7sin\left(2\pi ft + \dfrac{\pi}{3}\right)$

69 공통 중성선 다중 접지 3상 4선식 배전선로에서 고압측(1차측) 중성선과 저압측(2차측)중성선을 전기적으로 연결하는 목적으로 옳은 것은?

① 저압측의 단락사고를 검출하기 위해

② 저압측의 접지사고를 검출하기 위해

③ 주상변압기의 중성선측 부싱을 생략하기 위해

④ 고압측의 단락사고시 고장전류를 검출하기 위해

⑤ 고저압 혼촉 시 수용가에 침입하는 상승전압을 억제하기 위해

70 다음 〈보기〉에서 비유전율에 대한 설명으로 옳은 것은 모두 몇 개인가?

> **보기**
>
> ㄱ. 모든 유전체의 비유전율은 1보다 크다.
> ㄴ. 비유전율의 단위는 [C/m]이다.
> ㄷ. 어떤 물질의 비유전율은 진공 중의 유전율에 대한 물질의 유전율의 비이다.
> ㄹ. 비유전율은 절연물의 종류에 따라 다르다.
> ㅁ. 산화티탄 자기의 비유전율이 유리의 비유전율보다 크다.
> ㅂ. 진공 중의 비유전율은 0이다.
> ㅅ. 진공 중의 유전율은 $\frac{1}{36\pi} \times 10^9$[F/m]로 나타낼 수 있다.

① 없음   ② 1개

③ 2개   ④ 3개

⑤ 4개

71 다음 중 가공지선의 설치 목적으로 옳은 것을 〈보기〉에서 모두 고르면?

> **보기**
> ㄱ. 직격뢰로부터의 차폐
> ㄴ. 선로정수의 평형
> ㄷ. 유도뢰로부터의 차폐
> ㄹ. 통신선유도장애 경감

① ㄴ, ㄹ   ② ㄱ, ㄴ, ㄹ
③ ㄱ, ㄷ, ㄹ   ④ ㄴ, ㄷ, ㄹ
⑤ ㄱ, ㄴ, ㄷ, ㄹ

72 도전율 σ, 투자율 μ인 도체에 주파수가 f인 교류전류가 흐를 때, 표피효과에 대한 설명으로 옳은 것은?

① σ가 클수록, μ, f가 작을수록 표피효과는 커진다.
② μ가 클수록, σ, f가 작을수록 표피효과는 커진다.
③ μ, f가 클수록 σ가 작을수록 표피효과는 커진다.
④ σ, μ, f가 작을수록 표피효과는 커진다.
⑤ σ, μ, f가 클수록 표피효과는 커진다.

73 다음 중 동기발전기 전기자 반작용에 대한 설명으로 옳은 것은?

① 유기 기전력과 전기자 전류가 동상인 경우 직축 반작용을 한다.
② 뒤진역률일 경우, 즉 전류가 전압보다 90° 뒤질 때는 증자작용을 한다.
③ 전기자 전류에 의해 발생한 자기장이 계자 자속에 영향을 주는 현상이다.
④ 계자전류에 의한 자속이 전기자전류에 의한 자속에 영향을 주는 현상이다.
⑤ 앞선역률일 경우, 즉 전류가 전압보다 90° 앞설 때는 교차 자화 작용을 한다.

74 저항이 $5\,\Omega$인 $R-L$ 직렬회로에 실효값 200V인 정현파 전원을 연결하였다. 이때 실효값 10A의 전류가 흐른다면 회로의 역률은?

① 0.25
② 0.4
③ 0.5
④ 0.75
⑤ 0.8

75 어떤 회로에 전압 100V를 인가하였다. 이때 유효전력이 300W이고 무효전력이 400Var라면 회로에 흐르는 전류는?

① 2A
② 3A
③ 4A
④ 5A
⑤ 6A

76 자기장의 코일이 있다. 이것의 권수 $N=2,000$, 저항 $R=12\,\Omega$으로 전류 $I=10$A를 통했을 때의 자속이 $\Phi=6\times10^{-2}$Wb이다. 이 회로의 시상수는?

① 0.01초
② 0.1초
③ 1초
④ 10초
⑤ 60초

77 다음 회로의 역률과 유효전력을 바르게 짝지은 것은?

	역률	유효전력[W]
①	0.5	25
②	0.5	50
③	$\dfrac{\sqrt{2}}{2}$	25
④	$\dfrac{\sqrt{2}}{2}$	50
⑤	1	25

78 다음 중 저항 R, 인덕터 L, 커패시터 C 등의 회로 소자들을 직렬회로로 연결했을 경우에 나타나는 특성에 대한 설명으로 옳은 것을 〈보기〉에서 모두 고르면?

> **보기**
>
> ㄱ. 인덕터 L만으로 연결된 회로에서 유도 리액턴스 $X_L = \omega L\,\Omega$ 이고, 전류는 전압보다 위상이 90° 앞선다.
>
> ㄴ. 저항 R과 인덕터 L을 직렬로 연결했을 때의 합성임피던스는 $|Z| = \sqrt{R^2 + (wL)^2}\,\Omega$ 이다.
>
> ㄷ. 저항 R과 커패시터 C를 직렬로 연결했을 때의 합성임피던스는 $|Z| = \sqrt{R^2 + (wC)^2}\,\Omega$ 이다.
>
> ㄹ. 저항 R, 인덕터 L, 커패시터 C를 직렬로 연결했을 때의 양호도는 $Q = \dfrac{1}{R}\sqrt{\dfrac{L}{C}}$ 로 정의한다.

① ㄱ, ㄴ   ② ㄴ, ㄹ

③ ㄱ, ㄷ, ㄹ   ④ ㄴ, ㄷ, ㄹ

⑤ ㄱ, ㄴ, ㄷ, ㄹ

79 다음 중 RLC병렬회로의 동작에 대한 설명으로 옳은 것을 〈보기〉에서 모두 고르면?

> **보기**
>
> ㄱ. 각 소자 R, L, C의 양단에 걸리는 전압은 전원전압과 같다.
>
> ㄴ. 회로의 어드미턴스 $Y = \dfrac{1}{R} + j\left(\omega L - \dfrac{1}{\omega C}\right)$이다.
>
> ㄷ. ω를 변화시켜 공진일 때 전원에서 흘러나오는 모든 전류는 R에만 흐른다.
>
> ㄹ. L에 흐르는 전류와 C에 흐르는 전류는 동상(In Phase)이다.
>
> ㅁ. 모든 에너지는 저항 R에서만 소비된다.

① ㄱ, ㅁ   ② ㄱ, ㄴ, ㄹ

③ ㄱ, ㄷ, ㅁ   ④ ㄴ, ㄷ, ㄹ

⑤ ㄴ, ㄹ, ㅁ

80 다음 회로에 대한 전송 파라미터 행렬이 다음 식으로 주어질 때, 파라미터 A와 D는?

$$\begin{bmatrix} V_1 \\ I_1 \end{bmatrix} = \begin{bmatrix} A & B \\ C & D \end{bmatrix} \begin{bmatrix} V_2 \\ -I_2 \end{bmatrix}$$

	A	D
①	3	2
②	3	3
③	4	3
④	4	4
⑤	6	2

81 다음 중 직류 및 교류 송전에 대한 설명으로 옳지 않은 것은?

① 교류 송전은 유도장해가 발생한다.

② 직류 송전은 비동기 연계가 가능하다.

③ 직류 송전은 코로나손 및 전력손실이 작다.

④ 교규 송전은 차단 및 전압의 승압과 강압이 쉽다.

⑤ 직류 송전은 차단기 설치 및 전압의 변성이 쉽다.

82 다음 송전선로의 코로나 손실을 나타내는 Peek의 계산식에서 E_0가 의미하는 것은?

$$P = \frac{241}{\delta}(f + 25)\sqrt{\frac{d}{2D}}(E - E_0)^2 \times 10^{-5}$$

① 송전단 전압   ② 수전단 전압

③ 코로나 임계전압   ④ 기준충격 절연강도 전압

⑤ 전선에 걸리는 대지전압

83 다음은 교류 정현파의 최댓값과 다른 값들과의 상관관계를 나타낸 것이다. 실횻값(A)과 파고율(B)은?

파형	최댓값	실횻값	파형률	파고율
교류 정현파	V_m	(A)	$\frac{\pi}{2\sqrt{2}}$	(B)

      (A)   (B)

① $\dfrac{V_m}{\sqrt{2}}$ $\dfrac{1}{\sqrt{2}}$

② $\dfrac{V_m}{\sqrt{2}}$ $\sqrt{2}$

③ $\sqrt{2}\,V_m$ $\dfrac{1}{\sqrt{2}}$

④ $\sqrt{2}\,V_m$ $\sqrt{2}$

⑤ $2\sqrt{2}\,V_m$ $\dfrac{1}{\sqrt{2}}$

84 RLC 병렬회로에서 저항 $10\,\Omega$, 인덕턴스 100H, 정전용량 $10^4\,\mu\mathrm{F}$일 때, 공진 현상이 발생하였다. 이때, 공진 주파수는?

① $\dfrac{1}{2\pi}\times 10^{-3}\,\mathrm{Hz}$

② $\dfrac{1}{2\pi}\,\mathrm{Hz}$

③ $\dfrac{1}{\pi}\,\mathrm{Hz}$

④ $\dfrac{10}{\pi}\,\mathrm{Hz}$

⑤ $\pi\,\mathrm{Hz}$

85 3상 변압기의 임피던스가 Z이고, 선간 전압이 V, 정격 용량이 P일 때 $\%Z$의 값은?

① $\dfrac{PZ}{V}$

② $\dfrac{10PZ}{V}$

③ $\dfrac{PZ}{10V^2}$

④ $\dfrac{PZ}{100V^2}$

⑤ $\dfrac{PZ}{1,000V^2}$

86 다음 중 권선형 유도 전동기와 농형 유도 전동기를 비교한 내용으로 옳은 것은?

① 권현형 유도 전동기는 농형 유도 전동기보다 저렴하다.

② 권선형 유도 전동기는 농형 유도 전동기보다 용량이 크다.

③ 권선형 유도 전동기는 농형 유도 전동기보다 구동토크가 크다.

④ 권선형 유도 전동기는 농형 유도 전동기보다 기동전류가 크다.

⑤ 권선형 유도 전동기는 농형 유도 전동기보다 구조가 복잡하다.

87 다음 중 고압회로의 큰 전류를 적은 전류로 변성하여 사용하는 전류 변성기는?

① PT   ② CT

③ OVR   ④ OCR

⑤ DSR

88 다음 증 정상특성과 응답속응성을 동시에 개선할 수 있는 제어동작은?

① 비례동작(P동작)   ② 적분동작(I동작)

③ 비례미분동작(PD동작)   ④ 비례적분동작(PI동작)

⑤ 비례적분미분동작(PID동작)

89 다음 중 배전방식에 대한 설명으로 옳지 않은 것은?

① 망상식 방식은 건설비가 비싸다.

② 망상식 방식은 무정전 공급이 가능하다.

③ 환상식 방식은 전류 통로에 대한 융통성이 있다.

④ 뱅킹 방식은 전압 강하 및 전력 손실을 경감한다.

⑤ 수지식 방식은 전압 변동이 크고 정전 범위가 좁다.

90 다음 중 정전계 내 도체가 있을 때, 이에 대한 설명으로 옳지 않은 것은?

① 도체표면은 등전위면이다.

② 도체내부의 정전계 세기는 0이다.

③ 등전위면의 간격이 좁을수록 정전계 세기가 크게 된다.

④ 도체표면상에서 정전계 세기는 모든 점에서 표면의 접선방향으로 향한다.

⑤ 도체에 작용하는 전기력선은 서로 교차하지 않으며, 양에서 음으로 향한다.

91 논리식 $f = A\overline{B} + \overline{A}B + AB$을 간단히 하면?

① $f = \overline{A} + \overline{B}$ ② $f = AB$

③ $f = \overline{A}B + \overline{B}A$ ④ $f = A + B$

⑤ $f = \overline{A}(A + B)$

92 다음 중 펄스 파형에서 오버슈트에 대한 설명으로 옳은 것은?

① 상승 파형에서 이상적인 펄스의 파형보다 높은 부분이다.

② 펄스의 파형 중 이상적인 펄스 진폭의 50%를 넘는 부분이다.

③ 이상적인 파형에 비하여 10%의 크기가 되는 데 걸리는 시간이다.

④ 증폭기에서 고역 차단 주파수와 저역 차단 주파수 사이의 주파수 폭이다.

⑤ 하강 파형에서 이상적인 펄스파의 기본 레벨보다 아래로 내려가는 높이이다.

93 다음 중 신호파의 변화를 반송파의 주파수 변화로 변조하여 전송하는 변조 방식은?

① 위상 변조

② 진폭 변조

③ 델타 변조

④ 펄스 코드 변조

⑤ 주파수 변조

94 다음과 같은 회로의 명칭은?

① 가산 증폭기

② 미분 증폭기

③ 부호 변환 증폭기

④ 차동 증폭기

⑤ 적분 증폭기

95 다음 중 함수 $f(t)$와 라플라스 변환한 $\mathcal{L}(f)$의 값이 바르게 짝지어지지 않은 것은?

	$f(t)$	$\mathcal{L}(f)$
①	$4\cos wt - 3\sin wt$	$\dfrac{4s - 3w}{s^2 + w^2}$
②	$3t^2 - 4t + 1$	$\dfrac{18}{s^3} - \dfrac{8}{s^2} + \dfrac{1}{s}$
③	$e^{2t} + 5e^t - 6$	$\dfrac{1}{s-2} + \dfrac{5}{s-1} - \dfrac{6}{s}$
④	$\cosh 5t$	$\dfrac{s}{s^2 - 25}$
⑤	3	$\dfrac{3}{s}$

96 $e = \sqrt{2}\,V\sin\theta$의 단상 전압을 SCR 한 개로 반파 정류하여 부하에 전력을 공급하는 경우, $\alpha = 60°$에서 점호하면 직류분 전압은?

① 0.338V   ② 0.395V

③ 0.672V   ④ 0.785V

④ 0.826V

97 다음 그림과 같은 단상 전파 정류에서 직류 전압 100V를 얻는 데 필요한 변압기 2차 한상의 전압은?(단, 부하는 순저항으로 하고 변압기 내의 전압 강하는 무시하고 정류기의 전압 강하는 10V로 한다)

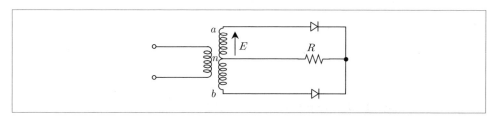

① 약 108V   ② 약 122V

③ 약 136V   ④ 약 150V

⑤ 약 164V

98 다음 그림과 같은 단상 반파 정류 회로에서 R에 흐르는 직류 전류는?(단, $V=100V$, $R=10\sqrt{2}$ 이다)

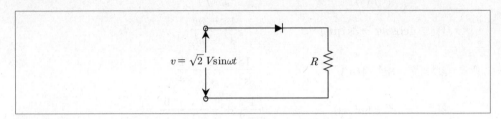

$$v=\sqrt{2}\,V\sin\omega t \qquad R$$

① 약 2.28A   ② 약 3.2A

③ 약 4.5A   ④ 약 7.07A

⑤ 약 10.01A

99 다음 중 PN접합 다이오드의 역할로 옳은 것은?

① 증폭작용   ② 발진작용

③ 정류작용   ④ 변조작용

⑤ 승압작용

100 다음 소자 중 자기소호 기능이 가장 좋은 것은?

① GTO   ② SCR

③ TRIAC   ④ LASCR

⑤ UJT

PART 4

채용 가이드

01 | 블라인드 채용 소개

1. 블라인드 채용이란?

채용 과정에서 편견이 개입되어 불합리한 차별을 야기할 수 있는 출신지, 가족관계, 학력, 외모 등의 편견요인은 제외하고, 직무능력만을 평가하여 인재를 채용하는 방식입니다.

2. 블라인드 채용의 필요성

- 채용의 공정성에 대한 사회적 요구
  - 누구에게나 직무능력만으로 경쟁할 수 있는 균등한 고용기회를 제공해야 하나, 아직도 채용의 공정성에 대한 불신이 존재
  - 채용상 차별금지에 대한 법적 요건이 권고적 성격에서 처벌을 동반한 의무적 성격으로 강화되는 추세
  - 시민의식과 지원자의 권리의식 성숙으로 차별에 대한 법적 대응 가능성 증가
- 우수인재 채용을 통한 기업의 경쟁력 강화 필요
  - 직무능력과 무관한 학벌, 외모 위주의 선발로 우수인재 선발기회 상실 및 기업경쟁력 약화
  - 채용 과정에서 차별 없이 직무능력중심으로 선발한 우수인재 확보 필요
- 공정한 채용을 통한 사회적 비용 감소 필요
  - 편견에 의한 차별적 채용은 우수인재 선발을 저해하고 외모·학벌 지상주의 등의 심화로 불필요한 사회적 비용 증가
  - 채용에서의 공정성을 높여 사회의 신뢰수준 제고

3. 블라인드 채용의 특징

편견요인을 요구하지 않는 대신 직무능력을 평가합니다.

※ 직무능력중심 채용이란?
기업의 역량기반 채용, NCS기반 능력중심 채용과 같이 직무수행에 필요한 능력과 역량을 평가하여 선발하는 채용방식을 통칭합니다.

4. 블라인드 채용의 평가요소

직무수행에 필요한 지식, 기술, 태도 등을 과학적인 선발기법을 통해 평가합니다.

평가기준 = 직무수행에 필요한 직무능력

※ 과학적 선발기법이란?
직무분석을 통해 도출된 평가요소를 서류, 필기, 면접 등을 통해 체계적으로 평가하는 방법으로 입사지원서, 자기소개서, 직무수행능력평가, 구조화 면접 등이 해당됩니다.

5. 블라인드 채용 주요 도입 내용

• 입사지원서에 인적사항 요구 금지
  - 인적사항에는 출신지역, 가족관계, 결혼여부, 재산, 취미 및 특기, 종교, 생년월일(연령), 성별, 신장 및 체중, 사진, 전공, 학교명, 학점, 외국어 점수, 추천인 등이 해당
  - 채용 직무를 수행하는 데 있어 반드시 필요하다고 인정될 경우는 제외
    예 특수경비직 채용 시 : 시력, 건강한 신체 요구
       연구직 채용 시 : 논문, 학위 요구 등
• 블라인드 면접 실시
  - 면접관에게 응시자의 출신지역, 가족관계, 학교명 등 인적사항 정보 제공 금지
  - 면접관은 응시자의 인적사항에 대한 질문 금지

6. 블라인드 채용 도입의 효과성

• 구성원의 다양성과 창의성이 높아져 기업 경쟁력 강화
  - 편견을 없애고 직무능력 중심으로 선발하므로 다양한 직원 구성 가능
  - 다양한 생각과 의견을 통하여 기업의 창의성이 높아져 기업경쟁력 강화
• 직무에 적합한 인재선발을 통한 이직률 감소 및 만족도 제고
  - 사전에 지원자들에게 구체적이고 상세한 직무요건을 제시함으로써 허수 지원이 낮아지고, 직무에 적합한 지원자 모집 가능
  - 직무에 적합한 인재가 선발되어 직무이해도가 높아져 업무효율 증대 및 만족도 제고
• 채용의 공정성과 기업이미지 제고
  - 블라인드 채용은 사회적 편견을 줄인 선발 방법으로 기업에 대한 사회적 인식 제고
  - 채용과정에서 불합리한 차별을 받지 않고 실력에 의해 공정하게 평가를 받을 것이라는 믿음을 제공하고, 지원자들은 평등한 기회와 공정한 선발과정 경험

02 | 서류전형 가이드

01   채용공고문

01   채용공고문

1. 채용공고문의 변화

기존 채용공고문	변화된 채용공고문
• 취업준비생에게 불충분하고 불친절한 측면 존재 • 모집분야에 대한 명확한 직무관련 정보 및 평가기준 부재 • 해당분야에 지원하기 위한 취업준비생의 무분별한 스펙 쌓기 현상 발생	• NCS 직무분석에 기반한 채용공고를 토대로 채용전형 진행 • 지원자가 입사 후 수행하게 될 업무에 대한 자세한 정보 공지 • 직무수행내용, 직무수행 시 필요한 능력, 관련된 자격, 직업기초능력 제시 • 지원자가 해당 직무에 필요한 스펙만을 준비할 수 있도록 안내
• 모집부문 및 응시자격 • 지원서 접수 • 전형절차 • 채용조건 및 처우 • 기타사항	• 채용절차 • 채용유형별 선발분야 및 예정인원 • 전형방법 • 선발분야별 직무기술서 • 우대사항

2. 지원 유의사항 및 지원요건 확인

채용 직무에 따른 세부사항을 공고문에 명시하여 지원자에게 적격한 지원 기회를 부여함과 동시에 채용과정에서의 공정성과 신뢰성을 확보합니다.

구성	내용	확인사항
모집분야 및 규모	고용형태(인턴 계약직 등), 모집분야, 인원, 근무지역 등	채용직무가 여러 개일 경우 본인이 해당되는 직무의 채용규모 확인
응시자격	기본 자격사항, 지원조건	지원을 위한 최소자격요건을 확인하여 불필요한 지원을 예방
우대조건	법정·특별·자격증 가점	본인의 가점 여부를 검토하여 가점 획득을 위한 사항을 사실대로 기재
근무조건 및 보수	고용형태 및 고용기간, 보수, 근무지	본인이 생각하는 기대수준에 부합하는지 확인하여 불필요한 지원을 예방
시험방법	서류·필기·면접전형 등의 활용방안	전형방법 및 세부 평가기법 등을 확인하여 지원전략 준비
전형일정	접수기간, 각 전형 단계별 심사 및 합격자 발표일 등	본인의 지원 스케줄을 검토하여 차질이 없도록 준비
제출서류	입사지원서(경력·경험기술서 등), 각종 증명서 및 자격증 사본 등	지원요건 부합 여부 및 자격 증빙서류 사전에 준비
유의사항	임용취소 등의 규정	임용취소 관련 법적 또는 기관 내부 규정을 검토하여 해당여부 확인

02 직무기술서

직무기술서란 직무수행의 내용과 필요한 능력, 관련 자격, 직업기초능력 등을 상세히 기재한 것으로 입사 후 수행하게 될 업무에 대한 정보가 수록되어 있는 자료입니다.

1. 채용분야

설명

NCS 직무분류 체계에 따라 직무에 대한 「대분류 – 중분류 – 소분류 – 세분류」 체계를 확인할 수 있습니다. 채용 직무에 대한 모든 직무기술서를 첨부하게 되며 실제 수행 업무를 기준으로 세부적인 분류정보를 제공합니다.

채용분야	분류체계			
사무행정	대분류	중분류	소분류	세분류
분류코드	02. 경영·회계·사무	03. 재무·회계	01. 재무	01. 예산
				02. 자금
			02. 회계	01. 회계감사
				02. 세무

2. 능력단위

설명

직무분류 체계의 세분류 하위능력단위 중 실질적으로 수행할 업무의 능력만 구체적으로 파악할 수 있습니다.

능력단위	(예산)	03. 연간종합예산수립 05. 확정예산 운영	04. 추정재무제표 작성 06. 예산실적 관리
	(자금)	04. 자금운용	
	(회계감사)	02. 자금관리 05. 회계정보시스템 운용 07. 회계감사	04. 결산관리 06. 재무분석
	(세무)	02. 결산관리 07. 법인세 신고	05. 부가가치세 신고

3. 직무수행내용

설명

세분류 영역의 기본정의를 통해 직무수행내용을 확인할 수 있습니다. 입사 후 수행할 직무내용을 구체적으로 확인할 수 있으며, 이를 통해 입사서류 작성부터 면접까지 직무에 대한 명확한 이해를 바탕으로 자신의 희망직무 인지 아닌지, 해당 직무가 자신이 알고 있던 직무가 맞는지 확인할 수 있습니다.

직무수행내용	(예산) 일정기간 예상되는 수익과 비용을 편성, 집행하며 통제하는 일
	(자금) 자금의 계획 수립, 조달, 운용을 하고 발생 가능한 위험 관리 및 성과평가
	(회계감사) 기업 및 조직 내·외부에 있는 의사결정자들이 효율적인 의사결정을 할 수 있도록 유용한 정보를 제공, 제공된 회계정보의 적정성을 파악하는 일
	(세무) 세무는 기업의 활동을 위하여 주어진 세법범위 내에서 조세부담을 최소화시키는 조세전략을 포함하고 정확한 과세소득과 과세표준 및 세액을 산출하여 과세당국에 신고·납부하는 일

PART 4

4. 직무기술서 예시

태도	(예산) 정확성, 분석적 태도, 논리적 태도, 타 부서와의 협조적 태도, 설득력
	(자금) 분석적 사고력
	(회계 감사) 합리적 태도, 전략적 사고, 정확성, 적극적 협업 태도, 법률준수 태도, 분석적 태도, 신속성, 책임감, 정확한 판단력
	(세무) 규정 준수 의지, 수리적 정확성, 주의 깊은 태도
우대 자격증	공인회계사, 세무사, 컴퓨터활용능력, 변호사, 워드프로세서, 전산회계운용사, 사회조사분석사, 재경관리사, 회계관리 등
직업기초능력	의사소통능력, 문제해결능력, 자원관리능력, 대인관계능력, 정보능력, 조직이해능력

5. 직무기술서 내용별 확인사항

항목	확인사항
모집부문	해당 채용에서 선발하는 부문(분야)명 확인 예 사무행정, 전산, 전기
분류체계	지원하려는 분야의 세부직무군 확인
주요기능 및 역할	지원하려는 기업의 전사적인 기능과 역할, 산업군 확인
능력단위	지원분야의 직무수행에 관련되는 세부업무사항 확인
직무수행내용	지원분야의 직무군에 대한 상세사항 확인
전형방법	지원하려는 기업의 신입사원 선발전형 절차 확인
일반요건	교육사항을 제외한 지원 요건 확인(자격요건, 특수한 경우 연령)
교육요건	교육사항에 대한 지원요건 확인(대졸 / 초대졸 / 고졸 / 전공 요건)
필요지식	지원분야의 업무수행을 위해 요구되는 지식 관련 세부항목 확인
필요기술	지원분야의 업무수행을 위해 요구되는 기술 관련 세부항목 확인
직무수행태도	지원분야의 업무수행을 위해 요구되는 태도 관련 세부항목 확인
직업기초능력	지원분야 또는 지원기업의 조직원으로서 근무하기 위해 필요한 일반적인 능력사항 확인

1. 입사지원서의 변화

기존지원서		능력중심 채용 입사지원서
직무와 관련 없는 학점, 개인신상, 어학점수, 자격, 수상경력 등을 나열하도록 구성	VS	해당 직무수행에 꼭 필요한 정보들을 제시할 수 있도록 구성

직무기술서		**인적사항** 성명, 연락처, 지원분야 등 작성 (평가 미반영)
직무수행내용		**교육사항** 직무지식과 관련된 학교교육 및 직업교육 작성
요구지식 / 기술	➡	**자격사항** 직무관련 국가공인 또는 민간자격 작성
관련 자격증		**경력 및 경험사항** 조직에 소속되어 일정한 임금을 받거나(경력) 임금 없이(경험) 직무와 관련된 활동 내용 작성
사전직무경험		

2. 교육사항

- 지원분야 직무와 관련된 학교 교육이나 직업교육 혹은 기타교육 등 직무에 대한 지원자의 학습 여부를 평가하기 위한 항목입니다.
- 지원하고자 하는 직무의 학교 전공교육 이외에 직업교육, 기타교육 등을 기입할 수 있기 때문에 전공 제한 없이 직업교육과 기타교육을 이수하여 지원이 가능하도록 기회를 제공합니다.
(기타교육 : 학교 이외의 기관에서 개인이 이수한 교육과정 중 지원직무와 관련이 있다고 생각되는 교육내용)

구분	교육과정(과목)명	교육내용	과업(능력단위)

PART 4

3. 자격사항

- 채용공고 및 직무기술서에 제시되어 있는 자격 현황을 토대로 지원자가 해당 직무를 수행하는 데 필요한 능력을 가지고 있는지를 평가하기 위한 항목입니다.
- 채용공고 및 직무기술서에 기재된 직무관련 필수 또는 우대자격 항목을 확인하여 본인이 보유하고 있는 자격사항을 기재합니다.

자격유형	자격증명	발급기관	취득일자	자격증번호

4. 경력 및 경험사항

- 직무와 관련된 경력이나 경험 여부를 표현하도록 하여 직무와 관련한 능력을 갖추었는지를 평가하기 위한 항목입니다.
- 해당 기업에서 직무를 수행함에 있어 필요한 사항만을 기록하게 되어 있기 때문에 직무와 무관한 스펙을 갖추지 않아도 됩니다.
- 경력 : 금전적 보수를 받고 일정기간 동안 일했던 경우
- 경험 : 금전적 보수를 받지 않고 수행한 활동

※ 기업에 따라 경력 / 경험 관련 증빙자료 요구 가능

구분	조직명	직위 / 역할	활동기간(년 / 월)	주요과업 / 활동내용

Tip

입사지원서 작성 방법
○ 경력 및 경험사항 작성
  - 직무기술서에 제시된 지식, 기술, 태도와 지원자의 교육사항, 경력(경험)사항, 자격사항과 연계하여 개인의 직무역량에 대해 스스로 판단 가능
○ 인적사항 최소화
  - 개인의 인적사항, 학교명, 가족관계 등을 노출하지 않도록 유의

부적절한 입사지원서 작성 사례
- 학교 이메일을 기입하여 학교명 노출
- 거주지 주소에 학교 기숙사 주소를 기입하여 학교명 노출
- 자기소개서에 부모님이 재직 중인 기업명, 직위, 직업을 기입하여 가족관계 노출
- 자기소개서에 석·박사 과정에 대한 이야기를 언급하여 학력 노출
- 동아리 활동에 대한 내용을 학교명과 더불어 언급하여 학교명 노출

1. 자기소개서의 변화

- 기존의 자기소개서는 지원자의 일대기나 관심 분야, 성격의 장·단점 등 개괄적인 사항을 묻는 질문으로 구성되어 지원자가 자신의 직무능력을 제대로 표출하지 못합니다.
- 능력중심 채용의 자기소개서는 직무기술서에 제시된 직업기초능력(또는 직무수행능력)에 대한 지원자의 과거 경험을 기술하게 함으로써 평가 타당도의 확보가 가능합니다.

1. 우리 회사와 해당 지원 직무분야에 지원한 동기에 대해 기술해 주세요.
2. 자신이 경험한 다양한 사회활동에 대해 기술해 주세요.
3. 지원 직무에 대한 전문성을 키우기 위해 받은 교육과 경험 및 경력사항에 대해 기술해 주세요.
4. 인사업무 또는 팀 과제 수행 중 발생한 갈등을 원만하게 해결해 본 경험이 있습니까? 당시 상황에 대한 설명과 갈등의 대상이 되었던 상대방을 설득한 과정 및 방법을 기술해 주세요.
5. 과거에 있었던 일 중 가장 어려웠던(힘들었었던) 상황을 고르고, 어떤 방법으로 그 상황을 해결했는지를 기술해 주세요.

자기소개서 작성 방법

① 자기소개서 문항이 묻고 있는 평가 역량 추측하기

> 예시
>
> • 팀 활동을 하면서 갈등 상황 시 상대방의 니즈나 의도를 명확히 파악하고 해결하여 목표 달성에 기여했던 경험에 대해서 작성해 주시기 바랍니다.
> • 다른 사람이 생각해내지 못했던 문제점을 찾고 이를 해결한 경험에 대해 작성해 주시기 바랍니다.

② 해당 역량을 보여줄 수 있는 소재 찾기(시간×역량 매트릭스)

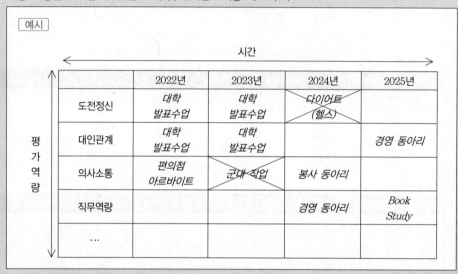

예시

시간 →

평가역량	2022년	2023년	2024년	2025년
도전정신	대학 발표수업	대학 발표수업	~~다이어트 (헬스)~~	
대인관계	대학 발표수업	대학 발표수업		경영 동아리
의사소통	편의점 아르바이트	~~군대 작업~~	봉사 동아리	
직무역량			경영 동아리	Book Study
…				

③ 자기소개서 작성 Skill 익히기
• 두괄식으로 작성하기
• 구체적 사례를 사용하기
• '나'를 중심으로 작성하기
• 직무역량 강조하기
• 경험 사례의 차별성 강조하기

03 | 인성검사 소개 및 모의테스트

01 인성검사 유형

인성검사는 지원자의 성격특성을 객관적으로 파악하고 그것이 각 기업에서 필요로 하는 인재상과 가치에 부합하는가를 평가하기 위한 검사입니다. 인성검사는 KPDI(한국인재개발진흥원), K-SAD(한국사회적성개발원), KIRBS(한국행동과학연구소), SHR(에스에이치알) 등의 전문기관을 통해 각 기업의 특성에 맞는 검사를 선택하여 실시합니다. 대표적인 인성검사의 유형에는 크게 다음과 같은 세 가지가 있으며, 채용 대행업체에 따라 달라집니다.

1. KPDI 검사

조직적응성과 직무적합성을 알아보기 위한 검사로 인성검사, 인성역량검사, 인적성검사, 직종별 인적성검사 등의 다양한 검사 도구를 구현합니다. KPDI는 성격을 파악하고 정신건강 상태 등을 측정하고, 직무검사는 해당 직무를 수행하기 위해 기본적으로 갖추어야 할 인지적 능력을 측정합니다. 역량검사는 특정 직무 역할을 효과적으로 수행하는 데 직접적으로 관련 있는 개인의 행동, 지식, 스킬, 가치관 등을 측정합니다.

2. KAD(Korea Aptitude Development) 검사

K-SAD(한국사회적성개발원)에서 실시하는 적성검사 프로그램입니다. 개인의 성향, 지적 능력, 기호, 관심, 흥미도를 종합적으로 분석하여 적성에 맞는 업무가 무엇인가 파악하고, 직무수행에 있어서 요구되는 기초능력과 실무능력을 분석합니다.

3. SHR 직무적성검사

직무수행에 필요한 종합적인 사고 능력을 다양한 적성검사(Paper and Pencil Test)로 평가합니다. SHR의 모든 직무능력검사는 표준화 검사입니다. 표준화 검사는 표본집단의 점수를 기초로 규준이 만들어진 검사이므로 개인의 점수를 규준에 맞추어 해석·비교하는 것이 가능합니다. S(Standardized Tests), H(Hundreds of Version), R(Reliable Norm Data)을 특징으로 하며, 직군·직급별 특성과 선발 수준에 맞추어 검사를 적용할 수 있습니다.

02 인성검사와 면접

인성검사는 특히 면접질문과 관련성이 높습니다. 면접관은 지원자의 인성검사 결과를 토대로 질문을 하기 때문입니다. 일관적이고 이상적인 답변을 하는 것이 가장 좋지만, 실제 시험은 매우 복잡하여 전문가라 해도 일정 성격을 유지하면서 답변을 하는 것이 힘듭니다. 또한, 인성검사에는 라이 스케일(Lie Scale) 설문이 전체 설문 속에 교묘하게 섞여 들어가 있으므로 겉치레적인 답을 하게 되면 회답태도의 허위성이 그대로 드러나게 됩니다. 예를 들어 '거짓말을 한 적이 한 번도 없다.'에 '예'로 답하고, '때로는 거짓말을 하기도 한다.'에 '예'라고 답하여 라이 스케일의 득점이 올라가게 되면 모든 회답의 신빙성이 사라지고 '자신을 돋보이게 하려는 사람'이라는 평가를 받을 수 있으므로 주의해야 합니다. 따라서 모의테스트를 통해 인성검사의 유형과 실제 시험 시 어떻게 문제를 풀어야 하는지 연습해 보고 체크한 부분 중 자신의 단점과 연결되는 부분은 면접에서 질문이 들어왔을 때 어떻게 대처해야 하는지 생각해 보는 것이 좋습니다.

03 유의사항

1. 기업의 인재상을 파악하라!

인성검사를 통해 개인의 성격 특성을 파악하고 그것이 기업의 인재상과 가치에 부합하는지를 평가하는 시험이기 때문에 해당 기업의 인재상을 먼저 파악하고 시험에 임하는 것이 좋습니다. 모의테스트에서 인재상에 맞는 가상의 인물을 설정하고 문제에 답해 보는 것도 많은 도움이 됩니다.

2. 일관성 있는 대답을 하라!

짧은 시간 안에 다양한 질문에 답을 해야 하는데, 그 안에는 중복되는 질문이 여러 번 나옵니다. 이때 앞서 자신이 체크했던 대답을 잘 기억해뒀다가 일관성 있는 답을 하는 것이 중요합니다.

3. 모든 문항에 대답하라!

많은 문제를 짧은 시간 안에 풀려다 보니 다 못 푸는 경우도 종종 생깁니다. 하지만 대답을 누락하거나 끝까지 다 못했을 경우 좋지 않은 결과를 가져올 수도 있으니 최대한 주어진 시간 안에 모든 문항에 답할 수 있도록 해야 합니다.

※ 모의테스트는 질문 및 답변 유형 연습을 위한 것으로 실제 시험과 다를 수 있습니다.
※ 인성검사는 정답이 따로 없는 유형의 검사이므로 결과지를 제공하지 않습니다.

번호	내용	예	아니요
001	나는 솔직한 편이다.	☐	☐
002	나는 리드하는 것을 좋아한다.	☐	☐
003	법을 어겨서 말썽이 된 적이 한 번도 없다.	☐	☐
004	거짓말을 한 번도 한 적이 없다.	☐	☐
005	나는 눈치가 빠르다.	☐	☐
006	나는 일을 주도하기보다는 뒤에서 지원하는 것을 선호한다.	☐	☐
007	앞일은 알 수 없기 때문에 계획은 필요하지 않다.	☐	☐
008	거짓말도 때로는 방편이라고 생각한다.	☐	☐
009	사람이 많은 술자리를 좋아한다.	☐	☐
010	걱정이 지나치게 많다.	☐	☐
011	일을 시작하기 전 재고하는 경향이 있다.	☐	☐
012	불의를 참지 못한다.	☐	☐
013	처음 만나는 사람과도 이야기를 잘 한다.	☐	☐
014	때로는 변화가 두렵다.	☐	☐
015	나는 모든 사람에게 친절하다.	☐	☐
016	힘든 일이 있을 때 술은 위로가 되지 않는다.	☐	☐
017	결정을 빨리 내리지 못해 손해를 본 경험이 있다.	☐	☐
018	기회를 잡을 준비가 되어 있다.	☐	☐
019	때로는 내가 정말 쓸모없는 사람이라고 느낀다.	☐	☐
020	누군가 나를 챙겨주는 것이 좋다.	☐	☐
021	자주 가슴이 답답하다.	☐	☐
022	나는 내가 자랑스럽다.	☐	☐
023	경험이 중요하다고 생각한다.	☐	☐
024	전자기기를 분해하고 다시 조립하는 것을 좋아한다.	☐	☐

PART 4

025	감시받고 있다는 느낌이 든다.	☐	☐
026	난처한 상황에 놓이면 그 순간을 피하고 싶다.	☐	☐
027	세상엔 믿을 사람이 없다.	☐	☐
028	잘못을 빨리 인정하는 편이다.	☐	☐
029	지도를 보고 길을 잘 찾아간다.	☐	☐
030	귓속말을 하는 사람을 보면 날 비난하고 있는 것 같다.	☐	☐
031	막무가내라는 말을 들을 때가 있다.	☐	☐
032	장래의 일을 생각하면 불안하다.	☐	☐
033	결과보다 과정이 중요하다고 생각한다.	☐	☐
034	운동은 그다지 할 필요가 없다고 생각한다.	☐	☐
035	새로운 일을 시작할 때 좀처럼 한 발을 떼지 못한다.	☐	☐
036	기분 상하는 일이 있더라도 참는 편이다.	☐	☐
037	업무능력은 성과로 평가받아야 한다고 생각한다.	☐	☐
038	머리가 맑지 못하고 무거운 느낌이 든다.	☐	☐
039	가끔 이상한 소리가 들린다.	☐	☐
040	타인이 내게 자주 고민상담을 하는 편이다.	☐	☐

※ 모의테스트는 질문 및 답변 유형 연습을 위한 것으로 실제 시험과 다를 수 있습니다.
※ 인성검사는 정답이 따로 없는 유형의 검사이므로 결과지를 제공하지 않습니다.

※ 이 성격검사의 각 문항에는 서로 다른 행동을 나타내는 네 개의 문장이 제시되어 있습니다. 이 문장들을 비교하여, 자신의 평소 행동과 가장 가까운 문장을 'ㄱ' 열에 표기하고, 가장 먼 문장을 'ㅁ' 열에 표기하십시오.

01 나는 _____

	ㄱ	ㅁ
A. 실용적인 해결책을 찾는다.	☐	☐
B. 다른 사람을 돕는 것을 좋아한다.	☐	☐
C. 세부 사항을 잘 챙긴다.	☐	☐
D. 상대의 주장에서 허점을 잘 찾는다.	☐	☐

02 나는 _____

	ㄱ	ㅁ
A. 매사에 적극적으로 임한다.	☐	☐
B. 즉흥적인 편이다.	☐	☐
C. 관찰력이 있다.	☐	☐
D. 임기응변에 강하다.	☐	☐

03 나는 _____

	ㄱ	ㅁ
A. 무서운 영화를 잘 본다.	☐	☐
B. 조용한 곳이 좋다.	☐	☐
C. 가끔 울고 싶다.	☐	☐
D. 집중력이 좋다.	☐	☐

04 나는 _____

	ㄱ	ㅁ
A. 기계를 조립하는 것을 좋아한다.	☐	☐
B. 집단에서 리드하는 역할을 맡는다.	☐	☐
C. 호기심이 많다.	☐	☐
D. 음악을 듣는 것을 좋아한다.	☐	☐

05   나는 _____

	ㄱ	ㅁ
A. 타인을 늘 배려한다.	☐	☐
B. 감수성이 예민하다.	☐	☐
C. 즐겨하는 운동이 있다.	☐	☐
D. 일을 시작하기 전에 계획을 세운다.	☐	☐

06   나는 _____

	ㄱ	ㅁ
A. 타인에게 설명하는 것을 좋아한다.	☐	☐
B. 여행을 좋아한다.	☐	☐
C. 정적인 것이 좋다.	☐	☐
D. 남을 돕는 것에 보람을 느낀다.	☐	☐

07   나는 _____

	ㄱ	ㅁ
A. 기계를 능숙하게 다룬다.	☐	☐
B. 밤에 잠이 잘 오지 않는다.	☐	☐
C. 한 번 간 길을 잘 기억한다.	☐	☐
D. 불의를 보면 참을 수 없다.	☐	☐

08   나는 _____

	ㄱ	ㅁ
A. 종일 말을 하지 않을 때가 있다.	☐	☐
B. 사람이 많은 곳을 좋아한다.	☐	☐
C. 술을 좋아한다.	☐	☐
D. 휴양지에서 편하게 쉬고 싶다.	☐	☐

09 나는 _____

	ㄱ	ㅁ
A. 뉴스보다는 드라마를 좋아한다.	☐	☐
B. 길을 잘 찾는다.	☐	☐
C. 주말엔 집에서 쉬는 것이 좋다.	☐	☐
D. 아침에 일어나는 것이 힘들다.	☐	☐

10 나는 _____

	ㄱ	ㅁ
A. 이성적이다.	☐	☐
B. 할 일을 종종 미룬다.	☐	☐
C. 어른을 대하는 게 힘들다.	☐	☐
D. 불을 보면 매혹을 느낀다.	☐	☐

11 나는 _____

	ㄱ	ㅁ
A. 상상력이 풍부하다.	☐	☐
B. 예의 바르다는 소리를 자주 듣는다.	☐	☐
C. 사람들 앞에 서면 긴장한다.	☐	☐
D. 친구를 자주 만난다.	☐	☐

12 나는 _____

	ㄱ	ㅁ
A. 나만의 스트레스 해소 방법이 있다.	☐	☐
B. 친구가 많다.	☐	☐
C. 책을 자주 읽는다.	☐	☐
D. 활동적이다.	☐	☐

04 | 면접전형 가이드

01 면접유형 파악

1. 면접전형의 변화

기존 면접전형에서는 일상적이고 단편적인 대화나 지원자의 첫인상 및 면접관의 주관적인 판단 등에 의해서 입사 결정 여부를 판단하는 경우가 많았습니다. 이러한 면접전형은 면접 내용의 일관성이 결여되거나 직무 관련 타당성이 부족하였고, 면접에 대한 신뢰도에 영향을 주었습니다.

기존 면접(전통적 면접)		능력중심 채용 면접(구조화 면접)

• 일상적이고 단편적인 대화
• 인상, 외모 등 외부 요소의 영향
• 주관적인 판단에 의존한 총점 부여
 	
⇩
 	
• 면접 내용의 일관성 결여
• 직무관련 타당성 부족
• 주관적인 채점으로 신뢰도 저하
	VS	• 일관성
		   – 직무관련 역량에 초점을 둔 구체적 질문 목록
		   – 지원자별 동일 질문 적용
		• 구조화
		   – 면접 진행 및 평가 절차를 일정한 체계에 의해 구성
		• 표준화
		   – 평가 타당도 제고를 위한 평가 Matrix 구성
		   – 척도에 따라 항목별 채점, 개인 간 비교
		• 신뢰성
		   – 면접진행 매뉴얼에 따라 면접위원 교육 및 실습

2. 능력중심 채용의 면접 유형

① 경험 면접
  • 목적 : 선발하고자 하는 직무 능력이 필요한 과거 경험을 질문합니다.
  • 평가요소 : 직업기초능력과 인성 및 태도적 요소를 평가합니다.
② 상황 면접
  • 목적 : 특정 상황을 제시하고 지원자의 행동을 관찰함으로써 실제 상황의 행동을 예상합니다.
  • 평가요소 : 직업기초능력과 인성 및 태도적 요소를 평가합니다.
③ 발표 면접
  • 목적 : 특정 주제와 관련된 지원자의 발표와 질의응답을 통해 지원자 역량을 평가합니다.
  • 평가요소 : 직무수행능력과 인지적 역량(문제해결능력)을 평가합니다.
④ 토론 면접
  • 목적 : 토의과제에 대한 의견수렴 과정에서 지원자의 역량과 상호작용능력을 평가합니다.
  • 평가요소 : 직무수행능력과 팀워크를 평가합니다.

1. 경험 면접

① 경험 면접의 특징

- 주로 직업기초능력에 관련된 지원자의 과거 경험을 심층 질문하여 검증하는 면접입니다.
- 직무능력과 관련된 과거 경험을 평가하기 위해 심층 질문을 하며, 이 질문은 지원자의 답변에 대하여 '꼬리에 꼬리를 무는 형식'으로 진행됩니다.

> - 능력요소, 정의, 심사 기준
>   - 평가하고자 하는 능력요소, 정의, 심사기준을 확인하여 면접위원이 해당 능력요소 관련 질문을 제시합니다.
> - Opening Question
>   - 능력요소에 관련된 과거 경험을 유도하기 위한 시작 질문을 합니다.
> - Follow-up Question
>   - 지원자의 경험 수준을 구체적으로 검증하기 위한 질문입니다.
>   - 경험 수준 검증을 위한 상황(Situation), 임무(Task), 역할 및 노력(Action), 결과(Result) 등으로 질문을 구분합니다.

경험 면접의 형태

[면접관 1] [면접관 2] [면접관 3]   [면접관 1] [면접관 2] [면접관 3]

[지원자]   [지원자 1] [지원자 2] [지원자 3]

〈일대다 면접〉   〈다대다 면접〉

② 경험 면접의 구조

행동이 발생했던 상황의 맥락

문제를 해결했거나 문제해결 접근과정을 단계별로 논리적으로 설명하고 있는지 파악

성공여부와 관계없이 결과와 영향에 대한 이해 또는 이후 활용 / 개선 방향의 연계성 파악

S(Situation)	귀하가 처해 있던 상황에 대해 말해 보시오.
T(Task)	귀하가 수행한 과제 / 과업은 무엇인가?
A(Action)	어떻게 행동(대응)했는가?
R(Result)	그 행동의 결과는 어땠는가?

(   )에 관한 과거 경험에 대하여 말해 보시오.

행동이 발생한 맥락
귀하가 처해 있던 상황에 대해 말해 보시오.
– 언제 경험하였습니까?
– 어디에서 경험하였습니까?
– 당신은 어떻게 그 경험을 하게 되었습니까?

관련 인물 및 과제
귀하가 수행한 과제 / 과업은 무엇인가?
– 당신이 맡은 역할은 무엇이었습니까?
– 본인을 지원한 팀원 or 조원은 누구였습니까?

STAR Framework

Situation

Task

Action

Result

문제해결과정에 대한 구체적 설명
어떻게 행동(대응)했는가?
– 구체적으로 어떤 노력을 하였습니까?
– 어떤 어려움을 겪었으며 어떻게 극복하였습니까?

결과 / 영향에 대한 이해
그 행동의 결과는 어땠는가?
– 어떤 교훈을 얻었습니까?

③ 경험 면접 질문 예시(직업윤리)

시작 질문	
1	남들이 신경 쓰지 않는 부분까지 고려하여 절차대로 업무(연구)를 수행하여 성과를 낸 경험을 구체적으로 말해 보시오.
2	조직의 원칙과 절차를 철저히 준수하며 업무(연구)를 수행한 것 중 성과를 향상시킨 경험에 대해 구체적으로 말해 보시오.
3	세부적인 절차와 규칙에 주의를 기울여 실수 없이 업무(연구)를 마무리한 경험을 구체적으로 말해 보시오.
4	조직의 규칙이나 원칙을 고려하여 성실하게 일했던 경험을 구체적으로 말해 보시오.
5	타인의 실수를 바로잡고 원칙과 절차대로 수행하여 성공적으로 업무를 마무리하였던 경험에 대해 말해 보시오.

후속 질문		
상황 (Situation)	상황	구체적으로 언제, 어디에서 경험한 일인가?
		어떤 상황이었는가?
	조직	어떤 조직에 속해 있었는가?
		그 조직의 특성은 무엇이었는가?
		몇 명으로 구성된 조직이었는가?
	기간	해당 조직에서 얼마나 일했는가?
		해당 업무는 몇 개월 동안 지속되었는가?
	조직규칙	조직의 원칙이나 규칙은 무엇이었는가?
임무 (Task)	과제	과제의 목표는 무엇이었는가?
		과제에 적용되는 조직의 원칙은 무엇이었는가?
		그 규칙을 지켜야 하는 이유는 무엇이었는가?
	역할	당신이 조직에서 맡은 역할은 무엇이었는가?
		과제에서 맡은 역할은 무엇이었는가?
	문제의식	규칙을 지키지 않을 경우 생기는 문제점 / 불편함은 무엇인가?
		해당 규칙이 왜 중요하다고 생각하였는가?
역할 및 노력 (Action)	행동	업무 과정의 어떤 장면에서 규칙을 철저히 준수하였는가?
		어떻게 규정을 적용시켜 업무를 수행하였는가?
		규정은 준수하는 데 어려움은 없었는가?
	노력	그 규칙을 지키기 위해 스스로 어떤 노력을 기울였는가?
		본인의 생각이나 태도에 어떤 변화가 있었는가?
		다른 사람들은 어떤 노력을 기울였는가?
	동료관계	동료들은 규칙을 철저히 준수하고 있었는가?
		팀원들은 해당 규칙에 대해 어떻게 반응하였는가?
		규칙에 대한 태도를 개선하기 위해 어떤 노력을 하였는가?
		팀원들의 태도는 당신에게 어떤 자극을 주었는가?
	업무추진	주어진 업무를 추진하는 데 규칙이 방해되진 않았는가?
		업무수행 과정에서 규정을 어떻게 적용하였는가?
		업무 시 규정을 준수해야 한다고 생각한 이유는 무엇인가?

결과 (Result)	평가	규칙을 어느 정도나 준수하였는가?
		그렇게 준수할 수 있었던 이유는 무엇이었는가?
		업무의 성과는 어느 정도였는가?
		성과에 만족하였는가?
		비슷한 상황이 온다면 어떻게 할 것인가?
	피드백	주변 사람들로부터 어떤 평가를 받았는가?
		그러한 평가에 만족하는가?
		다른 사람에게 본인의 행동이 영향을 주었다고 생각하는가?
	교훈	업무수행 과정에서 중요한 점은 무엇이라고 생각하는가?
		이 경험을 통해 느낀 바는 무엇인가?

2. 상황 면접

① 상황 면접의 특징

직무 관련 상황을 가정하여 제시하고 이에 대한 대응능력을 직무관련성 측면에서 평가하는 면접입니다.

- 상황 면접 과제의 구성은 크게 2가지로 구분
  - 상황 제시(Description) / 문제 제시(Question or Problem)
- 현장의 실제 업무 상황을 반영하여 과제를 제시하므로 직무분석이나 직무전문가 워크숍 등을 거쳐 현장성을 높임
- 문제는 상황에 대한 기본적인 이해능력(이론적 지식)과 함께 실질적 대응이나 변수 고려능력(실천적 능력) 등을 고르게 질문해야 함

상황 면접의 형태

[면접관 1] [면접관 2]

[연기자 1] [연기자 2]   [면접관 1] [면접관 2]

[지원자]   [지원자 1] [지원자 2] [지원자 3]

〈시뮬레이션〉   〈문답형〉

② 상황 면접 예시

상황 제시	인천공항 여객터미널 내에는 다양한 용도의 시설(사무실, 통신실, 식당, 전산실, 창고 면세점 등)이 설치되어 있습니다.	실제 업무 상황에 기반함
	금년에 소방배관의 누수가 잦아 메인 배관을 교체하는 공사를 추진하고 있으며, 당신 은 이번 공사의 담당자입니다.	배경 정보
	주간에는 공항 운영이 이루어져 주로 야간에만 배관 교체 공사를 수행하던 중, 시공하 는 기능공의 실수로 배관 연결 부위를 잘못 건드려 고압배관의 소화수가 누출되는 사고가 발생하였으며, 이로 인해 인근 시설물에 누수에 의한 피해가 발생하였습니다.	구체적인 문제 상황
문제 제시	일반적인 소방배관의 배관연결(이음)방식과 배관의 이탈(누수)이 발생하는 원인 에 대해 설명해 보시오.	문제 상황 해결을 위한 기본 지식 문항
	담당자로서 본 사고를 현장에서 긴급히 처리하는 프로세스를 제시하고, 보수완료 후 사후적 조치가 필요한 부분 및 재발방지 방안에 대해 설명해 보시오.	문제 상황 해결을 위한 추가 대응 문항

3. 발표 면접

① 발표 면접의 특징
- 직무관련 주제에 대한 지원자의 생각을 정리하여 의견을 제시하고, 발표 및 질의응답을 통해 지원자의 직무능력을 평가하는 면접입니다.
- 발표 주제는 직무와 관련된 자료로 제공되며, 일정 시간 후 지원자가 보유한 지식 및 방안에 대한 발표 및 후속 질문을 통해 직무적합성을 평가합니다.

- 주요 평가요소
  - 설득적 말하기 / 발표능력 / 문제해결능력 / 직무관련 전문성
- 이미 언론을 통해 공론화된 시사 이슈보다는 해당 직무분야에 관련된 주제가 발표면접의 과제로 선정되는 경우가 최근 들어 늘어나고 있음
- 짧은 시간 동안 주어진 과제를 빠른 속도로 분석하여 발표문을 작성하고 제한된 시간 안에 면접관에게 효과적인 발표를 진행하는 것이 핵심

발표 면접의 형태

[면접관 1]　[면접관 2]

[면접관 1]　[면접관 2]

[지원자]

〈개별 과제 발표〉

[지원자 1]　[지원자 2]　[지원자 3]

〈팀 과제 발표〉

※ 면접관에게 시각적 효과를 사용하여 메시지를 전달하는 쌍방향 커뮤니케이션 방식
※ 심층면접을 보완하기 위한 방안으로 최근 많은 기업에서 적극 도입하는 추세

② 발표 면접 예시

1. 지시문

> 당신은 현재 A사에서 직원들의 성과평가를 담당하고 있는 팀원이다. 인사팀은 지난주부터 사내 조직문화관련 인터뷰를 하던 도중 성과평가제도에 관련된 개선 니즈가 제일 많다는 것을 알게 되었다. 이에 팀장님은 인터뷰 결과를 종합하려 성과평가제도 개선 아이디어를 A4용지에 정리하여 신속 보고할 것을 지시하셨다. 당신에게 남은 시간은 1시간이다. 자료를 준비하는 대로 당신은 팀원들이 모인 회의실에서 5분 간 발표할 것이며, 이후 질의응답을 진행할 것이다.

2. 배경자료

> 〈성과평가제도 개선에 대한 인터뷰〉
>
> 최근 A사는 회사 사세의 급성장으로 인해 작년보다 매출이 두 배 성장하였고, 직원 수 또한 두 배로 증가하였다. 회사의 성장은 임금, 복지에 대한 상승 등 긍정적인 영향을 주었으나 업무의 불균형 및 성과보상의 불평등 문제가 발생하였다. 또한 수시로 입사하는 신입직원과 경력직원, 퇴사하는 직원들까지 인원들의 잦은 변동으로 인해 평가해야 할 대상이 변경되어 현재의 성과평가제도로는 공정한 평가가 어려운 상황이다.
>
> [생산부서 김상호]
> 우리 팀은 지난 1년 동안 생산량이 급증했기 때문에 수십 명의 신규인력이 급하게 채용되었습니다. 이 때문에 저희 팀장님은 신규 입사자들의 이름조차 기억 못할 때가 많이 있습니다. 성과평가를 제대로 하고 있는지 의문이 듭니다.
>
> [마케팅 부서 김흥민]
> 개인의 성과평가의 취지는 충분히 이해합니다. 그러나 현재 평가는 실적기반이나 정성적인 평가가 많이 포함되어 있어 객관성과 공정성에는 의문이 드는 것이 사실입니다. 이러한 상황에서 평가제도를 재수립하지 않고, 인센티브에 계속 반영한다면, 평가제도에 대한 반감이 커질 것이 분명합니다.
>
> [교육부서 홍경민]
> 현재 교육부서는 인사팀과 밀접하게 일하고 있습니다. 그럼에도 인사팀에서 실시하는 성과평가제도에 대한 이해가 부족한 것 같습니다.
>
> [기획부서 김경호 차장]
> 저는 저의 평가자 중 하나가 연구부서의 팀장님인데, 일 년에 몇 번 같이 일하지 않는데 어떻게 저를 평가할 수 있을까요? 특히 연구팀은 저희가 예산을 배정하는데, 저에게는 좋지만….

4. 토론 면접

① 토론 면접의 특징
- 다수의 지원자가 조를 편성해 과제에 대한 토론(토의)을 통해 결론을 도출해가는 면접입니다.
- 의사소통능력, 팀워크, 종합인성 등의 평가에 용이합니다.

> - 주요 평가요소
>   - 설득적 말하기, 경청능력, 팀워크, 종합인성
> - 의견 대립이 명확한 주제 또는 채용분야의 직무 관련 주요 현안을 주제로 과제 구성
> - 제한된 시간 내 토론을 진행해야 하므로 적극적으로 자신 있게 토론에 임하고 본인의 의견을 개진할 수 있어야 함

토론 면접의 형태

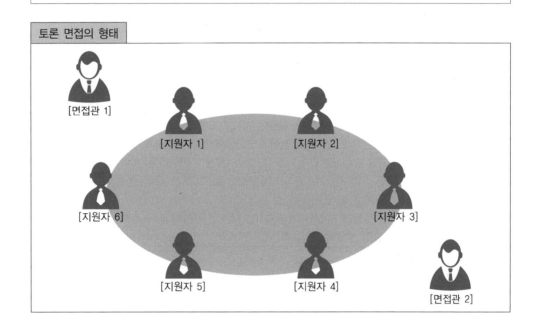

② 토론 면접 예시

<table>
<tr><td colspan="1" align="center">**고객 불만 고충처리**</td></tr>
</table>

1. 들어가며

최근 우리 상품에 대한 고객 불만의 증가로 고객고충처리 TF가 만들어졌고 당신은 여기에 지원해 배치받았다. 당신의 업무는 불만을 가진 고객을 만나서 애로사항을 듣고 처리해 주는 일이다. 주된 업무로는 고객의 니즈를 파악해 방향성을 제시해 주고 그 해결책을 마련하는 일이다. 하지만 경우에 따라서 고객의 주관적인 의견으로 인해 제대로 된 방향으로 의사결정을 하지 못할 때가 있다. 이럴 경우 설득이나 논쟁을 해서라도 의견을 관철시키는 것이 좋을지 아니면 고객의 의견대로 진행하는 것이 좋을지 결정해야 할 때가 있다. 만약 당신이라면 이러한 상황에서 어떤 결정을 내릴 것인지 여부를 자유롭게 토론해 보시오.

2. 1분 자유 발언 시 준비사항

• 당신은 의견을 자유롭게 개진할 수 있으며 이에 따른 불이익은 없습니다.

• 토론의 방향성을 이해하고, 내용의 장점과 단점이 무엇인지 문제를 명확히 말해야 합니다.

• 합리적인 근거에 기초하여 개선방안을 명확히 제시해야 합니다.

• 제시한 방안을 실행 시 예상되는 긍정적·부정적 영향요인도 동시에 고려할 필요가 있습니다.

3. 토론 시 유의사항

• 토론 주제문과 제공해드린 메모지, 볼펜만 가지고 토론장에 입장할 수 있습니다.

• 사회자의 지정 또는 발표자가 손을 들어 발언권을 획득할 수 있으며, 사회자의 통제에 따릅니다.

• 토론회가 시작되면, 팀의 의견과 논거를 정리하여 1분간의 자유발언을 할 수 있습니다. 순서는 사회자가 지정합니다. 이후에는 자유롭게 상대방에게 질문하거나 답변을 하실 수 있습니다.

• 핸드폰, 서적 등 외부 매체는 사용하실 수 없습니다.

• 논제에 벗어나는 발언이나 지나치게 공격적인 발언을 할 경우, 위에서 제시한 유의사항을 지키지 않을 경우 불이익을 받을 수 있습니다.

1. 면접 Role Play 편성

• 교육생끼리 조를 편성하여 면접관과 지원자 역할을 교대로 진행합니다.
• 지원자 입장과 면접관 입장을 모두 경험해 보면서 면접에 대한 적응력을 높일 수 있습니다.

Tip

면접 준비하기
1. 면접 유형 확인 필수
   • 기업마다 면접 유형이 상이하기 때문에 해당 기업의 면접 유형을 확인하는 것이 좋음
   • 일반적으로 실무진 면접, 임원면접 2차례에 거쳐 면접을 실시하는 기업이 많고 실무진 면접과 임원 면접에서 평가요소가 다르기 때문에 유형에 맞는 준비방법이 필요
2. 후속 질문에 대한 사전 점검
   • 블라인드 채용 면접에서는 주요 질문과 함께 후속 질문을 통해 지원자의 직무능력을 판단
     → STAR 기법을 통한 후속 질문에 미리 대비하는 것이 필요

05 | 한국가스공사 면접 기출질문

1. 직무면접

- 4차 산업혁명과 관련하여 한국가스공사에서 할 수 있는 일을 발표해 보시오.
- 미세먼지 문제를 해결하기 위하여 한국가스공사가 나아가야 할 방향을 제시해 보시오.
- 개폐기와 차단기의 차이점에 대해 발표해 보시오.
- 한국가스공사 업무 중 마케팅 방안에 대해 발표해 보시오.
- 공급관리자 교육참여율을 높이는 방법에 대해 발표해 보시오.
- 한국가스공사 사업 중 천연가스사업에 대해 발표해 보시오.
- 기록물관리전문요원으로서 문제 상황에 대해 어떻게 해결하겠는가?
- 기록물과 도서의 차이점에 대해 발표해 보시오.
- LNG산업의 미래에 대해 발표해 보시오.
- 가스산업의 미래에 대해 발표해 보시오.
- 한국가스공사 관련 민원의 해결방안에 대해 발표해 보시오.
- 신재생에너지원의 중요도에 대해 발표해 보시오.
- 안전관리에 대한 아이디어를 제시해 보시오.
- 불산가스 누출 사고에 대한 원인을 검토하고 대책을 강구해 보시오.
- 안전한 가스 저장시설의 운영에 필요한 기술들에 대해 발표해 보시오.
- 가스 저장시설을 옮기려고 하는데 지역주민들의 반대가 심하다면 어떻게 해결할 수 있겠는가?
- 원유의 정제과정에 대해 설명해 보시오.
- 이상기체와 실제기체의 차이를 설명해 보시오.
- 레이놀즈수를 정의하고 층류와 난류의 특성을 설명해 보시오.
- 캐비테이션의 방지법에 대해 설명해 보시오.
- 허용응력설계법과 극한강도설계법에 대해 설명해 보시오.

2. 직업기초면접

- 살면서 불합리한 일을 개선한 적이 있는가?
- 자기주도적으로 한 일을 말해 보시오.
- 프로젝트를 진행한 경험이 있는가? 있다면 그 경험을 통해 얻은 것과 보완하고 싶은 것을 말해 보시오.
- 지원한 분야와 관련하여 가장 열정적으로 임했던 업무에 대해 말해 보시오.
- 전공에 대한 지식을 업무에 어떻게 녹여낼 것인지 말해 보시오.
- 분쟁 시 어떻게 해결할지 그 과정을 말해 보시오.
- 포기하지 않고 일을 완수한 경험을 말해 보시오.
- 창의적인 경험으로 문제를 해결했던 적이 있는가?
- 트라우마 극복 방법을 말해 보시오.
- 한국가스공사에 지원하게 된 동기는 무엇인가?
- 한국가스공사가 하는 일에 대해 알고 있는가?
- 본인이 입사하게 된다면 하고 싶은 업무는 무엇인가?
- 업무와 관련해서 지인과 충돌이 발생한다면 어떻게 대처하겠는가?
- 직장상사가 만취했다면 어떻게 할 것인가?
- 상사와의 의견충돌이 있다면 어떻게 할 것인가?
- 학생과 직장인의 차이점은 무엇이라 생각하는가?
- 본인만의 좌우명이나 생활신조가 있는가?
- 본인의 성실함에 점수를 준다면 몇 점이라고 생각하는가?
- 가장 최근에 접한 한국가스공사의 기사가 있다면 무슨 내용이었는지 말해 보시오.
- 한국가스공사에 대해 생각나는 단어 한 가지를 말해 보시오.
- 안전한 업무 추진을 위한 방안으로 무엇이 있겠는가?
- 다른 직장을 다니고 있는데, 이직하려는 이유가 무엇인가?
- 본인의 장단점을 말해 보시오.
- 한국가스공사 채용 준비는 어떻게 했는가?
- 한국가스공사의 현장업무나 교대근무에 지장이 없겠는가?
- 한국가스공사에서 추구하는 인재상을 제시해 보시오.
- 본인의 모습 중 한국가스공사의 인재상에 부합하는 것이 있는가?
- 부당한 일을 지시하는 상사를 만나면 어떻게 하겠는가?
- 가장 끈기 있게 해 본 일은 무엇인가?
- 본인이 입사를 하게 된다면 한국가스공사에 어떻게 기여할 수 있겠는가?
- 최근 본 사람 중 가장 열정적인 사람이 있는가?
- 직장인으로서 양보와 자기주장은 몇 대 몇이 가장 이상적이라고 생각하는가?
- 새로운 사람들을 만날 때, 빨리 친해지는 본인만의 방법이 있는가?
- 팀프로젝트를 진행할 때, 본인이 가장 중요시하는 것은 무엇인가?
- 본인이 해 본 조별과제 중 제일 어려웠던 과제는?
- 신재생에너지에 대해 아는 대로 말해 보시오.
- 공공기관 이전에 대해 어떻게 생각하는가?
- 한국가스공사의 비전에 대해 알고 있는가?
- 봉사활동을 해 본 경험이 있는가?

- 일반근무와 교대근무 중 어떤 근무를 하고싶은가?
- 본인이 가장 힘들었던 경험에 대해 말해 보시오.
- 입사 후 포부를 밝혀 보시오.
- 도시재생과 관련하여 한국가스공사가 해야 할 일이 무엇일지 말해 보시오.
- 공공주택과 임대주택의 차이가 무엇인지 말해 보시오.
- 구도시의 개발 및 활성화에 대한 본인의 생각을 말해 보시오.
- 4차 산업혁명 기술이 가져온 주거 환경의 변화에 대해 아는 대로 말해 보시오.
- 기존의 틀을 깨고 새로운 시도를 한 결과 일이 잘 풀리지 않았던 경험을 말해 보시오.
- 거짓말을 해서 사업이 잘 풀리는 상황이 있을 때, 본인은 어떻게 행동할지 말해 보시오.
- 동료직원과 상사 사이에 의견 충돌이 있을 경우 본인은 어떻게 행동할지 말해 보시오.
- 직장 생활에서 중요한 것 한 가지를 말해 보시오.
- 지원한 업무가 본인의 마음에 들지 않을 경우에 어떻게 할 것인지 말해 보시오.
- 한국가스공사의 업무를 위해 어떤 노력을 할 수 있는지 말해 보시오.
- 면접장까지 오는 데 얼마나 걸렸는가?
- 한국가스공사를 어떻게 알게 되었는가?
- 3상 발전에 대해 알고 있는가?
- 커리어 플랜이 어떻게 되는가?
- 제도를 개혁하고 이어나간 경험에 대해 말해 보시오.
- 오지에 발령받는다면 어떻게 할 것인가?
- 갈등을 중재하거나 해결한 경험이 있는가? 이를 통해 어떤 결과를 창출해 냈는가?
- 직장상사와 갈등이 생긴다면 해결방안은 무엇인가?
- 가장 힘들었던 기억과 극복과정에 대해 말해 보시오.
- 자신은 어떠한 삶을 살아왔다고 생각하는가?
- 일을 처리할 때 혼자 진행하는 것이 좋은가? 팀으로 진행하는 것이 좋은가?
- 조직 생활에서 가장 중요한 요소는 무엇이라고 생각하는가?
- 입사 후 참여하고 싶은 사업을 말해 보시오.
- 본인이 원하지 않는 부서에 배치받았다면 어떻게 할 것인가?
- 현재 우리나라 경제 상황에 대한 의견을 말해 보시오.
- 한국가스공사와 관련된 뉴스나 기사를 보면서 떠오르는 생각은 무엇인지 말해 보시오.
- 행정조직의 개편에 대해 어떻게 생각하는지 말해 보시오.
- 한국가스공사의 핵심가치 중 가장 중요하게 생각하는 것은 무엇인가?

행운이란 100%의 노력 뒤에 남는 것이다.

- 랭스턴 콜만 -

얼마나 많은 사람들이 책 한 권을 읽음으로써
인생에 새로운 전기를 맞이했던가.

– 헨리 데이비드 소로 –

답안채점 • 성적분석 서비스

모바일
OMR

도서 내 모의고사   로그인   '시작하기'   '응시하기'   나의 답안을   '성적분석 & 채점결과'   현재 내 실력
우측 상단에 위치한   하기   클릭   클릭   모바일 OMR   클릭   확인하기
QR코드 찍기   카드에 입력

도서에 수록된 모의고사에 대한
객관적인 결과(정답률, 순위)를
종합적으로 분석하여 제공합니다.

※OMR 답안채점 / 성적분석 서비스는 등록 후 30일간 사용 가능합니다.

시대에듀

공기업 취업을 위한 NCS
직업기초능력평가 시리즈

NCS부터 전공까지 완벽 학습 "통합서" 시리즈

공기업 취업의 기초부터 차근차근! 취업의 문을 여는 Master Key!

NCS 영역 및 유형별 체계적 학습 "집중학습" 시리즈

영역별 이론부터 유형별 모의고사까지! 단계별 학습을 통한 Only Way!

2025
최신판

판매량
1위
한국가스공사
YES24

한국
가스공사

정답 및 해설

NCS+전공+모의고사 3회

편저 | SDC(Sidae Data Center)

기출복원문제부터
대표기출유형 및
모의고사까지
한 권으로
마무리!

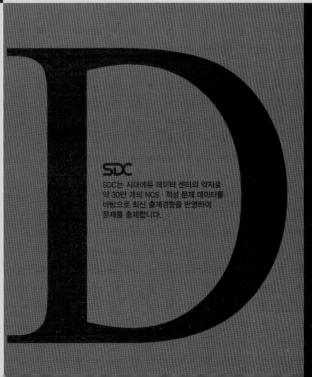

SDC

SDC는 시대에듀 데이터 센터의 약자로
약 30만 개의 NCS·작성 문제 데이터를
바탕으로 최신 출제경향을 반영하여
문제를 출제합니다.

시대에듀

Add+

특별부록

끝까지 책임진다! 시대에듀!

QR코드를 통해 도서 출간 이후 발견된 오류나 개정법령, 변경된 시험 정보, 최신기출문제, 도서 업데이트 자료 등이 있는지 확인해 보세요! **시대에듀 합격 스마트 앱**을 통해서도 알려 드리고 있으니 구글 플레이나 앱 스토어에서 다운받아 사용하세요. 또한, 파본 도서인 경우에는 구입하신 곳에서 교환해 드립니다.

01 | 2024년 하반기 주요 공기업
NCS 기출복원문제

01	02	03	04	05	06	07	08	09	10	11	12	13	14	15	16	17	18	19	20
④	③	⑤	③	③	③	④	④	③	⑤	③	④	②	①	③	④	⑤	④	③	④
21	22	23	24	25	26	27	28	29	30	31	32	33	34	35	36	37	38	39	40
⑤	③	②	⑤	⑤	③	③	③	①	①	③	①	②	①	④	③	④	④	④	③
41	42	43	44	45	46	47	48	49	50										
②	③	⑤	③	①	④	⑤	②	②	②										

01

정답 ④

쉼이란 대화 도중에 잠시 침묵하는 것을 말한다. 쉼을 사용하는 대표적인 경우는 다음과 같다.
• 이야기의 전이 시(흐름을 바꾸거나 다른 주제로 넘어갈 때)
• 양해, 동조, 반문의 경우
• 생략, 암시, 반성의 경우
• 여운을 남길 때
위와 같은 목적으로 쉼을 활용함으로써 논리성, 감정 제고, 동질감 등을 확보할 수 있다.
반면, 연단공포증은 면접이나 발표 등 청중 앞에서 이야기할 때 가슴이 두근거리고, 입술이 타고, 식은땀이 나고, 얼굴이 달아오르는 생리적인 현상으로, 쉼과는 관련이 없다. 연단공포증은 90% 이상의 사람들이 호소하는 불안이므로 극복하기 위해서는 연단공포증에 대한 걱정을 떨쳐내고 이러한 심리현상을 잘 통제하여 의사 표현하는 것을 연습해야 한다.

02

정답 ③

미국의 심리학자인 도널드 키슬러는 대인관계 의사소통 방식을 체크리스트로 평가하여 8가지 유형으로 구분하였다. 이 중 친화형은 따뜻하고 배려심이 깊으며, 타인과의 관계를 중시하는 유형이다. 또한 협동적이고 조화로운 성격으로, 자기희생적인 경향이 강하다.

> **키슬러의 대인관계 의사소통 유형**
> • 지배형 : 자신감이 있고 지도력이 있으나 논쟁적이고 독단이 강하여 대인 갈등을 겪을 수 있으므로 타인의 의견을 경청하고 수용하는 자세가 필요하다.
> • 실리형 : 이해관계에 예민하고 성취 지향적으로 경쟁적인 데다 자기중심적이어서 타인의 입장을 배려하고 관심을 갖는 자세가 필요하다.
> • 냉담형 : 이성적인 의지력이 강하고 타인의 감정에 무관심하며 피상적인 대인관계를 유지하므로 타인의 감정 상태에 관심을 가지고 긍정적인 감정을 표현하는 것이 필요하다.
> • 고립형 : 혼자 있는 것을 선호하고 사회적 상황을 회피하며 지나치게 자신의 감정을 억제하므로 대인관계의 중요성을 인식하고 타인에 대한 비현실적인 두려움의 근원을 성찰하는 것이 필요하다.
> • 복종형 : 수동적이고 의존적이며 자신감이 없으므로 적극적인 자기표현과 주장이 필요하다.
> • 순박형 : 단순하고 솔직하며 자기주관이 부족하므로 자기주장을 하는 노력이 필요하다.
> • 친화형 : 따뜻하고 인정이 많고 자기희생적이나 타인의 요구를 거절하지 못하므로 타인과의 정서적인 거리를 유지하는 노력이 필요하다.
> • 사교형 : 외향적이고 인정하는 욕구가 강하며, 타인에 대한 관심이 많아서 간섭하는 경향이 있고 흥분을 잘 하므로 심리적 안정과 지나친 인정욕구에 대한 성찰이 필요하다.

03

정답 ⑤

철도사고는 달리는 도중에도 발생할 수 있으므로 먼저 인터폰을 통해 승무원에게 사고를 알리고, 열차가 멈춘 후에 안내방송에 따라 비상핸들이나 비상콕크를 돌려 문을 열고 탈출해야 한다. 만일 화재가 발생했을 경우에는 승무원에게 사고를 알리고 곧바로 119에도 신고를 해야 한다.

오답분석

① 침착함을 잃고 패닉에 빠지게 되면, 적절한 행동요령에 따라 대피하기 어렵다. 따라서 사고현장에서 대피할 때는 승무원의 안내에 따라 질서 있게 대피해야 한다.
② 화재사고 발생 시 승객들은 여유가 있을 경우 전동차 양 끝에 비치된 소화기로 초기 진화를 시도해야 한다.
③ 역이 아닌 곳에서 열차가 멈췄을 경우 감전의 위험이 있으므로 반드시 승무원의 안내에 따라 반대편 선로의 열차 진입에 유의하며 대피 유도등을 따라 침착하게 비상구로 대피해야 한다.
④ 전동차에서 대피할 때는 부상자, 노약자, 임산부 등 탈출이 어려운 사람부터 먼저 대피할 수 있도록 배려하고 도와주어야 한다.

04

정답 ③

하향식 읽기 모형은 독자의 배경지식을 바탕으로 글의 맥락을 먼저 파악하는 읽기 전략이다. ③의 경우 제품 설명서를 통해 세부 기능과 버튼별 용도를 파악하고 기계를 작동시켰으므로 상향식 읽기를 수행한 사례이다. 제품 설명서를 하향식으로 읽는다면 제품 설명서를 읽기 전 제품을 보고 배경지식을 바탕으로 어떤 기능이 있는지 예측하고, 해당 기능을 수행하는 세부 방법을 제품 설명서를 통해 찾아봐야 한다.

오답분석

① 회의의 주제에 대한 배경지식을 가지고 회의 안건을 예상한 후 회의 자료를 파악하였으므로 하향식 읽기 모형에 해당한다.
② 헤드라인을 먼저 읽어 배경지식을 바탕으로 전체적인 내용을 파악하고 상세 내용을 읽었으므로 하향식 읽기 모형에 해당한다.
④ 요리에 대한 경험과 지식을 바탕으로 요리 과정을 파악하였으므로 하향식 읽기 모형에 해당한다.
⑤ 해당 분야에 대한 기본적인 지식을 바탕으로 서문이나 목차를 통해 책의 전체적인 흐름을 파악하였으므로 하향식 읽기 모형에 해당한다.

05

정답 ③

농도가 15%인 소금물 200g의 소금의 양은 $200 \times \frac{15}{100} = 30$g이고, 농도가 20%인 소금물 300g의 소금의 양은 $300 \times \frac{20}{100} = 60$g이다. 따라서 두 소금물을 섞었을 때의 농도는 $\frac{30+60}{200+300} \times 100 = \frac{90}{500} \times 100 = 18\%$이다.

06

정답 ③

여직원끼리 인접하지 않는 경우는 남직원과 여직원이 번갈아 앉는 경우뿐이다. 이때 여직원 D의 자리를 기준으로 남직원 B가 옆에 앉는 경우를 다음과 같이 나눌 수 있다.
• 첫 번째, 여섯 번째 자리에 여직원 D가 앉는 경우
  남직원 B가 여직원 D 옆에 앉는 경우는 1가지뿐으로, 남은 자리에 남직원, 여직원이 번갈아 앉아 경우의 수는 $2 \times 1 \times 2! \times 2! = 8$가지이다.
• 두 번째, 세 번째, 네 번째, 다섯 번째 자리에 여직원 D가 앉는 경우
  각 경우에 대하여 남직원 B가 여직원 D 옆에 앉는 경우는 2가지이다. 남은 자리에 남직원, 여직원이 번갈아 앉으므로 경우의 수는 $4 \times 2 \times 2! \times 2! = 32$가지이다.
따라서 구하고자 하는 경우의 수는 $8+32 = 40$가지이다.

07

제시된 수열은 홀수 항일 때 +12, +24, +48, …이고, 짝수 항일 때 +20인 수열이다.
따라서 빈칸에 들어갈 수는 13+48=61이다.

08

2022년에 중학교에서 고등학교로 진학한 학생의 비율은 99.7%이고, 2023년에 중학교에서 고등학교로 진학한 학생의 비율은 99.6%이다. 따라서 진학한 비율이 감소하였으므로 중학교에서 고등학교로 진학하지 않은 학생의 비율은 증가하였음을 알 수 있다.

오답분석

① 중학교의 취학률이 가장 낮은 해는 97.1%인 2020년이다. 이는 97% 이상이므로 중학교의 취학률은 매년 97% 이상이다.
② 매년 초등학교의 취학률이 가장 높다.
③ 고등교육기관의 취학률은 2020년 이후로 계속해서 70% 이상을 기록하였다.
⑤ 고등교육기관의 취학률이 가장 낮은 해는 2016년이고, 고등학교의 상급학교 진학률이 가장 낮은 해 또한 2016년이다.

09

오답분석

① B기업의 매출액이 가장 많은 때는 2024년 3월이지만, 그래프에서는 2024년 4월의 매출액이 가장 많은 것으로 나타났다.
② 2024년 2월에는 A기업의 매출이 더 많지만, 그래프에서는 B기업이 더 많은 것으로 나타났다.
④ A기업의 매출액이 가장 적은 때는 2024년 4월이지만, 그래프에서는 2024년 3월의 매출액이 가장 적은 것으로 나타났다.
⑤ A기업과 B기업의 매출액의 차이가 가장 큰 때는 2024년 1월이지만, 그래프에서는 2024년 5월과 6월의 매출액 차이가 더 큰 것으로 나타났다.

10

스마트 팜 관련 정부 사업 참여 경험은 K사의 강점요인이다. 또한 정부의 적극적인 지원은 스마트 팜 시장 성장에 따른 기회요인이다. 따라서 스마트 팜 관련 정부 사업 참여 경험을 바탕으로 정부의 적극적인 지원을 확보하는 것은 내부의 강점을 통해 외부의 기회요인을 극대화하는 SO전략에 해당한다.

오답분석

①·②·③·④ 외부의 기회를 이용하여 내부의 약점을 보완하는 WO전략에 해당한다.

11

A~F 모두 문맥을 무시하고 일부 문구에만 집착하여 뜻을 해석하고 있으므로 '과대해석의 오류'를 범하고 있다. 과대해석의 오류는 전체적인 상황이나 맥락을 고려하지 않고 특정 단어나 문장에만 집착하여 의미를 해석하는 오류로, 글의 의미를 지나치게 확대하거나 축소하여 생각하고, 문자 그대로의 의미에만 너무 집착하여 다른 가능성이나 해석을 배제하게 되는 논리적 오류이다.

오답분석

① 무지의 오류 : '신은 존재하지 않는다가 증명되지 않았으므로 신은 존재한다.'처럼 증명되지 않았다고 해서 그 반대의 주장이 참이라고 생각하는 오류이다.
② 연역법의 오류 : '조류는 날 수 있다. 펭귄은 조류이다. 따라서 펭귄은 날 수 있다.'처럼 잘못된 삼단논법에 의해 발생하는 논리적 오류이다.
④ 허수아비 공격의 오류 : '저 사람은 과거에 거짓말을 한 적이 있으니 이번에 일어난 사기 사건의 범인이다.'처럼 개별적 인과관계를 입증하지 않고 전혀 상관없는 별개의 논리를 만들어 공격하는 논리적 오류이다.
⑤ 권위나 인신공격에 의존한 논증 : '제정신을 가진 사람이면 그런 주장을 할 수가 없다.'처럼 상대방의 주장 대신 인격을 공격하거나, '최고 권위자인 A교수도 이런 말을 했습니다.'처럼 자신의 논리적인 약점을 권위자를 통해 덮으려는 논리적 오류이다.

12

A~E열차의 운행시간 단위를 시간 단위로, 평균 속력의 단위를 시간당 운행거리로 통일하여 정리하면 다음과 같다.

구분	운행시간	평균 속력	운행거리
A열차	900분=15시간	$50\text{m/s}=(50\times60\times60)\text{m/h}=180\text{km/h}$	$15\times180=2,700\text{km}$
B열차	10시간 30분=10.5시간	150km/h	$10.5\times150=1,575\text{km}$
C열차	8시간	$55\text{m/s}=(55\times60\times60)\text{m/h}=198\text{km/h}$	$8\times198=1,584\text{km}$
D열차	720분=12시간	$2.5\text{km/min}=(2.5\times60)\text{km/h}=150\text{km/h}$	$12\times150=1,800\text{km}$
E열차	10시간	$2.7\text{km/min}=(2.7\times60)\text{m/h}=162\text{km/h}$	$10\times162=1,620\text{km}$

따라서 C열차의 운행거리는 네 번째로 길다.

13

K대학교 기숙사 운영위원회는 단순히 '기숙사에 문제가 있다.'라는 큰 문제에서 벗어나 식사, 시설, 통신환경이라는 세 가지 주요 문제를 파악하고 문제별로 다시 세분화하여 더욱 구체적으로 인과관계 및 구조를 파악하여 분석하고 있다. 따라서 제시문에서 나타난 문제해결 절차는 '문제 도출'이다.

> **문제해결 절차 5단계**
> 1. 문제 인식 : 해결해야 할 전체 문제를 파악하여 우선순위를 정하고 선정 문제에 대한 목표를 명확히 하는 단계
> 2. 문제 도출 : 선정된 문제를 분석하여 해결해야 할 것이 무엇인지를 명확히 하는 단계로, 현상에 대한 문제를 분해하여 인과관계 및 구조를 파악하는 단계
> 3. 원인 분석 : 파악된 핵심 문제에 대한 분석을 통해 근본 원인을 도출해 내는 단계
> 4. 해결안 개발 : 문제로부터 도출된 근본 원인을 효과적으로 해결할 수 있는 최적의 해결 방안을 수립하는 단계
> 5. 실행 및 평가 : 해결안 개발을 통해 만들어진 실행 계획을 실제 상황에 적용하는 단계로, 해결안을 통해 문제의 원인들을 제거해 나가는 단계

14

공공사업을 위해 투입된 세금을 본래의 목적에 사용하지 않고 무단으로 다른 곳에 쓴 상황이므로 '예정되어 있는 곳에 쓰지 아니하고 다른 데로 돌려서 씀'을 의미하는 '전용(轉用)'이 가장 적절한 단어이다.

[오답분석]
② 남용(濫用) : 일정한 기준이나 한도를 넘어서 함부로 씀
③ 적용(適用) : 알맞게 이용하거나 맞추어 씀
④ 활용(活用) : 도구나 물건 따위를 충분히 잘 이용함
⑤ 준용(遵用) : 그대로 좇아서 씀

15

시조새는 비대칭형 깃털을 가진 최초의 동물로, 현대의 날 수 있는 조류처럼 바람을 맞는 곳의 깃털은 짧고, 뒤쪽은 긴 형태로 이루어졌으며, 이와 같은 비대칭형 깃털이 양력을 제공하여 짧은 거리의 활강을 가능하게 하였다. 따라서 비행을 하기 위한 시조새의 신체 조건은 날개의 깃털이 비대칭 구조로 형성되어 있는 것이다.

[오답분석]
① 제시문에서 언급하지 않은 내용이다.
②·④ 세 개의 갈고리 발톱과 척추뼈가 꼬리까지 이어지는 구조는 공룡의 특징을 보여주는 신체 조건이다.
⑤ 시조새는 현대 조류처럼 가슴뼈가 비행에 최적화된 형태로 발달되지 않았다고 언급하고 있다.

16

제시문은 서양의학에 중요한 영향을 준 히포크라테스와 갈레노스에 대해 소개하고 있다. 히포크라테스는 자연적 관찰을 통해 의사를 과학적인 기반 위의 직업으로 만들었으며, 히포크라테스 선서와 같이 전문직업으로써의 윤리적 기준을 마련한 서양의학의 상징이라고 소개하고 있으며, 갈레노스는 실제 해부와 임상 실험을 통해 의학 이론을 증명하고 방대한 저술을 남겨 후대 의학 발전에 큰 영향을 주었음을 설명하고 있다. 따라서 '히포크라테스와 갈레노스가 서양의학에 끼친 영향과 중요성'이 제시문의 주제이다.

오답분석
① 갈레노스의 의사로서의 이력은 언급하고 있지만, 생애에 대해 구체적으로 밝히는 글은 아니다.
② 갈레노스가 해부와 실험을 통해 의학 이론을 증명하였음을 설명할 뿐이며, 해부학의 발전 과정에 대해 설명하는 글은 아니다.
③ 히포크라테스 선서는 히포크라테스가 서양의학에 남긴 중요한 윤리적 기준이지만, 이를 중심으로 설명하는 글은 아니다.
⑤ 히포크라테스와 갈레노스 모두 4체액설과 같은 부분에서는 현대 의학과는 거리가 있었음을 밝히고 있다.

17

정답 ⑤

'비상구'는 '화재나 지진 따위의 갑작스러운 사고가 일어날 때에 급히 대피할 수 있도록 특별히 마련한 출입구'이다. 따라서 이와 가장 비슷한 단어는 '갇힌 곳에서 빠져나가거나 도망하여 나갈 수 있는 출구'를 의미하는 '탈출구'이다.

오답분석
① 진입로 : 들어가는 길
② 출입구 : 나갔다가 들어왔다가 하는 어귀나 문
③ 돌파구 : 가로막은 것을 쳐서 깨뜨려 통과할 수 있도록 뚫은 통로나 목
④ 여울목 : 여울물(강이나 바다 따위의 바닥이 얕거나 폭이 좁아 물살이 세게 흐르는 곳의 물)이 턱진 곳

18

정답 ④

A열차의 속력을 V_a, B열차의 속력을 V_b라 하고, 터널의 길이를 l, 열차의 전체 길이를 x라 하자.

A열차가 터널을 진입하고 빠져나오는 데 걸린 시간은 $\dfrac{l+x}{V_a}=14$초이다. B열차가 A열차보다 5초 늦게 진입하고 5초 빠르게 빠져나왔으므로 터널을 진입하고 빠져나오는 데 걸린 시간은 $14-5-5=4$초이다. 그러므로 $\dfrac{l+x}{V_b}=4$초이다.

따라서 $V_a=14(l+x)$, $V_b=4(l+x)$이므로 $\dfrac{V_a}{V_b}=\dfrac{14(l+x)}{4(l+x)}=3.5$배이다.

19

정답 ③

A팀은 5일마다, B팀은 4일마다 회의실을 사용하므로 두 팀이 회의실을 사용하고자 하는 날은 20일마다 겹친다. 첫 번째 겹친 날에 A팀이 먼저 사용했으므로 20일 동안 A팀이 회의실을 사용한 횟수는 4회이다. 두 번째 겹친 날에는 B팀이 사용하므로 40일 동안 A팀이 회의실을 사용한 횟수는 7회이고, 세 번째로 겹친 날에는 A팀이 회의실을 사용하므로 60일 동안 A팀은 회의실을 11회 사용하였다. 이를 표로 정리하면 다음과 같다.

겹친 횟수	첫 번째	두 번째	세 번째	네 번째	다섯 번째	…	$(n-1)$번째	n번째
회의실 사용 팀	A팀	B팀	A팀	B팀	A팀	…	A팀	B팀
A팀의 회의실 사용 횟수	4회	7회	11회	14회	18회	…		

겹친 날을 기준으로 A팀은 9회, B팀은 8회를 사용하였으므로 다음으로는 B팀이 회의실을 사용할 순서이다. 이때, B팀이 m번째로 회의실을 사용할 순서라면 A팀이 이때까지 회의실을 사용한 횟수는 $7m$회이다. 따라서 B팀이 겹친 날을 기준으로 회의실을 8회까지 사용하였고, 9번째로 사용할 순서이므로 이때까지 A팀이 회의실을 사용한 횟수는 최대 $7\times9=63$회이다.

20

정답 ④

마지막 조건에 따라 광물 B는 인회석이고, 광물 B로 광물 C를 긁었을 때 긁힘 자국이 생기므로 광물 C는 인회석보다 무른 광물이다. 한편, 광물 A로 광물 C를 긁었을 때 긁힘 자국이 생기므로 광물 A는 광물 C보다 단단하고, 광물 A로 광물 B를 긁었을 때 긁힘 자국이 생기지 않으므로 광물 A는 광물 B보다는 무른 광물이다. 따라서 가장 단단한 광물은 B이며, 그다음으로 A, C 순으로 단단하다.

오답분석

① 광물 C는 인회석보다 무른 광물이므로 석영이 아니다.
② 광물 A는 인회석보다 무른 광물이지만, 방해석인지는 확인할 수 없다.
③ 가장 무른 광물은 C이다.
⑤ 광물 B는 인회석이므로 모스 굳기 단계는 5단계이다.

21

정답 ⑤

J공사의 지점 근무 인원이 71명이므로 가용 인원수가 부족한 B오피스는 제외된다. 또한, 시설 조건에서 스튜디오와 회의실이 필요하다고 했으므로 스튜디오가 없는 D오피스도 제외된다. 나머지 A, C, E오피스는 모두 교통 조건을 충족하므로 임대비용만 비교하면 된다. A, C, E오피스의 5년 임대비용은 다음과 같다.

• A오피스 : 600만×71×5=213,000만 원 → 21억 3천만 원
• C오피스 : 3,600만×12×5=216,000만 원 → 21억 6천만 원
• E오피스 : (3,800만×12×0.9)×5=205,200만 원 → 20억 5천 2백만 원

따라서 사무실 이전 조건을 바탕으로 가장 저렴한 공유 오피스인 E오피스로 이전할 것이다.

22

정답 ③

에너지바우처를 신청하기 위해서는 소득기준과 세대원 특성기준을 모두 충족해야 한다. C는 생계급여 수급자이므로 소득기준을 충족하고, 65세 이상이므로 세대원 특성기준도 충족한다. 그러나 C의 경우 보장시설인 양로시설에 거주하는 보장시설 수급자이므로 지원 제외 대상이다. 따라서 C는 에너지바우처를 신청할 수 없다.

오답분석

① A의 경우 의료급여 수급자이므로 소득기준을 충족하고, 7세 이하의 영유아가 있으므로 세대원 특성기준도 충족한다. 따라서 에너지바우처를 신청할 수 있다.
② B의 경우 교육급여 수급자이므로 소득기준을 충족하고, 한부모가족이므로 세대원 특성기준도 충족한다. 또한 4인 이상 세대에 해당하므로 바우처 지원금액은 716,300원으로 70만 원 이상이다.
④ 동절기 에너지바우처 지원방법은 요금차감과 실물카드 2가지 방법이 있다. 이 중 D의 경우 연탄보일러를 이용하고 있으므로 실물카드를 받아 연탄을 직접 결제하는 방식으로 지원받아야 한다.
⑤ E의 경우 생계급여 수급자이므로 소득기준을 충족하고, 희귀질환을 앓고 있는 어머니가 세대원으로 있으므로 세대원 특성기준도 충족한다. 또한 2인 세대에 해당하므로 하절기 바우처 지원금액인 73,800원이 지원된다. 이때, 하절기는 전기요금 고지서에서 요금을 자동으로 차감해 주므로 전기비에서 73,800원이 차감될 것이다.

23

정답 ②

A가족과 B가족 모두 소득기준과 세대원 특성기준이 에너지바우처 신청기준을 충족한다. A가족의 경우 5명이므로 총 716,300원을 지원받을 수 있다. 그러나 이미 연탄쿠폰을 발급받았으므로 동절기 에너지바우처는 지원받을 수 없다. 따라서 하절기 지원금액인 117,000원을 지원받는다. B가족의 경우 2명이므로 총 422,500원을 지원받을 수 있으며, 지역난방을 이용 중이므로 하절기와 동절기 모두 요금차감의 방식으로 지원받는다. 따라서 두 가족의 에너지바우처 지원 금액은 117,000+422,500=539,500원이다.

24

정답 ⑤

제시된 프로그램은 'result'의 초기 값을 0으로 정의한 후 'result' 값이 2를 초과할 때까지 하위 명령을 실행하는 프로그램이다. 이때 'result' 값을 1 증가시킨 후 그 값을 출력하고, 다시 1을 빼므로 0 → 1 → 1 출력 → 0 → 1 → 1 출력 → 0 → 1 → 1 출력 → … 과정을 무한히 반복하게 된다. 따라서 1이 무한히 출력된다.

25

정답 ⑤

ROUND 함수는 인수를 지정한 자릿수로 반올림한 값을 구하는 함수로, 「=ROUND(인수,자릿수)」로 표현한다. 이때 자릿수는 다음과 같이 나타낸다.

만의 자리	천의 자리	백의 자리	십의 자리	일의 자리	소수점 첫째 자리	소수점 둘째 자리	소수점 셋째 자리
−4	−3	−2	−1	0	1	2	3

따라서 「=ROUND(D2,−1)」는 [D2] 셀에 입력된 117.3365의 값을 십의 자리로 반올림하여 나타내므로, 출력되는 값은 120이다.

26

정답 ③

제시문은 ADHD의 원인과 치료 방법에 대한 글이다. 첫 번째 문단에서는 ADHD가 유전적 원인에 의해 발생한다고 설명하고, 두 번째 문단에서는 환경적 원인에 의해 발생한다고 설명하고 있다. 이를 종합하면 ADHD가 다양한 원인이 복합적으로 작용하는 질환임을 알 수 있다. 또한 빈칸 뒤에서도 다양한 원인에 부합하는 맞춤형 치료와 환경 조성이 필요하다고 하였으므로 빈칸에 들어갈 내용으로 가장 적절한 것은 ③이다.

27

정답 ③

~율/률의 앞 글자가 'ㄱ' 받침을 가지고 있으므로 '출석률'이 옳은 표기이다.

> **~율과 ~률의 구별**
> • ~율 : 앞 글자의 받침이 없거나 받침이 'ㄴ'인 경우 → 비율, 환율, 백분율
> • ~률 : 앞 글자의 받침이 있는 경우(단, 'ㄴ' 받침 제외) → 능률, 출석률, 이직률, 합격률

28

정답 ③

남성 합격자 수와 여성 합격자 수의 비율이 2 : 3이므로 여성 합격자는 48명이다.
남성 불합격자 수와 여성 불합격자 수가 모두 a명이라 하면 다음과 같이 정리할 수 있다.

(단위 : 명)

구분	합격자	불합격자	전체 지원자
남성	$2b=32$	a	$a+2b$
여성	$3b=48$	a	$a+3b$

남성 전체 지원자 수는 $(a+32)$명이고, 여성 전체 지원자 수는 $(a+48)$명이다.
$(a+32) : (a+48)=6 : 7$
→ $6 \times (a+48)=7 \times (a+32)$
→ $a=(48 \times 6)-(32 \times 7)$
∴ $a=64$
따라서 전체 지원자 수는 $2a+5b=(64 \times 2)+(16 \times 5)=128+80=208$명이다.

29

정답 ①

A씨는 2023년에는 9개월 동안 K공사에 근무하였다. (건강보험료)=(보수월액)×(건강보험료율)이고, 2023년 1월 1일 이후 (장기요양

보험료)=(건강보험료)×$\dfrac{(장기요양보험료율)}{(건강보험료율)}$이므로 (장기요양보험료)=(보수월액)×(건강보험료율)×$\dfrac{(장기요양보험료율)}{(건강보험료율)}$이다.

그러므로 (보수월액)=$\dfrac{(장기요양보험료)}{(장기요양보험료율)}$이다.

따라서 A씨의 2023년 장기요양보험료는 35,120원이므로 보수월액은 $\dfrac{35,120}{0.9082\%}=\dfrac{35,120}{0.9082}\times100 ≒ 3,866,990$원이다.

30

정답 ①

'가명처리'란 개인정보의 일부를 삭제하거나 일부 또는 전부를 대체하는 등의 방법으로 추가 정보가 없이는 특정 개인을 알아볼 수 없도록 처리하는 것을 말한다(개인정보보호법 제2조 제1의2호).

오답분석
② 개인정보보호법 제2조 제3호
③ 개인정보보호법 제2조 제1호 가목
④ 개인정보보호법 제2조 제2호

31

정답 ③

「=COUNTIF(범위,조건)」 함수는 조건을 만족하는 범위 내 인수의 개수를 셈하는 함수이다. 이때, 열 전체에 적용하려면 해당 범위에서 숫자를 제외하면 된다. 따라서 B열에서 값이 100 이하인 셀의 개수를 구하는 함수는 「=COUNTIF(B:B,"<=100")」 이다.

32

정답 ①

• 초등학생의 한 달 용돈의 합계는 B열부터 E열까지 같은 행에 있는 금액의 합이다. 따라서 (A)에 들어갈 함수는 「=SUM(B2:E2)」이다.
• 한 달 용돈이 150,000원 이상인 학생 수는 [F2] 셀부터 [F7] 셀까지 금액이 150,000원 이상인 셀의 개수로 구할 수 있다. 따라서 (B)에 들어갈 함수는 「=COUNTIF(F2:F7,">=150,000")」이다.

33

정답 ②

빅데이터 분석을 기획하고자 할 때는 먼저 범위를 설정한 다음 프로젝트를 정의해야 한다. 그 후에 수행 계획을 수립하고 위험 계획을 수립해야 한다.

34

정답 ①

㉠ 짜깁기 : 기존의 글이나 영화 따위를 편집하여 하나의 완성품으로 만드는 일
㉡ 뒤처지다 : 어떤 수준이나 대열에 들지 못하고 뒤로 처지거나 남게 되다.

오답분석
• 짜집기 : 짜깁기의 비표준어형
• 뒤쳐지다 : 물건이 뒤집혀서 젖혀지다.

35

공문서에서 날짜를 작성할 때 날짜 다음에 괄호를 사용할 경우에는 마침표를 찍지 않아야 한다.

> **공문서 작성 시 유의사항**
> • 한 장에 담아내는 것이 원칙이다.
> • 마지막엔 반드시 '끝'자로 마무리한다.
> • 날짜 다음에 괄호를 사용할 경우에는 마침표를 찍지 않는다.
> • 복잡한 내용은 항목별로 구분한다('-다음-', 또는 '-아래-').
> • 대외문서이며 장기간 보관되는 문서이므로 정확하게 기술한다.

36

영서가 1시간 동안 빚을 수 있는 만두의 수를 x개, 어머니가 1시간 동안 빚을 수 있는 만두의 수를 y개라 할 때 다음 식이 성립한다.

$\frac{2}{3}(x+y)=60 \cdots \bigcirc$

$y=x+10 \cdots \bigcirc$

$\bigcirc \times \frac{3}{2}$ 에 $\bigcirc$을 대입하면

$x+(x+10)=90$

$\rightarrow 2x=80$

$\therefore x=40$

따라서 영서는 혼자서 1시간 동안 40개의 만두를 빚을 수 있다.

37

• 1,000 이상 10,000 미만
  맨 앞과 맨 뒤의 수가 같은 경우는 1~9의 수가 올 수 있으므로 9가지이고, 각각의 경우에 따라 두 번째 수와 네 번째 수로 0~9의 수가 올 수 있으므로 경우의 수는 10가지이다. 그러므로 모든 네 자리 대칭수의 개수는 9×10=90개이다.
• 10,000 이상 50,000 미만
  맨 앞과 맨 뒤의 수가 같은 경우는 1, 2, 3, 4의 수가 올 수 있으므로 4가지이고, 각각의 경우에 따라 두 번째 수와 네 번째 수로 0~9의 수가 올 수 있으므로 경우의 수는 10가지, 그 각각의 경우에 따라 세 번째에 올 수 있는 수 또한 0~9의 수가 올 수 있으므로 경우의 수는 10가지이다. 그러므로 10,000~50,000 사이의 대칭수의 개수는 4×10×10=400개이다.
따라서 1,000 이상 50,000 미만의 모든 대칭수의 개수는 90+400=490개이다.

38

어떤 자연수의 모든 자릿수의 합이 3의 배수일 때, 그 자연수는 3의 배수이다. 그러므로 2+5+□의 값이 3의 배수일 때, 25□는 3의 배수이다. 2+5=7이므로, 7+□의 값이 3의 배수가 되도록 하는 □의 값은 2, 5, 8이다. 따라서 가능한 모든 수의 합은 2+5+8=15이다.

39

바이올린(V), 호른(H), 오보에(O), 플루트(F) 중 첫 번째 조건에 따라 호른과 바이올린을 묶었을 때 가능한 경우는 3!=6가지로 다음과 같다.
- (HV) − O − F
- (HV) − F − O
- F − (HV) − O
- O − (HV) − F
- F − O − (HV)
- O − F − (HV)

이때 두 번째 조건에 따라 오보에는 플루트 왼쪽에 위치하지 않으므로 (HV) − O − F, O − F − (HV) 2가지는 제외된다.
따라서 왼쪽에서 두 번째 칸에는 바이올린, 호른, 오보에만 위치할 수 있으므로 플루트는 배치할 수 없다.

40

사회적 기업은 수익 창출을 통해 자립적인 운영을 추구하고, 사회적 문제 해결과 경제적 성장을 동시에 달성하려는 특징을 가진 기업 모델로, 영리 조직에 해당한다.

> **영리 조직과 비영리 조직**
> - 영리 조직 : 이윤 추구를 주된 목적으로 하는 집단으로, 일반적인 사기업이 해당된다.
> - 비영리 조직 : 사회적 가치 실현을 위해 공익을 추구하는 집단으로 자선단체, 의료기관, 교육기관, 비정부기구(NGO) 등이 해당된다.

41

(영업이익률)$=\dfrac{(영업이익)}{(매출액)}\times100$이고, 영업이익을 구하기 위해서는 매출총이익을 먼저 계산해야 한다. 따라서 2022년 4분기의 매출총이익은 $60-80=-20$십억 원이고, 영업이익은 $-20-7=-27$십억 원이므로 영업이익률은 $-\dfrac{27}{60}\times100=-45\%$이다.

42

1시간은 3,600초이므로 36초는 $36초\times\dfrac{1시간}{3,600초}=0.01$시간이다. 그러므로 무빙워크의 전체 길이는 $5\times0.01=0.05$km이다.

따라서 무빙워크와 같은 방향으로 4km/h의 속력으로 걸을 때의 속력은 $5+4=9$km/h이므로 걸리는 시간은 $\dfrac{0.05}{9}=\dfrac{5}{900}=\dfrac{5}{900}$

$\times\dfrac{3,600초}{1시간}=20$초이다.

43

제시된 순서도는 result 값이 6을 초과할 때까지 2씩 증가하고, result 값이 6을 초과하면 그 값을 출력하는 순서도이다.
따라서 result 값이 5일 때 2를 더하여 $5+2=7$이 되어 6을 초과하므로 출력되는 값은 7이다.

44

방문 사유 → 파손 관련(NO) → 침수 관련(NO) → 데이터 복구 관련(YES) → ◎ 출력 → STOP
따라서 출력되는 도형은 ◎이다.

45

상품코드의 맨 앞 자릿수가 '9'이므로 2 ~ 7번째 자릿수의 이진코드 변환 규칙은 'ABBABA'를 따른다. 이를 변환하면 다음과 같다.

3	8	7	6	5	5
A	B	B	A	B	A
0111101	0001001	0010001	0101111	0111001	0110001

따라서 주어진 수를 이진코드로 바르게 변환한 것은 ①이다.

46

안전 스위치를 누르는 동안에만 스팀이 나온다고 하였으므로 안전 스위치를 누르는 등의 외부 입력이 없다면 스팀은 발생하지 않는다.

오답분석

① 기본형 청소구로 카펫를 청소하면 청소 효율이 떨어질 뿐이며, 카펫 청소는 가능하다고 언급되어 있다.
② 스팀 청소 완료 후 충분히 식지 않은 상태에서 통을 분리하면 뜨거운 물이 새어 나와 화상의 위험이 있다고 언급되어 있다.
③ 기본형 청소구의 돌출부를 누른 상태에서 잡아당기면 좁은 흡입구를 꺼낼 수 있다고 언급되어 있다.
⑤ 스팀 청소구의 물통에 물을 채우는 작업, 걸레판에 걸레를 부착하는 작업 모두 반드시 전원을 분리한 상태에서 진행해야 한다고 언급되어 있다.

47

바닥에 물이 남는다면 스팀 청소구를 좌우로 자주 기울이지 않도록 주의하거나 젖은 걸레를 교체해야 한다.

48

팀 목표를 달성하도록 팀원을 격려하는 환경을 조성하기 위해서는 동료의 피드백이 필요하다. 긍정이든 부정이든 피드백이 없다면 팀원들은 개선을 이루거나 탁월한 성과를 내고자 하는 노력을 게을리하게 된다.

동료의 피드백을 장려하는 4단계
1. 간단하고 분명한 목표와 우선순위를 설정하라.
2. 행동과 수행을 관찰하라.
3. 즉각적인 피드백을 제공하라.
4. 뛰어난 수행성과에 대해 인정하라.

49

정답 ②

업무적으로 내적 동기를 유발하기 위해서는 업무 관련 교육을 꾸준히 하여야 한다.

내적 동기를 유발하는 방법
- 긍정적 강화법 활용하기
- 새로운 도전의 기회 부여하기
- 창의적인 문제해결법 찾기
- 자신의 역할과 행동에 책임감 갖기
- 팀원들을 지도 및 격려하기
- 변화를 두려워하지 않기
- 지속적인 교육 실시하기

50

정답 ②

갈등 정도와 조직 성과에 대한 그래프에서 갈등이 X점 수준일 때에는 조직 내부의 의욕이 상실되고 환경의 변화에 대한 적응력도 떨어져 조직 성과가 낮아진다. 갈등이 Y점 수준일 때에는 갈등의 순기능이 작용하여 조직 내부에 생동감이 넘치고 변화 지향적이며 문제해결능력이 발휘되어 조직 성과가 높아진다. 반면, 갈등이 Z점 수준일 때에는 오히려 갈등의 역기능이 작용하여 조직 내부에 혼란과 분열이 발생하고 조직 구성원들이 비협조적이 되어 조직 성과는 낮아지게 된다.

02 | 2024 ~ 2023년 주요 공기업
전공 기출복원문제

01 경영

01	02	03	04	05	06	07	08	09	10	11	12	13	14	15	16	17	18	19	20
③	⑤	④	③	⑤	④	③	③	①	①	④	②	①	③	④	①	④	③	③	④

21	22	23	24	25															
④	③	③	④	④															

01
정답 ③

테일러의 과학적 관리법은 하루 작업량을 과학적으로 설정하고 과업 수행에 따른 임금을 차별적으로 설정하는 차별적 성과급제를 시행한다.

오답분석

①·② 시간연구와 동작연구를 통해 표준 노동량을 정하고 해당 노동량에 따라 임금을 지급하여 생산성을 향상시킨다.
④ 각 과업을 전문화하여 관리한다.
⑤ 근로자가 노동을 하는 데 필요한 최적의 작업조건을 유지한다.

02
정답 ⑤

기능목록제도는 종업원별로 기능보유색인을 작성하여 데이터베이스에 저장하여 인적자원관리 및 경력개발에 활용하는 제도이며, 근로자의 직무능력 평가에 있어 필요한 정보를 파악하기 위해 개인능력평가표를 활용한다.

오답분석

① 자기신고제도 : 근로자에게 본인의 직무내용, 능력수준, 취득자격 등에 대한 정보를 직접 자기신고서에 작성하여 신고하게 하는 제도이다.
② 직능자격제도 : 직무능력을 자격에 따라 등급화하고 해당 자격을 취득하는 경우 직위를 부여하는 제도이다.
③ 평가센터제도 : 근로자의 직무능력을 객관적으로 발굴 및 육성하기 위한 제도이다.
④ 직무순환제도 : 담당직무를 주기적으로 교체함으로써 직무 전반에 대한 이해도를 높이는 제도이다.

03
정답 ④

데이터베이스 마케팅(DB 마케팅)은 고객별로 맞춤화된 서비스를 제공하기 위해 정보 기술을 이용하여 고객의 정보를 데이터베이스로 구축하여 관리하는 마케팅 전략이다. 이를 위해 고객의 성향, 이력 등 관련 정보가 필요하므로 기업과 고객 간 양방향 의사소통을 통해 1 : 1 관계를 구축하게 된다.

04

정답 ③

공정성 이론에 따르면 공정성 유형은 크게 절차적 공정성, 상호작용적 공정성, 분배적 공정성으로 나누어진다.
- 절차적 공정성 : 과정통제, 접근성, 반응속도, 유연성, 적정성
- 상호작용적 공정성 : 정직성, 노력, 감정이입
- 분배적 공정성 : 형평성, 공평성

05

정답 ⑤

e-비즈니스 기업은 비용절감 등을 통해 더 낮은 가격으로 우수한 품질의 상품 및 서비스를 제공할 수 있다는 장점이 있다.

06

정답 ④

조직시민행동은 조직 구성원의 내재적 만족으로 인해 촉발되므로 구성원에 대한 처우가 합리적일수록 자발적으로 일어난다.

07

정답 ③

협상을 통해 공동의 이익을 확대(Win - Win)하는 것은 통합적 협상의 특징이다.

> **분배적 협상과 통합적 협상의 비교**
> - 분배적 협상
>   - 고정된 자원을 대상으로 합리적인 분배를 위해 진행하는 협상이다.
>   - 한정된 자원량으로 인해 제로섬 원칙이 적용되어 갈등이 발생할 가능성이 많다.
>   - 당사자 간 이익 확보를 목적으로 하며, 협상 참여자 간 관계는 단기적인 성격을 나타낸다.
> - 통합적 협상
>   - 당사자 간 이해관계를 조율하여 더 큰 이익을 추구하기 위해 진행하는 협상이다.
>   - 협상을 통해 확보할 수 있는 자원량이 변동될 수 있어 갈등보다는 문제해결을 위해 노력한다.
>   - 협상 참여자의 이해관계, 우선순위 등이 달라 장기적인 관계를 가지고 통합적인 문제해결을 추구한다.

08

정답 ③

워크 샘플링법은 전체 작업과정에서 무작위로 많은 관찰을 실시하여 직무활동에 대한 정보를 얻는 방법으로, 여러 직무활동을 동시에 기록하기 때문에 전체 직무의 모습을 파악할 수 있다.

[오답분석]
① 관찰법 : 조사자가 직접 조사대상과 생활하면서 관찰을 통해 자료를 수집하는 방법이다.
② 면접법 : 조사자가 조사대상과 직접 대화를 통해 자료를 수집하는 방법이다.
④ 질문지법 : 설문지로 조사내용을 작성하고 자료를 수집하는 방법이다.
⑤ 연구법 : 기록물, 통계자료 등을 토대로 자료를 수집하는 방법이다.

09

정답 ①

가구, 가전제품 등은 선매품에 해당한다. 전문품에는 명품제품, 자동차, 아파트 등이 해당한다.

10

정답 ①

연속생산은 동일제품을 대량생산하기 때문에 규모의 경제가 적용되어 여러 가지 제품을 소량생산하는 단속생산에 비해 단위당 생산원가가 낮다.

오답분석

② 연속생산의 경우, 표준화된 상품을 대량으로 생산함에 따라 운반에 따른 자동화 비율이 매우 높고, 속도가 빨라 운반비용이 적게 소요된다.

③·④ 제품의 수요가 다양하거나 제품의 수명이 짧은 경우 단속생산 방식이 적합하다.

⑤ 연속생산은 작업자의 숙련도와 관계없이 작업에 참여가 가능하다.

11

정답 ④

ELS는 주가연계증권으로, 사전에 정해진 조건에 따라 수익률이 결정되며 만기가 있다.

오답분석

① 주가연계펀드(ELF)에 대한 설명이다.

② 주가연계파생결합사채(ELB)에 대한 설명이다.

③ 주가지수연동예금(ELD)에 대한 설명이다.

⑤ 주가연계신탁(ELT)에 대한 설명이다.

12

정답 ②

브룸은 동기 부여에 대해 기대이론을 적용하여 기대감, 수단성, 유의성을 통해 구성원의 직무에 대한 동기 부여를 결정한다고 주장하였다.

오답분석

① 로크의 목표설정이론에 대한 설명이다.

③ 매슬로의 욕구 5단계이론에 대한 설명이다.

④ 맥그리거의 XY이론에 대한 설명이다.

⑤ 허즈버그의 2요인이론에 대한 설명이다.

13

정답 ①

시장세분화 단계에서는 시장을 기준에 따라 세분화하고, 각 세분시장의 고객 프로필을 개발하여 차별화된 마케팅을 실행한다.

오답분석

②·③ 표적시장 선정 단계에서는 각 세분시장의 매력도를 평가하여 표적시장을 선정한다.

④ 포지셔닝 단계에서는 각각의 시장에 대응하는 포지셔닝을 개발하고 전달한다.

⑤ 재포지셔닝 단계에서는 자사와 경쟁사의 경쟁위치를 분석하여 포지셔닝을 조정한다.

14

수익이 많고 안정적이어서 현상을 유지하는 것이 필요한 사업은 현금젖소(Cash Cow)이다. 스타(Star)는 성장률과 시장 점유율이 모두 높아 추가적인 자금흐름을 통해 성장시킬 필요가 있는 사업을 의미한다.

BCG 매트릭스의 영역
- 물음표(Question) : 성장률은 높으나 점유율이 낮아 수익이 적고 현금흐름이 마이너스인 사업이다.
- 스타(Star) : 성장률과 시장 점유율이 모두 높아 수익이 많고, 더 많은 투자를 통해 수익을 증대하는 사업이다.
- 현금젖소(Cash Cow) : 성장률은 낮으나 점유율이 높아 안정적인 수익이 확보되는 사업으로, 투자 금액이 유지·보수 차원에서 머물게 되어 자금 투입보다 자금 산출이 많다.
- 개(Dog) : 성장률과 시장 점유율이 모두 낮아 수익이 적거나 마이너스인 사업이다.

15

변혁적 리더십에서 구성원의 성과 측정뿐만 아니라 구성원들을 리더로 얼마나 육성했는지도 중요한 평가 요소라 할 수 있다.

16

감정적 치유는 서번트 리더십의 구성요소에 해당한다.

변혁적 리더십의 구성요소
- 카리스마 : 변혁적 리더십의 가장 핵심적인 구성요소로, 명확한 비전을 제시하고 집합적인 행동을 위해 동기를 부여하며, 환경 변화에 민감하게 반응하는 일련의 과정을 의미한다.
- 영감적 동기화 : 구성원에게 영감을 주고 격려를 통해 동기를 부여하는 것을 의미한다.
- 지적 자극 : 구성원들이 기존 조직의 가치관, 신념, 기대 등에 대해 끊임없이 의문을 가지도록 지원하는 것을 의미한다.
- 개별 배려 : 구성원을 개별적으로 관리하며, 개인적인 욕구, 관심 등을 파악하여 만족시키고자 하는 것을 의미한다.

17

매트릭스 조직은 기존의 기능별 조직구조 상태를 유지하면서 특정한 프로젝트를 수행할 때는 다른 부서의 인력과도 함께 일하는 조직설계 방식으로, 서로 다른 부서 구성원이 함께 일하면서 효율적인 자원 사용과 브레인스토밍을 통한 창의적인 대안 도출도 가능하다.

[오답분석]
① 매트릭스 조직은 조직 목표와 외부 환경 간 발생하는 갈등이 내재하여 갈등과 혼란을 초래할 수 있다.
② 복수의 상급자를 상대해야 하므로 역할에 대한 갈등 등으로 구성원이 심한 스트레스에 노출될 수 있다.
③ 힘의 균형이 치우치게 되면 조직의 구성이 깨지기 때문에 경영자의 개입 등으로 힘의 균형을 유지하기 위한 노력이 필요하다.

18

정답 ③

가치사슬(Value Chain)은 기업의 경쟁적 지위를 파악하고 이를 향상할 수 있는 지점을 찾기 위해 사용하는 모형으로, 고객에게 가치를 제공함에 있어서 부가가치 창출에 직·간접적으로 관련된 일련의 활동·기능·프로세스의 연계를 뜻한다. 가치사슬의 각 단계에서 가치를 높이는 활동을 어떻게 수행할 것인지, 비즈니스 과정이 어떻게 개선될 수 있는지를 조사·분석하여야 한다.

> **가치사슬 분석의 효과**
> • 프로세스 혁신 : 생산, 물류, 서비스 등 기업의 전반적 경영활동을 혁신할 수 있다.
> • 원가 절감 : 낭비요소를 사전에 파악하여 제거함으로써 원가를 절감할 수 있다.
> • 품질 향상 : 기술개발 등을 통해 더욱 양질의 제품을 생산할 수 있다.
> • 기간 단축 : 조달, 물류, CS 등을 분석하여 고객에게 제품을 더욱 빠르게 납품할 수 있다.

19

정답 ③

• (당기순이익)=(총수익)−(총비용)=35억−20억=15억 원
• (기초자본)=(기말자본)−(당기순이익)=65억−15억=50억 원
• (기초부채)=(기초자산)−(기초자본)=100억−50억=50억 원

20

정답 ④

상위에 있는 욕구를 충족시키지 못하면 하위에 있는 욕구는 더욱 크게 증가하여, 하위욕구를 충족시키기 위해 훨씬 더 많은 노력이 필요하게 된다.

[오답분석]
① 심리학자 앨더퍼가 인간의 욕구에 대해 매슬로의 욕구 5단계설을 발전시켜 주장한 이론이다.
②·③ 존재욕구를 기본적 욕구로 정의하며, 관계욕구, 성장욕구로 계층화하였다.

21

정답 ④

사업 다각화는 무리하게 추진할 경우 수익성에 악영향을 줄 수 있다는 단점이 있다.

[오답분석]
① 지속적인 성장을 추구하여 미래 유망산업에 참여하고, 구성원에게 더 많은 기회를 줄 수 있다.
② 기업이 한 가지 사업만 영위하는 데 따르는 위험에 대비할 수 있다.
③ 보유자원 중 남는 자원을 활용하여 범위의 경제를 실현할 수 있다.

22

정답 ③

종단분석은 시간과 비용의 제약으로 인해 표본 규모가 작을수록 좋으며, 횡단분석은 집단의 특성 또는 차이를 분석해야 하므로 표본이 일정 규모 이상일수록 정확하다.

23

정답 ③

채권이자율이 시장이자율보다 높아지면 채권가격은 액면가보다 높은 가격에 거래된다. 단, 만기에 가까워질수록 채권가격이 하락하여 가격위험에 노출된다.

[오답분석]
①·②·④ 채권이자율이 시장이자율보다 낮은 할인채에 대한 설명이다.

24

물음표(Question Mark) 사업은 신규 사업 또는 현재 시장점유율은 낮으나, 향후 성장 가능성이 높은 사업이다. 기업 경영 결과에 따라 개(Dog) 사업 또는 스타(Star) 사업으로 바뀔 수 있다.

오답분석

① 스타(Star) 사업 : 성장 가능성과 시장점유율이 모두 높아서 계속 투자가 필요한 유망 사업이다.
② 현금젖소(Cash Cow) 사업 : 높은 시장점유율로 현금창출은 양호하나, 성장 가능성은 낮은 사업이다.
③ 개(Dog) 사업 : 성장 가능성과 시장점유율이 모두 낮아 철수가 필요한 사업이다.

25

정답 ④

테일러의 과학적 관리법에서는 작업에 사용하는 도구 등을 표준화하여 관리 비용을 낮추고 효율성을 높이는 것을 추구한다.

오답분석

① 과학적 관리법의 특징 중 동기부여에 대한 설명이다.
② 과학적 관리법의 특징 중 표준화에 대한 설명이다.
③ 과학적 관리법의 특징 중 통제에 대한 설명이다.

02 경제

01	02	03	04	05	06	07	08	09	10	11	12	13	14	15					
⑤	②	①	④	⑤	①	④	③	③	④	④	③	①	③	④					

01

정답 ⑤

가격탄력성이 1보다 크면 탄력적이라고 할 수 있다.

오답분석

①·② 수요의 가격탄력성은 가격의 변화에 따른 수요의 변화를 의미하는 것으로, 분모는 상품 가격의 변화량을 상품 가격으로 나눈 값이고, 분자는 수요량의 변화량을 수요량으로 나눈 값이다.
③ 대체재가 많을수록 해당 상품 가격 변동에 따른 수요의 변화는 더 크게 반응하게 된다.

02

정답 ②

GDP 디플레이터는 명목 GDP를 실질 GDP로 나누어 물가상승 수준을 예측할 수 있는 물가지수로, 국내에서 생산된 모든 재화와 서비스 가격을 반영한다. 따라서 GDP 디플레이터를 구하는 계산식은 (명목 GDP)÷(실질 GDP)×100이다.

03

정답 ①

한계소비성향은 소비의 증가분을 소득의 증가분으로 나눈 값으로, 소득이 1,000만 원 늘었을 때 현재 소비자들의 한계소비성향이 0.7이므로 소비는 700만 원이 늘었다고 할 수 있다. 따라서 소비의 변화폭은 700이다.

04
정답 ④
㉠ 환율이 상승하면 제품을 수입하기 위해 더 많은 원화를 필요로 하고, 이에 따라 수입이 감소하게 되므로 순수출이 증가한다.
㉡ 국내이자율이 높아지면 국내자산 투자수익률이 좋아져 해외로부터 자본유입이 확대되고, 이에 따라 환율은 하락한다.
㉢ 국내물가가 상승하면 상대적으로 가격이 저렴한 수입품에 대한 수요가 늘어나 환율은 상승한다.

05
정답 ⑤
독점적 경쟁시장은 광고, 서비스 등 비가격경쟁이 가격경쟁보다 더 활발히 진행된다.

06
정답 ①
케인스학파는 경기침체 시 정부가 적극적으로 개입하여 총수요의 증대를 이끌어야 한다고 주장하였다.

[오답분석]
② 고전학파의 거시경제론에 대한 설명이다.
③ 케인스학파의 거시경제론에 대한 설명이다.
④ 고전학파의 이분법에 대한 설명이다.
⑤ 케인스학파의 화폐중립성에 대한 설명이다.

07
정답 ④
[오답분석]
① 매몰비용의 오류 : 이미 투입한 비용과 노력 때문에 경제성이 없는 사업을 지속하여 손실을 키우는 것을 의미한다.
② 감각적 소비 : 제품을 구입할 때, 품질, 가격, 기능보다 디자인, 색상, 패션 등을 중시하는 소비 패턴을 의미힌다.
③ 보이지 않는 손 : 개인의 사적 영리활동이 사회 전체의 공적 이익을 증진시키는 것을 의미한다.
⑤ 희소성 : 사람들의 욕망에 비해 그 욕망을 충족시켜 주는 재화나 서비스가 부족한 현상을 의미한다.

08
정답 ③
• (실업률)＝(실업자)÷(경제활동인구)×100
• (경제활동인구)＝(취업자)＋(실업자)
∴ 5,000÷(20,000＋5,000)×100＝20%

09
정답 ③
(한계비용)＝(총비용 변화분)÷(생산량 변화분)
• 생산량이 50일 때 총비용 : 16(평균비용)×50(생산량)＝800
• 생산량이 100일 때 총비용 : 15(평균비용)×100(생산량)＝1,500
따라서 한계비용은 700÷50＝14이다.

10
정답 ④
A국은 노트북을 생산할 때 기회비용이 더 크기 때문에 TV 생산에 비교우위가 있고, B국은 TV를 생산할 때 기회비용이 더 크기 때문에 노트북 생산에 비교우위가 있다.

구분	노트북 1대	TV 1대
A국	TV 0.75	노트북 1.33
B국	TV 1.25	노트북 0.8

11

정답 ④

다이내믹 프라이싱의 단점은 소비자 후생이 감소해 소비자의 만족도가 낮아진다는 것이다. 이로 인해 기업이 소비자의 불만에 직면할 수 있다는 리스크가 발생한다.

12

정답 ③

ⓒ 빅맥 지수는 동질적으로 판매되는 상품의 가치는 동일하다는 가정에서 나라별 화폐로 해당 제품의 가격을 평가하여 구매력을 비교하는 것이다.

ⓒ 맥도날드의 대표적 햄버거인 빅맥 가격을 기준으로 한 이유는 전 세계에서 가장 동질적으로 판매되고 있기 때문이며, 이처럼 품질, 크기, 재료가 같은 물건이 세계 여러 나라에서 팔릴 때 나라별 물가를 비교하기 수월하다.

오답분석

㉠ 빅맥 지수는 영국 경제지인 이코노미스트에서 최초로 고안하였다.

㉣ 빅맥 지수에 사용하는 빅맥 가격은 제품 가격만 반영하고 서비스 가격은 포함하지 않기 때문에 나라별 환율에 대한 상대적 구매력 평가 외에 다른 목적으로 사용하기에는 측정값이 정확하지 않다.

13

정답 ①

확장적 통화정책은 국민소득을 증가시켜 이에 따른 보험료 인상 등 세수확대 요인으로 작용한다.

오답분석

② 이자율이 하락하고, 소비 및 투자가 증가한다.

③·④ 긴축적 통화정책이 미치는 영향이다.

14

정답 ③

토지, 설비 등이 부족하면 한계 생산가치가 떨어지기 때문에 노동자를 많이 고용하는 게 오히려 손해이다. 따라서 노동 수요곡선은 왼쪽으로 이동한다.

오답분석

① 노동 수요는 재화에 대한 수요가 아닌 재화를 생산하기 위해 파생되는 수요이다.

② 상품 가격이 상승하면 기업은 더 많은 제품을 생산하기 위해 노동자를 더 많이 고용한다.

④ 노동에 대한 인식이 긍정적으로 변화하면 노동시장에 더 많은 노동력이 공급된다.

15

정답 ④

S씨가 달리기를 선택할 경우 (기회비용)=1(순편익)+8(암묵적 기회비용)=9로 기회비용이 가장 작다.

오답분석

① 헬스를 선택할 경우

(기회비용)=2(순편익)+8(암묵적 기회비용)=10

② 수영을 선택할 경우

(기회비용)=5(순편익)+8(암묵적 기회비용)=13

③ 자전거를 선택할 경우

(기회비용)=3(순편익)+7(암묵적 기회비용)=10

01	02	03	04	05															
④	①	③	⑤	②															

01

정답 ④

근로자참여 및 협력증진에 관한 법은 집단적 노사관계법으로, 노동조합과 사용자단체 간의 노사관계를 규율한 법이다. 노동조합 및 노동관계조정법, 근로자참여 및 협력증진에 관한 법, 노동위원회법, 교원의 노동조합설립 및 운영 등에 관한 법률, 공무원직장협의회법 등이 이에 해당한다.

나머지는 근로자와 사용자의 근로계약을 체결하는 관계에 대해 규율한 법으로, 개별적 근로관계법이라고 한다. 근로기준법, 최저임금법, 산업안전보건법, 직업안정법, 남녀고용평등법, 선원법, 산업재해보상보험법, 고용보험법 등이 이에 해당한다.

02

정답 ①

용익물권은 타인의 토지나 건물 등 부동산의 사용가치를 지배하는 제한물권으로, 민법상 지상권, 지역권, 전세권이 이에 속한다.

용익물권의 종류
- 지상권 : 타인의 토지에 건물이나 수목 등을 설치하여 사용하는 물권
- 지역권 : 타인의 토지를 자기 토지의 편익을 위하여 이용하는 물권
- 전세권 : 전세금을 지급하고 타인의 토지 또는 건물을 사용·수익하는 물권

03

정답 ③

- 선고유예 : 형의 선고유예를 받은 날로부터 2년이 경과한 때에는 면소된 것으로 간주한다(형법 제60조).
- 집행유예 : 양형의 조건을 참작하여 그 정상에 참작할 만한 사유가 있는 때에는 1년 이상 5년 이하의 기간 형의 집행을 유예할 수 있다(형법 제62조 제1항).

04

정답 ⑤

몰수의 대상(형법 제48조 제1항)
1. 범죄행위에 제공하였거나 제공하려고 한 물건
2. 범죄행위로 인하여 생겼거나 취득한 물건
3. 제1호 또는 제2호의 대가로 취득한 물건

05

정답 ②

상법상 법원에는 상사제정법(상법전, 상사특별법령, 상사조약), 상관습법, 판례, 상사자치법(회사의 정관, 이사회 규칙), 보통거래약관, 조리 등이 있다. 조례는 해당되지 않는다.

01	02	03	04	05	06	07	08	09	10	11	12	13	14	15	16	17	18	19	20
①	③	③	⑤	②	③	④	①	②	③	①	②	②	②	④	④	②	④	④	④

21	22	23	24	25															
④	②	②	③	④															

01
정답 ①

질량 1kg의 물을 1℃ 가열하는 데 필요한 열량은 1kcal이다. 따라서 질량 10kg의 물을 10℃에서 60℃로 가열하는 데 필요한 열량을 구하면 다음과 같다.

$$Q = cm\triangle t = 1 \times 10 \times (60-10) = 500\text{kcal} = 500 \times \frac{4.2\,\text{kJ}}{1\,\text{kcal}} = 2,100\text{kJ}$$

02
정답 ③

ㄴ. n몰의 단원자 분자인 이상기체의 내부에너지는 $U = \frac{3}{2}nRT$이다.

ㄷ. n몰의 단원자 분자인 이상기체의 엔탈피는 $H = U + W = \frac{5}{2}nRT$이다.

오답분석

ㄱ. n몰의 단원자 분자인 이상기체의 내부에너지는 $U = \frac{3}{2}nRT$이고, 이원자 분자 이상기체의 내부에너지는 $U = \frac{5}{2}nRT$, 삼원자 이상의 분자인 이상기체의 내부에너지는 $U = \frac{6}{2}nRT$이다.

ㄹ. 이상기체의 무질서도를 표현한 함수는 엔트로피이다.

03
정답 ③

자동차가 안정적으로 선회하기 위해서는 양 바퀴의 회전수가 달라야 한다. 이를 조절하기 위해 사용하는 기어는 유성기어와 태양기어이다. 먼저, 외부로부터 전달받은 동력을 베벨기어를 통해 링기어에 전달하여 회전시킨다. 회전하는 링기어는 유성기어와 태양기어를 회전시킨다. 정상적인 직선 주행 중에는 양 바퀴의 회전수가 같으므로 유성기어와 태양기어가 같은 속력으로 회전하지만, 선회 시에는 양 바퀴에 작용하는 마찰저항이 서로 다르게 작용한다. 이를 유성기어, 태양기어에 전달하면 안쪽 바퀴의 회전저항은 증가하고 바깥쪽 바퀴의 회전수는 안쪽 바퀴의 감소한 회전수만큼 증가한다.

04
정답 ⑤

파텐팅은 오스템퍼링 온도의 상한에서 미세한 소르바이트 조직을 얻기 위하여 오스테나이트 가열온도부터 항온 유지 후 공랭시키는 열처리법이다.

오답분석

① 청화법 : 사이안화산칼륨 또는 사이안화나트륨을 이용하여 강 표면에 질소를 침투시켜 경화시키는 표면 처리법이다.
② 침탄법 : 재료의 표면을 단단하게 강화하기 위해 저탄소강을 침탄제 속에 묻고 가열하여 강 표면에 탄소를 침입시키는 표면 열처리법이다.
③ 마퀜칭 : 오스테나이트 구역에서 강 내부의 온도와 외부의 온도가 동일하도록 항온 유지 후 공랭하는 항온 열처리법이다.
④ 질화법 : 강 표면에 질소를 침투시켜 매우 단단한 질소화합물 층을 형성하는 표면 열처리법이다.

05

세레이션은 축과 보스를 결합하기 위해 축에 삼각형 모양의 톱니를 새긴 가늘고 긴 키 홈이다.

세레이션

오답분석

① 묻힘키 : 보스와 축 모두 키 홈을 파낸 후 그 구멍에 키를 끼워 넣어 보스와 축을 고정한 것이다.

③ 둥근키 : 키 홈을 원모양으로 만든 묻힘키의 하나이다.

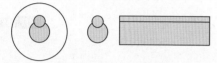

④ 테이퍼 : 경사도가 1/50 이하인 핀이다.

평행 핀   테이퍼

⑤ 스플라인 : 축과 보스를 결합하기 위해 다각형 또는 곡선 형태의 톱니를 새긴 가늘고 긴 홈이다.

스플라인

06

카르노 사이클은 외부로부터 열을 받아 등온 팽창한다. 팽창한 기체는 외부와의 열 교환 없이 단열 팽창하고, 팽창한 기체는 열을 버리면서 등온 수축하게 된다. 이후 수축한 기체는 외부와의 열 교환 없이 단열 수축하여 처음 상태로 돌아온다. 이때 카르노 사이클은 흡열한 열량과 버린 열량의 차이만큼 일을 한다.

07

사바테 사이클은 복합 사이클, 또는 정적 – 정압 사이클이라고도 하며, 정적 가열과 정압 가열로 열을 받아 일을 한 후 정적 방열을 하는 열 사이클이다. 고속 디젤 기관에서는 짧은 시간 내에 연료를 연소시켜야 하므로 압축행정이 끝나기 전에 연료를 분사하여 행정 말기에 착화되도록 하면 공급된 연료는 정적 아래에서 연소하고 후에 분사된 연로는 대부분 정압 아래에서 연소하게 된다.

오답분석

① 오토 사이클 : 2개의 단열과정과 2개의 정적과정으로 이루어진 사이클로, 가솔린 기관 및 가스터빈의 기본 사이클이다.
② 랭킨 사이클 : 2개의 단열과정과 2개의 가열 및 팽창과정으로 이루어진 증기터빈의 기본 사이클이다.
③ 브레이턴 사이클 : 2개의 단열과정과 2개의 정압과정으로 이루어진 사이클로, 가스터빈의 기본 사이클이다.
⑤ 카르노 사이클 : 2개의 단열과정과 2개의 등온과정으로 이루어진 사이클로, 모든 과정이 가역적인 가장 이상적인 사이클이다.

열기관 사이클의 P – V 선도, T – S 선도

구분	P – V 선도	T – S 선도
오토 사이클		
브레이턴 사이클		
랭킨 사이클		
디젤 사이클		
사바테 사이클		
카르노 사이클		

08

정답 ①

페라이트는 탄소 함량이 매우 적어 무르므로 담금질 효과가 거의 없다.

09

정답 ②

오답분석

① 정하중 : 하중의 크기, 방향, 작용점이 일정하게 작용하는 하중이다.
③ 반복하중 : 하중이 일정한 크기와 일정한 작용점에서 주기적으로 반복하여 작용하는 하중이다.
④ 충격하중 : 한 작용점에서 매우 짧은 시간 동안 강하게 작용하는 하중이다.
⑤ 임의진동하중 : 하중의 크기, 방향, 작용점이 불규칙적으로 변하는 하중이다.

10

정답 ③

디퓨저는 유체의 운동에너지를 압력에너지로 변환시키기 위해 관로의 단면적을 서서히 넓게 한 유로이다.

오답분석

① 노즐 : 유체의 압력에너지를 운동에너지로 변환시키기 위해 관로의 단면적을 서서히 좁게 한 유로이다.
② 액추에이터 : 유압장치 등으로부터 에너지를 받아 시스템을 제어하는 기계장치이다.
④ 어큐뮬레이터 : 유압유의 압력에너지를 저장하는 유압기기이다.
⑤ 피스톤 로드 : 피스톤에 의해 변환된 힘을 외부로 전달하는 기기이다.

11

정답 ①

p : 피치
e : 마진
e_1 : 뒷피치
D : 리벳 지름

오답분석

② 피치 : 같은 줄에 있는 리벳의 중심 사이의 거리이다.
③ 뒷피치 : 여러 줄 리벳 이음에서 리벳의 열과 이웃한 열 사이의 거리이다.
④ 리드 : 나사가 1바퀴 회전할 때 축 방향으로 이동한 거리이다.
⑤ 유효지름 : 나사의 골지름과 바깥지름의 평균인 지름이다.

12

정답 ②

단면 1차 모멘트는 구하고자 하는 위치에 따라 음수가 나올 수도 있고, 0이 나올 수도 있고, 양수가 나올 수도 있다.

13

물체의 밀도를 ρ, 물체의 부피를 V, 유체의 밀도를 ρ', 유체에 물체를 둘 때 잠기는 영역의 부피를 V'라고 하자. $\rho g V = \rho' g V'$일 때 물체가 물에 뜨게 된다. 이때 $\rho' g V'$가 부력이며, 부력은 유체의 밀도와 유체에 잠기는 영역의 부피와 관련이 있다. 제시된 실험은 재질과 유체가 동일하고 형상이 다르므로 잠기는 영역의 부피가 변화한 것이다.

14

오답분석

① 회주철 : 가장 일반적인 주철이다.
③ 칠드주철 : 표면을 급랭시켜 경도를 증가시킨 주철이다.
④ 구상흑연주철 : Ni, Cr, Mo, Cu 등을 첨가하여 흑연을 구상화시켜 가공성, 내마모성, 연성 등을 향상시킨 주철이다.

15

탄소의 양과 탄소 연소 시 필요한 산소의 양의 비는 1 : 1이고 탄소의 원자량은 12, 산소의 원자량은 16이다.

따라서 $12 : 32 = 5 : x \rightarrow x = \dfrac{32 \times 6}{12} = 16$이므로 공기 내 산소의 비는 20%이고, 전체 공기의 양은 $\dfrac{16}{0.2} = 80$kg이다.

16

교번하중은 크기와 방향이 지속적으로 변하는 하중이며, 일정한 크기와 방향을 가진 하중이 반복적으로 작용하는 하중은 반복하중이다.

17

$\delta = \dfrac{PL}{AE} = \dfrac{4PL}{\pi d^2 E}$ 이므로

$1.5 \times 10^{-3} = \dfrac{4 \times 100 \times 10^3 \times 3}{\pi \times d^2 \times 250 \times 10^9} \rightarrow d = \sqrt{\dfrac{4 \times 100 \times 10^3 \times 3}{\pi \times 250 \times 10^9 \times 1.5 \times 10^{-3}}} \fallingdotseq 0.032\text{m} = 3.2\text{cm}$

18

단순보에서 등분포하중이 작용할 때,

최대 처짐량은 $\delta_{\max} = \delta_C = \dfrac{5wL^4}{384EI}$ 이므로

$\delta_{\max} = \dfrac{5 \times 8 \times 10^3 \times 5^4}{384 \times 240 \times 10^9 \times \dfrac{0.5 \times 0.2^3}{12}} \fallingdotseq 8.1 \times 10^{-4}\text{m} = 0.81\text{mm}$

19

외팔보에서 작용하는 등분포하중은 $\theta = \dfrac{wl^3}{6EI}$ 이므로

$\theta = \dfrac{10 \times 6^3}{6 \times 10,000} = 3.6 \times 10^{-2}\text{rad}$이다.

20

정답 ④

오답분석

① 레이놀즈(Re) 수로서 유체의 흐름 상태를 층류와 난류로 파악할 수 있다.

② 마하(Ma) 수로서 유체의 압축성을 파악할 수 있다.

③ 스토크(Stk) 수로서 유체 입자가 흐름을 따르는 정도를 파악할 수 있다.

21

정답 ④

체심입방격자에 해당하는 원소는 Cr, Mo, Ni, Ta, V, W 등이 있고, 면심입방격자에 해당하는 원소는 Ag, Al, Au, Cu, Ni, Pt 등이 있다.

22

정답 ②

$\delta = \dfrac{8 N_a D^3 P}{G d^4}$ 이고 $c = \dfrac{D}{d}$ 이므로 $\delta = \dfrac{8 N_a c^3 P}{G d}$ 이다.

$300 = \dfrac{8 \times 100 \times 10^3 \times 300}{80 \times 10^3 \times d} \rightarrow d = \dfrac{8 \times 100 \times 10^3 \times 300}{80 \times 10^3 \times 300} = 10\text{mm}$

$10 = \dfrac{D}{10} \rightarrow D = 100\text{mm}$이므로 외경은 100mm이고 내경은 $100 - (10 \times 2) = 80\text{mm}$이다.

따라서 스프링의 평균 반지름의 길이는 $\dfrac{100 + 80}{2} = 90\text{mm}$이다.

23

정답 ②

$[\text{성능계수(COP)}] = \dfrac{Q_L}{W} = \dfrac{Q_L}{Q_H - Q_L} = \dfrac{T_L}{T_H - T_L}$

성능계수(COP; Coefficient Of Performance)
냉각기, 열펌프 등의 냉각 효율을 나타내는 척도이다.

24

정답 ③

주철은 강재에 비해 단단하지만 부서지기 쉽다.

25

정답 ④

오답분석

① 소성가공은 재료에 탄성한도보다 큰 외력을 가함으로써 발생하는 영구적으로 변형되는 성질인 소성을 이용한 가공이다.

② 잔류응력이 남아 있으면 제품이 변형될 수 있으므로 별도의 후처리를 통해 잔류응력을 제거하여야 한다.

③ 소성가공으로 제품 생산 시 주물에 비해 치수가 정확하다.

01	02	03	04	05	06	07	08	09	10	11	12	13	14	15	16	17	18	19	20
②	④	④	②	①	③	③	①	⑤	⑤	②	⑤	③	②	④	②	②	③	④	③

21	22	23	24	25															
②	③	③	②	⑤															

01

정답 ②

VVVF(Variable Voltage Variable Frequency) 제어는 가변 전압 가변 주파수 제어로, 전력 변환 장치에 출력한 교류 전력을 두어 출력된 교류 전력의 실효전압과 주파수를 제어하는 기술이다. VVVF 제어는 전압, 전류, 주파수의 변동이 유동적이므로 전력 손실이 적다. 이에 따라 압연기기 등의 생산용 기기와 팬, 펌프설비뿐만 아니라 철도, 전기자동차 등의 모터, 가전제품 등 다양한 분야에 적용되고 있다.

02

정답 ④

궤도와 선로 구조물의 구성요소

구분	궤도	선로 구조물	
구성 요소	• 레일 • 침목 • 도상	• 측구 • 철주 • 전차선 • 조가선 • 급전선 • 고압선 • 특별고압선 • 부급전선	• 통신선 • 신호기 • ATS지상자 • 임피던스본드 • 구배표 • km정표 • 방음벽

03

정답 ④

오답분석

① 고도 : 레일의 곡선부에서 운전의 안정성을 확보하기 위해 바깥쪽 레일을 안쪽 레일보다 더 높이는데, 그 높이의 차이를 말한다.
② 구배 : 선로의 기울기이며, 대한민국은 수평거리 1,000에 대한 고저차로 표시한 천분율로 표기한다.
③ 침목 : 차량의 하중을 분산하며 충격을 흡수하는 궤도재료이다.
⑤ 확도 : 곡선 궤도를 운행할 때 안쪽 궤도의 궤간을 넓히는 정도를 말한다.

04

정답 ②

궤간은 두 철로 사이의 간격으로, 궤간의 길이는 1,435mm를 국제 표준 규격으로 하며 이보다 넓으면 광궤, 좁으면 협궤로 본다.

05

정답 ①

오답분석

② 평균속도 : 열차의 운전거리를 정차시간을 제외한 실제 운전시간으로 나눈 속도이다.
③ 설계속도 : 이상적인 조건에서 차량이 주행할 수 있는 최고속도이다.
④ 균형속도 : 열차의 견인력과 열차가 받는 저항력이 같아 속력이 일정할 때의 속도이다.
⑤ 최고속도 : 허용조건에서 열차가 5초 이상 낼 수 있는 속력의 최댓값이다.

06

정답 ③

PP급전방식은 역간이 길고 고속 운행구간에 적합한 급전방식이다.

> **PP급전방식의 특징**
> • 선로 임피던스가 작다.
> • 전압강하가 작다.
> • 상대적으로 고조파의 공진주파수가 낮고 확대율이 작다.
> • 회생전력 이용률이 높다.
> • 급전구분소의 단권변압기 수를 줄일 수 있다.
> • 역간이 길고 고속 운행구간에 적합하다.
> • 급전구분소의 GIS설비가 다량 요구된다.
> • Tie 차단 설비가 필요하다.

07

정답 ③

강체가선방식은 T-bar, R-bar로 구분하며, 대한민국에서는 전류용량이 큰 DC 1,500V 구간에서는 T-bar 방식, 전류용량이 작은 AC 25k 구간에서는 R-bar 방식을 사용한다. T-bar의 경우 표준길이는 10m이며, 2,100mm^{2}의 알루미늄 합금으로 bar의 아랫면에 볼트로 지지하는 방식이다. 반면, R-bar의 경우 표준길이는 12m이며, 2,214mm^{2}의 가선 도르래를 이용하여 가선한다.

08

정답 ①

변류기 사용 및 절연변압기 채용은 통신선의 유도장해를 줄이기 위한 통신선의 대응책이다.

통신선 유도장해 경감을 위한 전력선과 통신선에 대한 대책

구분	전력선	통신선
대책	• 통신선과 직각으로 교차하도록 한다. • 전력선과 통신선의 상호 간격을 크게 한다. • 전선의 위치를 바꾼다. • 소호리액터를 사용한다. • 차폐선을 설치한다. • 고장회선을 신속하게 차단한다. • 고주파 발생을 방지한다. • 고저항 중성점 접지 방식을 택한다. • 지중매설방식을 택한다.	• 전력선과 직각으로 교차하도록 한다. • 변류기를 사용하고 절연변압기를 채용한다. • 연피케이블을 사용한다. • 성능이 우수한 피뢰기를 설치한다. • 통신선, 통신기기의 절연능력을 향상시킨다. • 통신 전류의 레벨을 높이고 반송식을 이용한다. • 배류코일, 중화코일을 통해 접지한다.

09

정답 ⑤

직접조가식은 가공전차선의 조가방식 중 하나이다.

전차선로 가선방식과 가공전차선 조가방식의 분류

전차선로 가선방식	가공전차선 조가방식

• 가공식
  - 가공단선식
  - 가공복선식
  - 강체식
• 제3궤조식
	• 직접조가식
	• 커티너리 조가방식
	  - 심플식
	  - 컴파운드식
	  - 사조식
	• 강체가선방식
	  - T-bar방식
	  - R-bar방식

10

직류송전방식의 특징에 대한 설명이다.

> **교류송전방식의 특징**
> • 변압기를 통한 승압 및 강압이 용이하다.
> • 3상 회전자계를 쉽게 얻을 수 있다.
> • 표피효과 및 코로나 손실이 발생한다.
> • 페란티 현상이 발생한다.
> • 주파수가 다른 계통끼리의 연결이 불가능하다.
> • 직류송전에 비해 안정도가 저하된다.

11

직류식 전기철도와 교류식 전기철도의 비교

직류식 전기철도	교류식 전기철도
• 고속 운전 시 효율이 나쁘다.	• 고속 운전 시 효율이 좋다.
• 변전소 중간 급전구분소가 필요하다.	• 변전소 설치 간격을 길게 할 수 있다.
• 사고전류의 선택적 차단이 어렵다.	• 사고전류의 선택적 차단이 용이하다.
• 전차선 설비에서의 전선이 굵다.	• 전차선 설비에서의 전선이 얇다.
• 차량가격이 저렴하다.	• 차량가격이 고가이다.
• 통신유도장해가 작다.	• 통신유도장해가 크다.

12

직접조가식에 대한 설명이다.

> **커티너리 조가방식**
> 전기차의 속도 향상을 위해 전차선의 처짐에 의한 이선율을 적게 하고, 지지물 간 거리를 크게 하기 위해 조가선을 전차선 위에 기계적으로 가선한 후 일정한 간격으로 행거나 드로퍼로 매달아 전차선이 두 지지점 사이에서 궤도면에 대하여 일정한 높이를 유지하도록 하는 방식이다. 대한민국에서는 심플 커티너리를 표준으로 한다.

13

가공전차선의 조가방식
• 직접조가식 : 가장 간단한 구조로, 전차선 1조로만 구성되어 있다. 설치비가 가장 저렴하지만, 전차선의 장력, 높이를 일정하게 유지하기가 곤란하여 철도에서는 저속의 구내측선 등에서만 드물게 사용한다.
• 심플 커티너리 조가방식 : 조가선과 전차선의 1조로 구성되어 있고, 조가선에서 행거 또는 드로퍼에 의해 전차선이 궤도면과 평행하게 조가된 가선방식이다.
• 헤비 심플 커티너리 조가방식 : 심플 커티너리 조가방식과 구조가 동일하며, 가선의 중량을 늘리고 장력을 늘린 방식이다.
• 변Y형 심플 커티너리 조가방식 : 심플 커티너리식의 지지점 부근에 조가선과 나란히 가는 전선을 가선하여 안정화시킨 방식이다.
• 컴파운드 커티너리 조가방식 : 심플 커티너리 조가선과 전차선 사이에 보조가선을 가설하여 조가선에서 드로퍼로 보조 조가선을 매달고 보조 조가선에서 행거로 전차선을 구조한 방식이다.
• 헤비 컴파운드 커티너리 조가방식 : 컴파운드 커티너리 조가방식과 구조가 동일하며, 가선의 중량을 늘리고 장력을 늘린 방식이다.
• 합성 컴파운드 커티너리 조가방식 : 컴퍼운드 커티너리 조가방식의 드로퍼에 스프링과 공기 댐퍼를 조합한 합성소자를 사용한 방식이다.

14

오답분석

① 역상제동 : 전동기를 전원에 접속한 채로 전기자의 접속을 반대로 바꾸어 토크를 역으로 발생시켜 전동기를 정지 또는 역회전시키는 제동방식이다.
③ 회생제동 : 운동에너지를 전기에너지로 다시 회수하여 배터리 등의 저장장치에 에너지를 저장하는 제동방식이다.
④ 와류제동 : 전자석과 궤도의 상대적인 운동에 의하여 궤도면에 유기되는 와전류에 의해 발생하는 제동력으로 전동기를 정지하는 제동방식이다.
⑤ 와전류 레일제동 : 와류제동과 같은 원리이며, 레일에 근접하고 내부에 전자석이 내장된 브레이크 편을 장비하여 전자석에 의해 제동하는 방식이다.

15

오버슈트는 어떤 신호의 값이 과도기간 중에 목표값보다 커지는 현상이고, 반대로 언더슈트는 어떤 신호의 값이 과도기간 중에 목표값보다 작아지는 현상이다. 오버슈트와 언더슈트를 반복하며 그 편차가 줄어들어 목표값에 수렴하게 된다.

16

3상 무효 전력은 $P_r = 3I^2 X$이다. 따라서 $P_r = 3 \times 200^2 \times 20 = 2,400,000 \text{Var} = 2,400 \text{kVar}$이다.

> **3상 교류 전력**
> [유효전력(P)]$= 3 \times I^2 R$
> [무효전력(P_r)]$= 3 \times I^2 X$
> [피상전력(P_a)]$= 3 \times I^2 Z = \sqrt{P^2 + P_r^2}$

17

비례추이가 불가능한 것은 동손, 효율, 2차 출력이다.

18

유전물질을 넣기 전 평행판 축전기의 충전용량은 $C = \varepsilon_0 \dfrac{5S}{d}$ 이다. 이 평행판 축전기에 비유전율이 4인 유전물질로 면적의 $\dfrac{4}{5}$ 를 채운 후의 충전용량은 $C' = \left[(4 \times \varepsilon) \times \dfrac{4S}{d} \right] + \left(\varepsilon \times \dfrac{S}{d} \right) = \left(4 \times \dfrac{4}{5} C \right) + \left(\dfrac{1}{5} C \right) = \dfrac{17}{5} C$이다.

19

변압기의 병렬 운전 조건
- 극성, 권수비, 1, 2차 정격 전압이 같아야 한다(용량은 무관).
- 각 변압기의 저항과 리액턴스비가 같아야 한다.
- 부하분담 시 용량에 비례하고 임피던스 강하에는 반비례해야 한다.
- 상회전 방향과 각 변위가 같아야 한다(3ϕ 변압기).
- 변압기의 결선 조합은 다음과 같아야 한다.

가능	불가능
Y - Y와 Y - Y	Y - Y와 Y - △
Y - △와 Y - △	Y - △와 △ - △
Y - △와 △ - Y	△ - Y와 Y - Y
△ - △와 △ - △	△ - △와 △ - Y
△ - Y와 △ - Y	-
△ - △와 Y - Y	-

20

$\mathcal{L}(e^{at}\sin\omega t)=\dfrac{\omega}{(s-a)^2+\omega^2}$ 이므로 $\mathcal{L}(e^{2t}\sin\omega t)=\dfrac{\omega}{(s-2)^2+\omega^2}$ 이다.

라플라스 변환표

$f(t)$	$\mathcal{L}[f(t)]$	$f(t)$	$\mathcal{L}[f(t)]$
t^n	$\dfrac{n!}{s^{n+1}}$	$\delta(t-a)$	e^{-as}
e^{at}	$\dfrac{1}{s-a}$	$e^{at}t^n$	$\dfrac{n!}{(s-a)^{n+1}}$
$\sin at$	$\dfrac{a}{s^2+a^2}$	$e^{at}\sin bt$	$\dfrac{b}{(s-a)^2+a^2}$
$\cos at$	$\dfrac{s}{s^2+a^2}$	$e^{at}\cos bt$	$\dfrac{s-a}{(s-a)^2+b^2}$
$\sinh at$	$\dfrac{a}{s^2-a^2}$	$e^{at}\sinh bt$	$\dfrac{b}{(s-a)^2-a^2}$
$\cosh at$	$\dfrac{s}{s^2-a^2}$	$e^{at}\cosh bt$	$\dfrac{s-a}{(s-a)^2-b^2}$

21

• 전류원이 개방되어 전압원만 있는 경우

회로 전체에 흐르는 전류의 세기는 $I' = \dfrac{50}{10 + \dfrac{30 \times (10+20)}{30 + (10+20)}} = 2\text{A}$이고 시계 방향으로 흐른다.

따라서 전류원이 개방되어 전류원만 있을 때 R_1에 흐르는 전류는 $2 \times \dfrac{10+20}{30+(10+20)} = 1\text{A}$이다.

• 전압원이 단락된 상태에서 전류원만 있는 경우

R_1에 흐르는 전류는 $2 \times \dfrac{\dfrac{10 \times 30}{10+30}+10}{\left(\dfrac{10 \times 30}{10+30}+10\right)+20} \fallingdotseq 0.93\text{A}$이고 시계 방향으로 흐른다.

따라서 중첩의 원리에 의해 R_1에 흐르는 전체 전류는 $1+0.93=1.93\text{A}$이다.

22

$$\text{div}E = \left(\frac{\partial}{\partial x}i + \frac{\partial}{\partial y}j + \frac{\partial}{\partial z}k\right) \cdot (3x^2 yi - 7yzj + 5xz^2 k)$$
$$= \left(\frac{\partial}{\partial x}i\right) \cdot 3x^2 yi - \left(\frac{\partial}{\partial y}j\right) \cdot 7yzj + \left(\frac{\partial}{\partial z}k\right) \cdot 5xz^2 k$$
$$= 6xy - 7z + 10xz$$
$$= 6xy + 10xz - 7z$$

23

RLC 직렬회로의 진동상태의 조건은 다음과 같다.

• 부족제동 : $R < \sqrt{\dfrac{L}{C}}$

• 임계진동 : $R = \sqrt{\dfrac{L}{C}}$

• 과제동 : $R > \sqrt{\dfrac{L}{C}}$

24

두 지점 A, B의 전위차는 $V_{ab} = \dfrac{Q}{4\pi\varepsilon}\left(\dfrac{1}{a} - \dfrac{1}{b}\right)$이다. 따라서 $C = \dfrac{Q}{V} = \dfrac{Q}{\dfrac{Q}{4\pi\varepsilon}\left(\dfrac{1}{a} - \dfrac{1}{b}\right)} = \dfrac{4\pi\varepsilon ab}{b-a}$이다.

25

계자 권선 저항이 5Ω이므로 $V=I_f R_f$에서 $I_f \dfrac{V}{R_f}=\dfrac{V}{5}$이다.

$$V=\frac{950\times\dfrac{V}{5}}{35+\dfrac{V}{5}}$$

$$\rightarrow 35+\frac{V}{5}=190$$

$$\therefore\ V=155\times5=775\text{V}$$

따라서 유기되는 전압은 775V이다.

많이 보고 많이 겪고 많이 공부하는 것은 배움의 세 기둥이다.

– 벤자민 디즈라엘리 –

PART 1

직업기초능력

01 | 의사소통능력

대표기출유형 01 │ 기출응용문제

01
정답 ④

마지막 문단에서 정약용은 청렴을 지키는 것의 효과로 '다른 사람에게 긍정적 효과를 미친다.', '목민관 자신에게도 좋은 결과를 가져다 준다.'라고 하였으므로 적절하다.

오답분석
① 두 번째 문단에서 '정약용은 청렴을 당위의 차원에서 주장하는 기존의 학자들과 달리 행위자 자신에게 실질적 이익이 된다는 점을 들어 설득하고자 한다.'라고 하였다.
② 두 번째 문단에서 '정약용은 "지자(知者)는 인(仁)을 이롭게 여긴다."라는 공자의 말을 빌려 "지혜로운 자는 청렴함을 이롭게 여긴다."라고 하였다.'라고 하였으므로 공자의 뜻을 계승한 것이 아니라 공자의 말을 빌려 청렴의 중요성을 강조한 것이다.
③ 두 번째 문단에서 '지혜롭고 욕심이 큰 사람은 청렴을 택하지만 지혜가 짧고 욕심이 작은 사람은 탐욕을 택한다고 설명한다.'라고 하였으므로 청렴한 사람은 욕심이 크기 때문에 탐욕에 빠지지 않는다는 내용이 적절하다.
⑤ 첫 번째 문단에서 '이황과 이이는 청렴을 사회 규율이자 개인 처세의 지침으로 강조하였다.'라고 하였으므로 이황과 이이는 청렴을 사회 규율로 보았다는 것을 알 수 있다.

02
정답 ③

원자력 관련 기술은 이번 10대 핵심기술에서 제외되었다.

오답분석
① 한국은 석탄 발전과 제조업의 비중이 높은데 이들 모두 탄소 배출량이 많다.
② 대형풍력의 국산화를 통해 현재 5.5MW급에서 2030년까지 15MW급으로 늘린다고 명시돼 있다.
④ 규제자유특구를 현재 11개에서 2025년 20개로 확대할 예정에 있다.
⑤ 현재는 탄소중립 기술의 수준이 상대적으로 낮기 때문에 기존 기술보다 경제성이 떨어진다. 따라서 이를 위한 인센티브 제도를 마련할 계획에 있다.

03
정답 ⑤

K공사는 온실가스를 많이 배출하고 에너지 소비가 큰 업체를 매년 관리대상 업체로 지정하며, 공공부문은 온실가스를 30% 이상 줄이는 것을 목표로 하고 있다. 또한 관리대상으로 지정된 업체는 목표 미달성 시 상부 업체가 아닌 정부가 과태료를 부과한다. 따라서 적절하지 않은 것은 ⓒ, ⓔ, ⓜ이다.

대표기출유형 02 기출응용문제

01

정답 ②

제시문의 핵심 내용은 '반대는 필수불가결한 것이다.', '자유의지를 가진 국민의 범국가적 화합은 정부의 독단과 반대당의 혁명적 비타협성을 무력화시키는 정치권력의 충분한 균형에 의존하고 있다.', '그 균형이 더 이상 존재하지 않는다면 민주주의는 사라지고 만다.'로 요약할 수 있다. 따라서 글의 제목으로 가장 적절한 것은 ②이다.

02

정답 ②

제시문에서는 휘발유세 상승으로 인해 발생하는 장점들을 열거함으로써 휘발유세 인상을 정당화하고 있다. 따라서 글의 주제로 가장 적절한 것은 ②이다.

03

정답 ②

제시문은 '탈원전·탈석탄 공약에 맞는 제8차 전력공급기본계획(안) 수립 → 분산형 에너지 생산시스템으로의 정책 방향 전환 → 분산형 에너지 생산시스템에 대한 대통령의 강한 의지 → 중앙집중형 에너지 생산시스템의 문제점 노출 → 중앙집중형 에너지 생산시스템의 비효율성'의 내용으로 전개되고 있다. 즉, 제시문은 일관되게 '에너지 분권의 필요성과 나아갈 방향을 모색해야 한다.'는 점을 말하고 있다.

오답분석

①·③ 제시문에서 언급되지 않았다.

④ 다양한 사회적 문제점들과 기후, 천재지변 등에 의한 문제점들을 언급하고 있으나, 이는 글의 주제를 뒷받침하기 위한 이슈이므로 글 전체의 주제로 보기는 어렵다.

⑤ 전력수급기본계획의 수정 방안을 제시하고 있지는 않다.

04

정답 ④

(라) 문단에서는 부패를 개선하기 위한 정부의 제도적 노력에도 불구하고 반부패정책 대부분이 효과가 없었음을 이야기하고 있다. 따라서 부패인식지수의 개선방안이 아닌 '정부의 부패인식지수 개선에 대한 노력의 실패'가 (라) 문단의 주제로 적절하다.

대표기출유형 03 기출응용문제

01

정답 ④

제시문은 '무지에 대한 앎'을 설명하면서 과거와 현재의 사례를 통해 이에 대한 중요성을 주장하고 있다. 제시된 첫 문단에서는 대부분의 사람들이 자신의 무지에 대해 무관심하다는 상황에 대한 언급이므로, 다음으로는 역접 기능의 접속어 '그러나'로 시작하는 문단이 오는 것이 적절하다. 따라서 (라) 무지의 영역에 대한 지식 확장이 필요한 경우 → (가) '무지에 대한 앎'의 중요성과 이와 관련된 성인들의 주장 → (다) '무지에 대한 앎'을 배제하는 방향으로 흘러간 경우의 예시 → (마) 현대 사회에서 나타나는 '무지에 대한 앎'이 배제되는 경우의 예시 → (나) '무지에 대한 앎'의 중요성의 순서대로 나열해야 한다.

02

정답 ③

먼저 이산화탄소 흡수원의 하나인 연안 생태계를 소개하는 (다) 문단이 오는 것이 적절하며, 다음으로 이러한 연안 생태계의 장점을 소개하는 (나) 문단이 오는 것이 자연스럽다. 다음으로는 (나)에서 언급한 연안 생태계의 장점 중 갯벌의 역할을 부연 설명하는 (가) 문단이 오는 것이 적절하며, (가) 문단 뒤로는 '또한'으로 시작하며 연안 생태계의 또 다른 장점을 소개하는 (라) 문단이 오는 것이 매끄럽다. 따라서 (다) - (나) - (가) - (라) 순으로 나열되어야 한다.

03

정답 ②

제시문은 강이 붉게 물들고 산성으로 변화하는 이유인 티오바실러스와 강이 붉어지는 것을 막기 위한 방법에 대하여 설명하고 있다. 따라서 (가) 철2가 이온(Fe^{2+})과 철3가 이온(Fe^{3+})의 용해도가 침전물 생성에 중요한 역할을 함 → (라) 티오바실러스가 철2가 이온(Fe^{2+})을 산화시켜 만든 철3가 이온(Fe^{3+})이 붉은 침전물을 만듦 → (나) 티오바실러스는 이황화철(FeS_2)을 산화시켜 철2가 이온(Fe^{2+}), 철3가 이온(Fe^{3+})을 얻음 → (다) 티오바실러스에 의한 이황화철(FeS_2)의 가속적인 산화를 막기 위해서는 광산의 밀폐가 필요함의 순서대로 나열하는 것이 적절하다.

대표기출유형 04 　기출응용문제

01

정답 ④

디젤 엔진이 가솔린 엔진에 비해 저회전으로 작동하는 것은 사실이나, 제시문을 통해서는 추론할 수 없는 내용이다.

02

정답 ⑤

LPG는 폭발 위험성이 크지만 가정용으로 사용되며, 대표적으로 가스레인지 등에 사용되는 가스통 형태가 있다.

오답분석

① PNG, CNG, LNG 등은 천연가스로 천연가스는 열량이 높은 청청에너지로 친환경적이다.
② PNG는 생산지에서 배관으로 직업 가스를 공급하는 것으로 북한과 통일된다면 천연가스가 풍부한 나라처럼 생산지에서 배관을 연결하여 PNG를 활용할 수 있다.
③ CNG는 LNG를 자동차 연료로 변환한 것으로 부피는 LNG(천연가스 약 600배 압축)보다 3배 크지만, 천연가스보다는 부피가 작다. 현재 서울 시내버스는 대부분 CNG를 사용한다.
④ 천연가스를 냉각하여 액체로 변화하는 것이 LNG이고, LNG를 기화시킨 후 다시 압축한 것이 CNG이다.

03

정답 ③

제시문을 통해 산업 및 가정에서 배출된 생활폐기물을 바이오매스 자원으로 활용하여 에너지를 생산하기 위한 화이트 바이오 연구가 진행되고 있음을 알 수 있다.

오답분석

① 바이오매스를 살아있는 유기물로 정의하는 생태학과 달리, 산업계에서는 산업용 폐자재나 가축의 분뇨, 생활폐기물과 같이 죽은 유기물이라 할 수 있는 유기성 폐자원 또한 바이오매스로 정의하고 있다.
② 산업계는 미생물을 활용한 화이트 바이오를 통해 온실가스 배출, 악취 발생, 수질오염 등 환경적 문제를 해결할 것으로 기대하고 있다.
④ 보건 및 의료 분야의 바이오산업인 레드 바이오나, 농업 및 식량 분야의 그린 바이오보다 늦게 발전을 시작했다는 점에서 앞선 두 바이오산업에 비해 규모가 작을 것임을 추측할 수 있다.
⑤ 화이트 바이오 산업이 대체하려는 기존 화학 산업의 경우 화석원료를 이용하는 제조방식으로 인한 이산화탄소 배출이 문제가 되고 있음을 추측할 수 있다.

01

제시문은 태양의 온도를 일정하게 유지해 주는 에너지원에 대한 설명이다. 태양의 온도가 일정하게 유지되는 이유는 태양 중심부의 온도가 올라가 핵융합 에너지가 늘어나면 에너지의 압력으로 수소를 밖으로 밀어내어 중심부의 밀도와 온도를 낮춰주기 때문이다. 즉 태양 내부에서 중력과 핵융합 반응의 평형상태가 유지되기 때문에 태양은 50억 년간 빛을 낼 수 있었고, 앞으로도 50억 년 이상 더 빛날 수 있는 것이다. 따라서 빈칸에 들어갈 내용으로 '태양이 오랫동안 안정적으로 빛을 낼 수 있게 된다.'가 가장 적절하다.

02

제시문은 오브제의 정의와 변화 과정에 대한 글이다. 네 번째 문단의 빈칸 앞에서는 예술가의 선택에 의해 기성품 그 본연의 모습으로 예술작품이 되는 오브제를, 빈칸 이후에는 나아가 진정성과 상징성이 제거된 팝아트에서의 오브제 기법에 대하여 서술하고 있다. 즉, 빈칸에는 예술가의 선택에 의해 기성품 본연의 모습으로 오브제가 되는 ③의 사례가 오는 것이 가장 적절하다.

03

빈칸 뒤의 문장은 최근 선진국에서는 스마트팩토리로 인해 해외로 나간 자국 기업들이 다시 본국으로 돌아오는 현상인 '리쇼어링'이 가속화되고 있다는 내용이다. 즉, 스마트팩토리의 발전이 공장의 위치를 해외에서 본국으로 변화시키고 있으므로 빈칸에는 ③이 가장 적절하다.

01

'-로써'는 어떤 일의 수단이나 도구를 나타내는 격조사이며, '-로서'는 지위나 신분 또는 자격을 나타내는 격조사이다. 서비스 이용자의 증가가 오투오 서비스 운영 업체에 많은 수익을 내도록 한 수단이 되므로 ⓒ에는 '증가함으로써'가 적절하다.

02

8번 항목의 '우 도로명주소' 항목에 따르면 우편번호를 먼저 기재한 다음, 행정기관이 위치한 도로명 및 건물번호 등을 기재해야 한다.

오답분석
① 6번 항목에 따르면 직위가 있는 경우에는 직위를 쓰고, 직위가 없는 경우에는 직급을 온전하게 써야 한다.
② 7번 항목에 따르면 시행일과 접수일란에 기재하는 연월일은 각각 마침표(.)를 찍어 숫자로 기재하여야 한다.
④ 11번 항목에 따르면 전자우편주소는 행정기관에서 공무원에게 부여한 것을 기재하여야 한다.
⑤ 10번 항목에 따르면 지역번호는 괄호 안에 기재해야 한다.

03

ⓒ은 '2. 우리말의 오용 원인' 중 '(2) 사회적 측면'의 하위 항목이므로 대중매체에서 잘못 사용되고 있는 우리말의 사례를 활용해야 한다. ③은 우리말이 잘못 사용되고 있는 사례로 보기 어려우므로 활용 방안으로 적절하지 않다.

01

㉠ 연임 : 원래 정해진 임기를 다 마친 뒤에 다시 계속하여 그 직위에 머무름
㉡ 부과 : 세금이나 부담금 따위를 매기어 부담하게 함
㉢ 임차 : 돈을 내고 남의 물건을 빌려 씀

오답분석

• 역임 : 여러 직위를 두루 거쳐 지냄
• 부여 : 사람에게 권리·명예·임무 따위를 지니도록 해 주거나 사물이나 일에 가치·의의 따위를 붙임
• 임대 : 돈을 받고 자기의 물건을 남에게 빌려줌

02

'찌개 따위를 끓이거나 설렁탕 따위를 담을 때 쓰는 그릇'을 뜻하는 어휘는 '뚝배기'이다.

오답분석

① '손가락 따위로 어떤 방향이나 대상을 집어서 보이거나 말하거나 알리다.'의 의미를 가진 어휘는 '가리키다'이다.
③ '사람들의 관심이나 주의가 집중되는 사물의 중심 부분'의 의미를 가진 어휘는 '초점'이다.
④ '액체 따위를 끓여서 진하게 만들다, 약재 따위에 물을 부어 우러나도록 끓이다.'의 의미를 가진 어휘는 '달이다'이다.
⑤ '길게 뻗어 나가면서 다른 물건을 감기도 하고 땅바닥에 퍼지기도 하는 식물의 줄기'의 의미를 가진 어휘는 '넝쿨', '덩굴'이다.

03

'내'가 일부 시간적·공간적 범위를 나타내는 명사와 함께 쓰여, 일정한 범위의 안을 의미할 때는 의존 명사이므로 띄어 쓴다.

오답분석

① 짓는데 → 짓는 데
② 김철수군은 → 김철수 군은
③ 해결할 게 → 해결할게
⑤ 안됐다 → 안 됐다

대표기출유형 08 기출응용문제

01

정답 ④

제시문에서는 중국발 위험이 커짐에 따라 수출 시장의 변화가 필요하고, 이를 위해 정부는 신흥국과의 꾸준한 협력을 추진해야 한다고 주장한다. 따라서 제시문과 관련 있는 한자성어로는 '우공이 산을 옮긴다.'라는 뜻으로, 어떤 일이든 끊임없이 노력하면 반드시 이루어짐을 의미하는 '우공이산(愚公移山)'이 가장 적절하다.

[오답분석]
① 안빈낙도(安貧樂道) : '가난한 생활을 하면서도 편안한 마음으로 도를 즐겨 지킴'을 이르는 말이다.
② 호가호위(狐假虎威) : '여우가 호랑이의 위세를 빌려 호기를 부린다.'라는 뜻으로, 남의 권세를 빌려 위세를 부리는 모습'을 이르는 말이다.
③ 각주구검(刻舟求劍) : '칼이 빠진 자리를 배에 새겨 찾는다.'라는 뜻으로, 어리석고 미련해서 융통성이 없다는 의미이다.
⑤ 사면초가(四面楚歌) : '사방이 초나라(적군)의 노래'라는 뜻으로, 아무에게도 도움을 받지 못하는 외롭고 곤란한 지경에 빠진 형편을 이르는 말이다.

02

정답 ②

제시문은 모든 일에는 지켜야 할 질서와 차례가 있음에도 불구하고 이를 무시한 채 무엇이든지 빠르게 처리하려는 한국의 '빨리빨리' 문화에 대해 설명하고 있다. 따라서 이와 관련 있는 속담으로는 '일의 순서도 모르고 성급하게 덤빔'을 의미하는 '우물에 가 숭늉 찾는다.'가 가장 적절하다.

[오답분석]
① 모양이나 형편이 서로 비슷하고 인연이 있는 것끼리 서로 잘 어울리고, 사정을 보아주며, 감싸주기 쉬움을 비유적으로 이르는 말이다.
③ 한마디 말을 듣고도 여러 가지 사실을 미루어 알아낼 정도로 매우 총기가 있다는 말이다.
④ 작은 힘이라도 꾸준히 계속하면 큰일을 이룰 수 있음을 비유적으로 이르는 말이다.
⑤ '속으로는 가기를 원하면서 겉으로는 만류하는 체한다.'라는 뜻으로, 속생각은 전혀 다르면서도 말로만 그럴듯하게 인사치레함을 비유적으로 이르는 말이다.

02 | 수리능력

대표기출유형 01 | 기출응용문제

01

정답 ③

전체 8명 중 4명을 선출하는 경우의 수에서 남자만 4명을 선출하는 경우를 제외하면 된다.

$$_8C_4 - _5C_4 = \frac{8 \times 7 \times 6 \times 5}{4 \times 3 \times 2 \times 1} - \frac{5 \times 4 \times 3 \times 2}{4 \times 3 \times 2 \times 1} = 70 - 5 = 65가지$$

따라서 구하고자 하는 경우의 수는 총 65가지이다.

02

정답 ②

처음 속력을 x km/h라 하면 차에 이상이 생긴 후 속력은 $0.5x$ km/h이다.

이때 전체 걸린 시간이 1시간 30분이므로 식을 세우면 다음과 같다.

$$\frac{60}{x} + \frac{90}{0.5x} = \frac{3}{2}$$

$$\rightarrow 60 + 180 = \frac{3}{2}x$$

$$\therefore x = 160$$

따라서 처음 속력은 160km/h이다.

03

정답 ④

주어진 정보를 표로 정리하면 다음과 같다.

(단위 : 명)

구분	뮤지컬 좋아함	뮤지컬 좋아하지 않음	합계
남학생	24	26	50
여학생	16	14	30
합계	40	40	80

따라서 뮤지컬을 안 좋아하는 사람을 골랐을 때, 그 사람이 여학생일 확률은 $\frac{14}{40} = \frac{7}{20}$ 이다.

04

일의 양을 1이라고 하면 A사원이 하루에 하는 일의 양은 $\frac{1}{4}$ 이며, B사원은 하루에 $\frac{1}{12}$ 의 일을 한다.

A, B사원이 같이 일을 끝내는 데 걸리는 기간을 x일이라고 하자.

$$\left(\frac{1}{4}+\frac{1}{12}\right)\times x=1$$

$$\rightarrow \frac{3+1}{12}\times x=1$$

$$\therefore x=\frac{12}{4}=3$$

따라서 A, B사원이 같이 일하며 프로젝트를 끝내는 데 걸리는 기간은 3일이다.

05

A가 트랙을 1바퀴를 도는 데 걸리는 시간은 4분, B가 1바퀴를 도는 데 걸리는 시간은 6분이다.

따라서 두 사람이 처음으로 출발점에서 만나는 시간은 4와 6의 최소공배수인 12분이다.

즉, 4번째로 만나는 시간은 $12\times4=48$분이다.

따라서 출발점에서 4번째로 만나는 시각은 3시 48분이다.

06

처음 참석한 사람의 수를 x명이라 하면 다음과 같다.

ⅰ) $8x<17\times10 \rightarrow x<\frac{170}{8} ≒ 21.3$

ⅱ) $9x>17\times10 \rightarrow x>\frac{170}{9} ≒ 18.9$

ⅲ) $8(x+9)<10\times(17+6) \rightarrow x<\frac{230}{8}-9 ≒ 19.75$

따라서 세 식을 모두 만족해야 하므로 처음의 참석자 수는 19명이다.

07

B지역 유권자의 수를 x명이라고 하면 A지역 유권자의 수는 $4x$명이다.

• A지역 찬성 유권자 수 : $4x\times\frac{3}{5}=\frac{12}{5}x$명

• B지역 찬성 유권자 수 : $\frac{1}{2}x$명

따라서 A, B 두 지역 유권자의 헌법 개정 찬성률은 $\dfrac{\frac{12}{5}x+\frac{1}{2}x}{4x+x}\times100=\dfrac{\frac{29}{10}x}{5x}\times100=58\%$이다.

08

- 5% 설탕물 600g에 들어있는 설탕의 양 : $\dfrac{5}{100} \times 600 = 30$g
- 10분 동안 가열한 후 남은 설탕물의 양 : $600 - (10 \times 10) = 500$g
- 가열 후 남은 설탕물의 농도 : $\dfrac{30}{500} \times 100 = 6\%$

여기에 더 넣은 설탕물 200g의 농도를 $x\%$라 하면 다음과 같다.

$\dfrac{6}{100} \times 500 + \dfrac{x}{100} \times 200 = \dfrac{10}{100} \times 700$

$\rightarrow 2x + 30 = 70$

$\therefore x = 20$

따라서 더 넣은 설탕물 200g의 농도는 20%이다.

09

A기계, B기계가 1분 동안 생산하는 비누의 수를 각각 x, y개라 하면 다음과 같다.

$5(x + 4y) = 100 \cdots \bigcirc$

$4(2x + 3y) = 100 \cdots \bigcirc$

$\bigcirc$, $\bigcirc$을 정리하면

$x + 4y = 20 \cdots \bigcirc'$

$2x + 3y = 25 \cdots \bigcirc'$

$\bigcirc'$, $\bigcirc'$을 연립하면

$5y = 15$

$\rightarrow y = 3$

$\therefore x = 8$

따라서 A기계 3대와 B기계 2대를 동시에 가동하여 비누 100개를 생산하는 데 걸리는 시간은

$\dfrac{100}{(8 \times 3) + (3 \times 2)} = \dfrac{100}{30} = \dfrac{10}{3}$ 시간이다.

대표기출유형 02   기출응용문제

01

2023년 관광 수입이 가장 많은 국가는 중국(44,400백만 달러)이며, 가장 적은 국가는 한국(17,300백만 달러)이다.
두 국가의 2024년 관광 지출 대비 관광 수입 비율을 계산하면 다음과 같다.

- 한국 : $\dfrac{13,400}{30,600} \times 100 \fallingdotseq 43.8\%$
- 중국 : $\dfrac{32,600}{257,700} \times 100 \fallingdotseq 12.7\%$

따라서 두 국가의 비율 차이는 43.8 − 12.7 = 31.1%p이다.

02

가중평균은 원값에 해당하는 가중치를 곱한 총합을 가중치의 합으로 나눈 것을 말한다.
A의 가격을 a만 원이라고 가정하여 가중평균에 대한 식을 구하면 다음과 같다.

$$\frac{(a \times 30) + (70 \times 20) + (60 \times 30) + (65 \times 20)}{30 + 20 + 30 + 20} = 66$$

$$\rightarrow \frac{30a + 4,500}{100} = 66$$

$$\rightarrow 30a = 6,600 - 4,500$$

$$\rightarrow a = \frac{2,100}{30}$$

$$\therefore a = 70$$

따라서 A의 가격은 70만 원이다.

03

- (ㄱ) : 2020년 대비 2021년 의료 폐기물의 증감률로, $\frac{48,934 - 49,159}{49,159} \times 100 ≒ -0.5\%$이다.

- (ㄴ) : 2018년 대비 2019년 사업장 배출시설계 폐기물의 증감률로, $\frac{123,604 - 130,777}{130,777} \times 100 ≒ -5.5\%$이다.

04

- 1인 1일 사용량에서 영업용 사용량이 차지하는 비중 : $\frac{80}{282} \times 100 ≒ 28.37\%$

- 1인 1일 가정용 사용량 중 하위 두 항목이 차지하는 비중 : $\frac{20 + 13}{180} \times 100 ≒ 18.33\%$

대표기출유형 03   기출응용문제

01

제시된 자료의 원자력 소비량 수치를 보면 증감을 반복하고 있는 것을 확인할 수 있다.

[오답분석]

① 2015년 석유 소비량을 제외한 나머지 에너지 소비량의 합을 구하면 54.8백만+30.4백만+36.7백만+5.3백만=127.2백만 TOE이다. 즉, 석유 소비량인 101.5백만 TOE보다 크다. 2016 ~ 2024년 역시 석유 소비량을 제외한 나머지 에너지 소비량의 합을 계산하여 석유 소비량과 비교하면, 석유 소비량이 나머지 에너지 소비량의 합보다 적음을 알 수 있다.
② 석탄 소비량은 2015 ~ 2021년까지 지속적으로 상승하다가 2022년에 감소한 뒤 2023년부터 다시 상승세를 보이고 있다.
③ 기타 에너지 소비량은 지속적으로 증가하고 있다.
⑤ 2019년에는 LNG 소비량이 감소했으므로 증가 추세가 심화되었다고 볼 수 없다.

02

정답 ③

쓰레기 1kg당 처리비용은 400원으로 동결상태이다. 오히려 쓰레기 종량제 봉투 가격이 인상될수록 K신도시의 쓰레기 발생량과 쓰레기 관련 예산 적자가 급격히 감소하는 것을 볼 수 있다.

03

정답 ③

1974 ~ 2009년 동안 65세 연령의 성별 기대여명과 OECD 평균 기대여명과의 연도별 격차는 다음과 같다.
- 남성
  - 1974년 : 12.7－10.2＝2.5년
  - 1999년 : 14.7－13.4＝1.3년
  - 2009년 : 16.3－15.5＝0.8년
- 여성
  - 1974년 : 15.6－14.9＝0.7년
  - 1999년 : 18.4－17.5＝0.9년
  - 2009년 : 19.8－19.6＝0.2년

따라서 옳지 않은 설명이다.

오답분석

① 65세, 80세 여성의 기대여명은 2019년 이전까지 모두 OECD 평균보다 낮았으나, 2019년에 OECD 평균보다 모두 높아진 것을 확인할 수 있다.

② 연도별 80세 남성의 기대여명과 OECD 평균과의 격차는 다음과 같다.
  - 1974년 : 5.7－4.7＝1.0년
  - 1999년 : 6.6－6.1＝0.5년
  - 2009년 : 7.3－6.9＝0.4년
  - 2019년 : 8.3－8.0＝0.3년

  따라서 80세 남성의 기대여명은 1974 ~ 2019년 동안 OECD 평균과의 격차가 꾸준히 줄어들었다.

④ 연령별 및 연도별 남성의 기대여명보다 여성의 기대여명이 더 높은 것을 확인할 수 있다.

⑤ 한국의 2019년 80세 여성 기대여명의 1974년 대비 증가율은 $\frac{10.1-6.4}{6.4} \times 100 ≒ 57.8\%$이고, OECD 평균의 증가율은 $\frac{10.0-6.6}{6.6} \times 100 ≒ 51.5\%$이므로 옳은 설명이다.

04

정답 ②

수도권은 서울과 인천·경기를 합한 지역을 의미한다. 따라서 전체 마약류 단속 건수 중 수도권의 마약류 단속 건수의 비중은 22.1＋35.8＝57.9%이다.

오답분석

① • 대마 단속 전체 건수 : 167건
  • 마약 단속 전체 건수 : 65건
  65×3＝195>167이므로 옳지 않은 설명이다.
③ 마약 단속 건수가 없는 지역은 강원, 충북, 제주로 3곳이다.
④ • 대구·경북 지역의 향정신성의약품 단속 건수 : 138건
  • 광주·전남 지역의 향정신성의약품 단속 건수 : 38건
  38×4＝152>138이므로 옳지 않은 설명이다.
⑤ • 강원 지역의 향정신성의약품 단속 건수 : 35건
  • 강원 지역의 대마 단속 건수 : 13건
  13×3＝39>35이므로 옳지 않은 설명이다.

01

강수량의 증감추이를 나타내면 다음과 같다.

1월	2월	3월	4월	5월	6월
–	증가	감소	증가	감소	증가
7월	8월	9월	10월	11월	12월
증가	감소	감소	감소	감소	증가

이와 동일한 추이를 보이는 그래프는 ⑤이다.

오답분석
① 증감추이는 같지만 4월의 강수량이 50mm 이하로 표현되어 있다.

02

내수 현황을 누적으로 나타냈으므로 옳지 않다.

오답분석
①·② 제시된 자료를 통해 알 수 있다.
③ 신재생에너지원별 고용인원 비율을 구하면 다음과 같다.

- 태양광 : $\frac{8,698}{16,177} \times 100 ≒ 54\%$

- 풍력 : $\frac{2,369}{16,177} \times 100 ≒ 15\%$

- 폐기물 : $\frac{1,899}{16,177} \times 100 ≒ 12\%$

- 바이오 : $\frac{1,511}{16,177} \times 100 ≒ 9\%$

- 기타 : $\frac{1,700}{16,177} \times 100 ≒ 10\%$

⑤ 신재생에너지원별 해외공장매출 비율을 구하면 다음과 같다.

- 태양광 : $\frac{18,770}{22,579} \times 100 ≒ 83.1\%$

- 풍력 : $\frac{3,809}{22,579} \times 100 ≒ 16.9\%$

03 | 문제해결능력

대표기출유형 01 | 기출응용문제

01

정답 ④

수진이는 주스를 좋아하므로 디자인 담당이 아니다. 또한, 편집 담당과 이웃해 있으므로 기획 담당이다. 편집 담당은 콜라를 좋아하고, 검은색 책상에 앉아 있다. 그런데 종석이는 갈색 책상에 앉아 있으므로 디자인 담당이며, 민아는 검은색 책상에 앉아 있고, 수진이는 흰색 책상에 앉아 있다. 이를 정리하면 다음과 같다.

수진	민아	종석
흰색 책상	검은색 책상	갈색 책상
기획	편집	디자인
주스	콜라	커피

따라서 민아와 종석이는 붙어 있으며, 종석이는 커피를 좋아하고, 수진이는 기획 업무를 담당한다.

오답분석

ㄷ. 수진이는 기획을 하고, 민아는 콜라를 좋아한다.
ㄹ. 민아는 편집 담당이므로 검은색 책상에 앉아 있다.

02

정답 ⑤

주어진 조건에 따라 엘리베이터 검사 순서를 추론해 보면 다음과 같다.

첫 번째	5호기
두 번째	3호기
세 번째	1호기
네 번째	2호기
다섯 번째	6호기
여섯 번째	4호기

따라서 1호기 다음은 2호기, 그 다음이 6호기이고, 6호기는 5번째로 검사한다.

03

정답 ③

을과 무의 진술이 모순되므로 둘 중 한 명은 참, 다른 한 명은 거짓이다. 여기서 을의 진술이 참일 경우 갑의 진술도 거짓이 되어 두 명이 거짓을 진술한 것이 되므로 문제의 조건에 위배된다. 따라서 을의 진술이 거짓, 무의 진술이 참이다. 그러므로 A강좌는 을이, B와 C강좌는 갑과 정이, D강좌는 무가 담당하고, 병은 강좌를 담당하지 않는다.

04

- 연구개발팀이 이어달리기에 참가하지 않은 경우

연구개발팀과 디자인팀은 동시에 같은 종목에 참가하지 않았으므로 만약 연구개발팀이 이어달리기에 참가하지 않았다면 디자인팀이 족구에 참가하므로 연구개발팀은 족구에 참가하지 않고 남은 두 종목에 반드시 참가해야 한다. 이때, 총무팀이 모든 종목에 참가하더라도 고객지원팀과 법무팀은 항상 동시에 참가하므로 총무팀이 참가한 종목이 4팀인 종목은 존재할 수 없다.

구분	홍보팀	총무팀	연구개발팀	고객지원팀	법무팀	디자인팀
이어달리기	○	○	×	○	○	○
족구	○	−	×	−	−	○
X	○	−	○	−	−	×
Y	○	−	○	−	−	×

- 연구개발팀이 이어달리기에 참가한 경우

연구개발팀이 이어달리기에 참가하면 디자인팀이 족구팀에 참가하므로 족구에 참가하지 않고 남은 두 종목 중 한 종목에 참가한다. 남은 한 종목는 반드시 참가하지 않으며 이 때, 연구개발팀이 참가하지 않은 종목에서 디자인팀이 참가하지 않고 고객지원팀, 법무팀이 참가하면 총무팀이 참가하는 종목 중 참가하는 팀이 4팀인 종목이 나올 수 있다.

구분	홍보팀	총무팀	연구개발팀	고객지원팀	법무팀	디자인팀
이어달리기	○	○	○	○	○	×
족구	○	−	×	−	−	○
X	○	−	○	−	−	×
Y	○	○	×	○	○	×

구분	홍보팀	총무팀	연구개발팀	고객지원팀	법무팀	디자인팀
이어달리기	○	○	○	○	○	×
족구	○	−	×	−	−	○
X	○	○	×	−	○	×
Y	○	−	○	−	−	×

따라서 참가하는 종목이 가장 적은 팀은 족구만 참가하는 디자인팀이다.

오답분석

① 족구와 남은 두 종목에서 총무팀과 법무팀이 동시에 참가하지 않는 종목이 있을 수 있다.
② 고객지원팀은 족구에 참가하지 않을 수 있다.
④ 법무팀은 모든 종목에 참가할 수 있다.
⑤ 주어진 조건을 모두 만족하는 경우는 2가지이며 이 경우 모두 연구개발팀과 디자인팀이 동시에 참가하지 않는 경우이다.

05

주어진 조건을 토대로 다음과 같이 정리해 볼 수 있다. 원형테이블은 회전시켜도 좌석 배치는 동일하므로 좌석에 1 ~ 7번으로 번호를 붙이고, A가 1번 좌석에 앉았다고 가정하여 배치하면 다음과 같다.

첫 번째 조건에 따라 2번에는 부장이, 7번에는 차장이 앉게 된다.
세 번째 조건에 따라 부장과 이웃한 자리 중 비어 있는 3번 자리에 B가 앉게 된다.
네 번째 조건에 따라 7번에 앉은 사람은 C가 된다.
다섯 번째 조건에 따라 5번에 과장이 앉게 되고, 과장과 차장 사이인 6번에 G가 앉게 된다.
여섯 번째 조건에 따라 A와 이웃한 자리 중 직원명이 정해지지 않은 2번 부장 자리에 D가 앉게 된다.
일곱 번째 조건에 따라 4번 자리에는 대리, 3번 자리에는 사원이 앉는 것을 알 수 있으며, 3번 자리에 앉은 B가 사원 직급임을 알 수 있다.
두 번째 조건에 따라 E는 사원과 이웃하지 않았고 직원명이 정해지지 않은 5번 과장 자리에 해당하는 것을 알 수 있다.
이를 정리하면 다음과 같은 좌석 배치가 되며, F는 이 중 유일하게 빈자리인 4번 대리 자리에 해당한다.

그러므로 사원 직급은 B, 대리 직급은 F가 해당하는 것을 도출할 수 있다.

대표기출유형 02   기출응용문제

01

정답 ④

알파벳 순서에 따라 숫자로 변환하면 다음과 같다.

A	B	C	D	E	F	G	H	I	J	K	L	M
1	2	3	4	5	6	7	8	9	10	11	12	13
N	O	P	Q	R	S	T	U	V	W	X	Y	Z
14	15	16	17	18	19	20	21	22	23	24	25	26

'INTELLECTUAL'의 품번을 규칙에 따라 정리하면 다음과 같다.
- 1단계 : 9(I), 14(N), 20(T), 5(E), 12(L), 12(L), 5(E), 3(C), 20(T), 21(U), 1(A), 12(L)
- 2단계 : $9+14+20+5+12+12+5+3+20+21+1+12=134$
- 3단계 : $|(14+20+12+12+3+20+12)-(9+5+5+21+1)|=|93-41|=52$
- 4단계 : $(134+52)\div4+134=46.5+134=180.5$
- 5단계 : 180.5를 소수점 첫째 자리에서 버림하면 180이다.

따라서 제품의 품번은 '180'이다.

02

정답 ②

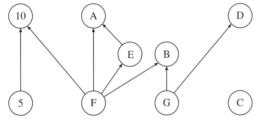

A, B, C를 제외한 빈칸에 적힌 수를 각각 D, E, F, G라고 하자.
F는 10의 약수이고 원 안에는 2에서 10까지의 자연수가 적혀있으므로 F는 2이다.
10을 제외한 2의 배수는 4, 6, 8이고, A는 E와 F의 공배수이다. 즉, A는 8, E는 4이고, B는 6이다.
6의 약수는 1, 2, 3, 6이므로 G는 3이고 D는 3의 배수이므로 9이며, 남은 7은 C이다.
따라서 A, B, C에 해당하는 수의 합은 $8+6+7=21$이다.

대표기출유형 03   기출응용문제

01

정답 ④

지원계획을 보면 지원금을 받을 수 있는 모임의 구성원은 6명 이상 9명 미만이므로, A모임과 E모임은 제외한다. 나머지 B, C, D모임의 총지원금을 구하면 다음과 같다.
- B모임 : $1,500+(100\times6)=2,100$천 원
- C모임 : $1.3\times(1,500+120\times8)=3,198$천 원
- D모임 : $2,000+(100\times7)=2,700$천 원

따라서 D모임이 두 번째로 많은 지원금을 받는다.

02

정답 ②

A씨와 B씨의 일정에 따라 요금을 계산하면 다음과 같다.

- A씨
  - 이용요금 : 1,310원×6×3=23,580원
  - 주행요금 : 92×170원=15,640원
  - 반납지연에 따른 패널티 요금 : (1,310원×9)×2=23,580원
  - ∴ 23,580+15,640+23,580=62,800원
- B씨
  - 이용요금
    목요일 : 39,020원
    금요일 : 880원×6×8=42,240원 → 81,260원
  - 주행요금 : 243×170원=41,310원
  - ∴ 39,020+81,260+41,310=122,570원

03

정답 ③

ㄱ. 갑의 자본금액이 200억 원이므로 아무리 종업원 수가 적더라도 '자본금액 50억 원을 초과하는 법인으로서 종업원 수가 100명 이하인 법인'이 납부해야 하는 20만 원 이상은 납부해야 한다. 따라서 옳은 내용이다.

ㄹ. 갑의 종업원 수가 100명을 초과한다면 50만 원을 납부해야 하며, 을의 종업원 수가 100명을 초과한다면 10만 원을, 병의 자본금액이 100억 원을 초과한다면 50만 원을 납부해야 하므로 이들 금액의 합계는 110만 원이다.

[오답분석]

ㄴ. 을의 자본금이 20억 원이고 종업원이 50명이라면 '그 밖의 법인'에 해당하여 5만 원을 납부해야 하므로 옳지 않다.

ㄷ. 병의 종업원 수가 200명이지만 자본금이 10억 원 이하라면 '그 밖의 법인'에 해당하여 5만 원을 납부해야 하므로 옳지 않다.

04

정답 ③

ㄱ. 인천에서 중국을 경유해서 베트남으로 가는 경우에는 (210,000+310,000)×0.8=416,000원이 들고, 싱가포르로의 직항의 경우에는 580,000원이 든다. 따라서 164,000원이 더 저렴하다.

ㄷ. 갈 때는 직항으로 가는 것이 가장 저렴하여 341,000원 소요되고, 올 때도 직항이 가장 저렴하여 195,000원이 소요되므로, 최소 총비용은 536,000원이다.

[오답분석]

ㄴ. 태국은 왕복 298,000+203,000=501,000원, 싱가포르는 580,000+304,000=884,000원, 베트남은 341,000+195,000 =536,000원이 소요되기 때문에 비용이 가장 적게 드는 태국을 선택할 것이다.

05

정답 ②

직항이 중국을 경유하는 것보다 소요 시간이 적으므로 직항 경로별 소요 시간을 도출하면 다음과 같다.

여행지	경로	왕복 소요 시간
베트남	인천 → 베트남(5시간 20분) 베트남 → 인천(2시간 50분)	8시간 10분
태국	인천 → 태국(5시간) 태국 → 인천(3시간 10분)	8시간 10분
싱가포르	인천 → 싱가포르(4시간 50분) 싱가포르 → 인천(3시간)	7시간 50분

따라서 소요 시간이 가장 짧은 싱가포르로 여행을 갈 것이며, 7시간 50분이 소요될 것이다.

06

구매하려는 소파의 특징에 맞는 제조사를 찾기 위해 제조사별 특징을 대우로 정리하면 다음과 같다.

• A사 : 이탈리아제 천을 사용하면 쿠션재에 스프링을 사용한다. 커버를 교환 가능하게 하면 국내산 천을 사용하지 않는다. → ×

• B사 : 국내산 천을 사용하지 않으면 쿠션재에 우레탄을 사용하지 않는다. 이탈리아제의 천을 사용하면 리클라이닝이 가능하다. → ○

• C사 : 국내산 천을 사용하지 않으면 쿠션재에 패더를 사용한다. 쿠션재에 패더를 사용하면 침대 겸용 소파가 아니다. → ○

• D사 : 이탈리아제 천을 사용하지 않으면 쿠션재에 패더를 사용하지 않는다. 쿠션재에 우레탄을 사용하지 않으면 조립이라고 표시된 소파가 아니다. → ×

따라서 B사 또는 C사의 소파를 구매할 것이다.

04 │ 자원관리능력

대표기출유형 01 │ 기출응용문제

01

정답 ④

25, 26일은 예측농도가 '약간 나쁨', '보통'이므로 첫째 날과 둘째 날 예측농도 조건에 맞는다. 워크숍 마지막 날인 27일도 토요일도 가능하다는 조건에 부합하며, 예측농도 또한 '나쁨'이지만 따로 제한하고 있는 조건이 없으므로 가능하다.

오답분석

① 1일(첫째 날)은 미세먼지 예측농도가 '매우 나쁨'이고, 2일(둘째 날)은 '나쁨'으로 조건에 맞지 않는다.
② 8 ~ 9일의 미세먼지 예측농도는 적절하지만 매달 2, 4주 수요일마다 기획회의가 있으므로 10일인 수요일은 불가능하다.
③ 17일(첫째 날)은 미세먼지 예측농도가 '나쁨'으로 조건에 맞지 않으며, 19일에 우수성과팀 시상식이 있기 때문에 적절하지 않다.
⑤ 29 ~ 31일은 중국 현지에서 열리는 콘퍼런스에 참여해야 하므로 적절하지 않다.

02

정답 ③

엘리베이터는 한 번에 최대 세 개 층을 이동할 수 있으며, 올라간 다음에는 반드시 내려와야 한다는 조건에 따라 청원경찰이 최소 시간으로 6층을 순찰하고, 1층으로 돌아올 수 있는 방법은 다음과 같다.
1층 → 3층 → 2층 → 5층 → 4층 → 6층 → 3층 → 4층 → 1층
이때, 이동에만 소요되는 시간은 총 2분+1분+3분+1분+2분+3분+1분+3분=16분이다.
따라서 청원경찰이 6층을 모두 순찰하고 1층으로 돌아오기까지 소요되는 시간은 총 60분(=10분×6층)+16분=76분=1시간 16분이다.

03

정답 ④

인천에서 샌프란시스코까지 비행 시간은 10시간 25분이므로, 샌프란시스코 도착 시각에서 거슬러 올라가면 샌프란시스코 시각으로 00시 10분에 출발한 것이 된다. 이때 한국은 샌프란시스코보다 16시간 빠르기 때문에 한국 시각으로는 16시 10분에 출발한 것이다. 하지만 비행기 티켓팅을 위해 출발 한 시간 전에 인천공항에 도착해야 하므로 15시 10분까지 공항에 도착해야 한다.

04

정답 ④

공정별 순서는
$$\begin{matrix} A \to B \\ \quad\quad\quad \searrow \\ D \to E \quad \nearrow \end{matrix} C \to F$$
이고, C공정을 시작하기 전에 B공정과 E공정이 선행되어야 하는데 B공정까지 끝나려면 4시간이 소요되고 E공정까지 끝나려면 3시간이 소요된다. 선행작업이 완료되어야 이후 작업을 할 수 있으므로, C공정을 진행하기 위해서는 최소 4시간이 걸린다. 따라서 완제품은 F공정이 완료된 후 생산되므로 첫 번째 완제품 생산의 소요시간은 9시간이다.

01

장바구니에서 선택된 상품의 총액을 구하면 다음과 같다.

선택	상품	수량	단가	금액
☑	완도 김	⊟ 2 ⊞	2,300원	4,600원
☑	냉동 블루베리	⊟ 1 ⊞	6,900원	6,900원
☐	김치	⊟ 3 ⊞	2,500원	0원
☑	느타리 버섯	⊟ 1 ⊞	5,000원	5,000원
☐	냉동 만두	⊟ 2 ⊞	7,000원	0원
☑	토마토	⊟ 2 ⊞	8,500원	17,000원
총액				33,500원

중복이 불가한 상품 총액의 10% 할인 쿠폰을 적용하였을 때의 금액과 중복이 가능한 배송비 무료 쿠폰과 K카드 사용 시 2% 할인 쿠폰을 중복하여 적용하였을 때의 금액을 비교해야 한다.
- 상품 총액의 10% 할인 쿠폰 적용
  $(33,500 \times 0.9) + 3,000 = 33,150$원
- 배송비 무료 쿠폰과 K카드 사용 시 2% 할인 쿠폰을 중복 적용
  $33,500 \times 0.98 = 32,830$원
따라서 배송비 무료 쿠폰과 K카드 사용 시 2% 할인 쿠폰을 중복 적용했을 때 32,830원으로 가장 저렴하다.

02

ⅰ) 연봉 3,600만 원인 K사원의 월 수령액은 3,600만÷12=3,000,000원이다.
　월평균 근무시간은 200시간이므로 시급은 300만÷200=15,000원/시간이다.
ⅱ) 야근 수당
　K사원이 평일에 야근한 시간은 2+3+1+3+2=11시간이므로 야근 수당은 $15,000 \times 11 \times 1.2 = 198,000$원이다.
ⅲ) 특근 수당
　K사원이 주말에 특근한 시간은 2+3=5시간이므로 특근 수당은 $15,000 \times 5 \times 1.5 = 112,500$원이다.
　이때 식대는 야근·특근 수당에 포함되지 않는다.
따라서 K사원의 이번 달 야근·특근 근무 수당의 총액은 198,000+112,500=310,500원이다.

03

흥민이가 베트남 현금 1,670만 동을 환전하기 위해 필요한 한국 돈은 수수료를 제외하고 1,670만 동×483원/만 동=806,610원이다. 우대사항에서 50만 원 이상 환전 시 70만 원까지 수수료가 0.4%로 낮아진다. 70만 원의 수수료는 0.4%가 적용되고 나머지는 0.5%가 적용되어 총수수료를 구하면 $700,000 \times 0.004 + (806,610 - 700,000) \times 0.005 = 2,800 + 533.05 ≒ 3,330$원이다.
따라서 흥민이가 원하는 금액을 환전하기 위해서 필요한 총금액은 806,610+3,330=809,940원임을 알 수 있다.

04

1일 평균임금을 x원이라 놓고 퇴직금 산정공식을 이용하여 계산하면 다음과 같다.
1,900만 원$=[30x \times (5 \times 365)] \div 365$
→ 1,900만$=150x$
∴ $x ≒ 13$만(∵ 천의 자리에서 올림)
따라서 1일 평균임금이 13만 원이므로, K씨의 평균 연봉을 계산하면 13만×365=4,745만 원이다.

01

정답 ⑤

물품 A 2박스와 물품 B 1박스를 한 묶음으로 보면 다음과 같이 쌓을 수 있다.

최종적으로 물품 한 세트의 규격은 (L)400mm×(W)400mm×(H)400mm로 볼 수 있다.
해당 규격으로 20ft 컨테이너에 넣게 되면 다음과 같아진다.

• 6,000mm÷400mm=15세트
• 2,400mm÷400mm=6세트
• 2,400mm÷400mm=6세트

따라서 모두 15×6×6=540세트를 넣을 수 있고, 총 3박스가 결합되어야 하므로 540×3=1,620박스를 실을 수 있다.

02

정답 ④

어떤 컴퓨터를 구매하더라도 모니터와 본체를 각각 사는 것보다 세트로 사는 것이 이득이다. 하지만 세트 혜택이 아닌 다른 혜택에 해당되는 조건에 대해서도 비용을 비교해 봐야 한다. 성능평가에서 '하'를 받은 E컴퓨터를 제외하고 컴퓨터별 구매 비용을 계산하면 다음과 같다.

• A컴퓨터 : 80만 원×15대=1,200만 원
• B컴퓨터 : (75만 원×15대)−100만 원=1,025만 원
• C컴퓨터 : (20만 원×10대)+(20만 원×0.85×5대)+(60만 원×15대)=1,185만 원 또는 70만 원×15대=1,050만 원
• D컴퓨터 : 66만 원×15대=990만 원

D컴퓨터만 예산 범위인 1,000만 원 내에서 구매할 수 있으므로 조건을 만족하는 컴퓨터는 D컴퓨터이다.

03

정답 ①

두 번째 조건에서 총구매금액이 30만 원 이상이면 총금액에서 5%를 할인해 주므로 한 벌당 가격이 300,000÷50=6,000원 이상인 품목은 할인적용이 들어간다. 업체별 품목 금액을 보면 모든 품목이 6,000원 이상이므로 5% 할인 적용대상이다. 따라서 모든 품목에 할인이 적용되어 정가로 비교가 가능하다.

세 번째 조건에서 차순위 품목이 1순위 품목보다 총금액이 20% 이상 저렴한 경우 차순위를 선택한다고 했으므로 한 벌당 가격으로 계산하면 1순위인 카라 티셔츠의 20% 할인된 가격은 8,000×0.8=6,400원이다. 정가가 6,400원 이하인 품목은 A업체의 티셔츠이므로 팀장은 1순위인 카라 티셔츠보다 2순위인 A업체의 티셔츠를 구입할 것이다.

04

정답 ①

각 자동차의 경비를 구하면 다음과 같다.
- A자동차
  - (연료비) : 150,000km÷12km/L×1,400원/L=1,750만 원
  - (경비) : 1,750만+2,000만=3,750만 원
- B자동차
  - (연료비) : 150,000km÷8km/L×900원/L=1,687.5만 원
  - (경비) : 1,687.5만+2,200만=3,887.5만 원
- C자동차
  - (연료비) : 150,000km÷15km/L×1,150원/L=1,150만 원
  - (경비) : 1,150만+2,700만=3,850만 원
- D자동차
  - (연료비) : 150,000km÷20km/L×1,150원/L=862.5만 원
  - (경비) : 862.5만+3,300만=4,162.5만 원
- E자동차
  - (연료비) : 150,000km÷15km/L×1,400원/L=1,400만 원
  - (경비) : 1,400만+2,600만=4,000만 원

따라서 경비가 가장 적게 들어가는 것은 A자동차이다.

대표기출유형 04 　기출응용문제

01

정답 ③

오답분석
- A지원자 : 9월에 복학 예정이기 때문에 인턴 기간이 연장될 경우 근무할 수 없으므로 부적합하다.
- B지원자 : 경력 사항이 없으므로 부적합하다.
- D지원자 : 근무 시간(9 ~ 18시) 이후에 업무가 불가능하므로 부적합하다.
- E지원자 : 포토샵을 활용할 수 없으므로 부적합하다.

02

정답 ④

성과급 기준표를 토대로 A ~ E교사에 대한 성과급 배점을 정리하면 다음과 같다.

구분	주당 수업시간	수업 공개 유무	담임 유무	업무 곤란도	호봉	합계
A교사	14점	–	10점	20점	30점	74점
B교사	20점	–	5점	20점	30점	75점
C교사	18점	5점	5점	30점	20점	78점
D교사	14점	10점	10점	30점	15점	79점
E교사	16점	10점	5점	20점	25점	76점

따라서 D교사가 가장 높은 배점을 받게 된다.

㉠ 각 팀장이 매긴 순위에 대한 가중치는 모두 동일하다고 했으므로 1, 2, 3, 4순위의 가중치를 각각 4, 3, 2, 1점으로 정해 네 사람의 면접점수를 산정하면 다음과 같다.
- 갑 : 2+4+1+2=9점
- 을 : 4+3+4+1=12점
- 병 : 1+1+3+4=9점
- 정 : 3+2+2+3=10점

면접점수가 높은 을, 정 중 한 명이 입사를 포기하면 갑, 병 중 한 명이 채용된다. 갑과 병의 면접점수는 9점으로 동점이지만 조건에 따라 인사팀장이 부여한 순위가 높은 갑을 채용하게 된다.

㉢ 경영관리팀장이 갑과 병의 순위를 바꿨을 때, 네 사람의 면접점수를 산정하면 다음과 같다.
- 갑 : 2+1+1+2=6점
- 을 : 4+3+4+1=12점
- 병 : 1+4+3+4=12점
- 정 : 3+2+2+3=10점

즉, 을과 병이 채용되므로 정은 채용되지 못한다.

오답분석

㉡ 인사팀장이 을과 정의 순위를 바꿨을 때, 네 사람의 면접점수를 산정하면 다음과 같다.
- 갑 : 2+4+1+2=9점
- 을 : 3+3+4+1=11점
- 병 : 1+1+3+4=9점
- 정 : 4+2+2+3=11점

즉, 을과 정이 채용되므로 갑은 채용되지 못한다.

05 | 정보능력

대표기출유형 01 기출응용문제

01
정답 ④

전략정보 시스템은 기업의 전략을 실현하여 경쟁우위를 확보하기 위한 목적으로 사용되는 정보시스템으로, 기업의 궁극적 목표인 이익에 직접 영향을 줄 수 있는 시장점유율 향상, 매출신장, 신상품 전략, 경영 전략 등의 전략계획에 도움을 준다.

[오답분석]
① 비즈니스 프로세스 관리 : 기업 내외의 비즈니스 프로세스를 드러나게 하고, 비즈니스의 수행과 관련된 사람 및 시스템을 프로세스에 맞게 실행·통제하며, 비즈니스 프로세스를 효율적으로 관리하고 최적화할 수 있는 변화 관리 및 시스템 구현 기법이다.
② 전사적 자원관리 : 인사·재무·생산 등 기업의 전 부문에 걸쳐 독립적으로 운영되던 각종 관리시스템의 경영자원을 하나의 통합시스템으로 재구축함으로써 생산성을 극대화하려는 경영혁신기법이다.
③ 경영정보 시스템 : 기업 경영정보를 총괄하는 시스템으로, 의사결정 등을 지원하는 종합시스템이다.
⑤ 의사결정 지원 시스템 : 컴퓨터의 데이터베이스 기능과 모델 시뮬레이션 기능을 이용하여 경영의 의사결정을 지원하는 시스템이다.

02
정답 ⑤

제시문에서는 '응용프로그램과 데이터베이스를 독립시킴으로써 데이터를 변경시키더라도 응용프로그램은 변경되지 않는다.'라고 하였다. 따라서 데이터의 논리적 의존성이 아니라, 데이터의 논리적 독립성이 적절하다.

[오답분석]
① '다량의 데이터는 사용자의 질의에 대한 신속한 응답 처리를 가능하게 한다.'라는 내용은 실시간 접근성에 해당한다.
② '삽입, 삭제, 수정, 갱신 등을 통하여 항상 최신의 데이터를 유동적으로 유지할 수 있으며'라는 내용을 통해 데이터베이스는 그 내용을 변화시키면서 계속적인 진화를 하고 있음을 알 수 있다.
③ '여러 명의 사용자가 동시에 공유가 가능하고'라는 부분에서 동시 공유가 가능함을 알 수 있다.
④ '각 데이터를 참조할 때는 사용자가 요구하는 내용에 따라 참조가 가능함'이라는 문장을 통해 내용에 의한 참조인 것을 알 수 있다.

대표기출유형 02 기출응용문제

01
정답 ②

부서를 우선 기준으로 하며, 다음은 직위순으로 정렬되었다.

[오답분석]
㉠ 부서를 기준으로 오름차순으로 정렬되었다.
㉢ 성명을 기준으로 정렬되지 않았다.

02

정답 ①

WEEKDAY 함수는 일정 날짜의 요일을 나타내는 1에서 7까지의 수를 구하는 함수이다. WEEKDAY 함수의 두 번째 인수에 '1'을 입력해 주면 '일요일(1) ~ 토요일(7)'로 표시되고, '2'를 넣으면 '월요일(1) ~ 일요일(7)'로 표시되며, '3'을 입력하면 '월요일(0) ~ 일요일(6)'로 표시된다.

03

정답 ①

「=MID(데이터를 참조할 셀번호,왼쪽을 기준으로 시작할 기준 텍스트,기준점을 시작으로 가져올 자릿수)」로 표시되기 때문에 「=MID(B2,5,2)」가 옳다.

04

정답 ③

SUM 함수는 인수들의 합을 구할 수 있다.
• [B12] : SUM(B2:B11)
• [C12] : SUM(C2:C11)

[오답분석]
① REPT : 텍스트를 지정한 횟수만큼 반복한다.
② CHOOSE : 인수 목록 중에서 하나를 고른다.
④ AVERAGE : 인수들의 평균을 구한다.
⑤ DSUM : 지정한 조건에 맞는 데이터베이스에서 필드 값들의 합을 구한다.

05

정답 ⑤

• MAX : 최댓값을 구한다.
• MIN : 최솟값을 구한다.

대표기출유형 03 | 기출응용문제

01

정답 ③

char *arr[]={"AAA","BBB","CCC"}의 각각 문자열에 접근하기 위해서는 *(arr)=AAA, *(arr+1)=BBB, *(arr+2)=CCC 형태로 접근하여 문자열을 출력할 수 있다. 따라서 *(arr+1)을 출력하게 되면 BBB가 된다.

02

정답 ④

반복문을 통해 배열의 요소를 순회하면서 각 요소의 값을 더하여 tot에 저장하는 프로그램이다. 요소들의 값이 누적되어 있는 tot의 값이 100보다 크거나 같다면 break 문으로 인해 반복문을 종료하고 현재 tot 값을 출력한다. 따라서 10+37+23+4+8+71일 때 100보다 커져 반복문이 종료되므로 마지막에 더해진 값은 153이 된다.

PART 2

합격의 공식 시대에듀 www.sdedu.co.kr

직무수행능력

01 | 경영
적중예상문제

01	02	03	04	05	06	07	08	09	10										
③	①	③	②	④	①	②	④	②	②										

01
정답 ③

B2B는 영업기회의 발굴에 초점을 두기에 전자상거래의 수단·관리 및 TV광고와 같은 광범위하고 많은 고객층에게 노출되는 마케팅보다는 작은 타깃시장을 집중하여 시장점유율을 높이는 전략을 택하는 것이 유리하다.

02
정답 ①

페이욜은 일반관리론에서 경영활동을 다음 6가지 종류로 구분하였다.
• 기술적 활동 : 생산, 제조, 가공
• 상업적 활동 : 구매, 판매, 교환
• 재무적 활동 : 자본의 조달과 운용
• 보호적 활동 : 재화와 종업원의 보호
• 회계적 활동 : 재산목록, 대차대조표, 원가, 통계
• 관리적 활동 : 계획, 조직, 명령, 조정, 통제

03
정답 ③

호손실험의 순서는 '조명실험 → 계전기 조립실험 → 면접실험 → 배전기 전선작업실 관찰'이다.

04
정답 ②

자원의존 이론에 대한 설명이다. 이는 조직이 생존하기 위해서는 환경으로부터 전략적으로 자원을 획득하고 적극적으로 환경에 대처한다는 이론이다.

오답분석
① 제도화 이론 : 조직의 생존을 위해 이해관계자들로부터 정당성을 얻는 것이 중요하며, 조직들이 서로 모방하기 때문에 동일 산업 내의 조직형태 및 경영관행 등이 유사성을 보인다는 이론이다.
③ 조직군 생태학 이론 : 환경에 따른 조직들의 형태와 그 존재 및 소멸 이유를 설명하는 이론이다.
④ 거래비용 이론 : 기업의 조직이나 형태는 기업의 거래비용을 절약하는 방향으로 결정된다는 이론이다.
⑤ 학습조직 이론 : 기업은 조직원이 학습할 수 있도록 환경을 제공하고 그 학습결과에 따라 지속적으로 조직을 변화시킨다는 이론이다.

05

정답 ④

포드는 고임금 저가격의 원칙을 주장하였다.

06

정답 ①

인원·신제품·신시장의 추가 및 삭감이 신속하고 신축적인 것은 기능별 조직에 대한 설명이다.

07

정답 ②

앨더퍼(Alderfer)의 ERG 이론은 매슬로의 욕구단계 이론을 발전시킨 이론이다. 이는 상위욕구가 개인의 행동과 태도에 영향을 미치기 전에 하위욕구가 먼저 충족되어야 한다는 매슬로 이론의 가정을 배제한 것이 특징이다.

08

정답 ④

콜옵션은 옵션거래에서 특정한 기초자산을 만기일이나 만기일 이전에 미리 정한 행사가격으로 살 수 있는 권리를 말한다. 여기는 행사를 포기할 권리도 포함되므로 선택권(옵션)인 것이다. 옵션은 선물과 달리 권리만 존재하며 의무가 없기 때문에 매입자는 매도자에게 일정 프리미엄을 지불해야 한다. 현재가격이 행사가격보다 높을 경우 매입자는 권리를 행사함으로써 그 차액만큼의 이익을 얻을 수 있으며, 현재가격이 행사가격보다 낮을 경우에는 권리행사를 포기할 수 있다.

09

정답 ②

허즈버그는 직무만족에 영향을 주는 요인을 '동기요인(Motivator)'이라고 하고, 직무불만족 요인을 '위생요인(Hygiene Factor)'이라고 명명하였다. 동기요인에는 성취, 인정, 책임소재, 업무의 질 등이 있고, 위생요인에는 회사의 정책, 작업조건, 동료직원과의 관계, 임금, 지위 등이 있다. 허즈버그는 인간이 자신의 일에 만족감을 느끼지 못하게 되면 위생요인에 관심을 기울이게 되고 이들에 대해 만족하지 못할 경우에는 일의 능률이 크게 저하된다고 주장했다.

10

정답 ②

- (총수익)=(판매량)×(판매가격)=1,000단위×5,000=5,000,000
- (총비용)=(고정비)+(변동비)=1,000,000+(1,000단위×2,000)=3,000,000
따라서 (영업이익)=(총수익)-(총비용)=2,000,000이다.

CHAPTER 01 경영 • 65

01	02	03	04	05	06	07	08	09	10										
⑤	②	⑤	②	②	③	②	④	②	①										

01
정답 ⑤

산업 내 무역이론의 발생 원인으로는 규모의 경제, 독점적 경쟁 등이 있다. 리카도의 비교우위론과 헥셔 – 올린 정리, 요소가격균등화정리는 모두 산업 간 무역을 설명하는 이론이다. 또한 티에프의 역설은 헥셔 – 올린 정리와 정반대되는 티에프의 실증분석을 의미한다.

02
정답 ②

유동성 함정은 금리가 한계금리 수준까지 낮아져 통화량을 늘려도 소비·투자 심리가 살아나지 않는 현상을 말한다.

오답분석

① 화폐 환상 : 화폐의 실질적 가치에 변화가 없는데도 명목단위가 오르면 임금이나 소득도 올랐다고 받아들이는 현상이다.
③ 구축 효과 : 정부의 재정적자 또는 확대 재정정책으로 이자율이 상승하여 민간의 소비와 투자활동이 위축되는 효과이다.
④ J커브 효과 : 환율의 변동과 무역수지와의 관계를 나타낸 것으로, 무역수지 개선을 위해 환율상승을 유도하면 초기에는 무역수지가 오히려 악화되다가 상당기간이 지난 후에야 개선되는 현상이다.
⑤ 피셔 방정식 : 명목이자율은 실질이자율과 인플레이션율의 합으로 나타나는 공식이다.

03
정답 ⑤

쿠르노 모형에서 각 기업은 완전경쟁시장 생산량의 $\frac{1}{3}$을 생산하기 때문에 두 기업의 생산량은 $\frac{2}{3}$이다. 완전경쟁시장에서는 $P=MC$이기 때문에 $P=0$, 생산량은 $Q=10$이다. 따라서 쿠르노 모형 생산량은 $Q=\frac{20}{3}$이고, 가격은 $P=\frac{10}{3}$이다.

04
정답 ②

취득세, 등록세, 면허세, 주민세, 재산세, 자동차세, 공동시설세, 지역개발세, 도시계획세 등이 지방세에 해당하는 항목이다.

05
정답 ②

자동안정화 장치는 주로 재정정책과 관련된 제도적 장치이다. 재정정책의 경우 정책당국의 정책변경 사항이 국회의 심의를 거쳐 정책당국이 정책을 수립하고 시행해야 하므로 내부시차가 긴 반면 직접 유효수요에 영향을 미치므로 외부시차는 짧다. 자동안정화가 잘 작동하는 상태에서는 경기침체 시 정책당국이 경기침체를 인식하거나 조세감면을 실행하지 않더라도 자동으로 세금을 덜 걷게 되어 경기침체가 완화된다. 그러므로 자동안정화 장치는 인식시차와 실행시차를 합한 내부시차를 줄이는 역할을 한다.

06
정답 ③

ㄱ. 제1기와 제2기의 소득이 증가하면 소득효과로 제1기와 제2기의 소비가 모두 증가한다.
ㄷ. 실질이자율이 상승하면 대체효과와 소득효과가 발생한다. 따라서 현재소비의 기회비용의 상승에 따른 대체효과에 의해 개인은 현재소비를 감소하고, 저축은 증가하여 제2기의 소비가 증가한다.

07
정답 ②

소비자 주권은 소비자들이 어떤 물건을 얼마나 사느냐에 따라 기업들이 생산하는 물건의 종류와 수량이 정해지고, 이에 따라 사회적 자원배분이 결정된다는 의미이다. 즉, 자본주의체제에서는 무엇을 생산할 것인가가 소비자들의 선택에 달려 있다는 의미이므로 사유재산제도와는 직접적 연관이 없다.

오답분석
① 누구나 사용할 수 있는 공유재산은 누구의 재화도 아니라는 인식으로 인해 제대로 보존·유지되지 못하는 반면, 사유재산제도는 개인의 소유욕을 제도적으로 보장하여 사회의 생산적 자원이 보존·유지·증식되도록 한다.
③ 부의 분산에 기반하여 다양한 가치가 만들어지고 의사결정의 권력도 분산된다.

08
정답 ④

ⓒ 가격차별을 하기 위해서는 상품의 소비자 간 재판매가 불가능해야 한다.
ⓔ 제3급 가격차별의 경우 가격차별을 하는 독점기업은 수요의 가격탄력성이 상대적으로 높은 집단에게는 낮은 가격을, 가격탄력성이 상대적으로 낮은 집단에게는 높은 가격을 설정해야 한다.

09
정답 ②

표에 제시된 'A국 통화로 표시한 B국 통화 1단위의 가치'란 A국 통화의 명목환율을 의미한다. 명목환율을 e, 실질환율을 ε, 외국 물가를 P_f, 국내 물가를 P라고 할 때, 실질환율은 $\varepsilon = \dfrac{e \times P_f}{P}$ 로 표현된다.

이것을 각 항목의 변화율에 대한 식으로 바꾸면, $\dfrac{\Delta \varepsilon}{\varepsilon} = \dfrac{\Delta e}{e} + \dfrac{\Delta P_f}{P_f} - \dfrac{\Delta P}{P}$ 이 된다. 제시된 자료에서 명목환율은 15%, A국(자국) 물가지수는 7%, B국(외국) 물가지수는 3% 증가하였으므로, 식에 대입하면 실질환율(ε)의 변화율은 15%+3%-7%=11%(상승)이다. 실질환율이 상승하면 수출품의 가격이 하락하게 되므로 수출량은 증가한다.

10
정답 ①

• 공공재 적정공급모형 : 사무엘슨 모형
• 공공재 시장수요곡선 : 개별수요곡선의 수직합
공공재 시장균형에 따라 가격이 결정되면 각 수요자의 수요함수(곡선)에 따라 개별소비자들이 분한다.
공공재 시장수요곡선은 개별수요곡선의 수직합인 $PM = (10-Q) + (20-Q) + (20-2Q) = 50-4Q$이다.
• 공공재 시장균형 : 시장가격(P_M)=한계비용(MC) → $50-4Q=30$ → $Q=5$
• 개별소비자 지불가격 : $P_a = 10-5 = 5$, $P_b = 20-5 = 15$, $P_c = 20-2 \times 5 = 10$

03 | 회계
적중예상문제

01	02	03	04	05	06	07	08	09	10										
③	②	①	②	①	④	①	⑤	⑤	①										

01　　　　　　　정답 ③

대손충당금이 있을 경우, 차변에 대손충당금을, 대변에 매출채권을 기재한다.

02　　　　　　　정답 ②

- (토지의 취득원가)=2,500,000+30,000+50,000+4,000−1,000=2,583,000원
  ※ 창고 철거비용은 토지의 취득원가에 산입하고, 철거된 창고의 폐자재를 처분하여 얻은 수입은 취득원가에서 차감함
- [건물(본사 사옥)의 취득원가]=23,000+1,700,000=1,723,000원

03　　　　　　　정답 ①

- 적송품 중 미판매분 원가 → 가산 : 1,000×0.8=800원 (∵ 매출이 20%라 했으므로 미판매분은 80%)
- 시송품 중 매입의사 미표시분 원가 → 가산 : 2,000×0.2=400원 (∵ 의사표시분이 80%이므로 미표시분은 20%)
- (도착지인도조건 매입분)=(매도자 재고자산) → 조정하지 아니한다.
- (선적지인도조건 매출분)=(매입자 재고자산) → 조정하지 아니한다.
- (기말재고자산원가)=10,000(실사액)+800(위탁상품)+400(시송품)=11,200원

04　　　　　　　정답 ②

최초 재평가로 인한 평가이익은 재평가잉여금(기타포괄손익누계액)으로, 최초의 손실은 재평가손실(당기비용)로 처리한다.

05　　　　　　　정답 ①

현금과부족계정은 알 수 없는 이유로 장부상의 현금 잔액과 실제 현금 잔액이 맞지 않는 경우에 설정하는 임시 계정으로서, 장부상 현금잔액을 실제 보유금액으로 일치시키고 재무제표에는 실제 회계처리하지 않는다. 다만, 원인이 밝혀지면 해당 계정으로 대체를 하고 원인을 알 수 없는 경우 당기손익으로 대체하여 소멸시킨다.

06

정답 ④

1) 매출원가를 계산하는 문제에서 당기제품제조원가가 주어진 경우

공식 이용 : 280,000(당기제품제조원가)+17,000(기초제품)−15,000(기말제품)=282,000원

2) 다음과 같이 제품계정을 이용하는 방법도 있다.

제품

기초재고액	17,000원	매출원가	282,000원
당기제품제조원가	280,000원	기말재고액	15,000원

07

정답 ①

(대손확정금액)=150(기초대손충당금)+70(대손상각비)−100(기말대손충당금)=120원

대손충당금

기말대손충당금	100원	기초대손충당금	150원
대손확정금액	(120)	대손상각비	70
	220		220

08

정답 ⑤

선급금과 선수금은 각각 비금융자산과 비금융부채에 해당한다.

금융자산과 금융부채의 구분

구분	금융자산	금융부채
금융	현금 및 현금성 자산, 매출채권, 대여금, 받을어음, 지분상품 및 채무상품 등	매입채무, 지급어음, 차입금, 사채 등
비금융	선급금, 선급비용, 재고자산, 유형자산, 무형자산 등	선수금, 선수수익, 충당부채, 미지급법인세 등

09

정답 ⑤

오답분석

① · ② 선입선출법의 경우에는 계속기록법을 적용하든, 실지재고조사법을 적용하든 기말재고자산, 매출원가, 매출총이익 모두 동일한 결과가 나온다.

③ 매입운임은 매입원가에 포함한다.

④ 고객관리목적으로 사용하고 있는 자사 제조 컴퓨터는 판매할 목적 등에 소비되는 자산이 아니므로 재고자산에 포함되지 않는다.

10

정답 ①

차기 회계연도로 잔액이 이월되는 계정은 자산, 부채, 자본계정이다. 이익잉여금은 자본, 선수임대료는 부채, 주식발행초과금은 자본, 매도가능금융자산평가이익은 자본에 해당한다.

04 | 법 적중예상문제

01	02	03	04	05	06	07	08	09	10										
④	②	①	③	③	④	③	③	③	②										

01　　정답 ④

종물은 주물의 처분에 수반된다는 민법 제100조 제2항은 임의규정이므로, 당사자는 주물을 처분할 때에 특약으로 종물을 제외할 수 있고 종물만을 별도로 처분할 수도 있다(대판 2012. 1. 26, 2009다76546).

02　　정답 ②

기본권 보장은 국가권력의 남용으로부터 국민의 기본권을 보호하려는 것이기 때문에 국가의 입법에 의한 제한에도 불구하고 그 본질적인 내용의 침해는 금지된다. 우리 헌법은 본질적 내용의 침해를 금지하는 규정을 제37조 제2항에 명시하고 있다.

03　　정답 ①

개인주의와 자유주의 사상을 배경으로 한 근대적 기본권인 생명·자유·행복추구권 등은 미국의 독립선언(1776년)에 규정되어 있으나, 재산권의 보장 등을 최초로 규정한 것은 버지니아 권리장전(1776년)이다.

04　　정답 ③

우선 A, B, C, D의 부담부분은 균등하므로, E에 대한 1,200만 원의 연대채무 중 각자의 부담부분은 300만 원이다. 여기서 B가 무자력이 되었기 때문에 나머지 A, C, D가 균등하게 100만 원씩 추가로 부담하지만 A의 경우에는 E로부터 연대의 면제를 받았으므로, A가 기존에 부담하던 300만 원 외에 B의 무자력으로 인한 추가적인 부담금 100만 원은 연대의 면제를 한 E가 부담하게 된다. 따라서 최종적으로 부담하는 금액은 A 300만 원, C 400만 원, D 400만 원이 되며, 나머지 100만 원은 E가 부담한다.

05　　정답 ③

[오답분석]
① 채무이행의 불확정한 기한이 있는 경우에는 채무자는 기한이 도래함을 안 때로부터 지체책임이 있다(민법 제387조 제1항).
② 이 사건 부동산에 대한 매매대금 채권이 비록 소유권이전등기청구권과 동시이행의 관계에 있다 할지라도 매도인은 매매대금의 지급기일 이후 언제라도 그 대금의 지급을 청구할 수 있는 것이며, 다만 매수인은 매도인으로부터 그 이전등기에 대한 이행의 제공을 받기까지 그 지급을 거절할 수 있는 데 지나지 아니하므로 매매대금청구권은 그 지급기일 이후 시효의 진행에 걸린다고 할 것이다(대판 1991.3.22, 90다9797).
④ 선택채권의 소멸시효는 그 선택권을 행사할 수 있는 때로부터 진행한다.
⑤ 부작위를 목적으로 하는 채권은 위반행위를 한 때부터 소멸시효가 진행한다.

06

대법원에 의하면 국·공립대학교원 임용지원자는 임용권자에게 임용 여부에 대한 응답을 신청할 법규상 또는 조리상 권리가 없으므로 국·공립대학교원 임용지원자가 임용권자로부터 임용거부를 당하였다면 이는 거부처분으로서 항고소송의 대상이 되지 않는다(대판 2003.10.23, 2002두12489).

오답분석

① 대판 1996.9.20, 95누8003
② 대법원에 의하면 개별공시지가결정은 내부행위나 중간처분이지만 그로써 실질적으로 국민의 권리가 제한되거나 의무가 부과되는 행위이므로 항고소송의 대상이 되는 처분이다(대판 1993.1.15, 92누12407).
③ 대법원에 의하면 상표원부에 상표권자인 법인에 대한 청산종결등기가 되었음을 이유로 상표권의 말소등록이 이루어졌다고 해도 이는 상표권이 소멸하였음을 확인하는 사실적·확인적 행위에 지나지 않고, 말소등록으로 비로소 상표권 소멸의 효력이 발생하는 것이 아니어서, 상표권의 말소등록은 국민의 권리의무에 직접적으로 영향을 미치는 행위라고 할 수 없다. 한편 상표권 설정등록이 말소된 경우에도 등록령 제27조에 따른 회복등록의 신청이 가능하고, 회복신청이 거부된 경우에는 거부처분에 대한 항고소송이 가능하다. 이러한 점들을 종합하면, 상표권자인 법인에 대한 청산종결등기가 되었음을 이유로 한 상표권의 말소등록행위는 항고소송의 대상이 될 수 없다(대판 2015.10.29, 2014두2362).
⑤ 대법원에 의하면 어업권면허에 선행하는 우선순위결정은 행정청이 우선권자로 결정된 자의 신청이 있으면 어업권면허처분을 하겠다는 것을 약속하는 행위로서 강학상 확약에 불과하고 행정처분은 아니다(대판 1995.1.20, 94누 6529). 그러나 어업면허우선순위결정 대상탈락자 결정은 최종 법적 효과를 가져오기 때문에 행정처분이다.

07

'원인에 있어서 자유로운 행위'란 정상적인 심리상태에 있는 행위자가 고의로 자신을 심신미약 또는 심실상실 상태에 빠지게 한 후 이러한 상태에서 범죄를 실행하는 것을 말한다.

심신장애로 인하여 사물을 변별할 능력이 없거나 의사를 결정할 능력이 없는 자의 행위는 벌하지 아니하고 그 능력이 미약한 자의 행위는 형을 감경할 수 있지만(임의적 감경사유), 위험의 발생을 예견하고 자의로 심신장애를 야기한 자의 행위는 형을 면제하거나 감경하지 아니한다(형법 제10조).

08

ㄴ. 행정심판법 제8조 제2항
ㄷ. 중앙행정심판위원회의 상임위원은 일반직공무원으로서 국가공무원법 제26조의5에 따른 임기제공무원으로 임명하되, 3급 이상 공무원 또는 고위공무원단에 속하는 일반직공무원으로 3년 이상 근무한 사람이나 그 밖에 행정심판에 관한 지식과 경험이 풍부한 사람 중에서 중앙행정심판위원회 위원장의 제청으로 국무총리를 거쳐 대통령이 임명한다(행정심판법 제8조 제3항).

오답분석

ㄱ. 중앙행정심판위원회는 위원장 1명을 포함하여 70명 이내의 위원으로 구성하되, 위원 중 상임위원은 4명 이내로 한다(행정판법 제8조 제1항).
ㄹ. 중앙행정심판위원회의 비상임위원은 제7조 제4항 각 호의 어느 하나에 해당하는 사람 중에서 중앙행정심판위원회 위원장의 제청으로 국무총리가 성별을 고려하여 위촉한다(행정심판법 제8조 제4항).
ㅁ. 중앙행정심판위원회의 회의(제6항에 따른 소위원회 회의는 제외한다)는 위원장, 상임위원 및 위원장이 회의마다 지정하는 비상임위원을 포함하여 총 9명으로 구성한다(행정심판법 제8조 제5항).

> **행정심판위원회의 구성(행정심판법 제7조 제4항)**
> 행정심판위원회의 위원은 해당 행정심판위원회가 소속된 행정청이 다음 각 호의 어느 하나에 해당하는 사람 중에서 성별을 고려하여 위촉하거나 그 소속 공무원 중에서 지명한다.
> 1. 변호사 자격을 취득한 후 5년 이상의 실무 경험이 있는 사람
> 2. 고등교육법 제2조 제1호부터 제6호까지의 규정에 따른 학교에서 조교수 이상으로 재직하거나 재직하였던 사람
> 3. 행정기관의 4급 이상 공무원이었거나 고위공무원단에 속하는 공무원이었던 사람
> 4. 박사학위를 취득한 후 해당 분야에서 5년 이상 근무한 경험이 있는 사람
> 5. 그 밖에 행정심판과 관련된 분야의 지식과 경험이 풍부한 사람

상법에서 명시적으로 규정하고 있는 회사의 종류는 합명회사, 합자회사, 유한책임회사, 주식회사, 유한회사의 5종이다. 사원의 인적 신용이 회사신용의 기초가 되는 회사를 인적 회사(예 개인주의적 회사, 합명회사·합자회사)라 하고, 회사재산이 회사신용의 기초가 되는 회사를 물적 회사(예 단체주의적 회사, 주식회사·유한회사)라 한다.

회사의 종류

구분	유형	내용
인적 회사	합명회사	무한책임사원만으로 구성되는 회사
	합자회사	무한책임사원과 유한책임사원으로 구성되는 복합적 조직의 회사
물적 회사	유한회사	사원이 회사에 대하여 출자금액을 한도로 책임을 질 뿐, 회사채권자에 대하여 아무 책임도 지지 않는 사원으로 구성된 회사
	유한책임회사	주주들이 자신의 출자금액 한도에서 회사채권자에 대하여 법적인 책임을 부담하는 회사로서 이사, 감사의 선임의무가 없으며 사원 아닌 자를 업무집행자로 선임할 수 있다.
	주식회사	사원인 주주(株主)의 출자로 이루어지며 권리·의무의 단위로서의 주식으로 나누어진 일정한 자본을 가지고 모든 주주는 그 주식의 인수가액을 한도로 하는 출자의무를 부담할 뿐, 회사채무에 대하여 아무런 책임도 지지 않는 회사

영업과 상호를 양수하면 양도인의 채권·채무도 양수한 것으로 보는 것이 원칙이다(상법 제42조 참조).

오답분석
① 상법 제25조 제2항
③ 상법 제25조 제1항

05 | 기계 적중예상문제

01	02	03	04	05	06	07	08	09	10									
⑤	②	④	③	④	⑤	③	③	①	①									

01

정답 ⑤

구름 베어링과 미끄럼 베어링의 비교

구분	구름 베어링	미끄럼 베어링
고속회전	부적합하다	적당하다.
강성	크다.	작다.
수명	박리에 의해 제한되어 있다.	유체마찰만 유지한다면 반영구적이다.
소음	시끄럽다.	조용하다.
규격화	규격화되어 간편하게 사용할 수 있다.	규격화가 안 되어 있어 제작 시 별도의 검토가 필요하다.
윤활	윤활장치가 필요 없다.	별도의 윤활장치가 필요하다.
기동 토크	적게 발생한다.	유막 형성 지연 시 크게 발생한다.
충격 흡수	감쇠력이 작아 충격 흡수력이 작다.	감쇠력이 커 충격 흡수력이 뛰어나다.
가격	비싸다.	저렴하다.

02

정답 ②

오답분석

ㄴ・ㄷ. 기화기와 점화 플러그는 가솔린과 LPG 연료 장치와 관련된 장치이다.

03

정답 ④

센터리스 연삭은 긴 홈이 있는 가공물이나 대형 또는 중량물의 연삭은 곤란하다.

센터리스 연삭의 특징
• 연삭 여유가 작아도 된다.
• 연삭작업에 숙련을 요구하지 않는다.
• 연속작업이 가능하여 대량생산에 적합하다.
• 연삭 깊이는 거친 연삭의 경우 0.2[mm] 정도이다.
• 센터가 필요하지 않아 센터구멍을 가공할 필요가 없다.
• 센터구멍이 필요 없는 중공물의 원통 연삭에 편리하다.
• 가늘고 긴 공작물을 센터나 척으로 지지하지 않고 가공한다.
• 일반적으로 조정 숫돌은 연삭축에 대하여 경사시켜 가공한다.
• 긴 홈이 있는 가공물 및 대형 또는 중량물의 연삭은 곤란하다.
• 연삭숫돌의 폭이 커서 숫돌의 지름방향으로 마멸이 적고 수명이 길다.

04

③

ㄱ. 주철은 탄소강보다 용융점이 낮다.
ㄹ. 가단주철 – 백주철을 고온에서 장시간 열처리하여 시멘타이트 조직을 분해하거나 소실시켜 조직의 인성과 연성을 개선한 주철
로, 가단성이 부족했던 주철을 강인한 조직으로 만들기 때문에 단조작업이 가능한 주철이다. 제작 공정이 복잡해서 시간과
비용이 상대적으로 많이 든다.

05

정답 ④

디젤기관은 공기를 실린더에 넣고 발화점 이상이 되도록 단열압축하여 온도가 올라가면 연료분사펌프 및 노즐을 통해 디젤을 분출시
켜 기체가 점화되면서 폭발하여 피스톤운동을 하는 기관이다. 이 기관은 소음과 진동이 커서 정숙한 운전이 힘들다.

06

정답 ⑤

오답분석
ㄱ. 표면에 남아있는 인장잔류응력은 피로수명과 파괴강도를 저하시킨다.
ㄴ. 표면에 남아있는 압축잔류응력은 기계적인 성질이고, 응력부식 균열은 화학적 성질이므로 서로 관련이 없다.

07

정답 ③

점도(Viscosity)는 유체의 흐름에 대한 저항력의 척도로 유체의 끈끈한 정도로 이해하면 쉽다. 따라서 점도지수가 높으면 그만큼
분자 간 결합력이 큰 것이므로 온도변화에 대한 점도변화는 점도지수가 낮을 때보다 더 작게 된다.

08

정답 ③

다이 캐스팅(Die Casting)이란 용융금속을 금형(다이)에 고속으로 충진한 뒤 응고 시까지 고압을 계속 가해, 주물을 얻는 주조법이다.

오답분석
① 스퀴즈 캐스팅(Squeeze Casting) : 단조가공과 주조를 혼합한 주조법으로 먼저 용탕을 주형에 주입한 후 금형으로 압력을
가하여 제품에 기공이 없애고 기계적 성질을 좋게 한다.
② 원심 캐스팅(Centrifugal Casting) : 고속 회전하는 사형이나 금형주형에 용탕을 주입한 후 약 $300 \sim 3,000$rpm으로 회전시키
면 원심력에 의해 주형의 내벽에 용탕이 압착된 상태에서 응고시켜 주물을 얻는 주조법이다.
④ 인베스트먼트 캐스팅(Investment Casting) : 제품과 동일한 형상의 모형을 왁스(양초)나 파라핀으로 만든 다음 그 주변을
슬러리상태의 내화재료로 도포한다. 그리고 가열하면 주형은 경화되면서 왁스로 만들어진 내부 모형이 용융되어 밖으로 빠지고
주형이 완성되는 주조법이다.
⑤ 일렉트로 슬래그 캐스팅(Electro Slag Casting) : 일렉트로 슬래그 용접(ESW)의 용해 현상을 이용한 용융 금속 생성과 주조
현상을 이용한 국부적 금속 응고 현상을 차례로 연속하는 성형 방법이다.

다이 캐스팅의 특징
• 영구주형을 사용한다.
• 비철금속의 주조에 적용한다.
• 고온 체임버식과 저온 체임버식으로 나뉜다.
• 냉각속도가 빨라서 생산속도가 빠르다.
• 용융금속이 응고될 때까지 압력을 가한다.

74 • 한국가스공사

09

정답 ①

수격현상이란 송출량 및 송출압력이 주기적으로 변하는 것이 아니라, 관내를 흐르는 유체의 유속이 급히 바뀌며 유체의 운동에너지가 압력에너지로 변하면서 관내압력이 비정상적으로 상승하는 현상이다. 송출량과 송출압력이 주기적으로 변하는 것은 맥동현상이다.

> **맥동현상**
> 펌프 운전 중 압력계의 눈금이 주기적이며 큰 진폭으로 흔들림과 동시에 토출량도 변하면서 흡입과 토출배관에서 주기적으로 진동과 소음을 동반하는 현상이며 영어로는 서징(Surging)현상이라고 한다.

10

정답 ①

먼저 회전수(v)를 구하면 다음과 같다.

$v = \dfrac{\pi dn}{1,000}$ m/min $= \dfrac{\pi \times 50 \times 2,000}{1,000 \times 60s} = 1.66\pi$ m/s

이를 동력(H) 구하는 식에 효율(η)을 달리 해서 대입하면 다음과 같이 정리된다.

- $\eta = 100\%$임을 가정

  $H = \dfrac{F \times v}{102 \times 9.8 \times \eta}$ W $= \dfrac{60 \times 1.66\pi}{102 \times 9.8 \times 1} = \dfrac{99.6\pi}{999.6} \fallingdotseq 0.09\pi = 0.1\pi$

- $\eta = 1\%$임을 가정

  $H = \dfrac{F \times v}{102 \times 9.8 \times \eta}$ W $= \dfrac{60 \times 1.66\pi}{102 \times 9.8 \times 0.01} = \dfrac{99.6\pi}{9.9} \fallingdotseq 10.06\pi = 10\pi$

따라서 최소동력은 0.1π가 된다.

> **동력 구하는 식**
> $H = \dfrac{F \times v}{102 \times 9.8 \times \eta}$ W

06 | 전기
적중예상문제

01	02	03	04	05	06	07	08	09	10										
②	②	③	④	③	②	①	⑤	④	④										

01
정답 ②

4Ω과 6Ω의 합성저항은 $R_{4\Omega,6\Omega}\dfrac{1}{\dfrac{1}{4}+\dfrac{1}{6}}=2.4\Omega$이므로 전체 합성저항은 $R_T=+2.6=2.4+2.6=5\Omega$이다.

전체 전류의 세기는 $I_T=\dfrac{10}{5}=2\text{A}$이고 2.6Ω과 $R_{4\Omega,6\Omega}$에 흐르는 전류의 세기는 2A로 같다.

$R_{4\Omega,6\Omega}$에 부하되는 전압은 $2.4\times2=4.8\text{V}$이고 각 4Ω, 6Ω에 부하되는 전압 또한 4.8V이다.

따라서 4Ω에 흐르는 전류의 세기는 $I_{4\Omega}=\dfrac{4.8}{4}=1.2\text{A}$이다.

02
정답 ②

$W=\dfrac{1}{2}CV^2[\text{J}]$

$V=\sqrt{\dfrac{2W}{C}}=\sqrt{\dfrac{2\times270}{15}}=\sqrt{36}=6\text{V}$

03
정답 ③

전류 $I=50\sin\left(\omega t+\dfrac{\pi}{2}\right)$의 $\dfrac{\pi}{2}$는 90°를 뜻하고 +이므로, 전류가 전압보다 90° 앞서는 콘덴서회로에 해당하는 용량성회로이다.

용량성 회로의 전압, 전류 및 전하의 순시값
- 전압 $V=V_m\sin\omega t[\text{V}]$
- 전류 $I=I_m\sin(\omega t+\pi/2)[\text{A}]$
- 전하 $Q=C^*v=CV_m\sin\omega t[\text{C}]$

용량성 회로의 특성
- 정전기에서 콘덴서의 전하는 전압에 비례한다.
- 전압과 전류는 동일 주파수의 사인파이다.
- 전류는 전압보다 위상이 90° 앞선다.

04

$P = VI\cos\theta$

$I = \dfrac{P}{V\cos\theta} = \dfrac{22 \times 10^3}{220 \times 0.5} = 200\text{A}$

05

정답 ③

감극성 $L_{eq} = L_1 + L_2 - 2M = 8 + 4 - (2 \times 4) = 4\text{H}$

코일에 축적되는 에너지를 구하면 다음과 같다.

$W = \dfrac{1}{2}LI^2 = \dfrac{1}{2} \times 4 \times 5^2 = 50\text{J}$

06

정답 ②

3상 전력은 Y 결선과 $\triangle$ 결선에 관계없이 모두 같다.

$\therefore$ $\triangle$ 결선 유효전력 $P = Y$ 결선 유효전력 P

07

정답 ①

$\theta = \theta_v - \theta_i = 45° - (-45°) = 90°$

따라서 $\cos 90° = 0$이므로 역률은 0이 된다.

08

정답 ⑤

$(\text{실횻값}) = \dfrac{(\text{최댓값})}{\sqrt{2}}$

즉, 실횻값은 실제 효력을 나타내는 값으로서 교류전압이 생성하는 전력 또는 에너지의 효능을 가지는 값이다.

09

정답 ④

철심을 얇게 여러 층으로 쌓는 이유는 철심으로 인한 철손 중 와류손(맴돌이전류손) 감소를 위해서이다.

10

정답 ④

상호 인덕턴스

$M = k\sqrt{L_1\,L_2} = 0.5 \times \sqrt{10 \times 10} = 0.5 \times 10 = 5\text{mH}$

$\therefore e = -M\dfrac{di}{dt} = 5 \times \dfrac{10}{0.1} = 500\text{mV}$

할 수 있다고 믿는 사람은 그렇게 되고,
할 수 없다고 믿는 사람도 역시 그렇게 된다.

- 샤를 드골 -

PART 3

최종점검 모의고사

최종점검 모의고사

01 직업기초능력

01	02	03	04	05	06	07	08	09	10	11	12	13	14	15	16	17	18	19	20
①	②	④	④	④	①	⑤	③	④	④	②	④	②	②	③	③	④	②	②	③
21	22	23	24	25	26	27	28	29	30	31	32	33	34	35	36	37	38	39	40
①	①	③	③	⑤	③	②	③	④	①	③	②	④	②	②	①	⑤	①	④	③
41	42	43	44	45	46	47	48	49	50										
⑤	①	①	①	①	①	④	①	④	①										

01 문서 내용 이해   정답 ①

오답분석

② 첫 번째 문단을 통해 알 수 있다.
③ 첫 번째 문단에서 '위기(爲己)란 자아가 성숙하는 것을 추구하며'라고 하였다.
④ 첫 번째 문단에서 '공자는 공부하는 사람의 관심이 어디에 있느냐를 가지고 학자를 두 부류로 구분했다.'라고 하였다.
⑤ 마지막 문단에서 언급하고 있다.

02 문서 수정   정답 ②

ⓒ을 포함한 문장의 주어는 '전문가들'이고 서술어는 '말한다'이다. 따라서 서술부 '들여야 한다고 말한다'를 그대로 두는 것이 적절하다.

오답분석

⊙ '그러므로'의 사전적 정의는 '앞의 내용이 뒤의 내용의 이유나 원인, 근거가 될 때 쓰는 접속 부사'이므로 적절하지 않다. '상태, 모양, 성질 등이 앞에서 말한 것과 같다.'라는 뜻의 '그렇다면'으로 수정하는 것이 적절하다.
ⓒ '-던'은 과거에 있었던 일을 표현할 때 사용하는 어미이므로 적절하지 않다. 선택의 의미를 나타내는 어미 '-든'으로 수정하는 것이 적절하다.
② '-되어지다'는 피동의 뜻을 더하고 동사를 만드는 접미사 '-되다'에 남의 힘에 의하여 앞말이 뜻하는 행동을 입음을 나타내는 '-(어)지다'가 더해진 것이다. 이는 피동형이 중복되어 쓰인 잘못된 표현이다.
ⓜ '기억력 향상'이라는 글의 주제와는 상반되는 내용이므로 삭제해야 한다.

03 ◁ 문서 내용 이해
정답 ④

[오답분석]
① 연료전지는 화학에너지를 전기에너지로 변환하는 고효율·친환경 미래에너지 시스템이다.
② 이미 정부에서 연료전지를 신에너지원으로 분류하고 RPS 이행수단으로 인정하였다.
③ 연료전지는 설치 장소에 제약이 적고 규모와 관계없이 일정한 효율을 낼 수 있기 때문에 소형 발전소부터 MW급 발전소까지 다양하게 활용될 수 있다.
⑤ 연료전지 건설 사업을 통해 신재생에너지 비중을 2030년에는 20%까지 올릴 계획이다.

04 ◁ 문단 나열
정답 ④

제시된 첫 문장은 ESS에 대한 설명이므로 바로 뒤에는 ESS의 축압기와 ESS의 저장방식을 구분하여 설명하는 (라)가 오는 것이 적절하다. 다음으로는 이러한 ESS가 관심 받고 있는 이유로 ESS의 장점을 설명하는 (나)가 이어지는 것이 적절하며, (나) 다음으로는 ESS의 또 다른 장점을 설명하는 (가)가 오는 것이 적절하다. 마지막으로 이러한 ESS의 장점으로 인해 정부의 지원이 추진되고 있다는 내용의 (다)로 이어지는 것이 적절하다. 따라서 올바른 순서는 (라) - (나) - (가) - (다)이다.

05 ◁ 맞춤법
정답 ④

[오답분석]
① '~문학을 즐길 예술적 본능을 지닌다.'의 주어가 생략되었다.
② '그는'이 중복되었다.
③ '~시작되었다.'의 주어가 생략되었다.
⑤ '전망'은 동작성 명사이므로 '~ㄹ 것으로 전망됩니다.'처럼 쓰인다.

06 ◁ 맞춤법
정답 ①

'데'는 '장소'를 의미하는 의존명사이므로 띄어 쓴다.

[오답분석]
② 목포간에 → 목포 간에 : '간'은 '한 대상에서 다른 대상까지의 사이'를 의미하는 의존명사이므로 띄어 쓴다.
③ 있는만큼만 → 있는 만큼만 : '만큼'은 '정도'를 의미하는 의존명사이므로 띄어 쓴다.
④ 같은 데 → 같은데 : '데'가 연결형 어미일 때는 붙여 쓴다.
⑤ 떠난지가 → 떠난 지가 : '지'는 '어떤 일이 있었던 때로부터 지금까지의 동안'을 나타내는 의존명사이므로 띄어 쓴다.

07 ◁ 한자성어
정답 ⑤

'절차탁마(切磋琢磨)'는 '옥이나 돌을 갈고 닦아서 빛을 낸다.'라는 뜻으로, 학문이나 인격을 갈고 닦음을 이르는 한자성어이다.

[오답분석]
① 각골통한(刻骨痛恨) : '뼈에 새겨 놓을 만큼 잊을 수 없고 고통스러운 원한'을 이르는 말이다.
② 비분강개(悲憤慷慨) : '의롭지 못한 일이나 잘못되어 가는 세태가 슬프고 분하여 마음이 북받침'을 일컫는 말이다.
③ 원철골수(怨徹骨髓) : '원한이 깊어 골수에 사무친다.'라는 뜻으로, 원한이 잊을 수 없을 정도로 깊음을 이르는 말이다.
④ 교아절치(咬牙切齒) : '어금니를 악물고 이를 갈면서 몹시 분해 함'을 이르는 말이다.

08 ◁ 글의 주제
정답 ③

제시문은 산업 사회의 여러 가지 특징에 대해 설명함으로써 산업 사회가 가지고 있는 문제점들을 강조하고 있다.

09 　내용 추론

정답 ④

재생 에너지 사업이 기하급수적으로 늘어남에 따라 전력계통설비의 연계용량 부족 문제가 또 발생하였는데, 이것은 설비 보강만으로는 해결하기 어렵기 때문에 최소부하를 고려한 설비 운영 방식으로 해결하고자 하였다.

오답분석

① 탄소 중립을 위해 재생 에너지 발전 작업이 추진되고 있다고 하였으므로 합리적인 추론이다.
② 재생 에너지의 예시로 태양광이 제시되었다.
③ 재생 에너지 확충으로 인해 기존 송배전 전력 설비가 과부하 되는 문제가 있다고 하였다.
⑤ 최소부하를 고려한 설비 운영 개념을 도입해 변전소나 배전선로 증설 없이 재생 에너지 접속용량을 확대하는 방안이 있다고 하였다.

10 　빈칸 삽입

정답 ④

제시문을 통해 4세대 신냉매는 온실가스를 많이 배출하는 기존 3세대 냉매의 대체 물질로 사용되어 지구 온난화 문제를 해결하는 열쇠가 될 것임을 알 수 있다.

11 　자료 계산

정답 ②

[해당 연도의 특정 발전설비 점유율(%)]$=\dfrac{(\text{특정 발전설비})}{(\text{전체 발전설비})}\times100$이다.

- 2023년 점유율 : $\dfrac{17,716}{76,079}\times100\fallingdotseq23.3\%$

- 2022년 점유율 : $\dfrac{17,716}{73,370}\times100\fallingdotseq24.1\%$

$\therefore\ 24.1-23.3=0.8\%\text{p}$

12 　자료 계산

정답 ④

2023년 석탄은 전체 발전량의 $\dfrac{197,917}{474,211}\times100\fallingdotseq42\%$를 차지한다.

13 　자료 이해

정답 ②

ㄱ. 접촉신청 건수는 3월부터 6월까지 매월 증가한 것을 알 수 있다.
ㄷ. 5월 생사확인 건수는 11,795건으로 접촉신청 건수 18,205건의 70%인 약 12,744건 이하이다. 따라서 옳은 설명이다.

오답분석

ㄴ. 5월부터 6월까지 생사확인 건수는 전월과 동일하였으나, 서신교환 건수는 증가하였으므로 옳지 않은 설명이다.
ㄹ. 4월과 7월에 상봉 건수는 동일하다. 따라서 서신교환 건수만 비교해 보면, 7월은 4월보다 12,288−12,274=14건이 더 많으므로 상봉 건수 대비 서신교환 건수 비율은 증가하였음을 알 수 있다.

14 자료 이해

정답 ②

㉠ 생사확인 건수는 5월과 6월에 전월 대비 불변이므로 옳지 않은 설명이다.
㉢ 접촉신청 건수는 표에서 6월을 포함하여 매월 증가하고 있으므로 옳지 않은 설명이다.

오답분석

㉡ 서신교환의 경우, 2월 대비 7월 증가율은 $\frac{12,288-12,267}{12,267} \times 100 ≒ 0.2\%$로 2% 미만이며, 매월 증가세를 보이고 있으므로 옳은 설명이다.

㉣ 전체 이산가족 교류 건수는 항목별 매월 동일하거나 증가하므로 옳은 설명이다.

15 자료 계산

정답 ③

10년 단위로 2cm, 1cm가 반복하여 자랐다.
• 2010년 : 16+2=18cm
• 2020년 : 18+1=19cm
• 2030년 : 19+2=21cm
• 2040년 : 21+1=22cm
• 2050년 : 22+2=24cm
따라서 2050년에 이 석순의 길이를 측정한다면 24cm일 것이다.

16 응용 수리

정답 ③

처음 설탕물의 농도를 $x\%$라 하면 다음과 같다.

$$3x = \frac{\frac{x}{100} \times 200 + 5}{200 - 50 + 5} \times 100$$

$$\rightarrow 465x = 200x + 500$$

$$\rightarrow x = \frac{100}{53}$$

$$\therefore x ≒ 1.9$$

따라서 처음 설탕물의 농도는 약 1.9%이다.

17 응용 수리

정답 ④

갑, 을, 병이 각각 꺼낸 3장의 카드에 적힌 숫자 중 갑이 꺼낸 카드에 적힌 숫자가 가장 큰 수가 되는 경우는 다음과 같다.
• 갑이 숫자 2가 적힌 카드를 꺼낼 경우
  병이 가진 카드에 적힌 숫자가 모두 2보다 큰 수이므로 갑이 꺼낸 카드에 적힌 숫자가 가장 큰 수가 되는 경우의 수는 0가지이다.
• 갑이 숫자 5가 적힌 카드를 꺼낼 경우
  갑이 꺼낸 카드에 적힌 숫자가 가장 큰 수가 되려면 을은 숫자 5보다 작은 숫자인 1이 적힌 카드, 병은 숫자 5보다 작은 숫자인 3 또는 4가 적힌 카드를 꺼내야 한다. 그러므로 갑이 꺼낸 카드에 적힌 숫자가 가장 큰 수가 되는 경우의 수는 1×2=2가지이다.
• 갑이 숫자 9가 적힌 카드를 꺼낼 경우
  을과 병이 가지고 있는 카드에 적힌 숫자가 모두 9보다 작은 수이므로 어떠한 카드를 꺼내도 갑이 꺼낸 카드에 적힌 숫자가 가장 크다. 그러므로 갑이 꺼낸 카드에 적힌 숫자가 가장 큰 수가 되는 경우의 수는 3×3=9가지이다.
따라서 카드에 적힌 숫자가 가장 큰 사람이 갑이 되는 경우의 수는 0+2+9=11가지이다.

18 자료 변환

남녀 국회의원의 여야별 SNS 이용자 구성비 중 여자의 경우 여당이 $(22÷38)×100≒57.9\%$이고, 야당은 $(16÷38)×100≒$ 42.1%이므로 옳지 않은 그래프이다.

[오답분석]

① 국회의원의 여야별 SNS 이용자 수는 각각 145명, 85명이다.
③ 야당 국회의원의 당선 횟수별 SNS 이용자 구성비는 85명 중 초선 36명, 2선 28명, 3선 14명, 4선 이상 7명이므로, 각각 계산해 보면 42.4%, 32.9%, 16.5%, 8.2%이다.
④ 2선 이상 국회의원의 정당별 SNS 이용자는 A당 63명, B당 44명, C당 5명이다.
⑤ 여당 국회의원의 당선 유형별 SNS 이용자 구성비는 145명 중 지역구가 126명이고, 비례대표가 19명이므로 각각 86.9%와 13.1%이다.

19 자료 이해

학력이 높을수록 도덕적 제재를 선호하는 비중이 증가한다.

[오답분석]

① 학력과는 무관하게 나타났다.
③ 대졸자와 중졸자의 응답자 수를 알 수 없으므로 판단할 수 없다.
④ 인터넷 여론조사는 젊은 층 위주의 편향된 결과를 낳기에 전 국민의 의견을 반영한다고 볼 수 없다. 인터넷 미사용층은 배제했기 때문이다.
⑤ $65.7-59.3=6.4\%p$이므로 초졸 이하의 준법의식이 6.4%p 더 높다.

20 자료 이해

ㄴ. $115,155×2=230,310>193,832$이므로 옳은 설명이다.

ㄷ. • 2022년 : $\frac{18.2}{53.3}×100≒34.1\%$

• 2023년 : $\frac{18.6}{54.0}×100≒34.4\%$

• 2024년 : $\frac{19.1}{51.9}×100≒36.8\%$

따라서 2022~2024년 동안 석유제품 소비량 대비 전력 소비량의 비율은 매년 증가한다.

[오답분석]

ㄱ. 비율은 매년 증가하지만, 전체 최종에너지 소비량 추이를 알 수 없으므로 절대적인 소비량까지 증가하는지는 알 수 없다.

ㄹ. • 산업부문 : $\frac{4,750}{15,317}×100≒31.0\%$

• 가정·상업부문 : $\frac{901}{4,636}×100≒19.4\%$

따라서 산업부문의 유연탄 소비량 대비 무연탄 소비량의 비율은 25% 이상이므로 옳지 않다.

21 명제 추론

경상도 출신인 사람은 컴퓨터 자격증이 없고, 기획팀 사람 중 컴퓨터 자격증이 없는 사람은 기혼자이다. 따라서 경상도 출신인 사람이 기획팀에 소속되어 있다면 기혼자이다.

오답분석

② 다섯 번째 조건의 대우는 '기획팀 사람은 통근버스를 이용하지 않는다.'이다. 경기도에 사는 사람은 지하철을 이용하지만 교통수단이 통근버스와 지하철만 있는 것은 아니다.

③ 세 번째 조건의 대우는 '컴퓨터 자격증이 있으면 경상도 출신이 아니다.'이다. 영업팀 사람은 컴퓨터 자격증이 있으므로 경상도 출신은 없다.

④ 다섯 번째 조건의 대우는 '기획팀 사람은 통근버스를 이용하지 않는다.'이다. 따라서 기획팀 사람 중 통근버스를 이용하는 사람은 한 명도 없다.

⑤ 영업팀 사람은 컴퓨터 자격증이 있고 귤을 좋아하지만, 기획팀 사람 중 미혼자, 즉 컴퓨터 자격증이 있다고 귤을 좋아하는지는 알 수 없다.

22 규칙 적용

조건에 따라 소괄호 안에 있는 부분을 순서대로 풀이하면 다음과 같다.

'1 A 5'에서 A는 좌우의 두 수를 더하는 것이지만, 더한 값이 10 미만이면 좌우에 있는 두 수를 곱해야 한다. 1+5=6으로 10 미만이므로 두 수를 곱하여 5가 된다.

'3 C 4'에서 C는 좌우의 두 수를 곱하는 것이지만 곱한 값이 10 미만일 경우 좌우에 있는 두 수를 더한다. 이 경우 3×4=12로 10 이상이므로 12가 된다.

중괄호를 풀어보면 '5 B 12'이다. B는 좌우에 있는 두 수 가운데 큰 수에서 작은 수를 빼는 것이지만, 두 수가 같거나 뺀 값이 10 미만이면 두 수를 곱한다. 12-5=7로 10 미만이므로 두 수를 곱해야 한다. 따라서 60이 된다.

'60 D 6'에서 D는 좌우에 있는 두 수 가운데 큰 수를 작은 수로 나누는 것이지만, 두 수가 같거나 나눈 값이 10 미만이면 두 수를 곱해야 한다. 이 경우 나눈 값이 10이 되므로 답은 10이다.

23 자료 해석

오답분석

(라) 아동수당 제도 첫 도입에 따라 초기에 아동수당 신청이 한꺼번에 몰릴 것으로 예상돼 연령별 신청기간을 운영한다. 따라서 만 5세 아동은 7월 1~5일 사이에 접수를 하거나, 연령에 관계없는 7월 6일 이후에 신청하는 것으로 안내하는 것이 적절하다.

(마) 아동수당 관련 신청서 작성요령이나 수급 가능성 등 자세한 내용은 아동수당 홈페이지에서 확인이 가능한데, 어떤 홈페이지로 접속해야 하는지 안내를 하지 않았다.

24 명제 추론

세 번째 조건에 따라 A는 청소기를 제외한 프리미엄형 가전을 총 2개 골랐는데, B가 청소기를 가져가지 않으므로 A는 청소기 일반형, C는 청소기 프리미엄형을 가져가야 한다. 또한, 다섯 번째 조건을 만족시키기 위해 A가 가져가는 프리미엄형 가전 종류의 일반형을 B가 가져가야 하며, 여섯 번째 조건을 만족시키기 위해 전자레인지는 C가 가져가야 한다. 이를 정리하면 다음과 같다.

구분	A	B	C
경우 1	냉장고(프) 세탁기(프) 청소기(일)	냉장고(일) 세탁기(일) 에어컨(프 or 일)	에어컨(프 or 일) 청소기(프) 전자레인지
경우 2	세탁기(프) 에어컨(프) 청소기(일)	세탁기(일) 에어컨(일) 냉장고(프 or 일)	냉장고(프 or 일) 청소기(프) 전자레인지
경우 3	냉장고(프) 에어컨(프) 청소기(일)	냉장고(일) 에어컨(일) 세탁기(프 or 일)	세탁기(프 or 일) 청소기(프) 전자레인지

ⓒ C는 항상 전자레인지를 가져간다.
ⓒ B는 반드시 일반형 가전 2대를 가져가며, 나머지 한 대는 프리미엄형일 수도, 일반형일 수도 있다.

오답분석
ⓛ A는 어떤 경우에도 청소기를 가져간다.
ⓔ C는 청소기 프리미엄형을 가져간다.

25 문제 유형

퍼실리테이션(Facilitation)은 촉진을 의미하며, 어떤 그룹이나 집단이 의사결정을 잘할 수 있도록 도와주는 일을 가리킨다. 소프트 어프로치나 하드 어프로치 방법은 타협점의 단순 조정에 그치지만, 퍼실리테이션에 의한 방법은 초기에 생각하지 못했던 창조적인 해결 방법을 도출한다. 동시에 구성원의 동기가 강화되고 팀워크도 한층 강화된다는 특징을 보인다.

오답분석
① 소프트 어프로치 : 소프트 어프로치에 의한 문제해결방법은 대부분의 기업에서 볼 수 있는 전형적인 스타일로 조직 구성원들은 같은 문화적 토양을 가지고 이심전심으로 서로를 이해하는 상황을 가정한다. 소프트 어프로치에서는 문제해결을 위해서 직접 표현하는 것이 바람직하지 않다고 여기며, 무언가를 시사하거나 암시를 통하여 의사를 전달하고 기분을 서로 통하게 함으로써 문제해결을 도모하려고 한다.
② 명목집단법 : 참석자들로 하여금 서로 대화에 의한 의사소통을 못하게 하고, 서면으로 의사를 개진하게 함으로써 집단의 각 구성원들이 마음속에 생각하고 있는 바를 끄집어내 문제해결을 도모하는 방법이다.
③ 하드 어프로치 : 하드 어프로치에 의한 문제해결방법은 상이한 문화적 토양을 가지고 있는 구성원을 가정하여 서로의 생각을 직설적으로 주장하고 논쟁이나 협상을 통해 의견을 조정해 가는 방법이다. 이러한 방법은 합리적이긴 하지만, 잘못하면 단순한 이해관계의 조정에 그치고 말아서 그것만으로는 창조적인 아이디어나 높은 만족감을 이끌어 내기 어렵다.
④ 델파이법 : 전문가들에게 개별적으로 설문을 전하고 의견을 받아서 반복수정하는 절차를 거쳐서 문제해결에 대한 의사결정을 하는 방법이다.

26 문제 유형

먼저 이슈 분석은 현재 수행하고 있는 업무에 가장 큰 영향을 미치는 핵심이슈 설정, 이슈에 대한 일시적인 결론을 예측해보는 가설 설정, 가설검증계획에 의거하여 분석결과를 이미지화하는 Output 이미지 결정의 절차를 거쳐 수행된다. 다음으로 데이터 분석은 목적에 따라 데이터 수집 범위를 정하는 데이터 수집계획 수립, 정량적이고 객관적인 사실을 수집하는 데이터 수집, 수집된 정보를 항목별로 분류・정리한 후 의미를 해석하는 데이터 분석의 절차를 거쳐 수행된다. 마지막으로 원인 파악 단계에서는 이슈와 데이터 분석을 통해서 얻은 결과를 바탕으로 최종 원인을 확인한다.
따라서 원인 분석 단계는 ⓒ → ⓜ → ⓐ → ⓛ → ⓗ → ⓔ의 순서로 진행된다.

27 자료 해석

병역부문에서 채용예정일 이전 전역 예정자는 지원이 가능하다고 제시되어 있다.

오답분석
① 이번 채용에서 행정직에 학력상의 제한은 없다.
③ 자격증을 보유하고 있더라도 채용예정일 이전 전역 예정자가 아니라면 지원할 수 없다.
④ 지역별 지원 제한은 2025년 상반기 신입사원 채용부터 폐지되었다.
⑤ 외국어 능력 성적은 필수사항이 아니다.

28   자료 해석   정답 ③

채용공고일(2025. 01. 23.) 기준으로 만 18세 이상이어야 지원 자격이 주어진다.

[오답분석]
① 행정직에는 학력 제한이 없으므로 A는 행정직에 지원 가능하다.
② 기술직 관련 학과 전공자이므로 B는 지원 가능하다.
④ 채용예정일 이전에 전역 예정이므로 D는 지원 가능하다.
⑤ 외국어 능력 성적표는 필수사항이 아니므로 E는 지원 가능하다.

29   명제 추론   정답 ④

첫 번째 명제의 대우와 두 번째 명제를 정리하면 '모든 학생 → 국어 수업 → 수학 수업'이 되어 '모든 학생은 국어 수업과 수학 수업을 듣는다.'가 성립한다. 세 번째 명제에서 수학 수업을 듣는 '어떤' 학생들이 영어 수업을 듣는다고 했으므로, '어떤 학생들은 국어, 수학, 영어 수업을 듣는다.'가 성립한다.

30   명제 추론   정답 ①

• A : 디자인을 잘하면 편집을 잘하고, 편집을 잘하면 영업을 잘한다. 영업을 잘하면 기획은 못한다.
• B : 편집을 잘하면 영업을 잘하고, 영업을 잘하면 기획을 못한다.
따라서 A만 옳다.

31   시간 계획   정답 ③

21일의 팀미팅은 워크숍 시작시간 전 오후 1시 30분에 끝나므로 3시에 출발 가능하며, 22일의 일정은 없다. 따라서 11월 21 ~ 22일이 워크숍 날짜로 가능하다.

[오답분석]
① 9 ~ 10일 : 다른 팀과 함께하는 업무가 있는 주이므로 불가능하다.
② 18 ~ 19일 : 19일은 주말이므로 불가능하다.
④ 28 ~ 29일 : E대리가 휴가이므로 모든 팀원이 참여할 수 없어 불가능하다.
⑤ 29 ~ 30일 : 말일이므로 불가능하다.

32   비용 계산   정답 ②

먼저 공급지 Y에서 수요지 A로 수송비 5만 원에 100톤을 공급한다(500만 원). 다음은 X → D로 5만 원에 20톤을 공급하고(100만 원), X → C로 6만 원에 50톤을 공급한다(300만 원). 마지막으로 공급지 Z에서 수요지 B로 수송비 7만 원에 80톤을 공급한다(560만 원). 따라서 최소 총수송비는 500만+100만+300만+560만=1,460만 원이다.

33   시간 계획   정답 ④

• 한국시각 기준 비행기 탑승 시각 : 21일 8시 30분+13시간=21일 21시 30분
• 비행기 도착 시각 : 21일 21시 30분+17시간=22일 14시 30분
∴ 김사원의 출발 시각 : 22일 14시 30분-1시간 30분-30분=22일 12시 30분

34 품목 확정

상반기 포상수여 기준에 따라 협력사별 포상 점수를 산출하면 다음과 같다.

(단위 : 점)

구분	기술개선 점수		실용화 점수	경영 점수	성실 점수	합계
	출원 점수	등록 점수				
A사	10	20	15	15	20	80
B사	5	10	5	20	10	50
C사	15	15	15	15	10	70
D사	5	10	30	10	20	75
E사	10	15	25	20	0	70

따라서 포상을 수여받을 업체는 포상 점수가 가장 높은 A사와 D사이다.

35 품목 확정

변경된 포상수여 기준에 따른 협력사별 포상 점수를 산출하면 다음과 같다.

(단위 : 점)

구분	기술개선 점수		실용화 점수	경영 점수	성실 점수	합계
	출원 점수	등록 점수				
A사	15	10	15	15	20	75
B사	15	5	5	20	15	60
C사	20	5	15	15	15	70
D사	10	5	30	10	20	75
E사	20	5	25	20	10	80

포상 점수가 가장 높은 업체는 E사이며, A사와 D사가 75점으로 동점이다. A사와 D사 중 기술개선 점수가 높은 업체는 A사이므로 최종적으로 A사와 E사가 선정된다.

36 인원 선발

파견팀장 선발 방식에 따라 지원자들의 점수를 정리하면 다음과 같다.

(단위 : 점)

지원자	학위 점수	현장경험 점수	어학능력 점수	근속연수 점수	선발 점수
A	30	26	14	16	86
B	25	26	14	18	83
C	불인정	–	–	–	자격 미달
D	18	26	17	16	77
E	25	22	17	20	84

C의 경우 자격요건인 공학계열 학위를 보유하고 있지 않으므로 자격 미달이다. 따라서 86점으로 가장 높은 선발 점수를 받은 A가 파견팀장으로 선발된다.

37 인원 선발

정답 ⑤

변경된 파견팀장 자격요건을 반영해 지원자들의 점수를 정리하면 다음과 같다.

(단위 : 점)

지원자	학위 점수	현장경험 점수	어학능력 점수	근속연수 점수	선발 점수
A			자격 미달		
B	25	26	14	18	83
C	18	28	20	16	82
D	18	26	17	16	77
E	25	22	17	20	84

A의 경우 제출한 종합건강검진 결과서가 지원 접수 마감일인 2024년 8월 30일의 3개월 이내에 발급된 것이 아니므로 자격 미달이다. 따라서 84점으로 가장 높은 선발 점수를 받은 E가 파견팀장으로 선발된다.

38 비용 계산

정답 ①

도시락 구매비용을 요일별로 계산하면 다음과 같다.

- 월요일 : $(5,000 \times 3) + (2,900 \times 10) = 44,000$원
- 화요일 : $(3,900 \times 10) + (4,300 \times 3) = 51,900$원
- 수요일 : $(3,000 \times 8) + (3,900 \times 2) = 31,800$원
- 목요일 : $(4,500 \times 4) + (7,900 \times 2) = 33,800$원
- 금요일 : $(5,500 \times 4) + (4,300 \times 7) = 52,100$원
- 토요일 : $(3,900 \times 2) + (3,400 \times 10) = 41,800$원
- 일요일 : $(3,700 \times 10) + (6,000 \times 4) = 61,000$원

따라서 K공사의 지난주 도시락 구매비용은 총 316,400원이다.

39 품목 확정

정답 ④

C부장은 목적지까지 3시간 내로 이동하여야 하는데, 택시를 타고 대전역까지 15분, 열차대기 15분, KTX / 새마을호 이동시간 2시간, 환승 10분, 목포역에서 물류창고까지 택시 20분이 소요된다. 따라서 총 3시간이 걸리므로 적절하다. 비용은 택시 6,000원, KTX 20,000원, 새마을호 14,000원, 택시 9,000원으로 총 49,000원이 되며, 출장지원 교통비 한도 이내이므로 적절하다.

오답분석

①·②·⑤ 이동시간이 3시간이 넘어가므로 적절하지 않다.
③ 이동시간은 3시간 이내이지만, 출장지원 교통비 한도를 넘기 때문에 적절하지 않다.

40 인원 선발

정답 ③

A ~ E의 성과급 점수를 계산해 보면 다음과 같다.

- A대리 : $(85 \times 0.5) + (90 \times 0.5) = 87.5$점
- B과장 : $(100 \times 0.3) + (85 \times 0.1) + (80 \times 0.6) = 86.5$점
- C사원 : $(95 \times 0.6) + (85 \times 0.4) = 91$점
- D차장 : $(80 \times 0.2) + (90 \times 0.3) + (85 \times 0.5) = 85.5$점
- E과장 : $(100 \times 0.3) + (85 \times 0.1) + (80 \times 0.6) = 86.5$점

따라서 성과급 점수가 90점 이상인 S등급에 해당하는 사람은 C사원이다.

41 엑셀 함수

정답 ⑤

「=SUM(합계를 구할 처음 셀:합계를 구할 마지막 셀)」으로 표시해야 한다. 판매수량과 추가판매를 더하는 것은 비연속적인 셀을 더하는 것이지만 연속하는 영역을 입력하고 ','로 구분해준 뒤 다음 영역을 다시 지정해주면 되므로 「=SUM(B2:B5,C2,C5)」이 옳다.

42 프로그램 언어(코딩)

정답 ①

'strlen'은 문자열의 공백을 포함한 글자 수를 출력하는 함수이고 '\\n'은 줄 바꿈 명령어이다. 이때 '\\n'은 글자 수를 출력하는 함수에 포함되지 않았다. 따라서 "hello world"의 공백을 포함한 문자 수는 11이므로, 프로그램을 실행하면 11을 출력한다.

43 엑셀 함수

정답 ①

'AVERAGE(B3:E3)'는 [B3:E3] 범위의 평균을 나타낸다. 또한, IF 함수는 논리 검사를 수행하여 TRUE나 FALSE에 해당하는 값을 반환해주는 함수이다. 즉, 「=IF(AVERAGE(B3:E3)>=90,"합격","불합격")」 함수는 [B3:E3] 범위의 평균이 90 이상일 경우 '합격'이, 그렇지 않을 경우 '불합격'이 입력된다. [F3]~[F6]의 각 셀에 나타나는 [B3:E3], [B4:E4], [B5:E5], [B6:E6]의 평균값은 83, 87, 91, 92.5이므로 [F3]~[F6] 셀에 나타나는 결괏값은 ①이다.

44 정보 이해

정답 ①

㉠ 특정 값의 변화에 따른 결괏값의 변화를 알아보는 경우는 '시나리오'와 '데이터 표' 2가지가 있다. 이 중 표 형태로 표시해주는 것은 '데이터 표'에 해당한다.
㉡ 비슷한 형식의 여러 데이터 결과를 요약해주는 경우는 '부분합'과 '통합'이 있다. 이 중 통합하여 요약해주는 것은 '통합'(데이터 통합)에 해당한다.
참고로 '부분합'은 하나로 통합하지 않고 그룹끼리 모아서 계산한다.

45 엑셀 함수

정답 ①

엑셀 고급필터 조건 범위의 해석법은 다음과 같다. 우선 같은 행의 값은 '이고'로 해석한다(AND 연산 처리). 다음으로 다른 행의 값은 '거나'로 해석한다(OR 연산 처리). 그리고 엑셀에서는 AND 연산이 OR 연산에 우선한다(행우선). 그리고 [G3] 셀의 「=C2>=AVERAGE($C$2:$C$8)」는 [C2]~[C8]의 실적이 [C2:C8]의 실적 평균과 비교되어 그 이상이 되면 TRUE(참)를 반환하고, 미만이라면 FALSE(거짓)를 반환하게 된다. 따라서 부서가 '영업1팀'이고 이름이 '수'로 끝나거나, 부서가 '영업2팀'이고 실적이 실적의 평균 이상인 데이터가 나타난다.

46 정보 이해

정답 ①

인쇄 영역에 포함된 도형, 차트 등의 개체는 기본적으로 인쇄가 된다.

47 정보 이해

정답 ④

[오답분석]
① 〈Home〉 : 커서를 행의 맨 처음으로 이동시킨다.
② 〈End〉 : 커서를 행의 맨 마지막으로 이동시킨다.
③ 〈Back Space〉 : 커서 앞의 문자를 하나씩 삭제한다.
⑤ 〈Alt〉+〈Page Up〉 : 커서를 한 쪽 앞으로 이동시킨다.

48 엑셀 함수

정답 ①

블록을 잡고 〈Back Space〉를 누르면 '20'만 지워진다.

[오답분석]

②·③·④·⑤ 모두 블록 부분이 다 지워진다.

49 엑셀 함수

정답 ④

LARGE 함수는 데이터 집합에서 N번째로 큰 값을 구하는 함수이다. 따라서 ④의 결괏값으로는 [D2:D9] 범위에서 두 번째로 큰 값인 20,000이 산출된다.

[오답분석]

① MAX 함수 : 최댓값을 구하는 함수이다.
② MIN 함수 : 최솟값을 구하는 함수이다.
③ MID 함수 : 문자열의 지정 위치에서 문자를 지정한 개수만큼 돌려주는 함수이다.
⑤ INDEX 함수 : 범위 내에서 값이나 참조 영역을 구하는 함수이다.

50 엑셀 함수

정답 ①

SUMIF 함수는 주어진 조건에 의해 지정된 셀들의 합을 구하는 함수이며, 「=SUMIF(조건 범위,조건,계산할 범위)」로 구성된다. 따라서 ①의 결괏값으로는 계산할 범위 [C2:C9] 안에서 [A2:A9] 범위 안의 조건인 [A2](의류)로 지정된 셀들의 합인 42가 산출된다.

[오답분석]

② COUNTIF 함수 : 지정한 범위 내에서 조건에 맞는 셀의 개수를 구하는 함수이다.
③·④ VLOOKUP 함수·HLOOKUP 함수 : 배열의 첫 열 / 행에서 값을 검색하여, 지정한 열 / 행의 같은 행 / 열에서 데이터를 돌려주는 찾기 / 참조함수이다.
⑤ AVERAGEIF 함수 : 주어진 조건에 따라 지정되는 셀의 평균을 구하는 함수이다.

|01| 경영

51	52	53	54	55	56	57	58	59	60	61	62	63	64	65	66	67	68	69	70
④	④	①	①	②	①	①	②	④	①	①	②	①	①	⑤	③	②	④	③	②
71	72	73	74	75	76	77	78	79	80	81	82	83	84	85	86	87	88	89	90
①	②	③	⑤	②	⑤	⑤	⑤	⑤	③	④	①	⑤	③	④	⑤	②	①	⑤	①
91	92	93	94	95	96	97	98	99	100										
③	①	④	①	②	⑤	①	③	⑤	⑤										

51

정답 ④

공매도를 통한 기대수익은 자산 가격(100%) 미만으로 제한되나, 기대손실은 무한대로 커질 수 있다.

오답분석

① 공매도는 주식을 빌려서 매도하고 나중에 갚는 것이기 때문에 주가상승 시 채무불이행 리스크가 존재한다.
② 매도의견이 시장에 적극 반영되어 활발한 거래를 일으킬 수 있다.
③ 자산 가격이 하락할 것으로 예상되는 경우, 공매도를 통해 수익을 기대할 수 있다.
⑤ 공매도의 가능 여부는 효율적 시장가설의 핵심전제 중 하나이다.

52

정답 ④

IMC는 소비자 지향적인 마케팅 전략으로 더 많은 소비자를 확보함으로써 브랜드 가치 확대 및 소비자 충성도 제고를 이끌어낼 수 있다.

오답분석

① IMC는 소비자를 획득, 유지, 증가시키며 소비자가 제품을 더욱 친숙하게 받아들이도록 한다.
② IMC는 광고, DM, PM 등 다양한 커뮤니케이션 방법을 활용하는 전략이다.
③ IMC의 내용 측면 마케팅 커뮤니케이션은 브랜드를 소비자에게 알리고 설득시키는 것을 의미한다.
⑤ IMC의 과정 측면 마케팅 커뮤니케이션은 회사 내부의 조직 간 조정 노력을 의미한다.

53

정답 ①

재무상태표는 특정 시점에서 기업의 재무상태(자산, 자본, 부채의 구성상태)를 표시하는 재무제표이다.

오답분석

② 포괄손익계산서 : 일정한 회계기간 동안의 영업성과를 집약적으로 표시이다.
③ 자본변동표 : 회계기간 동안 소유주지분(자본)의 변동을 구성항목별로 구분하여 보고하는 회계보고서이다.
④ 현금흐름표 : 기업의 영업활동과 재무활동 그리고 투자활동에 의하여 발생하는 현금흐름의 특징이나 변동원인에 대한 정보를 제공하는 회계보고서이다.
⑤ 자금순환표 : 국가경제 내의 금융활동이 경제주체 간 어떤 관계를 가지고 있는지, 발생한 소득이 소비와 투자에 얼마나 사용되고 남은 자금은 어떻게 사용되는지 등을 나타내는 표이다.

54

정답 ①

고객의 구매활동과 밀접한 관련이 있는 행동적 변수에는 추구하는 편익, 사용상황, 사용량, 상표애호도, 고객생애가치 등이 있다.

55

정답 ②

후입선출법은 매출원가가 크게 계상되어 당기순이익이 적게 계상된다(가). 또한 기말 재고자산이 과거의 취득원가로 기록되어 현행가치를 나타내지 못한다는 단점도 있으며(라), 최근에 구입한 것이 가장 먼저 팔린다는 것은 실제물량흐름과도 불일치한다(바). 반면 장점으로는 현행수익에 최근 구입한 현행원가가 대응되므로 대응원칙에 충실하다는 점, 낮은 당기순이익으로 세금납부를 이연하여 현금흐름이 개선된다는 점, 판매 가격이 최근 구입한 원가를 초과해야 하므로 이익이 발생하기 때문에 가격정책결정에 유용하다는 점이 있다.

56

정답 ①

JND(Just Noticeable Difference)란 가격변화를 느끼게 만드는 최소의 가격변화폭을 의미한다. 반면 낮은 가격의 제품은 가격이 조금만 올라도 구매자가 가격인상을 알아차리지만 가격이 높은 제품은 가격이 어느 정도 올라도 구매자가 가격인상을 알아차리지 못하는데, 이는 베버의 법칙(Weber's Law)으로 설명이 가능하다.

57

정답 ①

후광효과란 일반적으로 어떤 사물이나 사람에 대해 평가를 할 때 그 일부의 긍정적, 부정적 특성에 주목해 전체적인 평가에 영향을 주어 대상에 대한 비객관적인 판단을 하게 되는 인간의 심리적 특성을 말한다. 제시된 사례를 통해 소비자들은 모델의 긍정적 특성에 주목해 상품에 대한 전체적인 평가에 영향을 주어 긍정적인 마케팅 성과를 거둘 수 있다는 것을 알 수 있다.

58

정답 ②

오답분석

① 관계마케팅 : 거래의 당사자인 고객과 기업간 관계를 형성하고 유지·강화하며 동시에 장기적인 상호작용을 통해 상호간 이익을 극대화할 수 있는 다양한 마케팅활동이다.
③ 표적시장 선정 : 시장세분화를 통해 포지셔닝을 하기 전에 포지셔닝을 할 대상을 결정하는 단계이다.
④ 일대일 마케팅 : 기업과 개별 고객간 직접적인 의사소통을 통한 마케팅이다.
⑤ 시장세분화 : 수요층별로 시장을 분할화 또는 단편화하여 각 층에 대해 집중적으로 마케팅 전략을 펴는 활동이다.

59

정답 ④

허시와 블랜차드의 3차원적 유효성이론에서 부하의 성숙수준이 증대됨에 따라 리더는 부하의 성숙수준이 중간 정도일 때까지 보다 더 관계지향적인 행동을 취하며 과업지향적인 행동은 덜 취해야 한다고 한다.

60

정답 ①

기능 조직(Functional Structure)은 기능별 전문화의 원칙에 따라 공통의 전문지식과 기능을 지닌 부서단위로 묶는 조직구조를 의미한다.

61

정답 ①

기계적 조직은 공식화 정도가 높고, 유기적 조직은 공식화 정도가 낮다.

기계적 조직과 유기적 조직의 비교

구분	전문화	공식화	집권화
기계적 조직	고	고	고
유기적 조직	저	저	저

62

인사관리는 채용과 평가, 보상, 배치 등을 관리하는 HRM(Human Resource Management)과 인적자원의 교육, 훈련, 육성, 역량 개발, 경력관리 및 개발 등을 관리하는 HRD(Human Resources Development)로 구분된다.

63

정답 ①

3C는 Company, Customer, Competitor로 구성되어 있다. 자사, 고객, 경쟁사로 기준을 나누어 현 상황을 파악하는 분석방법으로 PEST 분석 후, PEST 분석 내용을 기반으로 3C의 상황 및 행동을 분석, 예측한다.
• Customer : 고객이 원할 필요와 욕구 파악, 시장 동향 파악, 고객(표적 시장) 파악
• Company : 자사의 마케팅 전략, 강점, 약점, 경쟁우위, 기업 사명, 목표 등을 파악(SWOT 활용)
• Competitor : 경쟁사의 미래 전략, 경쟁우위, 경쟁 열위(자사와의 비교 시 장점, 약점) 파악, 경쟁사의 기업 사명과 목표 파악

64

정답 ①

손쉽게 시장점유율과 사업성장률 두 가지 측면에서 해당 사업의 매력도를 책정해볼 수 있다는 것은 장점에 해당한다.

BCG 매트릭스의 문제점
• 시장점유율과 수익성은 반드시 정비례하지 않는다.
  경쟁이 치열한 시장에서 출혈경쟁이 일어나 제품의 가격을 원가 가까이 낮출 경우 시장 점유율이 상승한다고 하더라도 수익은 감소 할 수 있다. 따라서 시장점유율 만능주의에 빠지지 말아야 할 것이다.
• 기준점에 따라서 시장 정의가 바뀔 수 있다.
  시장 성장률과 시장 점유율이 낮거나 높은 것에 대한 기준점이 절대적이지 않다. 사업이나 경쟁 환경 특성에 따라 그 기준이 변할 수 있고, 그 기준을 잘못 잡으면 BCG매트릭스를 잘못 적용하게 된다.
• 시장 성장률만이 시장 기회를 결정하지 않는다.
  기술이나 생산효율 등의 요소도 시장의 장래성에 영향을 미친다.
• 고성장 사업(제품)이 반드시 더 많은 자본을 필요로 하지 않을 수도 있다.
  합리적 경영 등으로 큰 자본의 유입 없이도 성장을 해낼 수 있다.

65

정답 ⑤

공정성이론에서 투입과 산출의 개념 이해가 선행되어야 한다는 것은 한계점보다는 해당 이론이 증명되기 위한 가설 중 하나이다.

공정성이론의 가설
• 투입에 비해 더 나은 대우를 받는 사람이 느끼는 불공정성의 정도는 별로 크지 않다.
• 모든 사람이 다 공정성 문제에 대해 민감하게 반응하는 것은 아니다.
• 급여 외에 다른 것에 더 관심을 갖는 사람도 많다.
• 개인의 직무만족도에 가장 큰 영향을 미치는 것은 분배적 공정성(Distributive justice)이지만, 조직 충성도나 상사에 대한 신뢰, 그리고 사직 여부는 산출의 분배가 얼마나 공정한 과정을 통해 이뤄지는가를 뜻하는 절차적 공정성(Procedural Justice)에 의해 좌우된다. 투명하고 공정한 과정을 거쳐 보상이 주어진다면 다소 부당한 급여를 받고 있거나, 승진이 부적절하게 되었다고 생각하는 사람도 조직과 상사에 대해 긍정적으로 보려 하는 경향을 감안한다.

66

정답 ③

퇴직급여제도 분류로 퇴직연금제도와 퇴직금으로 구분된다. 퇴직금은 근속연수 1년에 대하여 30일분 이상의 평균임금을 퇴직 시 일시금으로 지급하는 것이고, 퇴직연금제도는 재직 중 발생한 퇴직금을 외부 금융기관에 맡기고 근로자가 퇴직할 때 이 금액을 다시 지급하는 제도이다.

67

정답 ②

재무제표 작성을 주목적으로 하는 것은 재무회계이다. 관리회계란 기업 내부의 이해관계자인 경영자가 관리적 의사결정을 하는 데 유용한 정보를 제공하는 것을 목적으로 하는 회계학의 한 분야이다.

관리회계와 재무회계의 비교

구분	관리회계	재무회계
목적	기업내부이해관계자의 의사결정을 위한 정보제공	기업외부이해관계자의 의사결정을 위한 정보제공
보고대상	경영진 중심	주주, 채권자, 소비자 등
준거기준과 보고수단	특별한 기준 없음	각종 회계기준
특징	미래와 관련된 회계정보	과거와 관련된 회계정보

68

정답 ④

금리는 만기가 길수록, 유동성이 작을수록, 기대 인플레이션이 높을수록, 위험도가 클수록 높아진다. 일반적으로 채권의 만기가 길면 길수록 투자금의 유동성에 제약을 받기 때문에 이자율은 높아진다. 국채는 회사채보다 채무불이행 위험이 작기 때문에 금리가 회사채보다 낮게 형성되며, 경기가 좋아질수록 채무불이행 위험이 줄어들기 때문에 국채와 회사채 간 금리 차이가 줄어든다.

69

정답 ③

회계상의 거래는 상품의 매매, 금전의 수입과 지출 등 결과적으로 기업의 자산, 부채, 자본, 수익, 비용의 증감 변화를 일으키는 거래를 말하며, 이를 화폐금액으로 표시할 수 있어야 한다. 복사기를 주문하고 현금을 지급한 것은 아니기 때문에 회계상의 거래가 아니다. 즉, 상품의 주문, 임대차계약, 고용계약, 위탁 등은 일상생활에서는 거래라고 하나 회계상의 거래는 아니다.

70

정답 ②

모태펀드는 기업에 직접 투자하기보다는 개별펀드(투자조합)에 출자하여 직접적인 투자위험을 감소시키면서 수익을 목적으로 운영하는 펀드로, 펀드를 위한 펀드(Fund of Funds)라 불린다.

[오답분석]

① 사모펀드(Private Equity Fund) : 소수의 투자자로부터 사모 방식으로 자금을 조성하여 주식·채권 등에 운용하는 펀드다. 투자신탁업법상에는 100인 이하의 투자자, 증권투자회사법(뮤추얼펀드)에는 49인 이하의 투자자를 대상으로 모집하는 펀드다.
③ 국부펀드 : 중앙은행이 관리하는 외화 보유액과는 달리 정부가 외화 보유액 일부를 투자용으로 출자해 만든 펀드다.
④ 상장지수펀드(ETF; Exchange Traded Fund) : 증권시장에 상장돼 거래되는 펀드다. 펀드처럼 증권사 등이 투자 자금을 모으고 전문가에게 운용을 맡긴다. 하지만 펀드와 비교해 수수료가 적으며 자금이 필요할 때 증권시장에서 매각해 바로 회수할 수 있어 환금성이 높다는 특징이 있다.
⑤ 메자닌펀 : 메자닌은 건물 1층과 2층 사이에 있는 라운지 공간을 의미하는 이탈리아어로, 채권과 주식의 중간 위험 단계에 있는 전환사채(CB)와 신주인수권부사채(BW)에 투자하는 것을 말한다.

71

정답 ①

비유동자산이란 재무상태표 작성일을 기준으로 1년 이내에 현금화할 수 없는 자산을 말한다. 비유동자산은 크게 투자자산, 유형자산, 무형자산으로 구분할 수 있다. 투자자산은 기업의 본래 영업활동이 아닌 투자목적으로 보유하는 자산을 의미하고, 유형자산은 토지, 건물 등 부동산 자산과 기계장치, 설비 등을 말한다. 그 외 영업권, 산업재산권 등을 무형자산이라고 한다.

72

정답 ②

타인발행수표와 보통예금은 모두 현금 및 현금성 자산으로 분류되는 계정과목이므로, 해당 계정과목 간의 변동은 현금 및 현금성자산 내에서의 변동일 뿐 총액에 대한 증감을 초래하지는 않는다.

73

정답 ③

같은 브랜드의 상품이 서로 다른 유통경로로 판매될 경우 경로 간의 갈등을 일으킬 위험이 있다.

74

정답 ⑤

창의적인 문제해결이 필요한 경우는 MECE는 한계점에 도달한다. MECE는 전체집합 U의 범위 내에서 문제가 다루어짐을 전제로 한다. 따라서 문제 해결의 방법이 전체집합 U 바깥에 있을 경우, MECE는 무용지물이 되고 만다.

75

정답 ②

침투가격정책은 수요가 가격에 대하여 민감한 제품(수요의 가격탄력도가 높은 제품)에 많이 사용하는 방법이다.

76

정답 ⑤

밑줄 친 차등성과급제는 불규칙한 비율의 강화요인으로 볼 수 있다. 강화요인은 정적강화와 부적강화가 존재하는데 차등성과급제는 단편적으로 볼 때는 정적강화요인으로 생각되지만 우리사회에서 존재하는 역차별문제의 대표적인 사례로도 볼 수 있다.
따라서 차등성과급제는 정적부적기준이 아닌 불규칙한 비율의 강화요인으로 보는 것이 문제의 접근법이다.

고정 간격법	일정 간격마다 강화 요인 제공(예 급여, 정기 상여 등)
고정 비율법	일정량의 비율로 강화 요인 제공(예 정기 판매 수당 등)
변동 간격법	불규칙한 시간 간격으로 강화 요인 제공(예 인센티브, 칭찬 등)
변동 비율법	불규칙한 비율로 강화 요인 제공(예 차등성과급제 등)

※ 한 가지 사용보다 동시에 복합적으로 사용하는 방법이 더 많이 쓰임. 장기적인 강화로는 연속적 강화보다 단속적 강화의 효과가 더 효과적임

77

정답 ⑤

마이클 포터의 산업구조분석모델은 산업에 참여하는 주체를 기존기업, 잠재적 진입자, 대체제, 공급자, 구매자로 나누고 이들 간의 경쟁 우위에 따라 기업 등의 수익률이 결정되는 것으로 본다.

[오답분석]
① 정부의 규제 완화 : 정부의 규제 완화는 시장 진입장벽이 낮아지게 만들며 신규 진입자의 위협으로 볼 수 있다.
② 고객 충성도 : 고객의 충성도의 정도에 따라 진입자의 위협도가 달라진다.
③ 공급 업체 규모 : 공급업체의 규모에 따라 공급자의 교섭력에 영향을 준다.
④ 가격의 탄력성 : 소비자들은 가격에 민감할 수도 둔감할 수도 있기에 구매자 교섭력에 영향을 준다.

78

정답 ⑤

기존의 패러다임을 바꾸는 것은 5P 전략 중 'Perspective'에 해당한다.

79

정답 ⑤

제시문은 근로자와 사용자의 이해 및 협력을 위한 기구인 노사협의회에 관한 문답기록지이다. 위기대책대응부서 소비자권익보호부서, 안전방화시설 및 노무법률상담부서와는 관련이 없는 내용이다.

80

정답 ③

$$[\text{자본시장선(CML)의 기울기}] = \frac{E(R_m) - R_f}{\delta_m}$$

$$[\text{증권시장선(SML)의 기울기}] = E(R_m) - R_f$$

81

정답 ④

빈칸 A에 들어갈 용어는 집단 양극화이며, 빈칸 B에 들어갈 용어는 델파이법이다.
집단 의사결정의 문제점에는 집단사고, 집단양극화, 많은 시간의 소요, 책임소재의 부재, 동조발생, 사회적 압력과 순응에 의한 문제발생 등이 해당한다. 그에 따른 해결방안으로는 대표적으로 브레인스토밍, 명목집단법, 델파이법, 변증법적 토의, 캔미팅, 프리모텀기법 등이 있다.

82

정답 ①

매출원가를 산정하는 산식은 다음과 같다.
(매출원가)=(기초상품재고액)+(당기상품매출액)-(기말상품재고액)

83

최저임금제의 필요성
- 계약자유의 원칙 한계 보완 : 계약의 자유가 소유권과 결합하여 오히려 경제적 강자를 보호하고 경제적 약자를 지배하는 제도로 전환되는 한계를 보완한다.
- 사회적 약자 보호 : 생존임금과 생활임금을 보장하여 저임금 노동자 등의 사회적 약자들을 보호한다.
- 시장실패 보완 : 임금이 하락함에도 불구하고 노동공급은 줄어들지 않고 계속 증가하여 임금이 계속 떨어지는 현상인 왜곡된 임금구조를 개선한다.
- 유효수요 증대 : 저소득층의 한계소비성향을 높여 사회 전반적인 수요를 증대한다.

84

$(0.1\times0.2)+(0.2\times0.15)+(0.3\times0.1)+(0.4\times0.05)=0.02+0.03+0.03+0.02=0.1$
따라서 기대수익률은 10%이다.

85

- (매출액)−(매출원가)=(매출총이익) → 10억−6.5억=3.5억 원
- (매출총이익)−(판관비)=(영업이익) → 3.5억−0.5억=3억 원
- (영업이익)+(영업외이익)−(영업외비용)=(경상이익) → 3억+1억−0.4억=3.6억 원
- ∴ (경상이익)+(특별이익)−(특별손실)−(법인세비용)=(당기순이익) → 3.6억+0.4억−0.6억−0.2억=3.2억 원

86

계속기업의 가정이란 보고기업이 예측 가능한 미래에 영업을 계속하여 영위할 것이라는 가정이다. 따라서 기업이 경영활동을 청산 또는 중단할 의도가 있다면, 계속기업의 가정이 아닌 청산가치 등을 사용하여 재무제표를 작성해야 한다.

[오답분석]
① 재무제표는 재무상태표, 포괄손익계산서, 자본변동표, 현금흐름표, 주석으로 구성된다. 법에서 이익잉여금처분계산서 등의 작성을 요구하는 경우 주석으로 공시한다.
② 재무제표는 원칙적으로 적어도 1년에 한 번씩은 작성해야 한다.
③ 현금흐름표 등 현금흐름에 관한 정보는 현금주의에 기반한다.
④ 역사적원가는 측정일의 조건을 반영하지 않고, 현행가치는 측정일의 조건을 반영한다. 이때 현행가치는 다시 현행원가, 공정가치, 사용가치(이행가치)로 구분된다.

87

470,000(기계장치)+340,000+10,000(처분손실)−800,000=20,000원

88

초기고가전략은 가격 변화에 둔감한 경우, 즉 수요의 가격탄력성이 낮은 경우에 채택해야 한다.

89

촉진믹스(Promotion Mix) 활동에는 광고, 인적판매, 판매촉진, PR(Public Relationship), 직접마케팅, 간접마케팅이 있다.

90

정답 ①

오답분석

② 적시 생산시스템 : 필요한 때에 맞추어 물건을 생산·공급하는 것으로 제조업체가 부품업체로부터 부품을 필요한 시기에 필요한 수량만큼만 공급받아 재고가 없도록 해주는 재고관리시스템이다.

③ 린 생산 : 작업 공정 혁신을 통해 비용은 줄이고 생산성은 높이는 것으로 숙련된 기술자의 편성과 자동화 기계의 사용으로 적정량의 제품을 생산하는 방식이다.

④ 공급사슬관리 : 어떤 제품을 판매하는 경우 자재 조달, 제품 생산, 유통, 판매 등의 흐름을 적절히 관리하여 공급망 체인을 최적화함으로써 조달 시간 단축, 재고 비용이나 유통 비용 삭감, 고객 문의에 대한 빠른 대응을 실현하는 것이다.

⑤ 칸반 시스템 : JIT 시스템의 생산통제수단으로 낭비를 제거하고 필요한 때에 필요한 물건을 필요한 양만큼만 만들어서 보다 빨리, 보다 싸게 생산하기 위한 목적으로 활용되는 시스템이다.

91

정답 ③

오답분석

① 스푸핑 : 의도적인 행위를 위해 타인의 신분으로 위장하는 것으로 호스트의 IP주소나 이메일 주소를 바꾸어서 이를 통해 해킹을 하는 것이다.

② 스니핑 : 네트워크 주변을 지나다니는 패킷을 엿보면서 계정(ID)과 패스워드를 알아내기 위한 행위이다.

④ 신원도용 : 다른 누군가로 가장하려고 그 사람의 주민번호, 운전면허증번호, 신용카드번호 등 개인의 핵심정보를 빼내는 범죄이다.

⑤ 피싱 : 금융기관 등으로부터 개인정보를 불법적으로 알아내 이를 이용하는 사기수법이다.

92

정답 ①

신사업전략의 구분

구분	기존제품	신제품
기존시장	시장침투 전략	제품개발 전략
신시장	시장개발 전략	다각화 전략

93

정답 ④

오답분석

가. 재무상태표상에 자산과 부채를 표시할 때는 유동자산과 비유동자산, 유동부채와 비유동부채로 구분하지 않고 유동성 순서에 따라 표시하는 방법도 있다.

다. 비용의 성격에 대한 정보가 미래현금흐름을 예측하는 데 유용하기 때문에 비용별 포괄손익계산서를 사용하는 경우에는 성격별 분류에 따른 정보를 추가로 공시하여야 한다.

라. 포괄손익계산서와 재무상태표를 연결시키는 역할을 하는 것은 총포괄이익이다.

94

정답 ①

현금흐름표는 한 회계기간 동안의 현금흐름을 영업활동과 투자활동, 그리고 재무활동으로 나누어 보고한다.

오답분석

② 재화의 판매, 구입 등 기업의 주요 수익활동에 해당하는 항목들은 영업활동으로 분류된다.

③ 유형자산의 취득, 처분 및 투자자산의 취득, 처분 등은 투자활동으로 분류된다.

④ 한국채택국제회계기준에서는 직접법과 간접법, 두 방법 모두를 인정한다.

⑤ 직접법으로 표기하는 방식은 정보이용자가 이해하기 쉽고, 미래 현금흐름을 추정하는 데 보다 유용한 정보를 제공한다.

95

공기업은 국가에서 관리하며 규정이 정해져 있기 때문에 창의성 운영을 하기에 불리한 구조이다.

오답분석

①·③·④ 공기업은 사기업과 달리 영리성을 목적으로 하지 않으며, 사회공공의 복리향상과 같은 공공성이 요구된다.
⑤ 독립채산제는 기업 내 경영단위가 자기의 수지에 의해 단독으로 사업을 성립시킬 수 있도록 하는 경영관리제도로, 국영 기업의
   자립적 운영을 위하여 채택된 경영 방식이다.

96

직무 충실화는 계획, 통제 등의 관리기능의 일부를 종업원에게 위임하여 능력을 발휘할 수 있는 여지를 만들고 도전적인 직무를
구성하여 생산성을 향상시키고자 하는 방법이다. 허즈버그의 2요인 이론에 기초하며 개인의 차를 고려하지 않는다.

97

캐리 트레이드란 금리가 낮은 나라의 통화로 자금을 조달해 금리가 높은 국가의 금융상품 등에 투자함으로써 수익을 내는 거래를
말한다. 주식이나 채권, 부동산, 원자재, 대출자산 등이 주요 투자대상이다. 예를 들어 기준금리가 사실상 제로인 일본에서 엔화
자금을 연 1% 조건으로 빌려 1년 만기 연 2%대인 한국 채권에 투자하면 환전 비용을 제외할 경우 대략 연 2%의 이자 수익을
얻을 수 있다. 캐리 대상이 되는 주요 자금은 엔화(엔 – 캐리 트레이드), 달러화(달러 – 캐리 트레이드), 유로화(유로 – 캐리 트레이
드) 등이다. 토빈세는 이런 캐리 트레이드를 제한하기 위해 단기 외환거래에 물리는 세금이다.

98

인지적 평가이론이란 순수한 내적 동기로 일하던 사람에게 금전적 보상이 가해지는 순간 내적 동기가 침해될 수도 있다는 이론이다.
해당 이론에 따르면 A의 동기는 침해되었기 때문에 의욕을 상실하게 된다.

99

옵션은 권리행사를 기준으로 미국형 옵션과 유럽형 옵션으로 분리할 수 있다. 미국형 옵션은 만기일 전에도 언제든지 권리행사가
가능하지만, 유럽형 옵션의 경우에는 만기일에만 권리행사가 가능하기 때문에 미국형 옵션보다 저렴하고 매수자에게 유리하다.
또한 만기일 이전에는 반대매매로 청산은 가능하다.

100

콘체른(Konzern)은 유럽, 특히 독일에 흔한 기업형태로 법률적으로 독립되어 있으나, 경제적으로는 통일된 지배를 받는 기업 집단
이다. 콘체른에 소속된 회사들은 계열사라고 불린다. 콘체른은 가입기업이 법률적으로 독립성을 가지고 있으며, 동종 업종뿐만
아니라 이종 업종 간에도 결합되는 형태이다.

|02| 경제

51	52	53	54	55	56	57	58	59	60	61	62	63	64	65	66	67	68	69	70
①	⑤	②	①	①	③	①	⑤	②	⑤	⑤	④	④	②	①	①	②	①	①	④
71	72	73	74	75	76	77	78	79	80	81	82	83	84	85	86	87	88	89	90
⑤	④	⑤	④	①	②	①	③	①	①	④	④	④	④	⑤	⑤	②	③	④	④
91	92	93	94	95	96	97	98	99	100										
②	①	③	①	①	④	②	④	①	①										

51

정답 ①

수요란 일정기간 주어진 가격으로 소비자들이 구입하고자 의도하는 재화와 서비스의 총량을 의미한다. 수요는 관련 재화(대체재, 보완재)의 가격, 소비자의 소득수준, 소비자의 선호 등의 요인에 따라 변화하며, 수요의 변화는 수요곡선 자체를 좌우로 이동시킨다. 주어진 그래프에서는 수요곡선이 오른쪽으로 이동하고 있으므로 복숭아 수요를 증가시키는 요인이 아닌 것을 찾아야 한다. 복숭아의 가격이 하락하면 복숭아의 수요가 증가하게 되는데, 이는 '수요량의 변화'이므로 수요곡선상에서 움직이게 된다.

52

정답 ⑤

국내기업이 해외에 생산 공장을 건설하기 위해서는 해외에 필요한 자금을 가지고 나가야 하므로 외환에 대한 수요가 증가한다. 외환의 수요가 증가하면 환율이 상승하게 되므로 국내통화의 가치가 하락한다.

오답분석
①·④ 수입 가전제품에 대한 관세가 인상되고 해외여행에 대한 수요가 급감하면 외환 수요가 감소한다. 따라서 환율이 하락한다.
②·③ 외국 투자자들이 국내주식을 매수하거나 기준금리가 인상되면 자본유입이 많아져서 외환의 공급이 증가하고, 이에 따라 환율이 하락한다.

53

정답 ②

구조적 실업이란 일부산업의 사양화 등으로 인하여 발생하는 실업을 말한다.

오답분석
① 마찰적 실업 : 일시적으로 직장을 옮기는 과정에서 발생하는 실업이다.
③ 계절적 실업 : 생산 또는 수요의 계절적 변화에 따라 발생하는 실업이다.
④ 경기적 실업 : 경기침체로 인해 발생하는 대량의 실업이다.
⑤ 만성적 실업 : 만성적 불황기에 생기는 실업이다.

54

정답 ①

원자재 가격이 하락하면 기업들의 생산비가 낮아지므로 총수요곡선이 이동하는 것이 아니라 총공급곡선이 오른쪽으로 이동한다.

55

정답 ①

기업들에 대한 투자세액공제가 확대되면, 투자가 증가하므로 대부자금에 대한 수요가 증가($D_1 \to D_2$)한다. 이렇게 되면 실질이자율이 상승($i_1 \to i_2$)하고 저축이 늘어난다. 그 결과, 대부자금의 균형거래량은 증가($q_1 \to q_2$)한다.

56

정답 ③

오답분석

마. 어떤 정책을 실시할 때 정책 실행 시차가 부재한다면 정부정책이 보다 효과적이 될 가능성이 높다.

57

정답 ①

가. 인플레이션이 예상되지 못한 경우, 부와 소득의 재분배가 일어난다. 인플레이션으로 인해 화폐 가치가 하락하면 고정된 금액을 받아야 하는 채권자는 불리해지고, 반대로 채무자는 유리해진다. 즉, 채권자에게서 채무자에게로 부가 재분배된다. 이러한 부의 재분배는 인플레이션이 완전히 예상된 경우에는 발생하지 않는다.

나. 메뉴비용이란 인플레이션 상황에서 생산자가 제품의 가격을 수정하면서 발생하는 비용을 의미한다. 메뉴비용은 예상된 인플레이션과 예상되지 못한 인플레이션 두 경우 모두에서 발생한다.

오답분석

다. 인플레이션으로 인해 현금의 가치가 하락하고, 현금 외의 실물자산의 가치가 상대적으로 상승한다. 즉, 현금 보유의 기회비용이 증가한다.

라. 인플레이션이 발생하면 국내에서 생산되는 재화의 상대가격이 상승하므로, 이는 세계 시장에서의 가격경쟁력을 약화시킨다. 따라서 수출이 감소하고, 경상수지가 악화된다.

58

정답 ⑤

주민들이 수집 가능한 정보를 모두 수집하여 최적의 샤워 시간을 선택하는 행위는 합리적 기대 이론이다. 합리적 기대 이론이란 가계, 기업 등 경제주체가 사용 가능한 모든 정보를 이용하여 미래를 합리적으로 예측한다는 것으로, 합리적 기대를 사용해서 예측을 하더라도 예측오류는 발생하나 평균적으로는 0이다. 즉, 합리적 기대하에서 경제주체는 평균적으로 정확히 경제상태를 예상하며, 예측오차를 즉각적으로 기대치에 반영한다.

59

정답 ②

우월전략은 상대방의 전략에 관계없이 항상 자신의 보수가 가장 크게 되는 전략을 말한다.

60

정답 ⑤

A국과 B국의 요소집약도를 비교하면 $\frac{5}{3} = \frac{250}{150} = \left(\frac{K}{L}\right)^A > \left(\frac{K}{L}\right)^B = \frac{300}{225} = \frac{4}{3}$ 이므로 A국은 자본풍부국이고 B국은 노동풍부국이다. 헥셔 – 올린 정리에 의하면 각국은 상대적으로 풍부한 생산요소를 집약적으로 투입하는 재화생산에 비교우위를 가지므로 A국은 자본집약재에 B국은 노동집약재에 상대적 비교우위를 가진다. 자유무역이 발생하면 각국에서 풍부한 생산요소의 소득이 증가하므로 A국에서는 자본임대료가 상대적으로 상승한다. 즉, A국에서는 자본에 대한 노동의 상대요소가격이 하락한다.

61

정답 ⑤

개인들의 한계편익을 합한 사회적인 한계편익이 한계비용보다 작다면 공공재 공급을 감소시키는 것이 바람직하다.

62

정답 ④

정부는 경제를 안정화시키기 위해 정부 지출과 세수를 조절하는 재정정책을 사용한다. 이 경우 한계소비성향이 높으면 소비 지출이 늘어나 총수요가 추가적으로 증가하는 승수효과가 발생한다. 또한 확대 재정정책으로 이자율이 올라 민간의 투자나 소비가 줄어들면 총수요가 감소하는 구축효과가 발생할 수 있다. 소비자가 현재 중심으로 소비하면 현재 소득이 현재 소비에 미치는 영향이 커지므로 정부의 경기부양 효과가 커진다. 한편, 소비자들이 정부 부채 증가를 미래의 조세로 메울 것으로 기대하면 소비가 늘어나지 않아 경기부양 효과는 크지 않다.

63

정답 ④

(나)국의 지니계수는 점차 커지므로 로렌츠 곡선이 대각선에서 점차 멀어진다고 할 수 있다. 지니계수란 소득분배의 불평등도를 나타내는 수치로 소득이 어느 정도 균등하게 분배되어 있는가를 평가하는 데 주로 이용된다. 지니계수는 로렌츠 곡선으로부터 도출된다. 로렌츠 곡선은 가로축에 저소득층부터 인원의 분포를 표시하고 세로축에 저소득층부터 소득액 누적 백분율을 표시하면 그려지는 소득분배그래프이다. 여기에 가상적인 소득분배균등선(45° 선)을 긋는다. 지니계수는 대각선과 로렌츠곡선 사이의 면적을 대각선과 종축, 횡축이 이루는 삼각형의 면적으로 나눈 비율이다. 따라서 지니계수는 0과 1 사이의 값을 갖고, 소득 불균형이 심할수록 1에 가깝게 된다.

64

정답 ②

케인스학파는 생산물시장과 화폐시장을 동시에 고려하는 IS-LM모형으로 재정정책과 금융정책의 효과를 분석했다. 케인스학파에 의하면 투자의 이자율탄력성이 작기 때문에 IS곡선은 대체로 급경사이고, 화폐수요의 이자율탄력성이 크므로 LM곡선은 매우 완만한 형태이다. 따라서 재정정책은 매우 효과적이나, 금융정책은 별로 효과가 없다는 입장이다.

65

정답 ①

케인스학파는 비용보다는 수익 측면에 초점을 맞추어 기업가들이 수익성 여부에 대한 기대에 입각해서 투자를 한다고 보고, 고전학파와는 달리 투자의 이자율 탄력성이 낮다고 보고 있다.

66

정답 ①

새케인스학파는 화폐의 중립성이 성립하지 않는다고 본다. 즉, 새케인스학파는 통화량의 변화가 총수요를 변화시켜서 실물부문에 영향을 미친다고 주장한다.
참고로 고전학파 모형에서는 실질변수의 균형치가 통화량과 상관관계가 없는 고전적 이분성으로 인해 화폐의 중립성이 성립한다.

67
②

애로우의 불가능성 정리는 개인들의 선호를 사회선호로 바꾸는 과정에서 충족하여야 할 5가지 조건(완비성과 이행성, 비제한성, 파레토원칙, 무관한 선택대상으로부터의 독립성, 비독재성)을 제시하였는데, 이러한 조건을 모두 충족하는 이상적인 사회후생함수는 존재하지 않음을 입증한 것이다.

독립성은 사회상태 X와 Y에 관한 사회우선순위는 개인들의 우선순위에만 기초를 두어야하며, 기수적 선호의 강도가 고려되어서는 안 된다. 독립성은 개인의 선호는 서수적으로 측정되어야 하며, 개인 간의 효용비교를 배제한다.

68
정답 ①

칼도어(N.Kaldor)는 1958년 선진국을 대상으로 수행한 세계 경제성장과정의 연구를 통하여 다음과 같은 6가지 정형화된 사실(Stylized Facts)을 밝혔다.
- 1인당 산출량(Y÷L)은 지속적으로 증가한다.
- 1인당 자본량(K÷L)은 지속적으로 증가한다.
- 산출량 – 자본비율(Y÷K)은 대체로 일정한 지속성(Steady)을 보인다.
- 자본수익율은 대체로 일정하다.
- 총소득에서 자본에 대한 분배와 노동에 대한 분배 간의 비율은 일정하다.
- 생산성 증가율은 국가 간 차이를 보인다.

69
정답 ①

목표 이자율은 균형 이자율보다 낮다.

(테일러 법칙)=(균형이자율)+(인플레이션 갭)−(산출갭)

(인플레이션 갭)=(현재 인플레이션율)−(목표 인플레이션율)

$$(목표이자율)=0.03+\frac{1}{4}\times[4\%(현재\ 인플레이션율)-0.02]-\frac{3}{4}\times1\%(GDP갭)$$
$$=0.03+\frac{1}{4}\times(0.04-0.02)-\frac{3}{4}\times0.01$$
$$=0.0275\fallingdotseq2.75\%$$

70
정답 ④

프리드먼에 의하면 장기 총공급곡선은 수직이므로 총수요가 변화해도 물가만 변화하고 총생산과 실업률은 불변이다. 따라서 장기필립스곡선은 자연실업률 수준에서 수직선이다.

[오답분석]
① 단기 필립스곡선은 우하향하며, 이는 단기 총공급곡선이 우상향하는 것을 의미한다. 이 경우 확장정책(총수요 증가)이 시행되면 국민소득 증가한다.
② 단기 필립스곡선이 우하향하므로 총수요가 감소(총수요곡선 좌측이동)하면 물가가 내려가고 국민소득이 감소하므로 희생률 개념이 성립한다.
③ 필립스곡선은 임금 상승률과 실업률 사이의 관계를 분석한 것을 말한다.
⑤ 예상 인플레이션율이 상승하면 단기 총공급곡선은 좌측(상방)으로 이동하고, 단기 필립스곡선은 우측(상방) 이동한다.

> **희생률**
> 인플레이션율이 1% 감소할 때 실질GDP 감소율을 의미한다.
> - 총공급곡선이 수직선일 경우(장기) : 총수요가 감소할 때 물가 하락, 실질국민소득 불변이다.
> - 총공급곡선이 우상향할 경우(단기) : 총수요가 감소할 때 물가 하락, 실질국민소득 감소이다.

104 • 한국가스공사

71

오답분석

가. 피셔효과에 따르면 '(명목이자율)=(실질이자율)+(예상인플레이션율)'인 관계식이 성립하므로 예상인플레이션율이 명목이자율을 상회할 경우 실질이자율은 마이너스(−) 값이 될 수 있다. 하지만 명목이자율이 마이너스(−) 값을 가질 수는 없다.

나. 명목임금이 하방경직적일 때 디플레이션으로 인해 물가가 하락하면 실질임금은 상승하게 된다.

72

기업경기실사지수(BSI)는 경기전망을 긍정적으로 응답한 기업체 수에서 부정적으로 응답한 기업체 수를 차감한 후 전체 응답수로 나눈 다음 100을 곱하고 100을 더해서 계산한다. 따라서 기업경기실사지수(BSI)는 100을 기준으로 하여 100 이상인 경우에는 경기를 긍정적으로 보는 업체가 더 많고 100 미만인 경우에는 경기를 부정적으로 보는 업체가 더 많은 것으로 해석된다.

73

甲국의 화폐유통속도가 乙국의 화폐유통속도보다 크다는 것은 아무런 단서가 되지 못한다. 대신 화폐유통속도가 변하지 않으므로 고정된 값으로 정하고 문제를 풀어야 한다.

甲국의 $M \times V = P \times Y$에서 M은 5% 증가하고 V는 고정된 값이다. 따라서 명목산출량인 $P \times Y$ 역시 5% 증가해야 한다.

乙국도 마찬가지로 V는 甲국보다 작은 값이지만 고정된 값이므로 명목산출량은 5% 증가해야 한다.

74

기사에서는 바젤Ⅲ 개편안 중 신용위험에 대한 산출방법을 조기 도입함에 따라 BIS 비율이 상승한 효과에 대해 언급하고 있다. 바젤Ⅲ 개편안에 따르면 신용등급이 없는 중소기업 대출에 대한 위험가중치를 하향 조정하고, 기업대출 중 무담보대출과 부동산담보대출 부도 시 손실률을 하향 조정하였다. 이것을 적용하면 BIS 비율의 분모에 해당하는 위험가중자산의 가액이 감소하게 되고, BIS 비율은 상승하게 된다.

오답분석

① · ② BIS 비율은 국제결제은행(BIS)이 일반은행에 권고하는 자기자본비율의 수치를 의미한다. BIS 비율은 은행의 자기자본을 총자산(위험가중자산)으로 나눈 값으로서, 총자산을 산정할 때는 투자대상별 신용도에 따라 위험가중치를 부여한다. 우리나라에서는 BIS 비율 10.5% 이상을 유지하도록 요구된다.

③ 바젤Ⅲ 개편안에서는 신용등급이 없는 중소기업 대출에 대한 위험가중치를 하향 조정하였다.

⑤ 위험의 질에 따라 가중치를 두는 BIS 자본비율과 달리, 단순기본자본비율은 위험의 양적인 측면만을 고려하는 지표이다. 바젤위원회의 규제 이행 권고에 따라 2018년부터 도입하였다.

75

가격차별이란 동일한 상품에 대해 구입자 또는 구입량에 따라 다른 가격을 받는 행위를 의미한다. 기업은 이윤을 증대시키는 목적으로 가격차별을 실행한다. 가격차별은 나이, 주중고객과 주말고객, 판매지역(국내와 국외), 대량구매 여부 등의 기준에 따라 이루어진다. 일반적으로 가격차별을 하면 기존에는 소비를 하지 못했던 수요자층까지 소비를 할 수 있으므로 산출량이 증가하고 사회후생이 증가한다.

76

시장구조가 완전경쟁이라고 하더라도 불완전경쟁, 외부성, 공공재 등 시장실패 요인이 존재한다면 파레토 효율적인 자원배분이 이루어지지 않는다.

77

정답 ①

공리주의는 최대 다수의 최대 행복을 목적으로 하며, 공리주의 사회후생함수는 각 개인의 효용의 합으로 나타난다. 즉, $SW = U_A +$ U_B(SW : 사회전체의 후생수준, U_A : A의 효용, U_B : B의 효용)로 표현된다. 사회무차별곡선은 기울기가 −1인 우하향의 직선으로 도출된다. 공리주의 사회후생함수에 따르면 사회후생은 사회구성원의 효용을 단순히 합한 것으로 가중치를 두지 않고 저소득층의 효용 1만큼과 고소득층의 효용 1만큼이 동일하게 평가된다. 베르누이 − 내쉬(Bernoulli − Nash)의 사회후생함수는 대표적인 평등주의 사회후생함수로써 고소득층보다 저소득층에 보다 높은 가중치를 부여하며, $SW = U_A \cdot U_B$로 표현된다. 롤스 (J. Rawls)의 사회후생함수는 사회구성원 중 저소득층의 후생수준에 의해 결정되며, $SW = \min[U_A, \ U_B]$로 표현된다.

78

정답 ③

㉮ ~ ㉰는 순서대로 공해 등 환경문제, 독과점 문제, 공공재 문제이며, 모두 시장실패의 요인이 되는 현상이다. 환경문제를 해결하기 위해서는 화석에너지 사용량에 따라 세금을 부과하는 탄소세 부과 등이 있으며, 독과점 문제를 해결하기 위해서는 공정거래를 유도하기 위한 규제를 하고, 공공재의 문제인 무임승차 문제를 해결하기 위해서는 정부가 공공재를 공급하도록 한다.

79

정답 ①

코즈의 정리에 의하면 재산권이 누구에게 주어지는지는 자원배분의 효율성에 별 영향을 미치지 않는다. 코즈의 정리(Coase's Theorem)란 민간 경제주체들이 자원 배분 과정에서 비용을 치르지 않고 협상할 수 있다면, 외부효과로 인해 초래되는 비효율성을 시장 스스로 해결할 수 있다는 것이다. 이는 정부가 외부성 문제에 직접 개입하기보다는 당사자 간 협상이 원활히 진행될 수 있도록 제도적 · 행정적 뒷받침을 해 주는 역할에 한정되어야 한다고 본다. 하지만 협상 비용의 과다, 외부성 측정문제, 거래당사자의 모호성, 정보 비대칭성, 협상능력 차이 등의 현실적 한계가 존재한다.

80

정답 ①

공급자에게 조세가 부과되더라도 일부는 소비자에게 전가되므로 소비자도 조세의 일부를 부담하게 된다.

81

정답 ④

[오답분석]

가. 여가, 자원봉사 등의 활동은 생산활동이 아니므로 GDP에 포함되지 않는다.
다. GDP는 마약밀수 등의 지하경제를 반영하지 못하는 한계점이 있다.

82

정답 ④

GNI는 한 나라의 국민이 일정 기간 생산활동에 참여한 대가로 벌어들인 소득의 합계이며, GNP는 한 해 동안 한 국가의 국민이 생산한 재화와 서비스의 화폐가치를 말한다. 따라서 두 지표 간의 관계는 (실질GNI)=(실질GNP)+(교역조건 변화에 따른 실질무역손익)이다. GNP가 감소하였음에도 불구하고 GNI가 GNP의 감소폭보다 적게 감소하였거나, 오히려 증가했다면 교역조건의 개선에 의한 실질무역이익이 발생한 것이다. 따라서 국민들의 실질 소득 감소는 적절하지 않다.

83

정답 ④

나. 경기호황으로 인한 임시소득의 증가는 소비에 영향을 거의 미치지 않기 때문에 저축률이 상승하게 된다.
라. 소비가 현재소득뿐 아니라 미래소득에도 영향을 받는다는 점에서 항상소득가설과 유사하다.

[오답분석]

가. 직장에서 승진하여 소득이 증가한 것은 항상소득의 증가를 의미하므로 승진으로 소득이 증가하면 소비가 큰 폭으로 증가한다.
다. 항상소득가설에 의하면 항상소득이 증가하면 소비가 큰 폭으로 증가하지만 임시소득이 증가하는 경우에는 소비가 별로 증가하지 않는다. 그러므로 항상소득에 대한 한계소비성향이 임시소득에 대한 한계소비성향보다 더 크게 나타난다.

84
정답 ④

피구효과란 경제 불황이 발생하여 물가가 하락하면 민간이 보유한 화폐의 구매력이 증가하므로 실질적인 부가 증가하는 효과가 발생하고, 실질부가 증가하면서 소비도 증가하여 IS곡선이 오른쪽으로 이동하는 효과를 말한다. 즉, 피구효과는 IS곡선의 기울기가 아닌 IS곡선 자체의 이동을 가져오는 효과이다.

85
정답 ⑤

확장적인 재정정책을 실시하면 IS곡선이 (정부지출증가분)×(승수)만큼 오른쪽으로 이동하면서 국민소득이 증가한다. 국민소득이 증가하면 화폐수요가 증가하므로 이자율이 상승하고 이에 따라 민간투자가 감소하는 구축효과가 발생한다. 그러므로 IS-LM 모형에서는 확장적 재정정책을 실시하더라도 승수모형에서보다 국민소득이 적게 증가한다. 확장적 재정정책을 실시할 때 국민소득이 크게 증가하려면 일차적으로 IS곡선의 이동폭이 커야 하기 때문에 승수가 커야 한다. 즉, 한계소비성향이 높을수록 소득세율이 낮을수록 승수효과가 크므로 국민소득에 미치는 영향이 크다. 또한, 국민소득이 크게 증가하려면 구축효과가 작아야 한다. 구축효과는 화폐수요의 이자율 탄력성이 높을수록(LM곡선이 완만할수록) 민간투자의 이자율탄력성이 작을수록(IS곡선이 급경사일수록) 작아진다.

86
정답 ⑤

총공급곡선의 기울기가 매우 크다면 확대적인 정책을 실시하더라도 실질GDP는 거의 증가하지 않고 물가만 상승한다. 그러므로 총공급곡선의 기울기가 급경사라면 재정정책과 통화정책의 효과는 별로 없다.

87
정답 ②

인플레이션은 경제에 여러 가지 비용을 야기시킨다. 인플레이션은 화폐의 실질가치를 떨어뜨리므로 현금보유를 줄이도록 만들고(구두창 비용) 재화 가격이 자주 변동돼 가격조정 비용(메뉴비용)이 든다. 또한 상대가격의 가변성이 커지기 때문에 자원배분의 왜곡을 초래할 수 있다. 화폐의 가치가 하락했을 때 금융자산(현금, 채권 등)을 가진 사람과 채권자는 손해를 보는 반면 실물자산을 가진 사람과 채무자는 이익을 얻는다. 이와 같은 채무자와 채권자 사이 부의 재분배 효과는 예상치 못한 인플레이션에 따른 비용이다.

88
정답 ③

필립스곡선은 인플레이션율과 실업률 간의 상충관계를 보여주는 우하향의 곡선이다. 단기필립스곡선은 기대인플레이션이 상승할 경우 우상방으로 이동한다. 자연실업률가설에 의하면 장기에는 필립스곡선이 수직선이므로 재량적인 정책을 통해 실업률을 자연실업률보다 낮추는 것은 불가능하다. 단기필립스곡선에서 총수요가 증가하면 물가수준은 상승하고 총산출량은 증가하는데, 산출량이 많을수록 기업의 노동자 고용은 늘어난다.

89
정답 ④

학습효과(R&D)모형은 의도적인 교육투자가 아니라 통상적인 생산과정에서 나타나는 학습효과의 중요성을 강조하는 모형이다. 의도적인 교육투자를 강조하는 모형은 인적자본모형이다.

90
정답 ④

특허료 수취는 서비스수지(경상수지)를 개선하는 사례이다.

[오답분석]
① · ③ 투자수지(자본수지) 개선에 대한 사례이다.
② 서비스수지(경상수지) 악화에 대한 사례이다.
⑤ 소득수지(경상수지) 악화의 요인이다.

91

양적완화

- 금리중시 통화정책을 시행하는 중앙은행이 정책금리가 0%에 근접하거나, 다른 이유로 시장경제의 흐름을 정책금리로 제어할 수 없는 이른바 유동성 저하 상황에서 유동성을 충분히 공급함으로써 중앙은행의 거래량을 확대하는 정책이다.
- 수출 증대의 효과가 있는 반면 인플레이션을 초래할 수도 있다.
- 자국의 경제에는 소기의 목적을 달성하더라도 타국의 경제에 영향을 미쳐 자산 가격을 급등시킬 수도 있다.

92

하루 24시간이 노동시간과 여가시간으로 구성된다고 가정할 때, 여가가 정상재이면 임금상승은 여가의 기회비용을 상승시키므로, 사람들은 여가를 줄이고 노동시간을 늘린다(대체효과). 또한 임금상승은 사람의 실질소득을 증가시키므로 사람들은 여가를 늘리고 노동을 줄이게 된다(소득효과). 후방굴절형 노동공급곡선은 소득효과가 대체효과보다 클 때 발생하게 된다.

93

[오답분석]

ㄱ. 현재의 생산량 수준은 조업중단점과 손익분기점 사이의 지점으로, 평균총비용곡선은 우하향하고, 평균가변비용곡선은 우상향한다.

ㄷ. 시장가격이 한계비용과 평균총비용곡선이 교차하는 지점보다 낮은 지점에서 형성되는 경우 평균수익이 평균비용보다 낮아 손실이 발생한다. 문제에서 시장가격과 한계비용은 300이나 평균총비용이 400이므로, 개별기업은 현재 음의 이윤을 얻고 있다고 볼 수 있다.

ㅁ. 조업중단점은 평균가변비용의 최저점과 한계비용곡선이 만나는 지점이다. 문제의 경우 개별기업의 평균가변비용은 200, 한계비용은 300이므로 조업중단점으로 볼 수 없다.

94

리카도 대등정리는 정부지출수준이 일정할 때, 정부지출의 재원조달 방법(조세 또는 채권)의 변화는 민간의 경제활동에 아무 영향도 주지 못한다는 것을 보여주는 이론이다.

> **리카도 대등정리의 가정**
> - 저축과 차입이 자유롭고 저축 이자율과 차입이자율이 동일해야 한다.
> - 경제활동인구 증가율이 0%이어야 한다.
> - 합리적이고 미래지향적인 소비자이어야 한다.
> - 정부지출수준이 일정해야 한다.

95

[오답분석]

② 기업이 임금을 시장균형임금보다 높게 설정하여 이윤극대화를 추구한다는 이론이다.

③ 정보가 불완전한 상태에서 도덕적 해이와 역선택을 막기 위해 높은 임금을 지불한다.

④ 비자발적 실업이 발생하더라도 높은 효율성 임금이 지급되므로 임금의 경직성을 설명할 수 있다.

⑤ 효율임금이론은 노동자들에게 지급되는 임금이 시장의 균형임금보다 높은 경우를 설명하는 이론이다.

96

두 상품이 완전대체재인 경우의 효용함수는 $U(X, Y) = aX + bY$의 형태를 갖는다. 따라서 무차별 곡선의 형태는 MRS가 일정한 직선의 형태를 갖는다.

97

정답 ②

균형재정승수란 정부가 균형재정을 유지하는 경우에 국민소득이 얼마나 증가하는가를 측정하는 것이다. 균형재정이란 정부의 조세수입과 정부지출이 같아지는 상황으로 $\triangle G = \triangle T$라고 할 수 있다. 정부지출과 조세를 동일한 크기만큼 증가시키는 경우로 정부지출승수는 $\dfrac{\triangle Y}{\triangle G} = \dfrac{-MPC}{1-MPC} = \dfrac{-0.8}{1-0.8} = -4$이다.

따라서 정부지출과 조세를 동시에 같은 크기만큼 증가시키면 $\dfrac{\triangle Y}{\triangle G} + \dfrac{\triangle Y}{\triangle T} = \dfrac{1}{1-0.8} + \dfrac{-0.8}{1-0.8} = 5-4=1$이 된다. 즉, 균형재정승수는 1이다.

98

정답 ④

이자율평가설에 따르면 현물환율(S), 선물환율(F), 자국의 이자율(r), 외국의 이자율(r_f) 사이에 다음과 같은 관계가 존재한다.
$$(1+r) = (1+r_f)\frac{F}{S}$$
공식의 좌변은 자국의 투자수익률, 우변은 외국의 투자수익률을 의미한다. 즉, 균형에서는 양국 간의 투자수익률이 일치하게 된다.

문제에 주어진 자료를 공식에 대입해보면 $1.03 < 1.02 \times \dfrac{1,200}{1,000}$ 로, 미국의 투자수익률이 더 큰 상태이다. 이 상태에서 균형을 달성하기 위해서는 좌변이 커지거나 우변이 작아져야 한다. 따라서 한국의 이자율이 상승하거나, 미국의 이자율, 선물환율이 하락, 현물환율이 상승해야 한다. 그리고 현재 미국의 투자수익률이 더 큰 상태이므로, 미국에 투자하는 것이 유리하다.

99

정답 ①

ㄱ. 레버리지 효과는 부채를 동원한 투자를 통해 자기자본을 초과하는 투자수익을 추구하는 것이므로 반드시 부채를 통한 조달이 전제되어야 한다.
ㄴ. 일반적으로 레버리지 효과는 자기자본만을 저축하는 것과 달리, 부채 등을 동원하여 높은 수익률을 추구하는 투자의 경우에 발생한다.

오답분석

ㄷ. 투자 레버리지란 총투자액을 자기자본으로 나눈 것으로, 자기자본이 작을수록 레버리지가 높아진다.
ㄹ. 레버리지는 부채를 통한 자금 조달을 전제하는 만큼, 경기침체가 발생한 경우 위험성을 극대화시킨다.

100

정답 ①

ⓐ·ⓑ 자본유입이 발생하므로 외환의 공급이 증가하여 환율이 하락한다(원화가치 상승).

오답분석

ⓒ·ⓓ 미국의 이자율이 상승하면서 자본유출이 발생하므로 외환의 수요가 증가하여 환율이 상승한다(원화가치 하락).

51	52	53	54	55	56	57	58	59	60	61	62	63	64	65	66	67	68	69	70
②	⑤	③	④	④	②	⑤	③	③	②	③	①	②	③	②	⑤	②	④	⑤	①
71	72	73	74	75	76	77	78	79	80	81	82	83	84	85	86	87	88	89	90
⑤	③	③	①	⑤	⑤	①	⑤	②	③	④	⑤	①	①	③	②	④	③	④	①
91	92	93	94	95	96	97	98	99	100										
⑤	⑤	①	②	⑤	⑤	⑤	④	⑤	⑤										

51

정답 ②

미수수익에 대한 설명이다.

오답분석

④ 영업용 고정자산 매각, 유가증권 매각 등을 통한 수익은 기타 선수금에 해당한다.

52

정답 ⑤

예대금리차는 은행연합회에서 소비자포털을 통해 공시한다.

오답분석

② 시중에 유동성이 풍부하면 예금금리를 낮추고 대출금리는 고정시켜 예대금리 차이를 높일 수 있다.

③ 은행은 예대금리 차이가 크면 클수록 이익이다. 다만, 지나치게 차이가 발생하면 언론, 국민여론 등 불만을 제기할 소지가 그만큼 커진다.

④ 잔액기준 예대금리차는 한국은행의 금융기관 가중평균금리와 동일하게 산정되며, 요구불예금, 마이너스통장대출 등도 포함된다.

53

정답 ③

(단위 : 원)

연도	계산과정	감가상각비	감가상각누계액	장부금액
2021. 12. 31	$(10,000-0)\times\dfrac{4}{10}$	4,000	4,000	6,000
2022. 12. 31	$(10,000-0)\times\dfrac{3}{10}$	3,000	7,000	3,000
2023. 12. 31	$(10,000-0)\times\dfrac{2}{10}$	2,000	9,000	1,000
2024. 12. 31	$(10,000-0)\times\dfrac{1}{10}$	1,000	10,000	0

• 연수합계 : 4+3+2+1=10년

• 감가상각누계액의 계산 : $[(취득원가)-(잔존가치)]\times\dfrac{(잔존연수합계)}{(연수합계)}$

2022년 감가상각비는 (−)3,000원이고, 2022년에 장부금액(3,000원)을 4,000원에 처분하였으므로 (+)1,000원의 이익이 있다. 따라서 동 유형자산의 감가상각비와 처분손익이 2022년 당기순이익에 미치는 영향의 합계는 (−)2,000원이다.

54

- 연구(또는 내부 프로젝트의 연구단계)에 대한 지출은 발생시점에 '비용'으로 인식한다.
  [비용(연구비)]＝(연구단계의 원재료사용액)＋(연구단계의 연구원급여)＋(자문료)＝600원
- 개발단계에서 지출한 금액 중 무형자산 인식기준을 충족한 이후에 지출한 모든 금액은 무형자산으로 처리하고, 그렇지 못한 지출은 비용(경상개발비)으로 처리한다.

문제에서는 개발단계에서 지출한 금액 중 무형자산 인식기준을 충족한다고 하였으므로, 개발단계에서의 지출은 모두 무형자산으로 처리한다.

∴ [무형자산(개발비)]＝(개발단계 원재료사용액)＋(개발단계 연구원급여)＝600원

55

상호배부법은 보조부문 상호 간의 용역수수관계가 중요할 때 적용한다.

56

수선충당부채 및 퇴직급여부채는 비유동부채에 해당된다.

유동부채와 비유동부채의 구분

유동부채	비유동부채
• 매입채무 • 미지급비용 • 단기차입금 • 선수금 • 미지급금 • 유동성장기부채	• 장기차입금 • 사채 • 수선충당부채 • 장기매입채무 • 장기미지급금 • 퇴직급여부채

57

자기자본에 의한 자금조달방법으로는 주식발행을 통한 자금조달법과 유보이익을 통한 자금조달법이 있다. ⑤는 유보이익을 통한 직접금융에 해당하는 자기조달법이다.

58

(단위 : 원)

2024년 5월 1일	(차)	자기주식	7,000	(대)	현금	7,000
2024년 10월 1일	(차)	자본금	2,500	(대)	자기주식	3,500
		주식발행초과금	500			
		감자차손	500			

따라서 자기주식에 대하여 원가법을 적용하여 회계처리하면 2024년 10월 1일 감자차손이 500원 발생한다는 것을 알 수 있다.

59

대손충당금계정

대손확정	200,000원	기초잔액	100,000원
기말잔액	99,000원	현금회수액	80,000원
		추가 설정해야 할 금액	
		(대손상각비)	119,000원
기말잔액	299,000원		299,000원

따라서 2024년의 대손상각비는 119,000원이다.

60

정답 ②

배당금 수령액은 수익이기 때문에 당기손익으로 계상한다.

61

정답 ③

- (재고자산회전율)$=\dfrac{[\text{매출원가가 일어난 기간(회계기간)}]}{(\text{재고자산회전일수})}=\dfrac{360\text{일}}{120\text{일}}=3\text{회}$
- (평균 재고자산)$=\dfrac{90,000+210,000}{2}=150,000\text{원}$
- (매출원가)$=$(평균 재고자산)$\times$(재고자산회전율)$=150,000\times3=450,000$원

62

정답 ①

오답분석
②·③ 재무활동에 해당한다.
④·⑤ 영업활동에 해당한다.

63

정답 ②

차입금 상환을 면제받는 것은 부채의 감소에 해당한다.

> **부채의 감소**
> - 차입금 상환을 면제받다.
> - 차입금을 자본금으로 전환하다.
> - 차입금을 갚다.

64

정답 ③

오답분석
① 재무상태표는 일정시점에 있어서 기업의 재무상태인 자산, 부채 및 자본에 관한 정보를 제공한다.
② 포괄손익계산서는 일정기간 동안 기업의 경영성과를 나타낸다.
④ 현금흐름표는 당해 회계기간의 현금의 유입과 유출내용을 적정하게 표시하는 보고서이다.
⑤ 재무제표는 재무상태표, 손익계산서, 현금흐름표, 자본변동표로 구성한다.

65

- (증가된 매출액)=1,000개×800=800,000원
- (증가된 매출원가)=1,000개×(250+200+150+80)=680,000원
  ※ 고정제조간접비는 공통적으로 들어가는 원가이므로 계상하지 않음
- (이익 증가액)=800,000-680,000=120,000원

66

정답 ⑤

원가동인의 변동에 의하여 활동원가가 변화하는가에 따라 활동원가는 고정원가와 변동원가로 구분된다. 고정원가는 고정제조간접비와 같이 원가동인의 변화에도 불구하고 변화하지 않는 원가이며, 변동원가는 원가동인의 변화에 따라 비례적으로 변화하는 원가로 직접재료비, 직접노무비 등이 해당된다. 일반적으로 활동기준원가계산에서는 전통적인 고정원가, 변동원가의 2원가 분류체계 대신 단위기준, 배치기준, 제품기준, 설비기준 4원가 분류체계를 이용한다.

> **활동기준원가계산**
> 활동기준원가계산은 기업에서 수행되고 있는 활동(Activity)을 기준으로 자원, 활동, 제품·서비스의 소모관계를 자원과 활동, 활동과 원가대상 간의 상호 인과관계를 분석하여 원가를 배부함으로써 원가대상의 정확한 원가와 성과를 측정하는 새로운 원가계산방법이다.

67

정답 ②

(이자수익)=(사채의 장부금액)×(유효이자율)=951,963×0.12=114,235.56≒114,236원

68

정답 ④

- (2024년도 충당부채)=(매출액)×(보증비용 예상비율)=60,000×0.05=3,000원
- 2024년 말 제품보증충당부채 : 3,000-2,000=1,000원

제품보증충당부채			
지출액	2,000원	기초잔액	0원
기말잔액	(1,000)원	설정액	3,000원

69

정답 ⑤

내용연수가 비한정인 무형자산의 내용연수를 유한 내용연수로 변경하는 것은 회계추정의 변경으로 회계처리한다.

회계정책의 변경과 회계추정의 변경

구분	개념	적용 예
회계정책의 변경	재무제표의 작성과 보고에 적용되던 회계정책을 다른 회계정책으로 바꾸는 것을 말한다. 회계정책이란 기업이 재무보고의 목적으로 선택한 기업회계기준과 그 적용방법을 말한다.	• 한국채택국제회계기준에서 회계정책의 변경을 요구하는 경우 • 회계정책의 변경을 반영한 재무제표가 거래, 기타 사건 또는 상황이 재무상태, 재무성과 또는 현금흐름에 미치는 영향에 대하여 신뢰성 있고 더 목적적합한 정보를 제공하는 경우
회계추정의 변경	회계에서는 미래 사건의 불확실성의 경제적 사건을 추정하여 그 추정치를 재무제표에 보고하여야 할 경우가 많은데 이를 회계추정의 변경이라고 한다.	• 대손 • 재고자산 진부화 • 금융자산이나 금융부채의 공정가치 • 감가상각자산의 내용연수 또는 감가상각자산에 내재된 미래 경제적 효익의 기대소비행태 • 품질보증의무

PART 3 최종점검 모의고사 • **113**

70

영업활동 현금흐름은 직접법 또는 간접법 중 하나의 방법으로 보고할 수 있다. 직접법이란 총현금유입과 총현금유출을 주요 항목별로 구분하여 표시하는 방법을 말한다. 직접법은 간접법에서 파악할 수 없는 정보를 제공하고 미래현금흐름을 추정하는 데 보다 유용한 정보를 제공하기 때문에 한국채택국제회계기준에서는 직접법을 사용할 것을 권장하고 있다.

오답분석

② 단기매매목적으로 보유하는 유가증권의 취득과 판매에 따른 현금흐름은 영업활동으로 분류한다.

③ 일반적으로 법인세로 납부한 현금은 영업활동으로 인한 현금유출에 포함된다.

④ 당기순이익의 조정을 통해 영업활동 현금흐름을 계산하는 방법은 간접법이다.

⑤ 영업을 통해 획득한 현금에서 영업을 위해 지출한 현금을 차감하는 방식으로 영업활동 현금흐름을 계산하는 방법은 직접법이다.

71

공정가치모형은 최초 측정 시 원가로 기록한 후 감가상각을 하지 않고, 회계연도 말에 공정가치로 평가하여 평가손익을 '당기손익'에 반영하는 방법이다. 즉, 투자부동산에 대해 공정가치모형을 적용할 경우 공정가치 변동으로 발생하는 손익은 발생한 기간의 당기손익에 반영한다.

72

분개장은 주요부이고, 현금출납장은 보조기입장이다.

회계장부의 구분

주요부		분개장, 총계정원장 등
보조부	보조기입장	현금출납장, 매입장, 매출장, 어음기입장 등
	보조원장	상품재고장, 매입처원장, 매출처원장 등

73

검증가능성은 둘 이상의 회계담당자가 동일한 경제적 사건에 대하여 동일한 측정방법으로 각각 독립적으로 측정하더라도 각각 유사한 측정치에 도달하게 되는 속성을 말한다. 즉, 검증가능성은 정보가 나타내고자 하는 경제적 현상을 충실히 표현하는지를 정보이용자가 확인하는 데 도움을 주는 보강적 질적 특성이다.

재무정보의 질적 특성

근본적 질적 특성	• 목적적합성 • 충실한 표현
보강적 질적 특성	• 비교가능성 • 검증가능성 • 적시성 • 이해가능성

74

감자차익은 당기순이익에 영향을 미치지 않는다.

> **감자차익**
> • 주식회사의 자본금을 감소시킬 때 감소된 자본금액이 주식의 소각, 주금의 반환 또는 결손금을 보전한 금액을 초과하는 경우 처리하는 계정으로, 대차대조표에서 자본잉여금으로 분류된다. 자본잉여금은 포괄손익계산서를 거치지 않고 직접 자본에 가감되고, 원칙적으로 자본금전입 또는 결손보전에만 사용 가능하므로 당기순이익에 영향을 미치지 않는다.
> • 감자차손에 대한 처리방법은 감자차익에서 우선적으로 차감한 후 자본조정계정에 계상하며, 나머지는 결손금의 처리순서에 준하여 처리한다. 재무제표에 표시방법은 자본잉여금의 부( )에 감자차익계정으로 기재하여야 한다.

75

회계상 거래는 회사의 재무상태인 자산·부채·자본의 증감변동이 일어나는 거래를 말한다. 부동산을 담보로 제공하는 행위는 일상적인 거래에 해당하지만 자산·부채·자본의 증감변동이 일어나지 않으므로 회계상 거래로 보지 않는다.

76

재고자산 판매를 통해 현금을 조기 확보하고 재고자산을 줄이는 경우 유동비율은 불변이고, 당좌비율은 증가한다.

[오답분석]
① 기계장치를 현금으로 매입하는 경우 유동자산이 감소하므로 유동비율이 감소하고, 당좌비율이 감소한다.
② 장기차입금을 단기차입금으로 전환하는 경우 유동부채가 증가하므로 유동비율이 감소하고, 당좌비율이 감소한다.
③ 외상거래처의 협조를 구해 매출채권을 적극적으로 현금화하는 경우 유동비율과 당좌비율은 불변한다.
④ 단기매매금융자산(주식)을 추가 취득하여 현금비중을 줄이는 경우 유동비율과 당좌비율은 불변한다.

77

단기매매목적으로 보유하는 유가증권의 취득과 판매에 따른 현금흐름은 영업활동현금흐름으로 분류한다.

78

토지(유형자산)에 대한 취득세 지출은 원가에 포함되어 자산에 속하기 때문에 당기순이익을 감소시키지 않는다.

[오답분석]
①·②·③·④ 모두 비용발생으로 당기순이익을 감소시키는 거래에 해당한다.

79

• (처분이익)=400주×(8,500-7,500)=400,000원
• (평가이익)=600주×(8,000-7,500)=300,000원
• (당기이익)=400,000+300,000=700,000원

80

오답분석

① 재평가가 단기간에 수행되며 계속적으로 갱신된다면, 동일한 분류에 속하는 자산이라 하더라도 순차적으로 재평가할 수 있다.
② 유형자산을 재평가할 때, 그 자산의 장부금액을 재평가금액으로 조정한다.
④ 자산의 장부금액이 재평가로 인하여 감소된 경우에 그 감소액은 당기손익으로 인식한다. 그러나 그 자산에 대한 재평가잉여금의 잔액이 있다면 그 금액을 한도로 재평가감소액을 기타포괄손익으로 인식한다.
⑤ 어떤 유형자산 항목과 관련하여 자본에 계상된 재평가잉여금은 그 자산이 제거될 때 이익잉여금으로 직접 대체할 수 있다.

81

정보이용자가 항목 간의 유사점과 차이점을 식별하고 이해할 수 있게 하는 질적 특성은 '비교가능성'이다. 이해가능성은 정보이용자가 그 정보를 쉽게 이해할 수 있어야 한다는 특성이다. 즉, 정보를 명확하고 간결하게 분류하고, 특징지으며, 표시해야 한다는 의미이다. 이는 정보이용자가 제공된 회계정보를 이해하지 못하는 경우 회계정보는 의사결정에 영향을 미치지 못하고 유용한 정보가 될 수 없기 때문이다.

82

기업어음은 자금조달이 간소한 반면, 투자자에게 회사채에 비해 상대적으로 높은 금리를 지급한다.

오답분석

① 기업어음은 어음법의 적용을 받고, 회사채는 자본시장법의 적용을 받는다.
② 기업어음은 발행을 위해서 이사회의 결의가 필요 없으나, 회사채는 이사회의 결의가 필요하다.
③ 기업어음은 수요예측이 필요 없으나, 회사채는 수요예측을 필수적으로 해야 한다.
④ 기업어음의 변제순위는 회사채 변제순위보다 후순위이다.

83

완성될 제품이 원가 이상으로 판매될 것으로 예상하는 경우에는 그 생산에 투입하기 위해 보유하는 원재료 및 기타 소모품을 감액하지 아니한다(저가법을 적용하지 않음). 그러나 원재료 가격이 하락하여 제품의 원가가 순실현가능 가치를 초과할 것으로 예상된다면 해당 원재료를 순실현가능 가치로 감액한다. 이 경우 원재료의 현행대체원가는 순실현가능 가치에 대한 최선의 이용가능한 측정치가 될 수 있다.

오답분석

② 선입선출법은 기말재고금액을 최근 매입가격으로 평가하므로 비교적 자산의 시가 또는 현행원가(Current cost)가 잘 반영된다.
③ 후입선출법에 대한 설명이다.
④ 통상적으로 상호 교환될 수 없는 재고자산항목의 원가와 특정 프로젝트별로 생산되고 분리되는 재화 또는 용역의 원가는 개별법을 사용하여 결정한다.
⑤ 계속기록법에 의하여 평균법을 적용하는 것으로 상품의 매입 때마다 새로운 평균 단가를 계산하는 것은 이동평균법에 대한 설명이다.

84

• 계정분석

2023년 충당부채			
지출액	14,000	기초	0
기말	4,000	설정액	18,000

2024년 충당부채			
지출액	6,000	기초	4,000
기말	0	설정액	2,000

• (2023년 손익계산서상의 설정액)=600,000×0.03=18,000원
• (2년간 실제보증 지출액)=14,000+6,000=20,000원
• (2024년 보증비용 추가설정액)=6,000-4,000=2,000원

85

수정전시산표는 결산 이전의 오류를 검증하는 절차로 필수적 절차가 아니라 선택적 절차에 해당한다.

회계의 절차
• 필수적 절차 : 거래의 식별, 분개, 전기, 수정분개와 전기, 재무제표 작성, 마감분개 및 전기
• 선택적 절차 : 수정전시산표, 수정후시산표, 마감후시산표

86

독립된 외부감사인이 충분하고 적합한 감사증거를 입수하였고 왜곡표시가 재무제표에 개별적 또는 집합적으로 중요하지만 전반적이지는 않다는 결론을 내리는 경우 표명하는 감사의견은 한정의견이다.

회계감사의견
• 적정의견
회사가 기업회계기준에 따라 중요성의 관점에서 위배사항이 없을 경우에 표명되는 의견으로 기업회계기준에 맞게 재무제표를 작성했으며, 감사에 필요한 자료를 회사로부터 충분히 제공받았다는 뜻이다. '적정의견'이라고 해서 반드시 회사의 재무상태가 양호하다는 뜻은 아니다.
• 한정의견
독립된 외부감사인이 충분하고 적합한 감사증거를 입수하였고 왜곡표시가 재무제표에 개별적 또는 집합적으로 중요하지만 전반적이지 않은 경우 표명되는 의견이다. 감사 범위가 제한되고 회계기준 위반 사항은 있었지만, '부적정의견'이나 '의견거절'까지 갈 수준은 아니라는 뜻이다.
• 부적정의견
중요한 사안에 대해 기업회계기준을 위배하여 재무제표를 작성한 경우 표명되는 의견이다.
• 의견거절
감사인이 감사보고서를 만드는 데 필요한 증거를 얻지 못해 재무제표 전체에 대한 의견 표명이 불가능하거나, 기업의 존립에 의문이 들 때 또는 감사인의 독립성 결여 등으로 회계감사가 불가능한 상황에서 표명되는 의견이다.

87

(현금 및 현금성 자산)=30,000+1,000+2,000=33,000원

88

정답 ③

금융원가는 당해 기간의 포괄손익계산서에 표시되는 항목이다.

포괄손익계산서의 항목
- 영업수익
- 제품과 재공품의 변동
- 원재료사용액
- 종업원급여
- 감가상각비와 기타상각비
- 영업손익
- 기타수익
- 이자비용(금융원가)
- 기타비용
- 법인세비용 차감전 손익
- 법인세비용
- 당기순손익
- 기타포괄손익(가감)
- 주당손익
  - 기본주당순손익
  - 희석주당순손익

89

정답 ④

자기자본이익률(ROE)은 당기순이익을 자기자본으로 나누고 100을 곱하여 % 단위로 나타낼 수 있다.

재무비율 분석은 재무제표를 활용, 기업의 재무상태와 경영성과를 진단하는 것이다. 안정성, 수익성, 성장성 지표 등이 있다. 안정성 지표는 부채를 상환할 수 있는 능력을 나타낸다. 유동비율[(유동자산)÷(유동부채)], 부채비율[(부채)÷(자기자본)], 이자보상비율[(영업이익)÷(지급이자)] 등이 해당한다. 유동비율과 이자보상비율은 높을수록, 부채비율은 낮을수록 재무상태가 건실한 것으로 판단한다. 성장성 지표에는 매출액증가율, 영업이익증가율 등이 있다. 매출액순이익률[(순이익)÷(매출액)], 자기자본이익률 등은 수익성 지표이다.

$$[\text{자기자본이익률}(ROE)] = \frac{(\text{당기순이익})}{(\text{자기자본})} \times 100$$

$$\therefore \ (\text{자기자본이익률}) = \frac{150}{300} \times 100 = 50\%$$

90

정답 ①

- $[\text{실제단가}(AP)] = \dfrac{240,000}{600} = 400$원
- (실제단가)×(실제수량)=400×450=180,000원
- 가격 차이는 4,500원(유리)이므로
  (표준단가)×450=180,000+4,500
  ∴ (표준단가)=410원
- 수량 차이는 13,940원(불리)이므로
  410×(표준수량)=184,500−13,940
  ∴ (표준수량)=416kg

(실제단가)×(실제수량) ($AP \times AQ$)	(표준단가)×(실제수량) ($SP \times AQ$)	(표준단가)×(표준수량) ($SP \times SQ$)
400×450=180,000	410×450=184,500	410×416=170,560

- (실제 생산량)=(표준수량)÷(단위당 표준재료량)=416÷4=104단위

91

정답 ⑤

- (예정배부율)$=\dfrac{[제조간접원가(예산)]}{[직접노무시간(예산)]}=\dfrac{640,000}{20,000}=32$

- (예정배부액)=(실제 발생액)+[배부차이(과대)]=700,000+180,000=880,000원

- (실제 직접노무시간)$=\dfrac{(예정배부액)}{(예정배부율)}=\dfrac{880,000}{32}=27,500$시간

92

정답 ⑤

- (공헌이익률)$=\dfrac{(공헌이익)}{(매출액)}$

- (공헌이익)=(매출액)×(공헌이익률)=5,000,000×44%=2,200,000원

판매량(매출액)이 20% 증가하면 공헌이익도 그에 비례해 20% 증가하고, 영업이익도 공헌이익에 비례해 증가하므로 (영업이익 증가액)=2,200,000×0.2=440,000원이다.

93

정답 ①

- (2024년 말 감가상각액)$=\dfrac{(취득원가)-(추정잔존가치)}{(추정내용연수)}=\dfrac{2,000-200}{4년}=450$원

- (2024년 말 장부금액)=2,000-450=1,550원

2024년 말에 동 설비를 1,400원에 처분하였으므로 (유형자산처분손익)=1,400-1,550=150원(손실)이다.

94

정답 ②

- (매출액)=(총매출액)-(매출에누리)=3,700-200=3,500원

- (매출원가)=(매출액)×[1-(매출총이익률)]=3,500×(1-0.2)=2,800원

- (매출원가)=(기초재고액)+(당기순매입액)-(기말재고액)

∴ (기말재고액)=(기초재고액)+(당기순매입액)-(매출원가)=1,260+(2,200-100)-2,800=560원

95

정답 ⑤

- 12월 1일 매출 : 할부판매시 전액 매출로 계상한다.
  200개×100=20,000원
- 12월 17일 매출 : 100개×100=10,000원
- 12월 28일 매출 : 위탁상품으로 수탁자가 보관 중인 상품은 매출로 인식하지 않는다.
- 12월 30일 매출 : 도착지인도조건으로 아직 도착하지 않은 상품은 매출로 인식하지 않는다.
∴ (매출액)=20,000+10,000=30,000원

96

정답 ⑤

주식의 수만 늘어난 것이지 금액에는 차이가 없으므로, 자본의 변동이 없기 때문에 주식분할은 자본변동표에서 확인할 수 없다.

97

발행원가의 회수가능성이 높지 않은 경우 발생원가 120,000원을 비용으로 인식하고 수익을 인식하지 않는다.

오답분석

① 용역의 제공으로 인한 수익은 용역제공거래의 결과를 신뢰성 있게 추정할 수 있을 때 보고기간말에 진행기준에 따라 수익을 인식한다.

② 2024년도 진행률은 $\dfrac{120,000}{400,000} \times 100 = 30\%$이다.

③ 발생원가를 기준으로 진행기준을 적용할 경우 이익인식액(공사수익)은 500,000×0.3−120,000=30,000원이다.

④ 용역제공거래의 성과를 신뢰성 있게 추정할 수 없는 경우에는 발생한 원가의 범위 내에서 회수가능한 금액만을 수익으로 인식하므로, 최대금액은 120,000원이다.

98

정답 ④

조업도차이는 조업도의 통제가 잘못되어 발생한 것이지, 고정제조간접원가 자체의 통제가 불가능하다고 해서 잘못된 것이라고 할 수 없다.

99

정답 ⑤

오답분석

① 수익은 자산의 증가나 부채의 감소와 관련하여 미래경제적 효익이 증가하고 이를 신뢰성 있게 측정할 수 있을 때 포괄손익계산서에서 인식한다.

② 용역제공거래의 수익은 완료된 시점이 아닌 진행기준에 의하여 인식한다.

③ 판매자가 판매대금의 회수를 확실히 할 목적만으로 해당 재화의 법적 소유권을 계속 가지고 있다면 소유에 따른 중요한 위험과 보상이 이전된 경우 해당 거래를 수익으로 인식한다.

④ 수익으로 인식한 금액이 추후에 회수가능성이 불확실해지는 경우에는 인식한 수익금액을 조정할 수 없다.

100

정답 ⑤

상장기업은 의무적으로 한국채택국제회계기준에 의거하여 재무제표를 작성하여야 하며, 비상장기업은 선택적 사항이다.

51	52	53	54	55	56	57	58	59	60	61	62	63	64	65	66	67	68	69	70
⑤	②	②	①	①	③	②	④	②	③	①	③	①	①	②	④	③	②	④	④
71	72	73	74	75	76	77	78	79	80	81	82	83	84	85	86	87	88	89	90
②	③	③	②	①	④	②	③	④	⑤	⑤	①	②	④	①	④	③	⑤	②	①
91	92	93	94	95	96	97	98	99	100										
②	③	②	③	②	④	④	②	①	⑤										

51

정답 ⑤

무권대리행위에 대한 추인은 무권대리행위로 인한 효과를 자기에게 귀속시키려는 의사표시이니 만큼 무권대리행위에 대한 추인이 있었다고 하려면 그러한 의사가 표시되었다고 볼 만한 사유가 있어야 하고, 무권대리행위가 범죄가 되는 경우에 대하여 그 사실을 알고도 장기간 형사고소를 하지 아니하였다 하더라도 그 사실만으로 묵시적인 추인이 있었다고 할 수는 없는 바, 권한 없이 기명날인을 대행하는 방식에 의하여 약속어음을 위조한 경우에 피위조자가 이를 묵시적으로 추인하였다고 인정하려면 추인의 의사가 표시되었다고 볼 만한 사유가 있어야 한다(대판 1998. 2. 10, 97다31113).

52

정답 ②

법인이 아닌 사단 또는 재단으로서 대표자나 관리인이 정하여져 있는 경우에는 그 사단이나 재단의 이름으로 심판 청구를 할 수 있다(행정심판법 제14조).

오답분석
① 행정심판법 제16조 제1항
③ 행정심판법 제17조 제2항
④ 행정심판법 제15조 제1항
⑤ 행정심판법 제22조 제1항

53

정답 ②

지방자치단체는 장소로서의 관할 구역, 인적 요소로서의 주민, 법제적 요소로서의 자치권을 그 구성의 3대 요소로 하고 있다. 따라서 지방자치단체는 행정 주체로서의 지위를 가지므로 권리능력의 주체가 되어 권한을 행사하고 의무를 진다.

오답분석
④ 헌법 제117조 제2항
⑤ 지방자치법 제8조 제3항

54

정답 ①

중앙선거관리위원회는 선거관리권을 가지나, 분쟁에 대한 심판권은 갖지 아니한다. 선거소송에 대한 심판은 대법원이 갖는다.

오답분석
②·③·④·⑤ 선거관리위원회법 제3조 제1항

55

하명은 명령적 행정행위이다.

행정행위의 구분

법률행위적 행정행위		준법률행위적 행정행위
명령적 행위	형성적 행위	
하명, 면제, 허가	특허, 인가, 대리	공증, 통지, 수리, 확인

56

현행 헌법상 근로의 의무가 있다고 하여도 직업을 가지지 않을 자유가 부인되는 것은 아니다.

57

사회권적 기본권은 현대 사회의 복잡한 발전에 따라 전통적으로 개인 간의 관계라고 생각하던 분야에 국가가 적극 개입하게 됨에 따라 발생하게 된 권리로서 근로권·단결권·단체교섭권·단체행동권·보건권·모성을 보호받을 권리·교육을 받을 권리·인간다운 생활을 할 권리를 말한다. ①은 경제적 기본권, ③은 청구권적 기본권, ④는 경제적 기본권, ⑤는 자유권적 기본권에 해당한다.

헌법상 기본권의 구분

포괄적 기본권		인간의 존엄과 가치, 행복추구권, 평등권
자유권적 기본권	인신의 자유	생명권, 신체의 자유
	사생활의 자유	주거의 자유, 사생활의 비밀과 자유, 거주이전의 자유, 통신의 자유
	정신적 자유	양심의 자유, 종교의 자유, 학문의 자유, 예술의 자유, 언론 출판의 자유, 집회 및 결사의 자유
경제적 기본권		재산권, 직업선택의 자유, 소비자의 권리
정치적 기본권		정치적 자유권, 참정권
청구권적 기본권		청원권, 재판청구권, 형사보상청구권, 국가배상청구권, 범죄피해자구조청구권
사회권적 기본권		인간다운 생활을 할 권리, 교육을 받을 권리, 근로의 권리, 근로3권(단결권·단체교섭권·단체행동권), 환경권, 보건권, 혼인의 자유와 모성의 보호를 받을 권리

58

[오답분석]

① 조건이 법률행위의 당시 이미 성취한 것인 경우에는 그 조건이 정지조건이면 조건없는 법률행위로 하고 해제조건이면 그 법률행위는 무효로 한다(민법 제151조 제2항).

② 조건이 법률행위의 당시에 이미 성취할 수 없는 것인 경우에는 그 조건이 해제조건이면 조건없는 법률행위로 하고 정지조건이면 그 법률행위는 무효로 한다(민법 제151조 제3항).

③ 조건이 선량한 풍속 기타 사회질서에 위반한 것인 때에는 그 법률행위는 무효로 한다(민법 제151조 제1항).

⑤ 어떠한 법률행위가 조건의 성취시 법률행위의 효력이 발생하는 소위 정지조건부 법률행위에 해당한다는 사실은 그 법률행위로 인한 법률효과의 발생을 저지하는 사유로서 그 법률효과의 발생을 다투려는 자에게 주장, 입증책임이 있다고 할 것이다(대판 1993.9.28, 93다20832).

59

오답분석

① 지명채권의 양도는 양도인이 채무자에게 통지하거나 채무자가 승낙하지 아니하면 채무자 기타 제삼자에게 대항하지 못한다(민법 제450조). 이는 효력발생요건이 아닌 대항요건이다.

③ 당사자 사이에 양도금지의 특약이 있는 채권이라도 압류 및 전부명령에 의하여 이전할 수 있고 이 양도금지의 특약이 있는 사실에 관하여 압류채권자가 선의인가 악의인가는 전부명령의 효력에 영향을 미치지 못한다 할 것이다(대판 1976.10.29, 76다1623).

④ 채권이 이중으로 양도된 경우 양수인 상호 간의 우열은 확정일자 있는 양도통지가 채무자에게 도달한 일시 또는 확정일자 있는 승낙의 일시의 선후에 의하여 결정하여야 한다(대판 2013.6.28, 2011다83110).

⑤ 채권양도의 통지는 관념의 통지이고, 법률행위의 대리에 대한 규정은 관념의 통지에도 유추적용된다고 할 것이어서 채권양도의 통지도 양도인이 직접 하지 아니하고 사자를 통하여 하거나 나아가서 대리인으로 하여금 하게 하여도 무방하다고 할 것이다(대판 1994.12.27, 94다19242).

60

오답분석

① 청약의 상대방은 특정인과 불특정인 모두 유효하다. 반면 승낙은 청약과 달리 반드시 특정인(청약자)에 대하여 해야 한다.

② 승낙자가 청약에 대하여 조건을 붙이거나 변경을 가하여 승낙한 때에는 그 청약의 거절과 동시에 새로 청약한 것으로 본다(민법 제534조).

④ 당사자간에 동일한 내용의 청약이 상호교차된 경우에는 양청약이 상대방에게 도달한 때에 계약이 성립한다(민법 제533조).

⑤ 승낙의 기간을 정한 계약의 청약은 청약자가 그 기간 내에 승낙의 통지를 받지 못한 때에는 그 효력을 잃는다(민법 제528조 제1항).

61

오답분석

② 계약의 합의해제는 묵시적으로 이루어질 수도 있으나, 계약이 묵시적으로 합의해제되었다고 하려면 계약의 성립 후에 당사자 쌍방의 계약 실현 의사의 결여 또는 포기로 인하여 당사자 쌍방의 계약을 실현하지 아니할 의사가 일치되어야만 할 것이다(대판 1998.8.21, 98다17602).

③ 당사자의 일방 또는 쌍방이 수인인 경우에는 계약의 해지나 해제는 그 전원으로부터 또는 전원에 대하여 하여야 한다(민법 제547조 제1항). 전항의 경우에 해지나 해제의 권리가 당사자 1인에 대하여 소멸한 때에는 다른 당사자에 대하여도 소멸한다(민법 제547조 제2항).

④ 채무자의 책임있는 사유로 이행이 불능하게 된 때에는 채권자는 계약을 해제할 수 있다(민법 제546조).

⑤ 당사자 일방이 계약을 해지한 때에는 계약은 장래에 대하여 그 효력을 잃는다(민법 제550조).

62

1개의 행위(폭탄 투척)가 수개의 죄(살인죄, 상해죄, 재물손괴죄)에 해당하는 것, 즉 한 개의 행위가 수개의 구성요건에 해당하는 상상적 경합범의 관계이다(형법 제40조).

63

형법의 기능

보장적 기능	국가형벌권의 발동한계를 명확히 하여 국가형벌권의 자의적인 행사로부터 국민의 자유와 권리를 보장하는 기능을 한다.
보호적 기능	사회질서의 근본적 가치, 즉 법익과 사회윤리적 행위가치를 보호하는 형법의 기능을 말한다.
규제적 기능	행위규범 내지 재판규범으로서 일반국민과 사법 관계자들을 규제하는 기능을 한다.
사회보전적 기능	형벌수단을 통하여 범죄행위를 방지함으로써 범죄자로부터 사회질서를 유지·보호하는 기능을 한다.

64

사장단이 아닌 사원의 동의 또는 결의가 있어야 한다.

상법상 회사의 공통된 해산사유(상법 제227조, 제287조의38, 제517조, 제609조 참조)
- 사원의 동의 또는 결의
- 정관으로 정한 사유의 발생
- 법원의 해산명령·해산판결
- 존립기간의 만료
- 회사의 합병·파산

65

회사가 가진 자기주식은 의결권이 없다.

오답분석
① 상법 제289조 제1항 제7호
③ 상법 제293조
④ 상법 제312조
⑤ 상법 제292조

66

상법은 영리성, 집단성·반복성, 획일성·정형성, 공시주의, 기업책임의 가중과 경감, 기업의 유지 강화, 기술성·진보성, 세계성·통일성 등의 이념을 가진다.

67

손해보험에는 화재보험(ㄴ), 운송보험, 해상보험(ㄷ), 책임보험(ㄱ), 자동차보험, 보증보험이 있다. 재보험(ㅂ)은 책임보험의 규정을 준용(상법 제726조)하므로 손해보험에 포함시킨다.

오답분석
ㄹ·ㅁ. 인보험에 해당한다.

68

'실수'는 과실로 볼 수 있으며, 면책사유에는 해당되지 않는다.

보험자의 면책사유
- 보험사고가 보험계약자 또는 피보험자나 보험수익자의 고의 또는 중대한 과실로 인하여 생긴 때에는 보험자는 보험금액을 지급할 책임이 없다(상법 제659조 제1항).
- 보험사고가 전쟁 기타의 변란으로 인하여 생긴 때에는 당사자간에 다른 약정이 없으면 보험자는 보험금액을 지급할 책임이 없다(상법 제660조).

69

지배인, 상호, 상업장부와 상업등기에 대한 규정은 소상인에게 적용하지 않는다.

70

정답 ④

의무를 위반한 거래행위라도 상거래의 안정을 위하여 거래행위 자체는 유효한 것으로 본다. 단, 영업주는 손해배상청구권, 해임권, 개입권의 행사가 가능하다.

[오답분석]
①·②·⑤ 상법 제17조

71

정답 ②

회사의 설립의 무효는 그 사원에 한하여, 설립의 취소는 그 취소권 있는 자에 한하여 회사성립의 날로부터 2년 내에 소만으로 이를 주장할 수 있다(상법 제184조 제1항).

72

정답 ③

청산인은 주식회사 정관의 기재사항이 아니고, 법원에 대한 신고사항이다(상법 제532조).

> **주식회사 설립 시 정관의 절대적 기재사항(상법 제289조 제1항)**
> 발기인은 정관을 작성하여 다음의 사항을 적고 각 발기인이 기명날인 또는 서명하여야 한다.
> 1. 목적
> 2. 상호
> 3. 회사가 발행할 주식의 총수
> 4. 액면주식을 발행하는 경우 1주의 금액
> 5. 회사의 설립 시에 발행하는 주식의 총수
> 6. 본점의 소재지
> 7. 회사가 공고를 하는 방법
> 8. 발기인의 성명·주민등록번호 및 주소

73

정답 ③

회사의 법인격은 법률이 부여한 것으로 그의 권리능력은 법률에 의하여 제한을 받는다. 즉, 상법은 "회사는 다른 회사의 무한책임사원이 되지 못한다."는 규정을 두어 정책적 제한을 하고 있다(상법 제173조).

74

정답 ②

보험계약자의 의무가 아닌 보험자가 지켜야 할 의무에 해당된다(상법 제640조).

보험계약의 효과

보험자의 의무	• 보험증권교부의무, 보험금지급의무(상법 제658조), 보험료반환의무(상법 제648조), 이익배당의무
보험계약자· 피보험자· 보험수익자의 의무	• 보험료지급의무(상법 제650조) • 고지의무(상법 제651조) : 보험계약자 또는 피보험자는 보험계약 당시에 보험계약과 관련된 중요한 사항을 보험자에게 고지하여야 한다. • 통지의무(상법 제652조) : 보험계약자·피보험자는 보험계약서에 기재한 사항이 변경되었거나 사고가 생긴 때에는 이를 보험자에게 알려야 한다(보험자는 통지의무가 없다). • 위험유지의무(상법 제653조) : 보험계약자·피보험자·보험수익자는 보험계약을 체결할 당시에 보험료를 산출하는 데 기초가 되었던 위험을 증가시키는 행위를 하여서는 안 된다.

PART 3

75

피보험이익이란 보험계약의 목적(경제적 이해관계)을 말하며, 보험사고가 발생하면 손해를 입게 될 염려가 있는 이익을 말한다. 피보험이익은 손해보험특유의 개념으로 인보험(생명보험)에는 인정할 여지가 없는 개념이다.

76

보험계약은 당사자 일방(보험계약자)이 약정한 보험료를 지급하고 재산 또는 생명이나 신체에 불확정한 사고가 발생할 경우에 상대방(보험자)이 일정한 보험금이나 그 밖의 급여를 지급할 것을 약정함으로써 효력이 생긴다(상법 제638조).

77

근로자가 노동조합을 결성하지 아니할 자유나 노동조합에 가입을 강제당하지 아니할 자유, 그리고 가입한 노동조합을 탈퇴할 자유는 근로자에게 보장된 단결권의 내용에 포섭되는 권리로서가 아니라 헌법 제10조의 행복추구권에서 파생되는 일반적 행동의 자유 또는 제21조 제1항의 결사의 자유에서 그 근거를 찾을 수 있다(헌재결2005.11.24, 2002헌바95).

[오답분석]
① 노동조합의 재정 집행과 운영에 있어서의 적법성, 민주성 등을 확보하기 위해서는 조합자치 또는 규약자치에만 의존할 수는 없고 행정관청의 감독이 보충적으로 요구되는바, 이 사건 법률조항은 노동조합의 재정 집행과 운영의 적법성, 투명성, 공정성, 민주성 등을 보장하기 위한 것으로서 정당한 입법목적을 달성하기위한 적절한 수단이다(헌재결 2013.7.25, 2012헌바116).
③ 헌재결 2015.3.26, 2014헌가5
④ 사용종속관계하에서 근로를 제공하고 그 대가로 임금 등을 받아 생활하는 사람은 노동조합법상 근로자에 해당하고, 노동조합법상의 근로자성이 인정되는 한, 그러한 근로자가 외국인인지 여부나 취업자격의 유무에 따라 노동조합법상 근로자의 범위에 포함되지 아니한다고 볼 수는 없다(대판 2015.6.25, 2007두4995).
⑤ 노동조합 및 노동관계조정법상의 교섭창구단일화제도는 근로조건의 결정권이 있는 사업 또는 사업장 단위에서 복수 노동조합과 사용자 사이의 교섭절차를 일원화하여 효율적이고 안정적인 교섭체계를 구축하고, 소속 노동조합과 관계없이 조합원들의 근로조건을 통일하기 위한 것으로, 교섭대표노동조합이 되지 못한 소수 노동조합의 단체교섭권을 제한하고 있지만, 소수 노동조합도 교섭대표노동조합을 정하는 절차에 참여하게 하여 교섭대표노동조합이 사용자와 대등한 입장에 설 수 있는 기반이 되도록 하고 있으며, 그러한 실질적 대등성의 토대 위에서 이뤄낸 결과를 함께 향유하는 주체가 될 수 있도록 하고 있으므로 노사대등의 원리 하에 적정한 근로조건의 구현이라는 단체교섭권의 실질적인 보장을 위한 불가피한 제도라고 볼 수 있다. … 따라서 위 '노동조합 및 노동관계조정법' 조항들이 과잉금지원칙을 위반하여 청구인들의 단체교섭권을 침해한다고 볼 수 없다(헌재결 2012.4.24, 2011헌마338).

78

ㄷ. 형 집행 중에 가석방을 받았다고 하여, 형의 선고 당시 법관에 의하여 인정된 범죄의 중대성이 감쇄되었다고 보기 어려운 점을 고려하면, 입법자가 가석방 처분을 받았다는 후발적 사유를 고려하지 아니하고 1년 이상 징역의 형을 선고받은 사람의 선거권을 일률적으로 제한하였다고 하여 불필요한 제한이라고 보기는 어렵다(헌재결 2017.5.25, 2016헌마292).
ㅁ. 재판을 통하여 1년 이상의 징역의 형을 선고받았다면, 범죄자의 사회적·법률적 비난가능성이 결코 작지 아니함은 앞서 본 바와 같으며, 이러한 사정은 당해 범죄자가 저지른 범죄행위가 과실에 의한 것이라거나 국가적·사회적 법익이 아닌 개인적 법익을 침해하는 것이라도 마찬가지이다(헌재결 2017.5.25, 2016헌마292).

[오답분석]
ㄱ. 헌재결 2017.5.25, 2016헌마292
ㄴ. 헌재결 2017.5.25, 2016헌마292
ㄹ. 헌재결 2017.5.25, 2016헌마292

79

ㄷ. 일반사면을 명하려면 국회의 동의를 얻어야 한다(헌법 제79조 제2항).

ㅂ. 청구인들은 대통령의 특별사면에 관하여 일반국민의 지위에서 사실상의 또는 간접적인 이해관계를 가진다고 할 수는 있으나 대통령의 청구외인들에 대한 특별사면으로 인하여 청구인들 자신의 법적이익 또는 권리를 직접적으로 침해당한 피해자라고 볼 수 없으므로 이 사건 심판청구는 자기관련성, 직접성이 결여되어 부적법하다(헌재결 1998.9.30. 97헌마404).

오답분석

ㄱ. 사면법 제6조

ㄴ. 사면이라 함은 형사사법절차에 의하지 아니하고 형의 선고의 효력상실·공소권의 소멸·형의 집행의 면제를 명하는 대통령의 특권을 말한다. 협의의 사면에는 사면법에서 규정하고 있는 일반사면과 특별사면을 의미하며, 광의의 사면은 협의의 사면과 감형·복권을 포괄하는 넓은 의미의 사면으로 나누어 볼 수 있다.

ㄹ. 일반사면은 형 선고의 효력이 상실되며, 형을 선고받지 아니한 자에 대하여는 공소권(公訴權)이 상실된다. 다만, 특별한 규정이 있을 때에는 예외로 한다(사면법 제5조 제1항 제1호).

ㅁ. 특별사면은 형을 선고받은 자의 형의 집행이 면제된다. 다만, 특별한 사정이 있을 때에는 이후 형 선고의 효력을 상실하게 할 수 있다(사면법 제3조 제1호, 제5조 제1항 제2호).

80

인격권은 권리의 내용에 따른 분류에 속한다. 권리의 작용(효력)에 따라 분류하면 지배권, 청구권, 형성권, 항변권으로 나누어진다.

권리의 작용(효력)에 따른 구분

지배권(支配權)	권리의 객체를 직접·배타적으로 지배할 수 있는 권리를 말한다(예 물권, 무체재산권, 친권 등).
청구권(請求權)	타인에 대하여 일정한 급부 또는 행위(작위·부작위)를 적극적으로 요구하는 권리이다(예 채권, 부양청구권 등).
형성권(形成權)	권리자의 일방적인 의사표시에 의하여 일정한 법률관계를 발생·변경·소멸시키는 권리이다(예 취소권, 해제권, 추인권, 해지권 등).
항변권(抗辯權)	청구권의 행사에 대하여 급부를 거절할 수 있는 권리로, 타인의 공격을 막는 방어적 수단으로 사용되며 상대방에게 청구권이 있음을 부인하는 것이 아니라 그것을 전제하고, 다만 그 행사를 배척하는 권리를 말한다(예 보증인의 최고 및 검색의 항변권, 동시이행의 항변권 등).

81

국회는 국정 전반에 관하여 소관 상임위원회별로 매년 정기회 집회일 이전에 국정감사 시작일부터 30일 이내의 기간을 정하여 감사를 실시한다. 이때 감사는 상임위원장이 국회운영위원회와 협의하여 작성한 감사계획서에 따라 한다(국정감사 및 조사에 관한 법률 제2조 제1항, 제2항).

오답분석

① 감사 또는 조사를 하는 위원회는 위원회의 의결로 필요한 경우 2명 이상의 위원으로 별도의 소위원회나 반을 구성하여 감사 또는 조사를 하게 할 수 있다(국정감사 및 조사에 관한 법률 제5조 제1항).

② 국정감사 및 조사에 관한 법률 제7조의2에서 확인할 수 있다.

③ 위원회, 제5조 제1항에 따른 소위원회 또는 반은 감사 또는 조사를 위하여 그 의결로 감사 또는 조사와 관련된 보고 또는 서류 등의 제출을 관계인 또는 그 밖의 기관에 요구하고, 증인·감정인·참고인의 출석을 요구하고 검증을 할 수 있다. 다만, 위원회가 감사 또는 조사와 관련된 서류 등의 제출 요구를 하는 경우에는 재적위원 3분의 1 이상의 요구로 할 수 있다(국정감사 및 조사에 관한 법률 제10조 제1항).

④ 감사 또는 조사를 마쳤을 때에는 위원회는 지체 없이 그 감사 또는 조사 보고서를 작성하여 의장에게 제출하여야 한다. 보고서를 제출받은 의장은 이를 지체 없이 본 회의에 보고하여야 한다(국정감사 및 조사에 관한 법률 제15조 제1항, 제3항).

82

- A : 대통령선거에서 후보자의 등록은 선거일 전 24일부터 2일간 관할선거구선거관리위원회에 서면으로 신청하여야 한다(공직선거법 제49조 제1항).
- B : 정부에 대한 질문을 제외하고는 의원의 발언 시간은 15분을 초과하지 아니하는 범위에서 의장이 정한다(국회법 제104조 제1항).
- C : 국회의원지역구의 공정한 획정을 위하여 임기만료에 따른 국회의원선거의 선거일 전 18개월부터 해당 국회의원선거에 적용되는 국회의원지역구의 명칭과 그 구역이 확정되어 효력을 발생하는 날까지 국회의원선거구획정위원회를 설치·운영한다(공직선거법 제24조 제1항).
- D : 대통령선거의 선거기간은 23일이다(공직선거법 제33조 제1항 제1호).
- E : 의원 20명 이상의 연서에 의한 동의로 본회의 의결이 있거나 의장이 각 교섭단체 대표의원과 협의하여 필요하다고 인정할 때에는 의장은 회기 전체 의사일정의 일부를 변경하거나 당일 의사일정의 안건 추가 및 순서 변경을 할 수 있다(국회법 제77조).
따라서 A가 가장 큰 수이다.

83

구 지방세법은 구법과 달리 인구유입과 경제력 집중의 효과가 뚜렷한 건물의 신축, 증축 그리고 부속토지의 취득만을 그 적용대상으로 한정하여 부당하게 중과세할 소지를 제거하였다. 최근 대법원 판결도 구체적인 사건에서 인구유입이나 경제력집중 효과에 관한 판단을 전적으로 배제한 것으로는 보기 어렵다. 따라서 이 사건 법률조항은 거주·이전의 자유와 영업의 자유를 침해하지 아니한다(헌재결 2014.7.24, 2012헌바408).

오답분석
① 단기보유자산이 공용수용에 의하여 양도된 경우에도 높은 세율로 중과세하는 것은 부동산 투기를 억제하여 토지라는 한정된 자원을 효율적으로 이용하기 위한 것으로 입법목적의 정당성이 인정되고, … 단기보유자산의 양도에 대하여 일률적으로 중과세함으로써 실현되는 공익이 그로써 제한되는 사익보다 결코 작다고 할 수 없으므로 법익의 균형성도 준수하고 있어 심판대상조항은 청구인들의 재산권을 침해하지 아니한다(헌재결 2015.6.25, 2014헌바256).
③ 계약상 급부의 상환성과 등가성은 계약 당사자의 이익을 공평하게 조정하기 위하여 계약 해제에 따른 원상회복 관계에서도 유지되어야 하므로, 원상회복범위는 당사자의 구체적이고 주관적인 사정과 관계없이 규범적·객관적으로 정해져야 할 필요가 있다. 계약 해제의 경위·계약 당사자의 귀책사유 등 제반 사정은 계약 해제로 인한 손해배상의 범위를 정할 때 고려된다. 따라서 민법 제548조 제2항은 원상회복의무자의 재산권을 침해하지 않는다(헌재결 2017.5.25, 2015헌바421).
④ 도축장 사용정지·제한명령은 구제역과 같은 가축전염병의 발생과 확산을 막기 위한 것이고, 도축장 사용정지·제한명령이 내려지면 국가가 도축장 영업권을 강제로 취득하여 공익 목적으로 사용하는 것이 아니라 소유자들이 일정기간 동안 도축장을 사용하지 못하게 되는 효과가 발생할 뿐이다. 이와 같은 재산권에 대한 제약의 목적과 형태에 비추어 볼 때, 도축장 사용정지·제한명령은 공익목적을 위하여 이미 형성된 구체적 재산권을 박탈하거나 제한하는 헌법 제23조 제3항의 수용·사용 또는 제한에 해당하는 것이 아니라, 도축장 소유자들이 수인하여야 할 사회적 제약으로서 헌법 제23조 제1항의 재산권의 내용과 한계에 해당한다(헌재결 2015.10.21, 2012헌바367).
⑤ 친일재산조항은 정의를 구현하고 민족의 정기를 바로 세우며 일제에 저항한 3·1운동의 헌법이념을 구현하기 위하여, 친일반민족행위로 축재한 재산을 친일재산으로 규정하여 국가에 귀속시킬 수 있도록 하기 위한 것으로서, 입법목적의 정당성 및 수단의 적합성이 인정된다. … 과거사 청산의 정당성과 진정한 사회통합의 가치를 고려할 때 이 사건 친일재산조항의 공익적 중대성은 막중하고, 이 사건 친일재산조항으로 인한 친일반민족행위자 등의 재산권에 대한 제한의 정도가 위 조항에 의하여 보장되는 공익에 비하여 결코 중하다고 볼 수 없으므로, 위 조항이 법익의 균형성에 반한다고 볼 수 없다. 따라서 친일재산조항이 과잉금지원칙을 위반하여 재산권을 침해한다고 할 수 없다(2018.4.26, 2016헌바454).

84

㉠ 시공자의 흠이라는 위법한 행정행위에 대한 것이므로 손해배상이 옳다.
㉡ 정당한 법집행에 대한 것이므로 손실보상이 옳다.

85

정답 ①

국가공무원법에 명시된 공무원의 복무는 ②·③·④·⑤ 외에 성실의무, 종교중립의 의무, 청렴의 의무 등이 있다(국가공무원법 제7장).

86

정답 ④

유효한 행정행위가 존재하는 이상 모든 국가기관은 그 존재를 존중하고 스스로의 판단에 대한 기초로 삼아야 한다는 것으로 구성요건적 효력을 말한다.

공정력		비록 행정행위에 하자가 있는 경우에도 그 하자가 중대하고 명백하여 당연무효인 경우를 제외하고는, 권한 있는 기관에 의해 취소될 때까지는 일응 적법 또는 유효한 것으로 보아 누구든지(상대방은 물론 제3의 국가기관도) 그 효력을 부인하지 못하는 효력
구속력		행정행위가 그 내용에 따라 관계행정청, 상대방 및 관계인에 대하여 일정한 법적 효과를 발생하는 힘으로, 모든 행정행위에 당연히 인정되는 실체법적 효력
존속력	불가쟁력 (형식적)	행정행위에 대한 쟁송제기기간이 경과하거나 쟁송수단을 다 거친 경우에는 상대방 또는 이해관계인은 더 이상 그 행정행위의 효력을 다툴 수 없게 되는 효력
	불가변력 (실질적)	일정한 경우 행정행위를 발한 행정청 자신도 행정행위의 하자 등을 이유로 직권으로 취소·변경·철회할 수 없는 제한을 받게 되는 효력

87

정답 ③

[오답분석]

① 확정력 : 형식적 확정력(불가쟁력)과 실질적 확정력(불가변력)이 있다.
② 불가쟁력 : 행정행위의 상대방 기타 이해관계인이 더 이상 그 효력을 다툴 수 없게 되는 힘을 의미한다.
④ 강제력 : 행정법상 의무위반자에게 처벌을 가할 수 있는 제재력과 행정법상 의무불이행자에게 의무의 이행을 강제할 수 있는 자력집행력이 있다.
⑤ 불가변력 : 일정한 행정행위가 그 성질상 행정청 스스로도 직권취소나 변경이 제한되는 경우를 의미한다.

88

정답 ⑤

행정주체와 국민과의 관계는 행정주체인 국가의 물품공급계약관계, 공사도급계약관계, 국가의 회사주식매입관계, 국채모집관계 등과 같이 상호 대등한 당사자로서 사법관계일 때도 있고, 행정주체와 국민은 법률상 지배자와 종속관계의 위치로 인·허가 및 그 취소, 토지의 수용 등과 같이 행정주체가 국민에게 일방적으로 명령·강제할 수 있는 공법관계일 때도 있다.

89

정답 ②

행정행위(처분)의 부관이란 행정행위의 일반적인 효과를 제한하기 위하여 주된 의사표시에 붙여진 종된 의사표시로 행정처분에 대하여 부가할 수 있다. 부관의 종류에는 조건, 기한, 부담 등이 있다.

- 조건 : 행정행위의 효력의 발생 또는 소멸을 발생이 불확실한 장래의 사실에 의존하게 하는 행정청의 의사표시로서, 조건성취에 의하여 당연히 효력을 발생하게 하는 정지조건과 당연히 그 효력을 상실하게 하는 해제조건이 있다.
- 기한 : 행정행위의 효력의 발생 또는 소멸을 발생이 장래에 도래할 것이 확실한 사실에 의존하게 하는 행정청의 의사표시로서, 기한의 도래로 행정행위가 당연히 효력을 발생하는 시기와 당연히 효력을 상실하는 종기가 있다.
- 부담 : 행정행위의 주된 의사표시에 부가하여 그 상대방에게 작위·부작위·급부·수인의무를 명하는 행정청의 의사표시로서, 특허·허가 등의 수익적 행정행위에 붙여지는 것이 보통이다.
- 철회권의 유보 : 행정행위의 주된 의사표시에 부수하여, 장래 일정한 사유가 있는 경우에 그 행정행위를 철회할 수 있는 권리를 유보하는 행정청의 의사표시이다(숙박업 허가를 하면서 윤락행위를 하면 허가를 취소한다는 경우).

90

정답 ①

기판력은 확정된 재판의 판단 내용이 소송당사자와 후소법원을 구속하고, 이와 모순되는 주장·판단을 부적법으로 하는 소송법상의 효력을 말하는 것이다. 따라서 행정행위의 특징과는 관련 없다.

91

정답 ②

건축허가는 법률행위적 행정행위 중 명령적 행위에 속한다.

행정행위의 구분

법률행위적 행정행위	명령적 행위	하명, 허가, 면제
	형성적 행위	특허, 인가, 대리
준법률행위적 행정행위		확인, 공증, 통지, 수리

92

정답 ③

지방자치단체는 법령의 범위 안에서 그 사무에 관하여 조례를 제정할 수 있다(지방자치법 제22조 본문).

[오답분석]

① 지방자치법 제30조
② 지방자치법 제94조
④ 헌법 제117조 제2항
⑤ 지방자치법 제32조

93

정답 ②

[오답분석]

① 독임제 행정청이 원칙적인 형태이고, 지자체의 경우 지자체장이 행정청에 해당한다.
③ 자문기관은 행정기관의 자문에 응하여 행정기관에 전문적인 의견을 제공하거나, 자문을 구하는 사항에 관하여 심의·조정·협의하는 등 행정기관의 의사결정에 도움을 주는 행정기관을 말한다.
④ 의결기관은 의사결정에만 그친다는 점에서 외부에 표시할 권한을 가지는 행정관청과 다르고, 행정관청을 구속한다는 점에서 단순한 자문적 의사의 제공에 그치는 자문기관과 다르다.
⑤ 집행기관은 의결기관 또는 의사기관에 대하여 그 의결 또는 의사결정을 집행하는 기관이나 행정기관이며, 채권자의 신청에 의하여 강제집행을 실시할 직무를 가진 국가기관이다.

94

정답 ③

도로·하천 등의 설치 또는 관리의 하자로 인한 손해에 대하여는 국가 또는 지방자치단체는 국가배상법 제5조의 영조물책임을 진다.

[오답분석]

① 도로건설을 위해 토지를 수용당한 경우에는 위법한 국가작용이 아니라 적법한 국가작용이므로 개인은 손실보상청구권을 갖는다.
② 공무원이 직무수행 중에 적법하게 타인에게 손해를 입힌 경우 국가는 배상책임이 없다.
④ 공무원도 국가배상법 제2조나 제5조의 요건을 갖추면 국가배상청구권을 행사할 수 있다. 다만, 군인·군무원·경찰공무원 또는 예비군대원의 경우에는 일정한 제한이 있다.
⑤ 국가배상법에서 규정하고 있는 손해배상은 불법행위로 인한 것이므로 적법행위로 인하여 발생하는 손실을 보상하는 손실보상과는 구별해야 한다.

95

정답 ②

행정상 장해가 존재하거나 장해의 발생이 목전에 급박한 경우, 성질상 개인에게 의무를 명해서는 공행정 목적을 달성할 수 없거나 또는 미리 의무를 명할 시간적 여유가 없거나 또는 미리 의무를 명할 시간적 여유가 없는 경우에 개인에게 의무를 명함이 없이 행정기관이 직접 개인의 신체에 직접 실력을 가하여 행정상 필요한 상태의 실현을 목적으로 하는 행위를 행정상 즉시강제라 한다.

96

정답 ④

행정쟁송제도 중 행정소송에 대한 설명이다. 행정심판은 행정관청의 구제를 청구하는 절차를 말한다.

97

정답 ④

우리나라 헌법은 1987년 10월 29일에 제9차로 개정되었다. 헌법 전문상의 제8차라고 밝히고 있는 것은 9차 개정의 현행 헌법을 공표하면서 그때까지 8차례에 걸쳐 개정되었던 것을 이제 9차로 개정하여 공포하는 취지를 밝힌 것이다(대한민국 헌법 전문).

98

정답 ②

긴급재정경제처분·명령권은 중대한 재정·경제상의 위기에 있어서 국가안전보장 또는 공공의 안녕질서를 유지하기 위해 대통령이 행하는 재정·경제상의 처분이다(헌법 제76조 제1항).

[오답분석]
① 헌법 제77조 제1항
③ 헌법 제1조 제1항
④ 헌법 전문·헌법 제5조·제6조 등에서 국제평화주의를 선언하고 있다.
⑤ 실질적 의미의 헌법은 규범의 형식과 관계없이 국가의 통치조직·작용의 기본원칙에 대한 규범을 총칭한다.

99

정답 ①

근대 입헌주의 헌법은 국법과 왕법을 구별하는 근본법(국법) 사상에 근거를 두고, 국가권력의 조직과 작용에 대한 사항을 정하고 동시에 국가권력의 행사를 제한하여 국민의 자유와 권리 보장을 이념으로 하고 있다.

100

정답 ⑤

헌법의 개정은 헌법의 동일성을 유지하면서 의식적으로 헌법전의 내용을 수정·삭제·추가하는 것을 말한다.

51	52	53	54	55	56	57	58	59	60	61	62	63	64	65	66	67	68	69	70
①	⑤	③	②	①	②	③	③	②	④	⑤	③	③	④	④	①	⑤	②	③	④
71	72	73	74	75	76	77	78	79	80	81	82	83	84	85	86	87	88	89	90
①	⑤	③	③	③	③	④	②	⑤	②	①	①	②	③	②	④	⑤	④	③	①
91	92	93	94	95	96	97	98	99	100										
②	⑤	①	③	③	⑤	④	③	②	③										

51

정답 ①

$$S = \frac{\sigma_{\max}}{\sigma_a} \rightarrow \sigma_a = \frac{\sigma_{\max}}{S} = \frac{600}{7} \fallingdotseq 85.71\text{MPa}$$

$$\sigma_a = \frac{P}{A} = \frac{P}{\frac{\pi d^2}{4}}$$

$$\therefore d = \sqrt{\frac{4P}{\pi \sigma_a}} = \sqrt{\frac{4 \times 50 \times 10^3}{\pi \times 85.71 \times 10^6}} \fallingdotseq 0.027\text{m} = 2.7\text{cm}$$

52

정답 ⑤

일반 금속은 항복점을 넘어서 소성변형이 발생하면 외력을 제거해도 원래의 상태로 복원이 불가능하지만, 형상기억합금은 고온에서 일정시간 유지함으로써 원하는 형상으로 기억시키면 상온에서 외력에 의해 변형되어도 기억시킨 온도로 가열만 하면 변형 전 형상으로 되돌아오는 합금이다. 그 종류에는 Ni-Ti계, Ni-Ti-Cu계, Cu-Al-Ni계 합금이 있으며, 니티놀이 대표적인 제품이다.

[오답분석]
① 비금속 : 금속 물질이 아닌 모든 물질이다.
② 내열금속 : 상당한 시간 동안 고온의 환경에서도 강도가 유지되는 재료이다.
③ 비정질합금 : 일정한 결정구조를 갖지 않는 아모르포스(Amor-phous) 구조이며 재료를 고속으로 급랭시키면 제조할 수 있다. 강도와 경도가 높으면서도 자기적 특성이 우수하여 변압기용 철심재료로 사용된다.
④ 초소성 재료 : 금속재료가 일정한 온도와 속도에서 일반 금속보다 수십에서 수천 배의 연성을 보이는 재료로 연성이 매우 커서 작은 힘으로도 복잡한 형상의 성형이 가능한 신소재로 최근 터빈의 날개 제작에 사용된다.

53

정답 ③

탄성계수는 응력과 변형률의 관계로 MLT 차원계로 나타내면 $ML^{-1}T^{-2}$이다.

[오답분석]
① 레이놀즈수 : 유체에 작용하는 관성력과 점성력의 비이다.
② 푸아송비 : 재료에 인장력에 따른 가로변형률과 세로변형률 사이의 비율이다.
④ 비중 : 어떤 물질의 밀도와 대기압, 4℃의 물의 밀도와의 비율이다.
⑤ 항력계수 : 어떤 유체 환경에서의 물체에 작용하는 항력을 정량화하기 위한 무차원수이다.

54

자유표면(수면)이 존재할 경우 프루드수나 레이놀즈수가 같아야 역학적 상사성이 존재하지만, 자동차의 풍동시험의 경우 수면이 존재하지 않는 유체의 흐름이므로 자유표면이 없으면 레이놀즈수가 모형과 원형의 값이 같아야 한다. 따라서 선체와 자동차 풍동시험은 역학적 상사를 이루기 위해 공통적으로 레이놀즈수가 같은지 고려해야 한다.

오답분석

① 마하수 : 유체의 유동속도와 음속의 비를 나타내는 무차원수이다.
③ 오일러수 : 유체의 압력 변화와 밀도와 유체의 속도 간 관계를 나타내는 무차원수이다.
④ 프루드수 : 유체 유동을 관성과 중력의 비로 나타내는 무차원수로 유동의 역학적 상사성을 판단하기 위해 사용한다. 자유표면 유동 해석에 중요한 영향을 미친다.
⑤ 웨버수 : 유체의 관성력과 점성력의 비를 나타내는 무차원수이다.

55

소르바이트는 트루스타이트보다 냉각속도를 더 느리게 했을 때 얻어지는 조직으로 펄라이트보다 강인하고 단단하다.

56

나무토막이 일부 잠긴 채 떠 있다는 것은 나무토막에 작용하는 힘이 평형상태임을 나타낸다. 따라서 나무토막에 작용하는 부력과 중력의 크기는 같다.

57

$$\delta = \frac{PL^3}{3EI} = \frac{PL^3}{3E} \times \frac{12}{bh^3} = \frac{8 \times 10^3 \times 1.5^3}{3 \times 200 \times 10^9} \times \frac{12}{0.3 \times 0.1^3} = 0.18 \times 10^{-2} \text{m} = 1.8 \text{mm}$$

58

$$L = 2 \times 1,000 + \frac{3 \times (250 + 600)}{2} + \frac{(600 - 250)^2}{4 \times 1,000} = 3,305.625 \text{mm} \fallingdotseq 3,305.6 \text{mm}$$

벨트의 평행걸기와 엇갈림걸기

구분	평행걸기		엇갈림걸기	
개체 수				
길이	$L = 2C + \dfrac{\pi(D_2 + D_1)}{2} + \dfrac{(D_2 - D_1)^2}{4C}$		$L = 2C + \dfrac{\pi(D_2 + D_1)}{2} + \dfrac{(D_2 + D_1)^2}{4C}$	
접촉각	θ_1	$180° - \sin^{-1}\left(\dfrac{D_2 - D_1}{2C}\right)$	θ_1	$180° + \sin^{-1}\left(\dfrac{D_2 + D_1}{2C}\right)$
	θ_2	$180° + \sin^{-1}\left(\dfrac{D_2 - D_1}{2C}\right)$	θ_2	$180° + \sin^{-1}\left(\dfrac{D_2 + D_1}{2C}\right)$

59

정답 ②

C_P=1.075kJ/kg · K, R=0.287kJ/kg · K이므로 $C_V = C_P - R$=1.075−0.287=0.788kJ/kg · K이다.

60

정답 ④

하겐 – 푸아죄유 방정식

$\triangle P = \dfrac{128\mu QL}{\pi D^4}$ ($\triangle P$: 압력손실, μ : 점성계수, Q : 유량, L : 관의 길이, D : 관의 직경)

61

정답 ⑤

정상류는 유체 임의의 한 점에서 유체의 모든 특성이 시간이 경과하여도 변화하지 않는 흐름의 상태를 말한다.

$\dfrac{\partial V}{\partial t}=0$, $\dfrac{\partial p}{\partial t}=0$, $\dfrac{\partial T}{\partial t}=0$, $\dfrac{\partial \rho}{\partial t}=0$

62

정답 ③

kcal은 에너지(일)에 대한 단위이다.

63

정답 ③

표준대기압은 1기압을 기준으로 하며, 1기압=1,013hPa=1kg_f/cm^2=1.013bar=14.7psi=10.33mAq=760mmHg이다.

64

정답 ④

ㄴ. 동점성계수(ν)는 유체가 유동할 때 밀도를 고려한 점성계수(μ)로, 점성계수를 유체의 밀도(ρ)로 나눈 값이다.

ㄹ. 동점성계수의 단위로는 1stokes=1cm^2/s를 쓴다[1Stokes(St)=1cm^2/s=100cSt].

65

정답 ④

$\dfrac{P_1 V_1}{T_1} = \dfrac{P_2 V_2}{T_2}$ 에서 P_2=1.5P_1이고 $V_1 = V_2 = V$이므로

$\dfrac{P_1 V}{25+273.15} = \dfrac{1.5P_1 V}{T_2}$

$\therefore T_2$=1.5×(25+273.15)≒447.23K=174.08℃

66

선반은 공작물의 회전운동과 절삭공구의 직선운동에 의해 절삭가공을 하는 공작기계이다.

공작기계의 절삭가공 방법

종류	공구	공작물
선반	축 방향 및 축에 직각 (단면 방향) 이송	회전
밀링	회전	고정 후 이송
보링	직선 이송	회전
	회전 및 직선 이송	고정
드릴링 머신	회전하면서 상·하 이송	고정
셰이퍼, 슬로터	전·후 왕복운동	상하 및 좌우 이송
플레이너	공작물의 운동 방향과 직각 방향으로 이송	수평 왕복운동
연삭기 및 래핑	회전	회전, 또는 고정 후 이송
호닝	회전 후 상하운동	고정
호빙	회전 후 상하운동	고정 후 이송

67

[오답분석]

ㄱ. 열단형 칩 : 칩이 날 끝에 달라붙어 경사면을 따라 원활히 흘러나 가지 못해 공구에 균열이 생기고 가공 표면이 뜯겨진 것처럼 보인다.

ㄴ. 균열형 칩 : 주철과 같이 취성(메짐)이 있는 재료를 저속으로 절삭할 때 발생하며 가공면에 깊은 홈을 만들기 때문에 재료의 표면이 매우 불량해진다.

68

$$I_P = \frac{\pi(d_2{}^4 - d_1{}^4)}{32} = \frac{\pi(5^4 - 3^4)}{32} \fallingdotseq 53.4\,\text{cm}^4$$

69

$\tau = \gamma \times G\,(\tau$: 전단응력, G : 전단탄성계수, γ : 전단변형률)

$$\therefore \gamma = \frac{\tau}{G} = \frac{1 \times 10^3}{80 \times 10^9} = 12.5 \times 10^{-9}$$

70

단면의 형상에 따른 단면계수는 다음과 같다.

- 원형 중실축 : $Z = \dfrac{\pi d^3}{32}$

- 원형 중공축 : $Z = \dfrac{\pi d_2{}^3}{32}(1 - x^4)$ $\left(\text{단, } x = \dfrac{d_1}{d_2} \text{이며 } d_1 < d_2 \text{이다}\right)$

- 삼각형 : $Z_c = \dfrac{bh^2}{24}$, $Z_t = \dfrac{bh^2}{12}$

- 사각형 : $Z = \dfrac{bh^2}{6}$

71

축의 위험회전속도(n_c)를 구하기 위해서는 각속도(ω) 구하는 식을 응용해야 한다.

$\omega = \dfrac{2\pi n}{60}$

위 식에 ω 대신 위험각속도(ω_c), 회전수 n 대신 축의 위험 회전수(n_c)를 대입하면

[위험각속도(ω_c)]$= \dfrac{2\pi n_c}{60}$

$n_c = \dfrac{60\omega_c}{2\pi} = \dfrac{30}{\pi}w_c = \dfrac{30}{\pi}\sqrt{\dfrac{k}{m}}$

한편, [고유진동수(f)]$= \dfrac{1}{2\pi}\sqrt{\dfrac{k}{m}}$ 이다.

따라서 n_c와 f 모두 $\sqrt{\dfrac{k}{m}}$ 와 연관이 있으므로 축의 위험속도(n_c)는 고유진동수(f)와 관련이 크다.

> **고유진동수(f)**
> 단위시간당 진동하는 횟수로, 구조물의 동적 특성을 표현하는 가장 대표적인 개념으로 단위는 [Hz]를 사용한다.
> $f = \dfrac{1}{2\pi}\sqrt{\dfrac{k}{m}}$ (k : 강성, m : 질량)

72

레이놀즈수는 층류와 난류를 구분하는 척도로, 관성력과 점성력의 비이다$\left[Re = \dfrac{(관성력)}{(점성력)}\right]$. 레이놀즈수가 작은 경우에는 점성력이 관성력에 비해 크게 영향을 미친다. 층류에서 난류로 변하는 레이놀즈수를 상임계 레이놀즈수라 하고, 난류에서 층류로 변하는 레이놀즈수를 하임계 레이놀즈수라고 한다. 또한, 유동단면의 형상이 변하면 임계 레이놀즈수도 변화한다.

73

유체가 층류일 때 $f = \dfrac{64}{Re}$ 이므로 $Re = \dfrac{64}{0.04} = 1,600$이다.

$Re = \dfrac{VD}{\nu}$ 이므로 $V = \dfrac{Re \times \nu}{D} = \dfrac{1,600 \times 5}{50} = 160\text{cm/s} = 1.6\text{m/s}$이다.

74

Darcy - Weisbach에 의해 $h_L = f\dfrac{l}{D}\dfrac{v^2}{2g}$ 이고 층류이므로 $f = \dfrac{64}{Re}$ 이다.

따라서 $Re = \dfrac{64lv^2}{2gh_L D} = \dfrac{64 \times 10 \times 10^2}{2 \times 9.8 \times 4.5 \times 0.5} ≒ 1,451$이다.

75

$Re = \dfrac{VD}{\nu}$ 이므로 $V = \dfrac{\nu \times Re}{D} = \dfrac{1.3101 \times 10^{-2} \times 2,000}{5} ≒ 5.2\text{m/s}$이다.

76

$$\sigma = \frac{P}{A} = E\varepsilon = E \cdot \frac{\lambda}{l} \rightarrow \lambda = \frac{Pl}{AE}$$

$$\therefore U = \frac{1}{2}P\lambda = \frac{P^2 l}{2AE} = \frac{(50 \times 10^3)^2 \times 1}{2 \times \left(\frac{\pi \times 0.03^2}{4}\right) \times (303.8 \times 10^9)} = 5.82\text{J}$$

77

정답 ④

하중에 따른 안전율의 크기
충격하중 > 교번하중 > 반복하중 > 정하중

78

정답 ②

밸브의 포트 수는 접속구의 수, 위치 수는 전체 사각형의 개수, 방향 수는 전체 화살표의 개수이다.
따라서 접속구의 수는 4, 전체 사각형의 수는 4, 전체 화살표의 수는 4이므로 4포트 4위치 4방향 밸브이다.

79

정답 ⑤

공압 시스템은 공압기기의 녹을 방지하고 윤활성을 주기 위해 급유를 해야 한다.

80

정답 ②

- 체심입방격자(BCC) : 강도, 경도가 크고 용융점이 높은 반면 연성, 전성이 낮다.
  대표 원소 : V, Ta, W, Rb, K, Li, Mo, $\alpha-$Fe, $\delta-$Fe, Cs, Cr, Ba, Na
- 면심입방격자(FCC) : 강도, 경도가 작고 연성, 전성이 좋다.
  대표 원소 : Ag, Cu, Au, Al, Ni, Pb, Pt, Si, $\gamma-$Fe, Pd, Rh, Ge, Ca
- 조밀육방격자(HCP) : 연성, 전성이 낮고 취성이 있다.
  대표 원소 : Mg, Zn, Ce, Zr, Ti, Y, Ru, Co

81

정답 ①

노칭(Notching)은 판재의 옆면을 여러 가지 모양으로 잘라내는 가공법으로 프레스가공 중 전단가공에 속한다.

[오답분석]
② 냉간가공은 재결정온도 이하에서 가공한다.
③ 가공경화는 소성가공 중 재료가 강해지는 현상이다.
④ 열간가공은 금속을 가열하여 부드럽게 해서 가공하는 방법이다.
⑤ 압연 시 압하율이 크면 롤 간격에서의 접촉호가 길어지므로 최고압력은 증가한다.

82

정답 ①

강도의 크기
극한강도 > 항복응력 > 탄성한도 > 허용응력 ≥ 사용응력

PART 3 최종점검 모의고사 • **137**

83

정답 ②

제시된 축에 대한 삼각형의 단면 2차 모멘트는 $I = \dfrac{bh^3}{36}$ 이다(b : 밑변, h : 높이).

따라서 단면 2차 모멘트는 $I = \dfrac{bh^3}{36} = \dfrac{20 \times 30^3}{36} = 15,000\text{cm}^4$ 이다.

84

정답 ③

냉간가공 시 가공방향에 따라 강도가 달라질 수 있다.

냉간가공과 열간가공의 비교

냉간가공	열간가공
• 재결정온도 이하에서의 소성가공이다.	• 재결정온도 이상에서의 소성가공이다.
• 제품의 치수를 정확하게 가공할 수 있다.	• 적은 동력으로 큰 변형이 가능하다.
• 기계적 성질을 개선시킬 수 있다.	• 재질을 균일하게 만든다.
• 가공면이 아름답다.	• 가공도가 크므로 거친 가공에 적합하다.
• 강도 및 경도가 증가하고 연신율이 감소한다.	• 산화 등의 이유로 정밀가공을 할 수 없다.
• 가공방향에 따라 강도가 달라진다.	• 기공 등이 압착될 수 있다.

85

정답 ②

1지점에서의 유량과 2지점에서의 유량은 같으므로 $\dfrac{\pi D_1^2}{4} v_1 = \dfrac{\pi D_2^{\,2}}{4} v_2 \rightarrow v_1 = \left(\dfrac{D_2}{D_1}\right)^2 v_2$ 이다.

1지점과 2지점에 대해 베르누이 방정식을 적용하면

$$\frac{P_1}{\gamma_{oil}} + \frac{v_1^{\,2}}{2g} = \frac{P_2}{\gamma_{oil}} + \frac{v_2^{\,2}}{2g} \rightarrow \frac{P_1}{\gamma_{oil}} + \frac{v_2^{\,2}}{2g}\left(\frac{D_2}{D_1}\right)^4 = \frac{P_2}{\gamma_{oil}} + \frac{v_2^{\,2}}{2g}$$

v_2에 대해 정리하면 $v_2 = \sqrt{\dfrac{2g\dfrac{P_1 - P_2}{\gamma_{oil}}}{1 - \left(\dfrac{D_2}{D_1}\right)^4}}$ 이다.

한편, $P_1 + \gamma_{oil}\,h = P_2 + \gamma_m\,h$ 이므로 $P_1 - P_2 = (\gamma_m - \gamma_{oil})h$ 이다.

이를 대입하면 $v_2 = \sqrt{\dfrac{2gh\left(\dfrac{\gamma_m}{\gamma_{oil}} - 1\right)}{1 - \left(\dfrac{D_2}{D_1}\right)^4}}$ 이다.

86

정답 ④

냉동 사이클에서 냉매는 압축기 → 응축기 → 팽창밸브 → 증발기 → 압축기로 순환하는 경로를 갖는다.

냉동기의 구성요소
• 압축기 : 냉매기체의 압력과 온도를 높여 고온, 고압으로 만들면서 냉매에 압력을 가해 순환시킨다.
• 응축기 : 복수기라고도 불리며 냉매기체를 액체로 상변화시키면서 고온, 고압의 액체를 만든다.
• 팽창밸브 : 교축과정 상태로 줄어든 입구를 지나면서 냉매액체가 무화되어 저온, 저압의 액체를 만든다.
• 증발기 : 냉매액체가 대기와 만나면서 증발되면서 기체가 된다.

87

정답 ⑤

오답분석

① 텅스텐(W)은 경도를 증가시킨다.
② 니켈(Ni)은 내식성 및 내산성을 증가시키지만, 크리프 내성까지 증가시키지는 않는다.
③ 망간(Mn)은 적열 메짐을 방지한다.
④ 크롬(Cr)은 전자기적 성질을 개선하지는 않는다.

88

정답 ④

Y합금은 Al에 Cu, Mg, Ni를 첨가한 합금이다.

주요 합금의 구성요소

Y합금	Al+Cu+Mg+Ni
두랄루민	Al+Cu+Mg+Mn
스텔라이트	Co+Cr+W+Mi

89

정답 ③

오답분석

① 침탄법 : 순철에 0.2% 이하의 탄소(C)가 합금된 저탄소강을 목탄과 같은 침탄제 속에 완전히 파묻은 상태로 약 900 ~ 950℃로 가열하여 재료의 표면에 C를 침입시켜 고탄소강으로 만든 후 급랭시킴으로써 표면을 경화시키는 열처리법이다. 기어나 피스톤 핀을 표면경화할 때 주로 사용된다.
② 화학증착법 : CVD(Chemical Vapor Deposition)법으로 기체 상태의 혼합물을 가열된 기판의 표면 위에서 화학반응을 시킴으로써 그 생성물이 기판의 표면에 증착되도록 만드는 기술이다.
④ 크로마이징 : 크롬(Cr)을 1,000 ~ 1,400℃인 환경에서 침투 및 확산시키는 표면처리 방법이다.
⑤ 고주파경화법 : 고주파유도전류로 강(Steel)의 표면층을 급속 가열한 후 급랭시키는 방법으로 가열시간이 짧고 피가열물에 대한 영향을 최소로 억제하며 표면을 경화시키는 표면경화법이다.

90

정답 ①

$Q = \triangle U + W$에서 외부로부터 받은 일의 양이 36kJ/kg이고 방출한 열이 36kJ/kg이므로 $-36 = \triangle U - 68$이다.
따라서 내부에너지의 변화량은 $\triangle U = -36 - (-68) = 32$kJ/kg이고 양수이므로 증가하였다.

91

정답 ②

$$R = 8.314 \text{J/mol} \cdot \text{K} = \frac{8.314 \text{J/mol} \cdot \text{K}}{30\text{g/mol}} ≒ 0.277 \text{J/mol} \cdot \text{K}$$

92

정답 ⑤

1냉동톤(1RT)은 0℃의 물 1,000kg을 24시간동안 0℃인 얼음으로 만들 때 냉각해야 할 열량이다.

즉, 물과 얼음 사이의 잠열은 79.68kcal/kg이므로 $1RT = \dfrac{79.68 \times 1,000}{24} = 3,320$kcal/hr이다.

93

정답 ①

재열사이클은 터빈출구의 건도를 높임으로써 높은 보일러압력을 사용할 수 있도록 한 열기관 사이클이다.

94

정답 ③

절삭깊이를 감소시키면 절삭 시 공구에 작용하는 압력과 마찰열이 줄어들기 때문에 구성인선의 발생을 감소시킨다. 또한, 구성인선이 발생하지 않으므로 표면조도 또한 양호하다.

오답분석

① 경질의 재료일수록 절삭저항이 더 크다.
② 절삭속도를 증가시키면 공구의 온도가 상승하여 마모가 빠르게 진행된다.
④ 절삭속도를 증가시키면 바이트의 설치 위치 및 절삭깊이, 경사각 등에 따라 표면조도를 좋게 할 수 있다.
⑤ 절삭속도를 감소시켜도 절삭깊이가 깊으면 표면조도가 불량할 수 있다.

95

정답 ③

카르노사이클의 P−V선도와 T−S선도의 비교

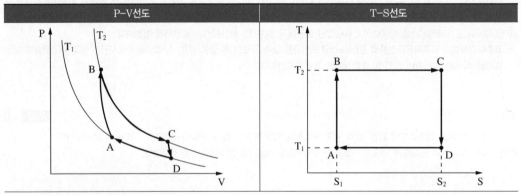

P−V선도	T−S선도

• P는 압력, V는 부피, T는 온도, S는 엔트로피이다.
• 각 과정에 해당하는 과정은 다음과 같다.
  − A→B : 단열압축과정
  − B→C : 등온팽창과정
  − C→D : 단열팽창과정
  − D→A : 등온압축과정

96

정답 ⑤

오토 사이클은 흡입 → 단열 압축 → 정적 가열 → 단열 팽창 → 정적 방열 → 배기 과정을 거친다.
따라서 오토 사이클은 0 → 1 → 2 → 3 → 4 → 1 → 0 과정을 거치므로 단열과정은 1 → 2, 3 → 4이다.

97

$Q = 0.6 \times 10 \times \dfrac{10}{1 \times 10^{-2}} \times 3,600 = 21,600,000\text{J} \doteqdot 5,184,000\text{cal} = 5,184\text{kcal}$이다.

따라서 1시간동안 실외에서 유리를 통해 실내로 들어오는 열량은 약 $5,184\text{kcal}$이다.

물체에 열이 전도되는 열량

$$Q = \kappa A \frac{\Delta T}{d} t$$

Q : 열량
κ : 열전도율
A : 면적
d : 길이(두께)
ΔT : 온도차
t : 시간

98

처음에 가해진 충격에 의한 변위가 현가시스템에 의해 시간에 따라 점차 감소하고 있다. 이때 변위의 그래프는 점차 감소하는 진동을 보이므로 감쇠비는 $0 < \zeta < 1$이다.

감쇠비(Damping Ratio)

$$\zeta = \frac{c(\text{감쇠계수})}{2\sqrt{km}} = \frac{c}{2m\omega_n} \ (k \ : \ \text{강성})$$

99

Fe−C 상변화도

정답 ③

응력 – 변형률선도에서 재료에 작용한 응력이 항복점에 이르게 되면 하중을 제거해도 재료는 변형된다.

공칭응력 – 변형률 곡선

- 탄성한도(Elastic Limit) : 하중을 제거하면 시험편의 원래 치수로 돌아가는 구간으로 후크의 법칙이 적용된다.
- 비례한도(Proportional Limit) : 응력과 변형률 사이에 정비례관계가 성립하는 구간 중 응력이 최대인 점이다.
- 항복점(Yield Point, σ_y) : 인장시험에서 하중이 증가하여 어느 한도에 도달하면 하중을 제거해도 원위치로 돌아가지 않고 변형이 남게 되는 그 순간의 하중이다.
- 극한강도(Ultimate Strength, σ_u) : 재료가 파단되기 전에 외력에 버틸 수 있는 최대의 응력이다.
- 네킹구간(Necking) : 극한 강도를 지나면서 재료의 단면이 줄어들면서 길게 늘어나는 구간이다.
- 파단점 : 재료가 파괴되는 점이다.

|06| 전기

51	52	53	54	55	56	57	58	59	60	61	62	63	64	65	66	67	68	69	70
②	①	①	③	③	②	③	①	⑤	④	①	④	①	②	②	④	①	④	⑤	⑤
71	72	73	74	75	76	77	78	79	80	81	82	83	84	85	86	87	88	89	90
③	⑤	③	①	④	③	③	②	③	②	⑤	③	②	②	③	④	②	⑤	⑤	④
91	92	93	94	95	96	97	98	99	100										
④	①	⑤	④	②	①	②	②	③	①										

51
정답 ②

$C = \dfrac{Q}{V}$ 에서 $V \rightarrow 2V$ 이므로

$C' = \dfrac{Q}{2V} = \dfrac{1}{2}C$ 이다.

따라서 커패스터의 용량은 2배 감소한다.

52
정답 ①

• 전지의 내부저항

$r_0 = \dfrac{r}{n} = \dfrac{3}{3} = 1\,\Omega$

• 전류

$I = \dfrac{E}{r+R} \rightarrow 0.5 = \dfrac{1.5}{1+R}$

$1.5 = 0.5(1+R) = 0.5 + 0.5R$

$R = 2\,\Omega$

저항을 2배로 높이면

$I' = \dfrac{1.5}{1+4} = \dfrac{1.5}{5} = 0.3\text{A}$

53
정답 ①

$F = NI = R_m\varPhi = (2\times10^7)\times(5\times10^{-5}) = 10\times10^2\,\text{AT} = 1{,}000\text{AT}$

54
정답 ③

$E = -\nabla V$

$= \left(\dfrac{\partial}{\partial x}\hat{i} + \dfrac{\partial}{\partial y}\hat{y} + \dfrac{\partial}{\partial z}\hat{z}\right)(5x+6y^2)$

$= \left[\dfrac{\partial}{\partial x}(5x+6y^2)\hat{i} + \dfrac{\partial}{\partial y}(5x+6y^2)\hat{y} + \dfrac{\partial}{\partial z}(5x+6y^2)\hat{z}\right]$

$= 5\hat{i} + 12\hat{y}$

$\therefore |E| = \sqrt{5^2+12^2} = 13\text{V/m}$

55

전원과 $R_1 - R_2$, $R_3 - R_4$는 서로 병렬로 연결되어 있으므로 R_1, R_2에 걸리는 전압과 R_3, R_4에 걸리는 전압의 크기는 100V로 같다.

• a에 걸리는 전압의 크기

R_1, R_2에 걸리는 전압이 100V이고 $R_1 : R_2 = 2 : 3$이므로 각 저항에 걸리는 전압의 비 또한 2 : 3이다. 따라서 a에 걸리는 전압의 크기는 40V이다.

• b에 걸리는 전압의 크기

R_3, R_4에 걸리는 전압 또한 100V이고 $R_3 : R_4 = 1 : 9$이므로 각 저항에 걸리는 전압의 비 또한 1 : 9이다. 따라서 b에 걸리는 전압의 크기는 10V이다.

따라서 $a - b$ 사이에 걸리는 전압의 크기는 $40 - 10 = 30$V이다.

56

전기력선의 성질

• 도체 표면에 존재한다(도체 내부에는 없음).
• $(+) \rightarrow (-)$ 이동한다.
• 등전위면과 수직으로 발산한다.
• 전하가 없는 곳에는 전기력선이 없다(발생, 소멸이 없음).
• 전기력선 자신만으로 폐곡선을 이루지 않는다.
• 전위가 높은 곳에서 낮은 곳으로 이동한다.
• 전기력선은 서로 교차하지 않는다.
• 전기력선 접선 방향과 그 점의 전계의 방향은 같다.
• Q[C]에서 $\dfrac{Q}{\varepsilon_0}$개의 전기력선이 나온다.
• 전기력선의 밀도는 전기장의 세기에 비례한다.

57

발전기는 조속기의 감도를 둔감하게 해야 안정도가 향상된다.

안전도 향상 대책
• 발전기
 - 조속기의 감도를 적당히 둔감하게 한다.
 - 제동권선을 설치한다(난조 방지).
 - 속응여자방식을 채용한다.
 - 단락비를 크게 한다.
 - 전압변동률을 작게 한다.
 - 동기리액턴스를 감소시킨다.
• 송전선
 - 리액턴스를 감소시킨다.
 - 복도체(다도체)를 사용한다.
 - 병행 2회선 방식을 채용한다.
 - 고속도 재폐로 방식을 채용한다.
 - 고속 차단기를 설치한다.

58

정답 ①

감쇠비(ζ)가 0인 경우 시스템은 무한히 진동하며 발산한다.

오답분석

② 시정수가 작을수록 시스템 응답속도가 빠르다.

③ $0 < \zeta < 1$이면 진폭은 점차 감소하는 진동 시스템이다.

④ 지연시간은 출력값이 처음으로 정상 출력값의 50%에 도달하기까지 걸리는 시간이다.

⑤ 상승시간은 출력값이 정상 출력값의 10%에서 처음으로 90% 값에 도달하기까지 걸리는 시간이다.

감쇠비

진동 시스템의 감쇠가 어느 정도인지 나타내는 상수이며, 그 값에 따라 진동의 형태가 달라진다.

- $\zeta = 0$: 무한진동
- $0 < \zeta < 1$: 미급감쇠진동
- $\zeta = 1$: 임계감쇠진동
- $\zeta > 1$: 과도감쇠진동

59

정답 ⑤

$$Q_c = P(\tan\theta_1 - \tan\theta_2) = P\left(\frac{\sin\theta_1}{\cos\theta_1} - \frac{\sin\theta_2}{\cos\theta_2}\right) = 150 \times \left(\frac{\sqrt{1-0.6^2}}{0.6} - \frac{\sqrt{1-0.9^2}}{0.9}\right) \fallingdotseq 127.3\text{kVA}$$

60

정답 ④

발전기의 초당 회전수가 다르더라도 동기발전기의 극수에 의해 주파수가 같아지면 병렬로 운전할 수 있다.

동기발전기 병렬운전 시 필요조건
- 유기기전력의 주파수가 같을 것

$$\left[f = \frac{p}{2}n(f : \text{주파수}, \ p : \text{극수}, \ n : \text{초당 회전수})\right]$$

- 유기기전력의 크기가 같을 것
- 유기기전력의 위상이 같을 것
- 유기기전력의 파형이 같을 것
- 유기기전력의 상회전의 방향이 같을 것

61

정답 ①

구리전선과 전기 기계 기구 단지를 접속하는 경우 진동 등으로 인하여 헐거워질 염려가 있는 곳은 스프링 와셔를 끼워 진동을 방지한다.

62

정답 ④

리플프리(Ripple-Free) 직류는 전압 및 전류 변동이 거의 없는 전류이며 직류 성분에 대하여 10%를 넘지 않는다. 즉, 리플프리 직류 시스템에서는 120V 직류 전원일 때 변동이 발생하여도 140V를 넘을 수 없고, 60V 직류 전원일 때 변동이 발생하여도 70V를 넘을 수 없다.

63

정답 ①

전동기 전원에 접속된 상태에서 전기자의 접속을 반대로 하여 회전 방향과 반대 방향으로 토크를 발생시켜 급정지시키는 역상제동을 사용한다.

[오답분석]
② 회생제동 : 전동기가 갖는 운동에너지를 전기에너지로 변화시키고, 이것을 전원으로 반환하여 제동한다.
③ 발전제동 : 운전 중인 전동기를 전원에서 분리하여 발전기로 작용시키고, 회전체의 운동에너지를 전기에너지로 변환하여 저항에서 열에너지로 소비시켜 제동한다.
④ 저항제동 : 전동기가 갖는 운동 에너지에 의해서 발생한 전기 에너지가 가변 저항기에 의해서 제어되고, 소비되는 일종의 다이내믹 제동방식이다.
⑤ 단상제동 : 유도 전동기의 고정자에 단상 전압을 걸어주어 회전자 회로에 큰 저항을 연결할 때 일어나는 제동이다.

64

정답 ②

보호계전기의 구비조건
• 신뢰도가 높고 오작동이 없어야 한다.
• 보호동작이 정확하고 고장을 검출할 수 있는 최소 감도 이상이어야 한다.
• 고장 시 신속한 선택차단 및 복구로 정전 구간을 최소화할 수 있어야 한다.
• 취급이 간단하고 보수가 용이해야 한다.
• 주변 환경에 의한 성능 변화가 적어야 한다.
• 열적, 기계적으로 견고해야 한다.
• 경제적이고 소비전력이 적어야 한다.
• 후비보호능력을 갖춰야 한다.

65

정답 ②

• 상전류

$$I_p = \frac{V_p}{Z_p} = \frac{\frac{200}{\sqrt{3}}}{50} = \frac{200}{50\sqrt{3}} = \frac{4}{\sqrt{3}}[A]$$

• 무효전력

$$P_r = 3I^2X[\text{var}] = 3 \times \left(\frac{4}{\sqrt{3}}\right)^2 \times 40 = 3 \times \left(\frac{16}{3}\right) \times 40 = 640\text{Var}$$

66

정답 ④

Y결선은 중성점 접지가 가능하고, 선간전압은 상전압의 $\sqrt{3}$ 배가 되며, 선간전압에 제3고조파가 발생하지 않고, 같은 선간전압의 결선에 비해 절연이 쉽다.

67

정답 ①

환상코일의 인덕턴스인 경우, $L = \dfrac{\mu S N^2}{l}$ 이고 $L' = \dfrac{\mu S (3N)^2}{l} = \dfrac{9\mu S N^2}{l} = 9L$ 이다.

따라서 $L' = L$이 되기 위해서는 비투자율을 1/9배로 조정하거나 단면적을 1/9배로 좁히거나 길이를 9배 늘리면 된다.

68

정답 ④

교류의 실효값이 7A이므로, 최대값은 $I_m = \sqrt{2}\,I_s = 7\sqrt{2}$ 이다.

따라서 $i(t) = 7\sqrt{2}\,sin\,(2\pi ft + 60°) = 7\sqrt{2}\,sin\left(2\pi ft + \dfrac{\pi}{3}\right)$ 이다.

69

정답 ⑤

공통 중성선 다중 접지 3상 4선식 배전선로에서 고압측(1차측) 중성선과 저압측(2차측) 중성선을 전기적으로 연결하는 주된 목적은 고압 중성선과 저압 중성선이 서로 혼촉 시 수용가에 침입하는 상승전압을 억제하기 위함이다. 다중 접지 3상 4선식 배전 선로에서 고압측 중성선과 저압측 중성선끼리 연결되지 않은 채 고압 중성선과 저압 중성선이 서로 혼촉 시 고압 측 큰 전압이 저압 측을 통해서 수용가에 침입할 우려가 있다.

70

정답 ⑤

[유전율(ϵ)]$= \epsilon_0 \epsilon_s$ 에서 ϵ_s 는 비유전율이고, ϵ_0 는 진공에서의 유전율이며 $\epsilon_0 = 8.855 \times 10^{-12}$ F/m으로 정의한다.

ㄱ. 모든 유전체의 비유전율은 1보다 크다.
ㄷ. 어떤 물질의 비유전율은 진공 중의 유전율에 대한 물질의 유전율의 비이다.
ㄹ. 비유전율은 절연물의 종류에 따라 다르다.
ㅁ. 산화티탄 자기의 비유전율이 유리의 비유전율보다 크다(산화티탄 : 115 ~ 5,000, 유리 : 5.4 ~ 9.9).

오답분석

ㄴ. 비유전율은 비율을 나타내는 무차원수이므로 단위는 없다.
ㅂ. 진공, 공기 중의 비유전율은 1이다.
ㅅ. 진공 중의 유전율은 $\dfrac{1}{36\pi} \times 10^{-9}$ F/m으로 나타낼 수 있다.

71

정답 ③

오답분석

ㄴ. 선로정수의 평형은 연가의 사용목적이다.

가공지선의 설치 목적
• 직격뢰로부터의 차폐
• 유도뢰로부터의 차폐
• 통신선유도장애 경감

72

정답 ⑤

표피효과는 도체에 주파수가 큰 교류를 송전하면 내부에 전류가 표피로 집중하여 흐르는 현상으로 도전율(σ), 투자율(μ), 주파수(f)가 클수록 커진다.

73

정답 ③

[오답분석]

① 유기 기전력과 전기자 전류가 동상인 경우 횡축 반작용을 한다.
② 뒤진역률일 경우, 즉 전류가 전압보다 90° 뒤질 때는 감자작용을 한다.
④ 계자전류에 의한 자속이 전기자자속에 영향을 주는 현상이 아니라 전기자전류에 의한 자기장이 계자자속에 영향을 주는 현상이다.
⑤ 앞선역률일 경우, 즉 전류가 전압보다 90° 앞설 때는 증자작용을 한다.

> **전기자 반작용**
> 전기자 전류가 흘러 생긴 전기자 자속이 계자 자속에 영향을 주는 현상이다.
> • 역률 1일 때(전압과 전류가 동상인 전류, 저항부하) : 교차자화작용(횡축반작용)
> • 뒤진역률(지상 전류, 유도성부하) : 감자작용(직축반작용)
> • 앞선역률(진상 전류, 용량성부하) : 증자작용(직축반작용)

74

정답 ①

• 임피던스 $Z = \dfrac{V}{I} \Omega = \dfrac{200}{10} = 20\,\Omega$

• 역률 $\cos\theta = \dfrac{R}{|Z|} = \dfrac{5}{20} = 0.25$

75

정답 ④

• 피상전력 $P_a = \sqrt{(P)^2 + (P_r)^2} = \sqrt{(300)^2 + (400)^2} = 500\text{VA}$

• 전류 $P_a = VI$ 에서 $I = \dfrac{P_a}{V}$ 이므로 $\dfrac{500}{100} = 5\text{A}$

76

정답 ③

코일의 인덕턴스는 $L = N\dfrac{\Phi}{I} = \dfrac{2,000 \times 6 \times 10^{-2}}{10} = 12\text{H}$이다.

따라서 시상수는 $\tau = \dfrac{L}{R} = \dfrac{12}{12} = 1$초이다.

77

- 임피던스

$$Z = \frac{-j2 \times 2}{-j2 + 2} + (1 + j3)$$

$$= \frac{-j4}{2 - j2} + (1 + j3)$$

$$= \frac{2 + j6 - j2 + 6 - j4}{2 - j2}$$

$$= \frac{8}{2 - j2} \text{(분모, 분자공액)}$$

$$= \frac{8 \cdot (2 + j2)}{(2 - j2) \cdot (2 + j2)}$$

$$= 2 + j2 [\Omega]$$

$$\therefore |Z| = \sqrt{(2)^2 + (2)^2} = \sqrt{8} = 2\sqrt{2}\,\Omega$$

- 역률

$$\cos\theta = \frac{(\text{임피던스의 실수부})}{|Z|} = \frac{2}{2\sqrt{2}} = \frac{1}{\sqrt{2}} = \frac{\sqrt{2}}{2}$$

- 유효전력

$$P = I^2 R = \left(\frac{V}{Z}\right)^2 \times R$$

$$= \left(\frac{10}{2\sqrt{2}}\right)^2 \times 2$$

$$= 25W$$

78

ㄴ. RL직렬회로의 임피던스는 $Z = R + j\omega L$이고 그 크기는 $|Z| = \sqrt{(R)^2 + (\omega L)^2}$ 이다.

ㄹ. [양호도(Q)] $= \frac{1}{R}\sqrt{\frac{L}{C}}$

오답분석

ㄱ. 인덕터만으로 연결된 회로의 유도 리액턴스는 $X_L = \omega L$이다. RL회로는 전압이 전류보다 위상이 90° 앞선다.

ㄷ. RC직렬회로의 임피던스는 $Z = R - j\frac{1}{wC}$이고 그 크기는 $|Z| = \sqrt{(R)^2 + \left(\frac{1}{\omega C}\right)^2}$ 이다.

79

ㄱ. RLC병렬이므로 전압은 모두 같다.
ㄷ. 공진 시 전류는 저항 R에만 흐른다.
ㅁ. 공진 시 에너지는 저항 R에서만 소비된다.

오답분석

ㄴ. [어드미턴스(Y)]$= \dfrac{1}{R} + j\dfrac{1}{X_c} - j\dfrac{1}{X_L}[\mho] = \dfrac{1}{R} + j\left(\dfrac{1}{X_c} - \dfrac{1}{X_L}\right)$

$X_c = \dfrac{1}{\omega C}$, $X_L = \omega L$을 대입하여 정리하면

$\dfrac{1}{R} + j\left(\dfrac{1}{\dfrac{1}{\omega C}} - \dfrac{1}{\omega L}\right) = \dfrac{1}{R} + j\left(\omega C - \dfrac{1}{\omega L}\right)[\mho]$

ㄹ. L과 C의 전류 위상차 : $-90°$와 $+90°$, 즉 $180°$ 위상차가 발생한다.

$L[\mathrm{H}]$	$C[\mathrm{F}]$
$\dot V$ (기준) O $\dfrac{\pi}{2}$ $\dot i$ $v > I\left(\dfrac{\pi}{2}\right)$	$\dot i$ $\dfrac{\pi}{2}$ O $\dot V$ (기준) $v < I\left(\dfrac{\pi}{2}\right)$

80

$$\begin{pmatrix} A & B \\ C & D \end{pmatrix} = \begin{pmatrix} 1 + \dfrac{6}{3} & \dfrac{(6\times3)+(3\times6)+(6\times6)}{3} \\ \dfrac{1}{3} & 1 + \dfrac{6}{3} \end{pmatrix} = \begin{pmatrix} 3 & 24 \\ \dfrac{1}{3} & 3 \end{pmatrix}$$

대칭 T형 회로

$$\begin{pmatrix} 1 + \dfrac{Z_1}{Z_2} & \dfrac{Z_1 Z_2 + Z_2 Z_3 + Z_3 Z_1}{Z_2} \\ \dfrac{1}{Z_2} & 1 + \dfrac{Z_3}{Z_2} \end{pmatrix}$$

대칭 T형 회로에서는 $A = D$이다.

81

직류 송전은 차단기 설치 및 전압의 변성이 어렵다.

82

Peek의 식

$$P = \frac{241}{\delta}(f+25)\sqrt{\frac{d}{2D}}(E-E_0)^2 \times 10^{-5}$$

- δ : 상대공기밀도$\left(\delta = \frac{0.368b}{273+t}, \ b : 기압, \ t : 온도\right)$
- D : 선간거리[cm]
- d : 전선의 지름[cm]
- f : 주파수[Hz]
- E : 전선에 걸리는 대지전압[kV]
- E_0 : 코로나 임계전압[kV]

83

구분	파형	실횻값	평균값	파고율	파형률
정현파 (사인파)	V_m	$\dfrac{V_m}{\sqrt{2}}$	$\dfrac{2}{\pi}V_m$	$\sqrt{2}$	$\dfrac{\pi}{2\sqrt{2}}$
전파 (정류)		$\dfrac{V_m}{\sqrt{2}}$	$\dfrac{2}{\pi}V_m$	$\sqrt{2}$	$\dfrac{\pi}{2\sqrt{2}}$
반파 (정류)		$\dfrac{V_m}{2}$	$\dfrac{V_m}{\pi}$	2	$\dfrac{\pi}{2}$
구형파 (사각파)		V_m	V_m	1	1
반구형파		$\dfrac{V_m}{\sqrt{2}}$	$\dfrac{V_m}{2}$	$\sqrt{2}$	$\sqrt{2}$
삼각파 (톱니파)		$\dfrac{V_m}{\sqrt{3}}$	$\dfrac{V_m}{2}$	$\sqrt{3}$	$\dfrac{2}{\sqrt{3}}$
제형파 (사다리꼴)		$\dfrac{\sqrt{5}}{3}V_m$	$\dfrac{2}{3}V_m$	$\dfrac{3}{\sqrt{5}}$	$\dfrac{\sqrt{3}}{2}$

84

병렬회로 공진 주파수는 직렬회로의 공진 주파수와 동일하다.

$$f = \frac{1}{2\pi\sqrt{LC}}[\text{Hz}] = \frac{1}{2\pi\sqrt{100 \times 1 \times 10^4 \times 10^{-6}}} = \frac{1}{2\pi}\text{Hz}$$

85

$$\%Z = \frac{I_n Z}{E_n} \times 100 = \frac{PZ}{10\,V^2}$$

(I_n : 정격전류, Z : 내부임피던스, P : 변압기용량, E_n : 상전압, 유기기전력, V : 선간전압 또는 단자전압)

86

권선형 전동기와 유도 전동기의 비교

구분	권선형 유도 전동기	농형 유도 전동기
장점	• 기동전류가 작다. • 기동토크가 크다. • 용량이 크다.	• 구조가 간단하다. • 유지보수 및 수리가 간단하다. • 상대적으로 저렴하다.
단점	• 구조가 복잡하다.	• 기동전류가 크다. • 기동토크가 작다.

87

계기용변류기(CT)는 고압회로에 흐르는 큰 전류를 이에 비례하는 적은 전류로 변성하여 배전반의 측정계기나 보호 계전기의 전원으로 사용하는 전류 변성기이다.

오답분석

① 계기용변압기(PT) : 고압회로의 높은 전압을 이에 비례하는 낮은 전압으로 변성하는 변압기이다.
③ 과전압 계전기(OVR) : 전압이 일정 값 이상이 되었을 때 동작하는 계전기이다.
④ 지락 계전기(OCR) : 전류가 일정 값 이상으로 흐를 때 동작하는 계전기이다.
⑤ 단락방향 계전기(DSR) : 일정 방향으로 일정 값 이상의 단락 전류가 발생할 경우 동작하는 계전기이다.

88

자동제어계 동작 분류

• 비례동작(P동작) : 정상오차를 수반하며 잔류편차 발생시킨다.
• 적분동작(I동작) : 잔류편차(Offset)를 제거하며 지상을 보상한다.
• 미분동작(D동작) : 오차가 커지는 것을 방지하며 진상을 보상한다.
• 비례적분동작(PI동작) : 잔류편차를 제거한다.
• 비례미분동작(PD동작) : 응답속응성을 개선한다.
• 비례적분미분동작(PID동작) : 잔류편차 제거, 응답의 오버슈트 감소, 응답속응성을 개선하며, 정상특성을 개선하는 최상의 최적 제어로 안정한 제어가 되도록 한다.

89

수지식(가지식) 방식은 전압 변동이 크고 정전 범위가 넓다.

오답분석

①·② 망상식(네트워크) 방식은 무정전 공급이 가능하나, 네트워크 변압기나 네트워크 프로텍터 설치에 따른 설비비가 비싸다. 대형 빌딩가와 같은 고밀도 부하 밀집 지역에 적합한 방식이다.
③ 환상식(루프) 방식은 전류 통로에 대한 융통성이 있어 전압 강하 및 전력 손실이 수지식보다 적다.
④ 뱅킹 방식은 전압 강하 및 전력 손실, 플리커 현상 등을 감소시킨다.

90

등전위면과 전기력선은 항상 수직이다.

오답분석

① 도체표면은 등전위면이다.

② 도체표면에만 존재하고 도체내부에는 존재하지 않는다.

③ 전기력선은 등전위면 간격이 좁을수록 세기가 커진다.

⑤ 전기력선은 서로 교차하지 않고, 그 방향은 양(+)에서 음(−)으로 향한다.

> **전기력선의 성질**
> • 도체 표면에 존재한다(도체 내부에는 없다).
> • 양전하(+)에서 음전하(−)로 향한다.
> • 등전위면과 수직으로 발산한다.
> • 전하가 없는 곳에는 전기력선이 없다(발생, 소멸이 없다).
> • 전기력선 자신만으로 폐곡선을 이루지 않는다.
> • 전위가 높은 곳에서 낮은 곳으로 이동한다.
> • 전기력선은 서로 교차하지 않는다.
> • 전기력선 접선방향은 그 점의 전계의 방향을 의미한다.
> • 어떤 한 점의 전하량이 Q일 때, 그 점에서 $\dfrac{Q}{\varepsilon_0}$개의 전기력선이 나온다.
> • 전기력선의 밀도는 전기장의 세기에 비례한다(전기력선의 세기는 등전위면 간격이 좁을수록 커진다).

91

$$A\overline{B}+\overline{A}B+AB=A(B+\overline{B})+\overline{A}B$$
$$=A+\overline{A}B$$
$$=(A+\overline{A})(A+B)$$
$$=A+B$$

92

오답분석

② 펄스 폭에 대한 설명이다.

③ 지연 시간에 대한 설명이다.

④ 대역 폭에 대한 설명이다.

⑤ 언더슈트에 대한 설명이다.

93

오답분석

① 위상 변조 : 2진 신호를 반송파의 위상으로 변조하는 방식이다.

② 진폭 변조(AM) : 반송파의 진폭을 전달하고자 하는 신호의 진폭에 따라 변화시키는 변조하는 방식이다.

③ 델타 변조(DM) : 아날로그 신호의 증감을 2진 펄스로 변조하는 방식이다.

④ 펄스 코드 변조(PCM) : 아날로그 신호를 샘플링하여 펄스 코드로 양자화하는 방식이다.

94

차동 증폭기는 두 입력 신호의 차에 대한 신호를 증폭하여 출력한다.

95

정답 ②

$$\mathcal{L}(f) = \int_0^\infty (3t^2 - 4t + 1)dt$$
$$= 3 \cdot \frac{2!}{s^{2+1}} - 4 \cdot \frac{1}{s^2} + \frac{1}{s}$$
$$= \frac{6}{s^3} - \frac{4}{s^2} + \frac{1}{s}$$

오답분석

① $\mathcal{L}(f) = \int_0^\infty e^{-st}(4\cos wt - 3\sin wt)dt$

$$= 4 \cdot \frac{s}{s^2 + w^2} - 3 \cdot \frac{w}{s^2 + w^2}$$
$$= \frac{4s - 3w}{s^2 + w^2}$$

③ $\mathcal{L}(f) = \int_0^\infty (e^{2t} + 5e^t - 6)dt$

$$= \frac{1}{s-2} + \frac{5}{s-1} - \frac{6}{s}$$

④ $\mathcal{L}(f) = \int_0^\infty \cosh 5t \, dt$

$$= \frac{s}{s^2 - 5^2}$$
$$= \frac{s}{s^2 - 25}$$

⑤ 임의의 상수 a에 대한 라플라스 변환은 $\dfrac{a}{s}$ 이다.

라플라스 변환

t에 대한 함수 $f(t)$에 대하여 $f(t)$의 라플라스변환은 $\mathcal{L}(f) = \int_0^\infty e^{-st} f(t) dt$로 정의한다.

$f(t)$	$\mathcal{L}(f)$	$f(t)$	$\mathcal{L}(f)$
1	$\dfrac{1}{s}$	$\cos wt$	$\dfrac{s}{s^2 + w^2}$
t^n	$\dfrac{n!}{s^{n+1}}$ (n은 자연수)	$\sin wt$	$\dfrac{w}{s^2 + w^2}$
e^{at}	$\dfrac{1}{s-a}$	$\cosh wt$	$\dfrac{s}{s^2 - w^2}$
−	−	$\sinh wt$	$\dfrac{w}{s^2 - w^2}$

이때 $\mathcal{L}(f)$는 다음 성질을 갖는다.

$\mathcal{L}(ax + by) = a\mathcal{L}(x) + b\mathcal{L}(y)$

(단, a, b는 상수이고 x, y는 함수이다)

96

$$E_{d\alpha} = \frac{1}{T}\int e d\theta = \frac{\sqrt{2}\,V}{\pi}\left(\frac{1+\cos\alpha}{2}\right)$$

$$\therefore\ E = \frac{\sqrt{2}\,V}{\pi}\left(\frac{1+\cos 60^\circ}{2}\right) = 0.338V$$

97

$E_d = \frac{2\sqrt{2}\,E}{\pi} - e_a$ 에서

$E = \frac{\pi}{2\sqrt{2}}(E_d + e_a) = \frac{\pi}{2\sqrt{2}}(100+10) \fallingdotseq 122V$ 이다.

98

구분	단상 반파	단상 전파	3상 반파	3상 전파
직류전압	$E_d = 0.45E$	$E_d = 0.9E$	$E_d = 1.17E$	$E_d = 1.35E$
맥동주파수	f	$2f$	$3f$	$6f$
맥동률	121%	48%	17%	4%

단상 반파의 직류전압은 $E_d = 0.45E$ 이고, $I_d = \frac{E_d}{R}$ 이므로, $I_d = \frac{0.45 \times 100}{10\sqrt{2}} \fallingdotseq 3.2A$ 이다.

99

다이오드는 전류를 한쪽 방향으로만 흐르게 하는 역할을 한다. 이 성질을 이용하여 교류전원을 직류전원으로 변환시킬 수 있으며 이를 다이오드의 정류작용이라고 한다.

오답분석

① 증폭작용 : 전류 또는 전압의 진폭을 증가시키는 작용으로 주로 트랜지스터를 이용한다.
② 발진작용 : 직류에너지를 교류에너지로 변환시키는 작용으로 주로 인버터를 이용한다.
④ 변조작용 : 파동 형태의 신호 정보의 주파수, 진폭, 위상 등을 변화시키는 작용이다.
⑤ 승압작용 : 회로의 증폭 작용 없이 일정 비율로 전압을 높여주는 작용으로 주로 변압기를 이용한다.

100

자기소호 기능에 가장 좋은 소자는 'GTO'이다. GTO는 직류 전기 철도용의 정지형 차단기에서 턴오프 다이리스터 차단기라 한다.

오답분석

② SCR : 제어단자로부터 음극에 전류를 흘리면 양극과 음극사이에 전류가 흘러 전기가 통하게 할 수 있는 전력 제어용 3단자 반도체 정류기이며, 실리콘 제어 정류기라고 한다.
③ TRIAC : 양방향성의 전류 제어가 일어나는 반도체 제어 부품이다.
④ LASCR : PN다이오드 두 개를 접합하고, 4층 소자에 전압을 인가하여 중앙의 접합부에 빛을 조사하면 전자 정공대가 유기되고, 이들은 각각 전계에 의해 이동하여 디바이스를 ON 상태로 변환한다.
⑤ UJT : 반도체의 n형 막대 한 쪽에 p합금 영역을 가진 구조의 트랜지스터로, 막대 양단의 베이스와 p영역에 전극이 설치된다.

미래는 자신이 가진 꿈의 아름다움을 믿는 사람들의 것이다.

– 엘리노어 루즈벨트 –

한국가스공사 필기전형 답안카드

번호	1	2	3	4	5		번호	1	2	3	4	5		번호	1	2	3	4	5		번호	1	2	3	4	5		번호	1	2	3	4	5
1	①	②	③	④	⑤		21	①	②	③	④	⑤		41	①	②	③	④	⑤		61	①	②	③	④	⑤		81	①	②	③	④	⑤
2	①	②	③	④	⑤		22	①	②	③	④	⑤		42	①	②	③	④	⑤		62	①	②	③	④	⑤		82	①	②	③	④	⑤
3	①	②	③	④	⑤		23	①	②	③	④	⑤		43	①	②	③	④	⑤		63	①	②	③	④	⑤		83	①	②	③	④	⑤
4	①	②	③	④	⑤		24	①	②	③	④	⑤		44	①	②	③	④	⑤		64	①	②	③	④	⑤		84	①	②	③	④	⑤
5	①	②	③	④	⑤		25	①	②	③	④	⑤		45	①	②	③	④	⑤		65	①	②	③	④	⑤		85	①	②	③	④	⑤
6	①	②	③	④	⑤		26	①	②	③	④	⑤		46	①	②	③	④	⑤		66	①	②	③	④	⑤		86	①	②	③	④	⑤
7	①	②	③	④	⑤		27	①	②	③	④	⑤		47	①	②	③	④	⑤		67	①	②	③	④	⑤		87	①	②	③	④	⑤
8	①	②	③	④	⑤		28	①	②	③	④	⑤		48	①	②	③	④	⑤		68	①	②	③	④	⑤		88	①	②	③	④	⑤
9	①	②	③	④	⑤		29	①	②	③	④	⑤		49	①	②	③	④	⑤		69	①	②	③	④	⑤		89	①	②	③	④	⑤
10	①	②	③	④	⑤		30	①	②	③	④	⑤		50	①	②	③	④	⑤		70	①	②	③	④	⑤		90	①	②	③	④	⑤
11	①	②	③	④	⑤		31	①	②	③	④	⑤		51	①	②	③	④	⑤		71	①	②	③	④	⑤		91	①	②	③	④	⑤
12	①	②	③	④	⑤		32	①	②	③	④	⑤		52	①	②	③	④	⑤		72	①	②	③	④	⑤		92	①	②	③	④	⑤
13	①	②	③	④	⑤		33	①	②	③	④	⑤		53	①	②	③	④	⑤		73	①	②	③	④	⑤		93	①	②	③	④	⑤
14	①	②	③	④	⑤		34	①	②	③	④	⑤		54	①	②	③	④	⑤		74	①	②	③	④	⑤		94	①	②	③	④	⑤
15	①	②	③	④	⑤		35	①	②	③	④	⑤		55	①	②	③	④	⑤		75	①	②	③	④	⑤		95	①	②	③	④	⑤
16	①	②	③	④	⑤		36	①	②	③	④	⑤		56	①	②	③	④	⑤		76	①	②	③	④	⑤		96	①	②	③	④	⑤
17	①	②	③	④	⑤		37	①	②	③	④	⑤		57	①	②	③	④	⑤		77	①	②	③	④	⑤		97	①	②	③	④	⑤
18	①	②	③	④	⑤		38	①	②	③	④	⑤		58	①	②	③	④	⑤		78	①	②	③	④	⑤		98	①	②	③	④	⑤
19	①	②	③	④	⑤		39	①	②	③	④	⑤		59	①	②	③	④	⑤		79	①	②	③	④	⑤		99	①	②	③	④	⑤
20	①	②	③	④	⑤		40	①	②	③	④	⑤		60	①	②	③	④	⑤		80	①	②	③	④	⑤		100	①	②	③	④	⑤

한국가스공사 필기전형 답안카드

성 명		

지원분야		

문제지 형별기재란	Ⓐ
( )형	Ⓑ

수험번호
⓪①②③④⑤⑥⑦⑧⑨
⓪①②③④⑤⑥⑦⑧⑨
⓪①②③④⑤⑥⑦⑧⑨
⓪①②③④⑤⑥⑦⑧⑨
⓪①②③④⑤⑥⑦⑧⑨
⓪①②③④⑤⑥⑦⑧⑨
⓪①②③④⑤⑥⑦⑧⑨

감독위원 확인
인

번호						번호						번호						번호						번호					
1	①	②	③	④	⑤	21	①	②	③	④	⑤	41	①	②	③	④	⑤	61	①	②	③	④	⑤	81	①	②	③	④	⑤
2	①	②	③	④	⑤	22	①	②	③	④	⑤	42	①	②	③	④	⑤	62	①	②	③	④	⑤	82	①	②	③	④	⑤
3	①	②	③	④	⑤	23	①	②	③	④	⑤	43	①	②	③	④	⑤	63	①	②	③	④	⑤	83	①	②	③	④	⑤
4	①	②	③	④	⑤	24	①	②	③	④	⑤	44	①	②	③	④	⑤	64	①	②	③	④	⑤	84	①	②	③	④	⑤
5	①	②	③	④	⑤	25	①	②	③	④	⑤	45	①	②	③	④	⑤	65	①	②	③	④	⑤	85	①	②	③	④	⑤
6	①	②	③	④	⑤	26	①	②	③	④	⑤	46	①	②	③	④	⑤	66	①	②	③	④	⑤	86	①	②	③	④	⑤
7	①	②	③	④	⑤	27	①	②	③	④	⑤	47	①	②	③	④	⑤	67	①	②	③	④	⑤	87	①	②	③	④	⑤
8	①	②	③	④	⑤	28	①	②	③	④	⑤	48	①	②	③	④	⑤	68	①	②	③	④	⑤	88	①	②	③	④	⑤
9	①	②	③	④	⑤	29	①	②	③	④	⑤	49	①	②	③	④	⑤	69	①	②	③	④	⑤	89	①	②	③	④	⑤
10	①	②	③	④	⑤	30	①	②	③	④	⑤	50	①	②	③	④	⑤	70	①	②	③	④	⑤	90	①	②	③	④	⑤
11	①	②	③	④	⑤	31	①	②	③	④	⑤	51	①	②	③	④	⑤	71	①	②	③	④	⑤	91	①	②	③	④	⑤
12	①	②	③	④	⑤	32	①	②	③	④	⑤	52	①	②	③	④	⑤	72	①	②	③	④	⑤	92	①	②	③	④	⑤
13	①	②	③	④	⑤	33	①	②	③	④	⑤	53	①	②	③	④	⑤	73	①	②	③	④	⑤	93	①	②	③	④	⑤
14	①	②	③	④	⑤	34	①	②	③	④	⑤	54	①	②	③	④	⑤	74	①	②	③	④	⑤	94	①	②	③	④	⑤
15	①	②	③	④	⑤	35	①	②	③	④	⑤	55	①	②	③	④	⑤	75	①	②	③	④	⑤	95	①	②	③	④	⑤
16	①	②	③	④	⑤	36	①	②	③	④	⑤	56	①	②	③	④	⑤	76	①	②	③	④	⑤	96	①	②	③	④	⑤
17	①	②	③	④	⑤	37	①	②	③	④	⑤	57	①	②	③	④	⑤	77	①	②	③	④	⑤	97	①	②	③	④	⑤
18	①	②	③	④	⑤	38	①	②	③	④	⑤	58	①	②	③	④	⑤	78	①	②	③	④	⑤	98	①	②	③	④	⑤
19	①	②	③	④	⑤	39	①	②	③	④	⑤	59	①	②	③	④	⑤	79	①	②	③	④	⑤	99	①	②	③	④	⑤
20	①	②	③	④	⑤	40	①	②	③	④	⑤	60	①	②	③	④	⑤	80	①	②	③	④	⑤	100	①	②	③	④	⑤

※ 본 답안지는 마킹연습용 모의 답안지입니다.

2025 최신판 시대에듀 한국가스공사
NCS + 전공 + 최종점검 모의고사 3회 + 무료NCS특강

개정21판1쇄 발행	2025년 04월 15일 (인쇄 2025년 04월 04일)
초 판 발 행	2010년 12월 22일 (인쇄 2010년 11월 02일)
발 행 인	박영일
책 임 편 집	이해욱
편 저	SDC(Sidae Data Center)
편 집 진 행	김재희
표 지 디 자 인	하연주
편 집 디 자 인	김경원 · 장성복
발 행 처	(주)시대고시기획
출 판 등 록	제10-1521호
주 소	서울시 마포구 큰우물로 75 [도화동 538 성지 B/D] 9F
전 화	1600-3600
팩 스	02-701-8823
홈 페 이 지	www.sdedu.co.kr

I S B N	979-11-383-9208-2 (13320)
정 가	26,000원

한국
가스공사

NCS＋전공＋모의고사 3회

최신 출제경향 전면 반영

NEXT STEP

시대에듀가 합격을 준비하는
당신에게 제안합니다.

성공의 기회
시대에듀를 잡으십시오.

시대에듀

기회란 포착되어 활용되기 전에는 기회인지조차 알 수 없는 것이다.

– 마크 트웨인 –